해커스PSAT

7급 PSAT FINAL 봉투모의고사 상황판단

약점 보완 해설집

해커스

실전모의고사 1회

모바일 자동 채점 및 성적 분석 서비스

정답

1	②	법·규정의 적용	6	⑤	계산·비교	11	⑤	법·규정의 적용	16	④	논리퍼즐	21	②	논리퍼즐
2	②	법·규정의 적용	7	③	규칙 적용	12	②	규칙 적용	17	⑤	논리퍼즐	22	③	논리퍼즐
3	③	법·규정의 적용	8	①	규칙 적용	13	④	세부 정보 파악	18	④	논리퍼즐	23	②	계산·비교
4	⑤	법·규정의 적용	9	⑤	세부 정보 파악	14	①	규칙 적용	19	③	계산·비교	24	③	논리퍼즐
5	①	세부 정보 파악	10	④	계산·비교	15	①	계산·비교	20	⑤	계산·비교	25	④	규칙 적용

취약 유형 분석표

유형별로 맞힌 개수, 틀린 문제 번호와 풀지 못한 문제 번호를 적고 나서 취약한 유형이 무엇인지 파악해 보세요.

유형	맞힌 개수	틀린 문제 번호	풀지 못한 문제 번호
세부 정보 파악	/3		
법·규정의 적용	/5		
계산·비교	/6		
규칙 적용	/5		
논리퍼즐	/6		
TOTAL	/25		

해설

1 법·규정의 적용

정답 ②

제○○조(감염병 예방 및 관리 계획의 수립 등) 제4항에서 군수는 기본계획의 시행에 필요한 자료의 제공을 관계 행정기관에 요청할 수 있음을 알 수 있다.

오답 체크

① 제○○조(감염병 예방 및 관리 계획의 수립 등) 제1항에서 질병관리청장이 보건복지부장관과 협의하여 기본계획을 수립·시행하여야 한다고 했으므로 A광역시장이 보건복지부장관과 협의하여 기본계획을 수립·시행하는 것은 아님을 알 수 있다.

③ 제△△조(감염병관리사업지원기구의 운영) 제1항에서 질병관리청장 및 시·도지사가 민간전문가로 구성된 감염병관리사업지원기구를 둘 수 있다고 했으므로 C구청장이 민간전문가로 구성된 감염병관리사업지원기구를 둘 수 있는 것은 아님을 알 수 있다.

④ 제◇◇조(긴급상황실) 제1항에서 질병관리청장이 상시 긴급상황실을 운영하여야 한다고 했으므로 보건복지부장관이 상시 긴급상황실을 운영하여야 하는 것은 아님을 알 수 있다.

⑤ 제□□조(내성균 관리대책) 제1항에서 보건복지부장관이 내성균 관리대책을 수립·추진하여야 한다고 했으므로 질병관리청장이 내성균 관리대책을 5년마다 수립·추진하여야 하는 것은 아님을 알 수 있다.

2 법·규정의 적용

정답 ②

제△△조 제2항에서 2년 연속 지급 대상에 선정되어 포상금을 지급받은 경우 해당 그룹의 차순위 득점자를 포상금 지급 대상으로 선정할 수 있다고 했지만 차순위 득점자를 포상금 지급대상으로 선정하는 것은 A부장관의 재량이므로 3년 연속 운영평가 평가 우수자에 해당하는 공공폐수처리시설의 운영자는 포상금 지급 대상으로 선정될 수 있음을 알 수 있다.

오답 체크

① 제○○조 제1항에서 처리공법상 필요한 경우 방류수 수질기준을 초과하는 수질오염물질의 오염도를 낮추기 위하여 물을 섞어 배출할 수 있다고 했으므로 옳지 않음을 알 수 있다.

③ 제○○조 제2항에서 평가 지표·방법 등 평가에 필요한 사항은 A부장관이 정하여 고시한다고 했으므로 대통령령에 따르는 것은 아님을 알 수 있다.

④ 제□□조 제2항에서 지방환경관서의 장은 A부장관이 수립한 평가지침에 따라 운영평가 세부계획을 수립하고, 서류심사 및 현장평가를 수행한다고 했으므로 평가지침을 수립하는 것은 지방환경관서의 장이 아님을 알 수 있다.

⑤ 제○○조 제2항에서 A부장관은 공공폐수처리시설의 운영평가를 정기적으로 실시할 수 있다고 했으므로 재량사항임을 알 수 있다.

3 법·규정의 적용

정답 ③

첫 번째 법조문 제2항 제1호에 따르면 법무부장관은 소재를 알 수 없어 기소중지된 국민이 범죄 수사를 위해 출국이 적당하지 않다고 인정된다면 3개월 이내의 기간을 정하여 출국을 금지할 수 있다. 2023.4.28.로부터 3개월 후는 2023.7.27.이므로 법무부장관은 丙에 대하여 3개월 이내인 2023.7.24.까지 출국을 금지할 수 있다.

오답 체크

① 두 번째 법조문 제2항 제3호에 따르면 난민여행증명서를 발급받고 출국한 후 그 유효기간이 끝나기 전에 입국하는 외국인은 사증 없이 입국할 수 있다. 甲은 난민여행증명서 유효기간이 2023.5.3.까지이므로 2023.4.28.에는 사증 없이 입국할 수 있다.

② 첫 번째 법조문 제1항에 따르면 법무부장관은 형사재판에 계속 중인 국민에 대하여 최장 6개월 동안 출국을 금지할 수 있다. 따라서 법무부장관은 2023. 4. 28.에 형사재판에 계속 중인 국민 乙에 대하여 6개월 후인 2023. 10. 27.까지 출국을 금지할 수 있다.

④ 첫 번째 법조문 제1항 제2호에 따르면 법무부장관은 징역형의 집행이 끝나지 아니한 국민에 대하여 6개월 이내의 기간을 정하여 출국을 금지할 수 있다. 丁은 2023.4.15.에 징역형의 집행이 끝났으므로 법무부장관은 징역이 끝난 후인 2023.4.28.부터 2023.8.2.까지 출국을 금지할 수 없다.

⑤ 두 번째 법조문 제2항 제1호에 따르면 재입국허가가 면제된 외국인은 그 기간이 끝나기 전에 입국한다면 사증 없이 입국할 수 있다. 戊는 재입국허가가 면제된 사람이고 그 기간이 끝나기 전에 입국했으므로 사증 없이 입국할 수 있다.

4 법·규정의 적용

정답 ⑤

변경된 대법원 판례에 따르면 자녀가 성년이 되어 양육의무가 종료된 때 소멸시효가 진행된다고 봤다. A의 경우 2021년부터, B의 경우 2024년부터 성년이므로, 이때부터 각 자녀에 대한 양육비 청구권의 소멸시효가 진행하게 된다. 〈상황〉에서 소멸시효가 중단되거나 추가되는 경우는 없다고 했으므로, A의 경우 2031년, B의 경우 2034년에 양육비 청구권이 소멸된다. 따라서 2033년에 乙이 甲에게 청구할 수 있는 양육비는 B에 대한 것만 청구 가능하며, 청구 가능한 양육비는 B에 대한 양육비인 3천만 원이다.

5 세부 정보 파악

정답 ①

두 번째 단락에서 파리와 그 인근 지역의 정통 프랑스어를 배우는 것이 그랜드 투어의 목적 중 하나였기 때문에 18세기 영국 상류층들은 파리를 그랜드 투어의 루트에 포함시키는 것을 선호했다고 했고, 첫 번째 단락에서 그랜드 투어는 영국의 젊은 상류층이 상류층에게 필수적인 교양을 쌓는 것을 목적으로 했다고 했으므로 그랜드 투어의 루트에 파리를 포함시킨 영국의 상류층은 정통 프랑스어를 필수적인 교양이라고 생각했을 것임을 알 수 있다.

오답 체크

② 두 번째 단락에서 로마는 그랜드 투어의 궁극적이고 최종적인 목적지라고 했으므로 그랜드 투어의 최종 목적지가 각 참가자의 진로에 따라 결정된 것은 아님을 알 수 있다.

③ 첫 번째 단락에서 18세기 영국의 젊은 상류층이 사회로 나아가기 전에 반드시 거쳐야 할 코스 중 대표적인 것이 그랜드 투어라고 불리는 유럽 여행이라고 했고, 그랜드 투어는 수년에 걸쳐 유럽 전역을 여행하며 상류층에게 필수적인 교양을 쌓는 것을 목적으로 했다고 했으므로 그랜드 투어는 유럽 여행임을 알 수 있다.

④ 두 번째 단락에서 독일지역은 그랜드 투어의 루트로 선호되지 않았지만, 독일 출판산업의 중심지이자 교통의 요지였던 프랑크푸르트는 많은 그랜드 투어 참가자들이 거쳐 가는 도시였다고 했으므로 군인이 될 의향이 없었던 사람이라도 독일을 그랜드 투어의 루트에 포함시키기도 했을 것임을 알 수 있다.

⑤ 첫 번째 단락에서 형편이 어려운 상류층들은 후원을 받아서라도 그랜드 투어를 체험하고자 했다고 했으므로 형편이 어려운 상류층에게도 그랜드 투어가 중요한 경험이었을 것임은 알 수 있으나, 그랜드 투어가 하류층에게도 중요한 경험이었는지는 알 수 없다.

6 계산·비교 정답 ⑤

• 최소의 점수를 획득하기 위해서는 첫 번째, 두 번째 사격과 보너스 총알을 받는 사격을 제외한 나머지 모든 사격에서 1점을 획득해야 한다. 또한 보너스 총알을 받는 사격의 횟수가 적을수록 더 낮은 점수를 획득할 수 있으므로 두 번째 사격 이외에 최초에 제공한 총알 10발 중 한 번의 사격에서 9점을 획득하거나, 보너스 총알 중 한 번의 사격에서 9점을 획득하여야 한다. 이를 정리하면 다음과 같다.

구분	최초에 제공한 총알										보너스 총알		
순서	1	2	3	4	5	6	7	8	9	10	11	12	13
점수	5점	8점	9점	1점	1점	1점	1점	1점	1점	1점	1점	1점	1점

이에 따라 甲이 획득한 점수의 최솟값은 32점이다.

• 최대의 점수를 획득하기 위해서는 첫 번째, 두 번째 사격과 보너스 총알을 받는 사격을 제외한 나머지 모든 사격에서 6점을 획득해야 한다. 또한 보너스 총알을 받는 사격의 횟수가 많을수록 더 높은 점수를 획득할 수 있으므로 두 번째 사격 이외에 최초에 제공한 총알 중 한 번의 사격에서 8점을 획득하고, 보너스 총알 중 한 번의 사격에서 8점을 획득하여야 한다. 이를 정리하면 다음과 같다.

구분	최초에 제공한 총알										보너스 총알		
순서	1	2	3	4	5	6	7	8	9	10	11	12	13
점수	5점	8점	8점	6점	6점	6점	6점	6점	6점	6점	8점	6점	6점

이에 따라 甲이 획득한 점수의 최댓값은 83점이다.

따라서 甲이 획득한 점수의 최솟값과 최댓값의 합은 32+83=115이다.

빠른 문제 풀이 Tip

최솟값을 구할 때, 보너스 총알이 총 3발이고 두 번째 사격에서 보너스 총알 1발을 받았으므로 보너스 총알 2발을 더 작은 점수로 받는 경우가 있는지 파악한다. 8점으로 보너스 총알을 받을 경우, 보너스 총알 2발을 받기 위해서는 총알 2발로 8+8=16점을 획득해야 하나, 9점으로 보너스 총알을 받을 경우, 보너스 총알 2발을 받기 위해서는 총알 1발로 9점, 1발로 1점을 획득하여 9+1=10점만 획득하면 된다.

7 규칙 적용 정답 ③

전체 유동인구 중 13세 이상 40세 미만 유동인구 비율은 A가 (85/120)×100≒70.8%, B가 (72/90)×100=80%, C가 (60/100)×100=60%, D가 (75/110)×100≒68.2%이며, 13세 이상 40세 미만 유동인구 1명당 연면적은 A가 653/8,500≒0.077m^2, B가 390/7,200≒0.054m^2, C가 486/6,000=0.081m^2, D가 524/7,500≒0.070m^2이다. 이에 따라 입지별 기본점수에 기준에 따른 점수를 가감하여 산출한 최종점수는 다음과 같다.

(단위: 점)

입지	기본 점수	전체 유동인구 중 13세 이상 40세 미만 유동인구 비율	13세 이상 40세 미만 유동인구 1명당 연면적	반경 1km내 학교 수	월 임대료	최종 점수
A	70	5			−5	70
B	75	5	−5	5		80
C	80			5		85
D	65					65

따라서 K 프랜차이즈 햄버거 가게는 최종점수가 80점 이상인 B, C를 입지로 선정한다.

8 규칙 적용 정답 ①

ㄱ. 절차사항인 안건은 이사 구분 없이 전체 이사 중 60% 이상의 찬성이 있으면 안건이 통과되고, 중요사항인 안건은 전체 상임이사의 찬성이 있어야 통과되므로 상임이사 1인의 반대가 있었다면 해당 안건은 절차사항이다.

오답 체크

ㄴ. 상임이사 5인의 찬성을 모두 포함하여 찬성하는 이사의 수가 9인인 경우 절차사항인 안건과 중요사항인 안건 모두 통과될 수 있으므로 해당 안건은 절차사항일 수도 있다.

ㄷ. 중요사항인 안건은 참석 상임이사 전체의 찬성을 포함하여 전체 참석 이사 중 60% 이상의 찬성이 있어야 하고, 상임이사 5인이 모두 찬성하였더라도 전체 찬성 인원이 참석 이사의 60%인 15×0.6=9인 미만이므로 중요사항인 안건은 통과되지 않는다.

9 세부 정보 파악 정답 ⑤

세 번째 단락에서 1971년에 화폐개혁이 단행되면서 기존에 열 종류가 넘던 화폐 단위가 모두 폐지되고 파운드와 펜스만 남았다고 했으므로 영국의 화폐 단위 중 1971년 영란은행의 화폐개혁으로 폐지된 것이 그렇지 않은 것보다 더 많았음을 알 수 있다.

오답 체크

① 첫 번째 단락에서 1694년에 영란은행이 창설되었다고 했고, 세 번째 단락에서 영란은행이 설립되기 이전부터 파운드화가 사용되었다고 했으므로 파운드화는 1694년 이전부터 사용되어 왔음을 알 수 있다.

② 첫 번째 단락에서 영국의 국왕이었던 윌리엄 3세는 주식회사 형태의 은행을 설립하여 재정난을 타개하고자 영란은행을 창설했음을 알 수 있다.

③ 두 번째 단락에서 19세기 중반에 이르러 영국 정부는 영란은행 외에 파운드화의 발행권을 가지고 있던 은행들의 발행권을 회수하였다고 했고, 세 번째 단락에서 실링은 16세기부터 사용되었다고 했다. 따라서 실링의 발행이 시작된 시기는 영란은행이 영국 유일의 파운드화 발행 기능을 갖게 되기 훨씬 전임을 알 수 있다.

④ 세 번째 단락에서 화폐 단위에 이진법과 이십진법이 혼재되었을 당시에는 1파운드가 20실링, 1실링이 12펜스에 해당하였으며, 십진법 체계가 도입되면서 1파운드는 100펜스가 되고 1실링, 2실링, 5실링은 각각 5펜스와 10펜스, 25펜스로 대체되었다고 했다. 즉, 십진법 체계 도입 후 1파운드에 해당하는 100펜스는 100/5=20실링으로 환산된다. 따라서 영국 화폐 단위가 십진법 체계로 전환된 후에도 동일하게 1파운드는 20실링으로 환산되었음을 알 수 있다.

10 계산·비교 정답 ④

- 화폐개혁 전 1파운드는 20실링에 해당하였고, 1파운드 1실링은 1기니, 5실링은 1크라운, 2실링은 1플로린으로 환산되었다고 했다. 즉, 1기니는 21실링이므로 1기니를 크라운과 플로린으로 환산하면 각각 21/5크라운, 21/2플로린임을 알 수 있다.
- 화폐개혁 전 1실링은 12펜스에 해당하고, 화폐개혁 후 1실링은 5펜스에 해당한다고 했다. 즉, 1기니가 화폐개혁 전의 펜스로는 21×12=252펜스, 화폐개혁 후의 펜스로는 252/2.4=105펜스임을 알 수 있다.

따라서 ㉠은 21/5×10=42크라운, ㉡은 21/2×10=105플로린, ㉢은 105×10=1,050펜스이다.

11 법·규정의 적용 정답 ⑤

ㄴ. 첫 번째 법조문(주식의 매각 또는 신탁) 제2호 가목에서 수탁기관은 60일 이내에 주식을 처분해야 하나, 60일 이내에 주식을 처분하기 어려운 사정이 있는 경우로서 공직자윤리위원회의 승인을 받은 때에는 주식의 처분시한을 연장할 수 있다고 했으므로 주식백지신탁 심사위원회가 아닌 공직자윤리위원회의 승인을 받아야 함을 알 수 있다.

ㄷ. 첫 번째 법조문(주식의 매각 또는 신탁)에서 재산공개대상자가 주식백지신탁 심사위원회로부터 직무관련성이 없다는 결정을 통지 받은 경우에는 해당 주식의 매각 또는 주식백지신탁 관한 계약을 체결을 하지 않아도 된다고 했으므로 재산공개대상자가 주식백지신탁 심사위원회로부터 직무관련성이 없다는 결정을 통지받는다면 보유한 주식을 30일 이내에 처분해야 하는 것은 아님을 알 수 있다.

오답 체크

ㄱ. 두 번째 법조문(주식백지신탁 심사위원회의 직무관련성 심사)에서 공개대상자는 전보 등의 사유로 직위가 변경되어 직무관련성 심사를 받으려는 경우에는 본인 및 그 이해관계자 모두가 보유한 주식의 총 가액이 3천만 원을 초과하게 된 날부터 1개월 이내에 주식백지신탁 심사위원회에 보유 주식의 직무관련성 유무에 관한 심사를 청구하여야 함을 알 수 있다.

12 규칙 적용 정답 ②

스포츠 유학 선발후보 선수(A~G)의 2023년 주요 기록과 신체 정보에 따른 각 점수를 계산하면 다음과 같다.

선수	공격 성공률에 따른 점수	세트당 수비 개수에 따른 점수	성적 점수	신장에 따른 점수	연령에 따른 가산점
A	10점	20점	30점	20점	5점
B	10점	15점	25점	15점	5점
C	20점	25점	40점	10점	5점
D	30점	25점	40점	10점	5점
E	30점	20점	40점	10점	0점
F	20점	25점	40점	20점	0점
G	20점	20점	40점	10점	0점

이에 따라 선수 A~G의 합산 점수를 계산하면 다음과 같다.

- A: 30+20+5=55점
- B: 25+15+5=45점
- C: 40+10+5=55점
- D: 40+10+5=55점
- E: 40+10=50점
- F: 40+20=60점
- G: 40+10=50점

이때 신장이 185cm 미만인 선수는 선발하지 않는다고 했으므로 C는 선발되지 않고, 성적 점수, 신장에 따른 점수, 연령에 따른 가산점을 합산한 점수가 높은 순으로 선발한다고 했으므로 합산 점수가 가장 높은 F와 합산 점수가 55점으로 동일한 A, D가 선발된다.

따라서 □□대학교가 2024년에 스포츠 유학을 보낼 선수는 A, D, F이다.

13 세부 정보 파악 정답 ④

첫 번째 단락에서 A형 전쟁범죄는 평화에 관한 죄로, 제2차 세계대전을 기획하고 지도한 사람들이 이에 해당했고, 두 번째 단락에서 A형 전쟁범죄 혐의로 기소된 피고인은 모두 28명이었음을 알 수 있다. 또한 세 번째 단락에서 재판 도중 사망한 두 명의 피고인과 정신 이상 증세를 보인 한 명의 피고인을 제외한 나머지 모든 피고인에게 A형 전쟁범죄에 대한 유죄 판결을 내렸다고 했으므로 일본의 주요 지도자 중 제2차 세계대전을 기획하고 지도한 혐의가 인정되어 유죄 판결을 받은 사람은 기소된 피고인 28명 중 3명을 제외한 25명임을 알 수 있다.

오답 체크

① 첫 번째 단락에서 B형 전쟁범죄는 통상적인 전쟁범죄로, 포로를 학대하거나 살인, 약탈 등의 범죄를 저지른 사람들이 이에 해당했으며 C형 전쟁범죄는 인도에 관한 죄로, 명령에 의해 직접 살인, 고문 등을 행한 사람들이 이에 해당했다고 했으므로 포로를 학대하거나 약탈하는 범죄를 저지른 사람은 B형 전쟁범죄에 해당했음을 알 수 있다.

② 첫 번째 단락에서 B형 전쟁범죄는 통상적인 전쟁범죄, C형 전쟁범죄는 인도에 관한 죄라고 했고, 세 번째 단락에서 도조 히데키를 비롯해 사형 선고를 받은 7명의 피고인들은 모두 B형 또는 C형 전쟁범죄 혐의에서도 유죄가 인정되었다고 했으므로 도조 히데키에게 통상적인 전쟁범죄와 인도에 관한 죄의 혐의도 유죄로 인정되었음을 알 수 있다.

③ 마지막 단락에서 B형 또는 C형 전쟁범죄 혐의로만 기소된 피고인들은 자신이 포로 생활을 하던 국가에 설치된 재판소에서 재판을 받았다고 했으므로 전쟁범죄 혐의로 기소된 일본군이 모두 도쿄에 설치된 재판소에서 재판을 받은 것은 아님을 알 수 있다.

⑤ 첫 번째 단락에서 B형 전쟁범죄는 통상적인 전쟁범죄로, 포로를 학대하거나 살인, 약탈 등의 범죄를 저지른 사람들, C형 전쟁범죄는 인도에 관한 죄로, 명령에 의해 직접 살인, 고문 등을 행한 사람들이 해당했다고 했고, 마지막 단락에서 일본 육군 중장이었던 홍사익은 B형 전쟁범죄 혐의가 인정되어 필리핀의 포로수용소에서 교수형에 처해졌다고 했으므로 홍사익은 명령 등에 의해 직접 살인, 고문 등을 행한 혐의가 아니라 포로를 학대하거나 살인, 약탈 등의 범죄를 저지른 혐의로 교수형에 처해졌음을 알 수 있다.

14 규칙 적용

정답 ①

甲이 구매하려는 외부 저장장치 제품의 조건을 정리하면 다음과 같다.

- 제조사: A 또는 B
- 저장용량: 3TB 이상
- 연결장치: USB 3.0 또는 USB-C

이에 따라 甲이 구매 가능한 외부 저장장치 제품은 'A 라이트 200 3TB USB 3.0 점등'과 'B 슬림 4TB USB-C'이고, 구매하려는 제품의 제조사, 저장용량, 연결방식을 충족한 제품이 2개 이상일 경우 점등 기능이 있는 제품을 구매할 예정이라고 했으므로 甲은 'A 라이트 200 3TB USB 3.0 점등'을 구매한다.

따라서 甲이 구입할 컴퓨터 외부 저장장치 제품은 'A 라이트 200 3TB USB 3.0 점등'이다.

15 계산·비교

정답 ①

甲~丁의 이용내역을 정리하면 다음과 같다.

甲: 놀이기구 6회 이용, 동물원 관람

乙: 놀이기구 2회 이용

丙: 동물원 관람

丁: 놀이기구 6회 이용

- 甲은 입장권으로 놀이기구를 1회 이용할 수 있으므로 놀이기구 5회 이용과 동물원 관람을 가장 저렴하게 구매하는 방법을 찾아야 한다. 甲이 구매할 수 있는 티켓의 조합은 다음과 같다.
  - 입장권+(놀이기구 1회 이용권)×5+동물원 관람권=70,000원
  - 입장권+(놀이기구 1회 이용권)×2+놀이기구 3회 이용권+동물원 관람권=58,000원
  - 입장권+(놀이기구 3회 이용권)×2+동물원 관람권=56,000원
  - 입장권+놀이기구 자유 이용권+동물원 관람권=55,000원

  이에 따라 甲은 가장 저렴한 방법인 입장권, 놀이기구 자유 이용권, 동물원 관람권의 구매 비용인 55,000원을 지불한다.
- 乙은 입장권으로 놀이기구를 1회 이용할 수 있으므로 입장권과 놀이기구 1회 이용권을 구매한다. 이에 따라 乙이 지불한 금액은 20,000원이다.
- 丙은 입장권과 동물원 관람권을 구매한다. 이에 따라 丙이 지불한 금액은 20,000원이다.
- 丁은 입장권으로 놀이기구를 1회 이용할 수 있으므로 놀이기구 5회 이용권을 가장 저렴하게 구매하는 방법을 찾아야 한다. 丁이 구매할 수 있는 티켓의 조합은 다음과 같다.
  - 입장권+(놀이기구 1회 이용권)×5=60,000원
  - 입장권+(놀이기구 1회 이용권)×2+놀이기구 3회 이용권=48,000원
  - 입장권+(놀이기구 3회 이용권)×2=46,000원
  - 입장권+놀이기구 자유 이용권=50,000원

  이에 따라 丁은 가장 저렴한 방법인 입장권, 놀이기구 3회 이용권 2장의 구매 비용인 46,000원을 지불한다.

따라서 甲~丁이 꿈 테마파크에서 티켓을 구매하는 데 지불한 금액의 총합은 55,000+20,000+20,000+46,000=141,000원이다.

16 논리퍼즐

정답 ④

甲은 발표 주제 B를 맡는다고 했으므로 발표 주제 B를 담당한다. 이때 丁은 발표 주제 C를 맡지 않는다고 했고, 甲을 제외하고 누구와 조원이 되어도 상관이 없다고 했으므로 丁은 발표 주제 A를 담당한다. 乙과 己는 서로 조원이 되고 싶다고 했고, 두 사람 모두 발표 주제는 무엇을 맡아도 상관이 없다고 했으므로 乙과 己는 甲이 담당하는 발표 주제 B와 丁이 담당하는 발표 주제 A를 제외한 발표 주제 C를 담당한다. 또한 丙은 丁을 제외하고 누구와 조원이 되어도 상관이 없다고 했으므로 丙과 甲이 조원이 되고 이에 따라 丙은 발표 주제 B를 담당한다. 戊는 누구와 조원이 되어도 상관이 없다고 했으므로 丁과 함께 발표 주제 A를 담당한다. 이를 정리하면 다음과 같다.

구분	A	B	C
甲	X	O	X
乙	X	X	O
丙	X	O	X
丁	O	X	X
戊	O	X	X
己	X	X	O

따라서 戊는 발표 주제 A를 담당한다.

17 논리퍼즐

정답 ⑤

ㄴ. 참가자가 2명인 경우 참가자들이 뽑은 제비의 숫자들의 평균은 항상 두 숫자의 중간값이 된다. 따라서 참가자가 2명인 경우 어떤 숫자를 뽑더라도 평균 값과 두 숫자 간의 가까운 정도가 항상 동일하므로 반드시 재경기를 진행해야 한다.

ㄷ. 참가자가 3명일 때 재경기가 진행되는 경우가 있는지를 확인한다.
재경기가 진행되기 위해서는 평균에 가장 가까운 숫자가 적힌 제비를 뽑은 참가자가 2명 이상이어야 하며, 3명의 참가자가 제비를 뽑는 경우는 다음과 같다.
〈경우 1〉 세 사람이 뽑은 제비에 적힌 숫자의 간격이 같은 경우
중간 숫자를 뽑은 참가자가 승리하므로 재경기는 진행되지 않는다.
〈경우 2〉 세 사람이 뽑은 제비에 적힌 숫자의 간격이 다른 경우
평균 값과 세 숫자 간의 가까운 정도가 동일할 수 없으므로 재경기는 진행되지 않는다.
따라서 참가자가 3명이고, 그중 한 명이 5가 적힌 제비를 뽑았다면 재경기는 진행되지 않는다.

오답 체크

ㄱ. 참가자가 10명이라면 참가자들이 뽑은 제비에 적힌 숫자들의 평균은 5.5이므로 5가 적힌 제비를 뽑은 참가자와 6이 적힌 제비를 뽑은 참가자가 재경기를 진행한다. 따라서 참가자가 10명일 때, 5가 적힌 제비를 뽑은 참가자가 반드시 승리하는 것은 아니다.

18 논리퍼즐

정답 ④

연속된 자연수의 합=(연속된 자연수의 첫수+연속된 자연수의 끝수)×(연속된 자연수의 개수)÷2이고, 甲이 생각한 특정 자연수가 '45'이므로 선택지를 기준으로 연속된 자연수로 나타낼 수 있는지 정리하면 다음과 같다.

〈경우 1〉 획득할 수 있는 점수가 3점인 경우

3점인 경우, 연속된 자연수의 개수가 3개이므로 연속된 자연수의 첫수를 n으로 나타내면, 연속된 자연수의 끝수는 n+2이다. 이에 따라 (n+n+2)×3÷2=45 → n=14로 14+15+16=45이므로 3점을 획득할 수 있다.

〈경우 2〉 획득할 수 있는 점수가 5점인 경우

5점인 경우, 연속된 자연수의 개수가 5개이므로 연속된 자연수의 첫수를 n으로 나타내면, 연속된 자연수의 끝수는 n+4이다. 이에 따라 (n+n+4)×5÷2=45 → n=7로 7+8+9+10+11=45이므로 5점을 획득할 수 있다.

〈경우 3〉 획득할 수 있는 점수가 8점인 경우

8점인 경우, 연속된 자연수의 개수가 8개이므로 연속된 자연수의 첫수를 n으로 나타내면, 연속된 자연수의 끝수는 n+7이다. 이때 (n+n+7)×8÷2=45에서 n은 자연수가 아니므로 8점을 획득할 수 없다.

〈경우 4〉 획득할 수 있는 점수가 9점인 경우

9점인 경우, 연속된 자연수의 개수가 9개이므로 연속된 자연수의 첫수를 n으로 나타내면, 연속된 자연수의 끝수는 n+8이다. 이에 따라 (n+n+8)×9÷2=45 → n=1로 1+2+3+4+5+6+7+8+9=45이므로 9점을 획득할 수 있다.

〈경우 5〉 획득할 수 있는 점수가 10점인 경우

10점인 경우, 연속된 자연수의 개수가 10개이므로 연속된 자연수의 첫수를 n으로 나타내면, 연속된 자연수의 끝수는 n+9이다. 이때 (n+n+9)×10÷2=45에서 n은 자연수가 아니므로 10점을 획득할 수 없다.

따라서 甲이 생각한 특정 자연수가 '45'인 경우 획득할 수 있는 최대 점수는 9점이다.

19 계산·비교

정답 ③

- A: 2024년 1월부터 4월까지는 매월 200만 원을 지급받고, 5월부터 6월까지는 150만 원을 지급받는다. 이에 따라 A가 지급받은 지원금은 200×4+150×2=1,100만 원이다.
- B: 2024년 3월부터 4월까지는 매월 180만 원을 지급받고, 5월부터 10월까지는 150만 원, 11월부터 12월까지는 100만 원을 지급받는다. 이에 따라 B가 지급받은 지원금은 180×2+150×6+100×2=1,460만 원이다.
- C: 2024년 6월부터 10월까지는 90만 원, 11월부터 2025년 1월까지는 100만 원을 지급받는다. 이에 따라 C가 지급받은 지원금은 90×5+100×3=750만 원이다.

따라서 A, B, C가 지급받은 지원금의 총합은 1,100+1,460+750=3,310만 원이다.

20 계산·비교

정답 ⑤

ㄴ. 다연의 B과목 최종 점수가 72점, 중간고사 점수가 60점이므로 기말고사 점수는 (72−60×0.2)/0.8=75점이다. 이때 B과목의 최종 점수를 순위가 높은 순으로 나열하면 라연−가연−나연−다연 순이고, 최종 점수에서 동점인 경우는 없으므로 나연의 B과목 최종 점수는 72점 초과이다. 나연의 B과목 최종 점수가 72점일 경우 기말고사 점수는 (72−70×0.2)/0.8=72.5점이나, 나연의 B과목 최종 점수는 72점 초과이고 평가 점수는 모두 자연수이므로 73점 이상이다. 따라서 나연과 라연의 B과목 기말고사 점수의 차이는 최대 96−73=23점이다.

ㄷ. 다연의 A과목 기말고사 점수가 70점일 경우, 최종 점수는 90×0.6+70×0.4=82점이다. 이때 다연의 B과목 최종 점수는 72점이므로 다연의 최종 점수는 A과목이 B과목보다 82−72=10점 더 높다.

오답 체크

ㄱ. 가연의 A과목 기말고사 점수가 96점일 경우, 가연의 A과목 최종 점수는 70×0.6+96×0.4=80.4점이므로 80점을 초과한다. 이때 나연의 A과목 최종 점수가 80점이고, A과목 최종 점수 순위는 나연이 가연보다 높으므로 가연의 A과목 기말고사 점수는 96점일 수 없다.

21 논리퍼즐

정답 ②

2025년 1월 음악 차트의 전월 대비 순위 변동에 따라 2024년 12월 음악 차트 순위는 1위가 A, 2위가 C, 3위가 B, 4위가 D임을 알 수 있다. 이에 따라 2024년 12월 음악 차트 점수와 2024년 연말 가요제 성적의 경우를 정리하면 다음과 같다.

구분		경우 1		경우 2	
		점수	연말 가요제 성적	점수	연말 가요제 성적
1위	A	28,500	인기상	28,000	우수상
2위	C	25,500	우수상	26,000	인기상
3위	B	25,000	대상	25,000	대상
4위	D	24,500	최우수상	24,500	최우수상

ㄴ. 2025년 1월 음악 차트에서 전월 대비 순위가 상승한 아티스트는 B와 D이고, 경우 1과 경우 2에 따라 B와 D는 2024년 연말 가요제에서 각각 대상과 최우수상을 수상하였다. 따라서 2025년 1월 음악 차트에서 전월 대비 순위가 상승한 아티스트는 모두 3,500점 이상의 보너스 점수를 받았음을 알 수 있다.

ㄹ. 2024년 12월 음악 차트에서 3위를 한 아티스트는 B이고, 경우 1과 경우 2에 따라 B는 2024년 연말 가요제에서 대상을 수상하였다. 따라서 2024년 12월 음악 차트에서 3위를 한 아티스트는 2024년 연말 가요제에서 대상을 수상하였음을 알 수 있다.

오답 체크

ㄱ. 2024년 연말 가요제에서 A가 인기상을 수상한다면, 경우 1에 따라 C는 우수상을 수상한다. 따라서 2024년 연말 가요제에서 A가 인기상을 수상한다면, C는 최우수상을 수상하지 않았음을 알 수 있다.

ㄷ. 2024년 연말 가요제에서 최우수상을 수상한 아티스트는 경우 1과 경우 2에 따라 D이고, D는 2025년 1월 음악 차트에서 전월 대비 순위가 상승하였다. 따라서 2024년 연말 가요제에서 최우수상을 수상한 아티스트는 2025년 1월 음악 차트에서 전월 대비 순위가 하락하지 않았음을 알 수 있다.

22 논리퍼즐

정답 ③

甲은 경작지 2, 3, 5, 6에서 1년차 농사를 지어 20단위의 밀을 수확했다고 했으므로 2년차 경작지별 비옥도를 정리하면 다음과 같다.

6	1.5	2
9	3	3.5

이에 따라 2년차에 20단위 이상의 밀을 수확하기 위해서는 6+9+3+3.5=21.5단위 또는 6+9+2+3.5=20.5단위 또는 6+9+2+3=20단위를 또는 6+9+3.5+1.5=20단위를 수확해야 한다. 각각의 경우에 3년차의 비옥도는 다음과 같다.

21.5단위를 수확할 경우

3	5.5	6
4.5	1.5	1.75

20.5단위를 수확할 경우

3	5.5	1
4.5	7	1.75

20단위를 수확할 경우 ①

3	5.5	1
4.5	1.5	7.5

20단위를 수확할 경우 ②

3	0.75	6
4.5	7	1.75

2년차에 21.5단위를 수확하는 경우, 3년차에는 최대 3+5.5+6+4.5=19단위까지 수확할 수 있다.

2년차에 20.5단위를 수확하는 경우, 3년차에는 최대 3+5.5+4.5+7=20단위까지 수확할 수 있다.

2년차에 20단위를 수확하는 경우, 3년차에는 최대 3+5.5+4.5+7.5=20.5단위 또는 3+6+4.5+7=20.5단위까지 수확할 수 있다.

이에 따라 3년차에 20단위와 20.5단위를 수확하는 경우, 4년차의 비옥도는 다음과 같다.

20단위를 수확할 경우

1.5	2.75	5
2.25	3.5	5.75

20.5단위를 수확할 경우 ①

1.5	2.75	5
2.25	5.5	3.75

20.5단위를 수확할 경우 ②

1.5	4.75	3
2.25	3.5	5.75

3년차에 20단위를 수확하는 경우, 4년차에는 최대 2.75+5+3.5+5.75=17단위까지 수확할 수 있다.

3년차에 20.5단위를 수확하는 경우, 4년차에는 최대 2.75+5+5.5+3.75=17단위 또는 4.75+3+3.5+5.75=17단위까지 수확할 수 있다.

따라서 어떤 경우에도 4년차부터는 20단위 이상의 밀을 수확할 수 없으므로 甲이 20단위 이상의 밀을 수확하는 마지막 해는 3년차이다.

23 계산·비교

정답 ②

- 투입 노력당 판매 가격은 식빵이 5,000/80=62.5, 스콘이 5,500/100=55, 맘모스빵이 7,000/120≒58.3, 피자빵이 9,000/150=60이므로 판매 수입이 최대가 되려면 투입 노력당 판매 가격이 높은 식빵을 최대한 많이 만들어야 한다. 또한, 빵은 매일 종류별로 최소 1개씩 만들어 판매하므로 하루에 투입 가능한 노력 중 80+100+120+150=450을 제외하고, 남는 노력이 없게 만들 수 있는 조합을 찾아야 한다.
- 1~20일에는 베테랑 제빵사 3명이 빵을 만들므로 하루에 (800×3)−450=1,950의 노력을 투입할 수 있으며, 남는 노력이 없게 하려면 피자빵을 최소 1개 만들어야 한다. 이때 1,800/80=22.5이므로 식빵을 최대 22개 만들 수 있지만 이 경우 40의 노력이 남아 가능하지 않은 경우이다. 식빵을 21개 만들면 1,800−(80×21)=120이므로 맘모스빵 1개를 더 만들면 투입 가능한 노력이 남지 않게 된다. 이에 따라 1~20일에는 매일 식빵 22개, 스콘 1개, 맘모스빵 2개, 피자빵 2개를 만들며 이때의 판매 수입은 (5×22)+5.5+(7×2)+(9×2)=147.5천 원이다.
- 21~30일에는 신입 제빵사 2명이 추가되어 하루에 400×2=800의 노력이 추가 투입되므로 식빵 10개를 더 만들 수 있다. 이에 따라 21~30일에는 매일 식빵 32개, 스콘 1개, 맘모스빵 2개, 피자빵 2개를 만들며 이때의 판매 수입은 (5×32)+5.5+(7×2)+(9×2)=197.5천 원이다.

따라서 A베이커리에서 4월 한 달 동안 빵을 판매하여 얻을 수 있는 최대 수입은 (147.5×20)+(197.5×10)=4,925천 원이다.

24 논리퍼즐

정답 ③

물건(A~F)의 무게당 가치를 정리하면 다음과 같다.

물건	무게(g)	효용 가치	무게당 효용 가치
A	350	500	500/350≒1.4
B	500	600	600/500=1.2
C	250	300	300/250=1.2
D	100	100	100/100=1
E	150	350	350/150≒2.3
F	300	450	450/300=1.5

ㄱ. 甲이 배낭에 B를 넣는다면 배낭에 남은 무게는 1,000−500=500g이고, 이때 효용 가치는 600이다. 이후 무게당 효용 가치가 높은 E, F를 넣는다면 남은 무게는 500−150−300=50g이고, 총 효용 가치는 600+350+450=1,400이다. 따라서 甲이 배낭에 B를 넣더라도 등산을 갈 수 있다.

ㄴ. 甲이 배낭에 D를 넣는다면 배낭에 남은 무게는 1,000−100=900g이고, 이때 효용 가치는 100이다. 이후 무게당 효용 가치가 높은 A, E, F를 넣는다면 남은 무게는 900−350−150−300=100g이고, 총 효용 가치는 100+500+350+450=1,400이다. 따라서 甲이 배낭에 D를 넣더라도 등산을 갈 수 있다.

오답 체크

ㄷ. 甲이 배낭에 E를 넣지 않는다면 다음으로 무게당 효용 가치가 높은 A와 F를 넣는 경우를 고려한다. A와 F를 넣는다면 배낭에 남은 무게는 1,000−350−300=350g이고, 이때 효용 가치는 500+450=950이다. 이후 남은 무게에 따라 B는 넣을 수 없고, C와 D를 넣을 수 있으므로 남은 무게는 350−250−100=0g이고, 총 효용 가치는 950+300+100=1,350이므로 등산에 갈 수 없다.

빠른 문제 풀이 Tip

제시된 글에 따르면 물건별 무게와 효용 가치가 고려 대상이므로 무게당 효용 가치를 먼저 구한 후, 무게당 효용 가치가 큰 물건부터 우선적으로 고려한다.

25 규칙 적용

정답 ④

A기업은 1건의 특허와 1건의 실용신안을 등록하고자 출원했으므로 이에 따라 각각 납부해야 할 수수료를 정리하면 다음과 같다.

- 특허: 출원서 제출을 서면으로 했으므로 출원서 제출 수수료는 66,000원이다. 청구범위가 2개 항으로 구성된 1건을 특허심사 청구했으므로 특허심사청구료는 143,000+(44,000×2)=231,000원이다. 이때 특허심사에 대하여 우선심사를 신청했고, A기업은 초기창업기업이므로 우선심사신청료는 200,000×0.3=60,000원이다. 이에 따라 A기업의 특허등록에 대한 총 수수료는 66,000+231,000+60,000=357,000원이다.
- 실용신안: 출원서 제출을 서면으로 했으므로 출원서 제출 수수료는 30,000원이다. 청구범위가 2개 항으로 구성된 1건을 특허심사 청구했으므로 특허심사청구료는 71,000+(19,000×2)=109,000원이다. 이때 A기업은 '거절결정'이 된 1건의 실용신안에 대하여 재심사를 청구했으므로 재심사청구료는 50,000+(5,000×2)=60,000원이다. 이에 따라 A기업의 실용신안등록에 대한 총 수수료는 30,000+109,000+60,000=199,000원이다.

따라서 A기업이 납부해야 할 수수료의 총합은 357,000+199,000=556,000원으로 55만 6천 원이다.

실전모의고사 2회

모바일 자동 채점 및 성적 분석 서비스

정답

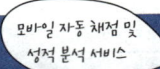

1	②	법·규정의 적용	6	④	계산·비교	11	①	법·규정의 적용	16	④	논리퍼즐	21	①	논리퍼즐
2	⑤	법·규정의 적용	7	①	규칙 적용	12	③	규칙 적용	17	①	논리퍼즐	22	①	논리퍼즐
3	⑤	법·규정의 적용	8	④	규칙 적용	13	③	세부 정보 파악	18	②	논리퍼즐	23	③	계산·비교
4	③	법·규정의 적용	9	③	세부 정보 파악	14	④	규칙 적용	19	②	계산·비교	24	②	논리퍼즐
5	⑤	세부 정보 파악	10	④	세부 정보 파악	15	②	계산·비교	20	④	계산·비교	25	②	규칙 적용

취약 유형 분석표

유형별로 맞힌 개수, 틀린 문제 번호와 풀지 못한 문제 번호를 적고 나서 취약한 유형이 무엇인지 파악해 보세요.

유형	맞힌 개수	틀린 문제 번호	풀지 못한 문제 번호
세부 정보 파악	/4		
법·규정의 적용	/5		
계산·비교	/5		
규칙 적용	/5		
논리퍼즐	/6		
TOTAL	/25		

해설

1 법·규정의 적용

정답 ②

두 번째 법조문(실태조사) 제1항에서 문화체육관광부장관은 예술인의 권익 보호와 복지정책의 수립·시행에 필요한 기초 자료로 활용하기 위하여 실태조사를 3년마다 실시한다고 했고, 동조 제2항에서 문화체육관광부장관은 제1항에 따른 실태조사 실시를 위하여 필요한 경우 관계 지방자치단체의 장 등에게 관련 자료의 제출을 요구할 수 있으며, 이 경우 자료의 제출을 요구받은 자는 특별한 사유가 없으면 이에 따라야 한다고 했으므로 지방자치단체의 장이 아닌 문화체육관광부장관이 실태조사 실시를 위하여 지방자치단체의 장 등에게 관련 자료의 제출을 요구할 수 있고, 자료의 제출을 요구받은 자는 특별한 사유가 없으면 이에 따라야 함을 알 수 있다.

오답 체크

① 두 번째 법조문(실태조사) 제1항에서 문화체육관광부장관은 예술인 복지 및 창작환경 등에 대한 실태조사를 3년마다 실시하고 그 결과를 공표하여야 하나 필요하다고 인정하는 경우 특정 분야 또는 사안 등을 대상으로 수시조사를 실시할 수 있다고 했으므로 문화체육관광부장관은 필요하다고 인정하는 경우 예술인들의 특정 사안에 대하여 수시조사를 실시할 수 있음을 알 수 있다.

③ 두 번째 법조문(실태조사) 제1항에서 문화체육관광부장관은 예술인의 권익보호와 복지정책의 수립·시행에 필요한 기초 자료로 활용하기 위하여 예술인 복지 및 창작환경 등에 대한 실태조사를 3년마다 실시하고 그 결과를 공표하여야 함을 알 수 있다.

④ 첫 번째 법조문(예술인 복지정책 기본계획) 제2항에서 문화체육관광부장관은 기본계획의 수립과 시행을 위하여 필요한 경우 관련 기관에게 협조를 요청할 수 있으며, 요청을 받은 자는 정당한 사유가 없으면 이에 따라야 함을 알 수 있다.

⑤ 세 번째 법조문(예술인의 경력 증명 등에 관한 조치 마련)에서 문화체육관광부장관은 예술인이 고용, 임금, 그 밖의 근로조건 등에 있어서 합리적인 이유 없이 불리하게 처우받지 아니하도록 예술인의 경력 증명 등에 필요한 별도의 조치를 마련하여야 함을 알 수 있다.

2 법·규정의 적용

정답 ⑤

두 번째 법조문 제2항에 따르면 전시회에 출품하기 위하여 담배를 반입 장소에 반입한 제조업자는 반입한 날이 속하는 달의 다음 달 15일까지 반입 사실을 반입지 관할 세무서장에게 신고하여야 한다. 따라서 戊는 2023년 6월 15일까지 고양시를 관할하는 세무서장에게 신고하여야 한다.

오답 체크

① 첫 번째 법조문 제4항에 따르면 납세의무자는 매월 제조장에서 반출한 담배의 종류와 수량을 적은 신고서를 반출한 날이 속하는 다음 달 말일까지 제조장 관할 세무서장에게 제출하여야 한다. 따라서 甲이 2023년 4월 30일까지 제조장 관할 세무서장에게 제출하여야 하는 신고서에는 3월에 반출된 담배의 종류와 수량을 적어야 한다.

② 첫 번째 법조문 제2항 제3호에 따르면 전자담배용 니코틴 용액에 부과되는 개별소비세는 1밀리리터당 370원이다. 1,000리터는 1,000,000밀리리터이므로 乙이 니코틴 용액 1,000리터에 대해 납부해야 하는 개별소비세는 3억 7,000만 원이다.

③ 첫 번째 법조문 제3항 제1호에 따르면 제조장에서 소비된 담배는 반출한 것으로 보나, 동일 제조장에서 연구 목적으로 사용된 담배는 그러하지 아니하다. 이에 따라 丙이 반출한 것으로 보는 담배는 엽궐련 20kg이고, 엽궐련에 대한 개별소비세는 1그램당 61원이므로 20,000 × 61 = 1,220,000원이다.

④ 첫 번째 법조문 제5항에 따르면 제품의 제조를 폐지한 경우에 제조장에 남아있는 담배는 제조장에서 반출하는 것으로 보며, 그 사유가 발생한 날이 속한 달의 다음 달 25일까지 신고서를 제출해야 한다. 따라서 丁이 2023년 4월부로 2만 개비가 남은 궐련의 제조를 폐지한 경우, 2023년 5월 25일까지 궐련 2만 개비에 대한 신고서를 관할 세무서장에게 신고하여야 한다.

3 법·규정의 적용

정답 ⑤

첫 번째 법조문 제4항 제1호에서 군사시설로 사용하려는 경우 산림청장은 수목원조성예정지의 지정을 변경하거나 해제할 수 있다고 했으므로 산림청장은 수목원조성예정지가 전부 군사시설로 사용될 경우, 수목원조성예정지의 지정을 해제해야 하는 것은 아님을 알 수 있다.

오답 체크

① 두 번째 법조문 제2항에서 산림청장은 제1항에 따라 국립수목원조성계획을 수립하는 경우에는 미리 주민의 의견을 듣고 관계 행정기관의 장과 협의하여야 하나 전조 제1항에 따라 수목원조성예정지를 지정할 때 주민의 의견을 들은 경우에는 주민의 의견을 듣는 절차를 생략할 수 있다고 했으므로 산림청장이 수목원조성예정지를 지정할 때 주민의 의견을 들었다면, 국립수목원조성계획을 수립할 때에는 주민의 의견을 듣는 절차를 생략할 수 있음을 알 수 있다.

② 첫 번째 법조문 제5항에서 지방자치단체의 장은 제1항 및 제4항에 따라 수목원조성예정지를 지정하거나 그 지정을 변경 또는 해제한 경우에는 그 사실을 토지소유자 및 관계 행정기관의 장에게 통보하여야 함을 알 수 있다.

③ 첫 번째 법조문 제6항 제3호에서 제1항 또는 제4항에 따라 지정되거나 지정변경된 수목원조성예정지에서는 인공구조물의 설치를 할 수 없으나 산림청장 또는 지방자치단체의 장의 허가를 받은 경우에는 그러하지 아니하다고 했으므로 지방자치단체의 장의 허가를 받은 경우, 수목원조성예정지로 지정된 구역에 인공구조물을 설치할 수 있음을 알 수 있다.

④ 첫 번째 법조문 제2항에서 지방자치단체의 장이 수목원조성예정지를 지정하려는 경우에는 미리 산림청장의 승인을 받아야 함을 알 수 있다.

4 법·규정의 적용

정답 ③

첫 번째 법조문 제1항 제3호에 따르면 병상이 350개인 종합병원은 필수진료과목 10개 중 최소 9개를 갖추어야 한다. A종합병원의 진료과목에는 성형외과가 포함되어 있으므로 제3호에 따른 필수진료과목 중 최대 7개만 갖추고 있다. 따라서 A종합병원이 병상을 350개로 늘리고자 한다면 최소 2개의 진료과목을 추가로 갖추어야 한다.

오답 체크

① 첫 번째 법조문 제2항에 따르면 필수진료과목 외의 진료과목 전문의는 해당 의료기관에 전속되지 않아도 된다. 성형외과는 필수진료과목이 아니므로 해당 성형외과 전문의는 A종합병원에 전속되지 않아도 된다. 따라서 A종합병원에 전속된 전문의는 최소 7명이다.

② 첫 번째 법조문 제1항 제2호에 따르면 병상이 150개인 종합병원은 영상의학과와 마취통증의학과를 갖추어야 하고, 내과·외과·소아청소년과·산부인과 중 3개 이상, 진단검사의학과·병리과 중 1개 이상을 갖추어야 한다. 이에 따라 진료과목에 산부인과와 병리과가 반드시 포함되지 않더라도 종합병원의 진료과목 요건을 충족할 수 있다. 따라서 A종합병원의 진료과목에는 산부인과와 병리과가 포함되지 않을 수도 있다.

④ 두 번째 법조문 제1호와 제2호에 따르면 상급종합병원으로 지정되기 위해서는 첫 번째 법조문 제1항 제3호에 따른 필수진료과목을 포함하여 20개 이상의 진료과목을 갖추어야 한다. B종합병원은 이미 첫 번째 법조문 제1항 제3호에 따른 필수진료과목을 충족했고, 20개의 진료과목을 갖추고 있으므로 진료과목을 추가로 갖추지 않더라도 상급종합병원으로 지정될 수 있다.

⑤ 두 번째 법조문 제2호에 따르면 종합병원이 상급종합병원으로 지정되기 위해서는 최소 20개의 진료과목을 갖추고 각 진료과목마다 전속하는 전문의를 1명 이상 두어야 한다. 따라서 B종합병원에 최소 20명의 전문의가 전속되어 있다면 상급종합병원으로 지정될 수 있다.

5 세부 정보 파악

정답 ⑤

두 번째 단락에서 동틀로 뽑은 면은 테플론 틀로 뽑은 것보다 훨씬 연한 색을 띤다고 했고 세 번째 단락에서 원통형 양 끝이 사선 모양으로 잘린 펜네 중 줄무늬가 있는 것은 리가테라고 했으므로 동틀로 뽑은 리가테 면은 양 끝이 사선 모양으로 잘려 있고, 테플론 틀로 뽑은 것보다 색이 연함을 알 수 있다.

오답 체크

① 세 번째 단락에서 스파게티는 롱 파스타 면 중 가장 잘 알려진 것이라고 했으므로 파스타가 스파게티 종류 중 하나인 것은 아님을 알 수 있다.

② 두 번째 단락에서 생면 파스타는 손으로 직접 치대 만들었기에 건조 파스타보다 쫄깃하고 부드러운 식감을 낸다고 했으므로 건조 파스타는 생면 파스타보다 더 쫄깃하고 부드러운 식감을 내는 것은 아님을 알 수 있다.

③ 세 번째 단락에서 카펠리니 차갑게 먹는 요리에 사용하는 것이 좋다고 했으므로 카펠리니는 뜨거운 소스와 잘 어울리는 것은 아님을 알 수 있다.

④ 세 번째 단락에서 롱 파스타 면 중 가장 잘 알려진 스파게티보다 더 얇은 면을 미국에서는 베르미첼리라고 부르기도 한다고 했으므로 베르미첼리는 쇼트 파스타 면이 아님을 알 수 있다.

6 계산·비교

정답 ④

乙은 차를 주문했다고 했고, 차 메뉴는 루이보스밖에 없으므로 乙은 루이보스를 주문했다. 또한, 丙이 주문한 메뉴의 총가격이 4,000원 이상이라고 했고, 아이스로 변경 메뉴를 주문한 사람은 乙과 丁뿐이므로 丙이 주문한 메뉴로 가능한 것은 카페모카에 샷 추가 5번이다. 이에 따라 甲~丁이 주문한 메뉴와 금액은 다음과 같다.

구분	甲	乙	丙	丁
메뉴	아메리카노/ 카페라떼	루이보스	카페모카	카페라떼/ 아메리카노
샷 추가			5번	
아이스로 변경	X	O	X	O
총 금액	1,500원 또는 2,000원	3,500원	4,000원	2,500원 또는 2,000원

따라서 두 사람이 결제한 금액은 甲이 4,000×0.9=3,600원, 乙이 7,500원으로 甲과 乙이 결제한 금액의 차이는 7,500−3,600=3,900원이다.

7 규칙 적용

정답 ①

• 지원 분야의 기준은 인사 또는 개발이므로 지원 분야가 영업인 B가 제외된다.
• 이전 직장 퇴사일의 기준은 현재를 기준으로 이전 직장 퇴사일이 6개월 이내이므로 2025년 2월 28일 현재를 기준으로 이전 직장 퇴사일이 6개월을 초과하는 D와 E가 제외된다.
• 서류 점수의 기준은 65점 이상이므로 서류 점수가 65점 미만인 C가 제외된다.

제시된 기준을 모두 만족하는 경우 서류 전형 탈락에서 제외한다고 했으므로 서류 전형 탈락에서 제외되는 지원자는 A이다.

8 규칙 적용

정답 ④

각 안의 이동경로와 비행시간의 총합, 운항요금의 총합은 다음과 같다.

구분	이동경로	비행시간의 총합(시간)	운항요금의 총합(만 원)
I안	A→B→C→A	13+2+17=32	58+10+90=158
II안	A→C→B→A	14+2+15=31	100+12+50=162
III안	A→B→C→B→A	13+2+2+15=32	58+10+12+50=130

I안의 운항요금의 총합은 II안보다 4만 원 저렴하다.

오답 체크

① I안의 비행시간의 총합(32시간)은 II안(31시간)보다 1시간보다 길다.

② I안의 비행시간의 총합(32시간)은 III안(32시간)과 같다.

③ III안을 선택할 때 이용하는 항공편의 항공사는 □□, □□, △△, △△순이므로 두 항공사의 항공편을 2회씩 이용한다.

⑤ II안의 운항요금의 총합은 III안보다 32만 원 비싸다.

9 세부 정보 파악

정답 ③

ㄱ. 첫 번째 단락에서 일반적으로 족보는 각 지면을 가로 6칸으로 나누는데, 한 칸은 같은 대를 의미하며 다음 대는 아래 칸에 이어 적는 방식이라고 했으므로 족보를 펼쳤을 때 한 지면의 첫 번째 칸에 기록된 사람과 마지막 칸에 기록된 사람은 5세대 차이가 남을 알 수 있다.

ㄴ. 마지막 단락에서 후계가 없을 때는 아래 칸에 '无后(무후)'라고 표시하여 후손이 없음을 표시하였다고 했으므로 족보를 펼쳤을 때 한 지면의 네 번째 칸에 기록된 사람이 한 명이고, 그에게 후계가 없다면, 다섯 번째 칸에 '无后'라고 표시함을 알 수 있다.

오답 체크

ㄷ. 첫 번째 단락에서 족보의 작성 방법은 공통적인 원칙에 따라 작성된다고 했으나 족보의 시조나 본관 등의 수록 범위는 제작하는 족보의 종류에 따라 다르다고 했으므로 족보의 수록 범위를 통일하기 위해 족보의 작성 원칙을 공통으로 정한 것은 아님을 알 수 있다.

10 세부 정보 파악

정답 ④

- 두 번째 단락에서 족보에 기록되는 사람이 선대의 양자라면 이름자 앞에 '繼(계)'라고 썼고, 호(號)가 있다면 '號(호)'와 이에 해당하는 명칭을 함께 적었다고 했음을 알 수 있다. 이때 〈상황〉에서 병재의 호는 덕명이라고 했으므로 병재의 이름과 호는 '繼병재 號덕명'으로 표시될 것임을 알 수 있다.
- 세 번째 단락에서 출생 및 사망에 대한 정보는 태어난 해의 간지와 '生(생)', 사망한 해의 간지와 '卒(졸)'을 순서대로 적었으며, 족보에 기록되는 사람이 70세가 되기 전에 사망하면 '享年(향년)'을 '卒(졸)' 뒤에 표시하였다고 했으므로 병재의 출생 및 사망연도는 '갑인生 병진卒 享年'으로 표시될 것임을 알 수 있다.
- 마지막 단락에서 배우자는 '配(배)'라는 글자 뒤에 배우자의 본관과 성씨, 그리고 그 뒤에 '父(부)'라는 글자와 배우자 아버지의 관직과 이름만을 나타냈다고 했으므로 병재의 배우자는 '配△△ 이씨 父 능참봉 재곤'으로 표시될 것임을 알 수 있다.

따라서 조선 시대 ○○ 김씨 족보에 표시될 내용은 병재의 이름과 호는 '繼병재 號덕명', 병재의 출생 및 사망연도는 '갑인生 병진卒 享年', 병재의 배우자는 '配△△ 이씨 父 능참봉 재곤'이다.

11 법·규정의 적용

정답 ①

ㄱ. 세 번째 법조문에서 다음 각 호의 어느 하나에 해당하는 사람은 요양보호사가 될 수 없다고 했으나, 동조 제1호에서 전문의가 요양보호사로서 적합하다고 인정하는 정신질환자는 그러하지 않는다고 했으므로 전문의가 요양보호사로서 적합하다고 인정한 정신질환자의 경우, 요양보호사가 될 수 있음을 알 수 있다.

ㄴ. 첫 번째 법조문 제2항에서 요양보호사가 되려는 사람은 제△△조에 따라 요양보호사 교육기관에서 교육과정을 마치고 시·도지사가 실시하는 요양보호사 자격시험에 합격하여야 함을 알 수 있다.

오답 체크

ㄷ. 두 번째 법조문 제2항 제4호에서 시·도지사는 요양보호사 교육기관이 요양보호사 교육기관을 운영하는 자가 교육 이수 관련 서류를 거짓으로 작성한 경우 사업의 정지를 명하거나 그 지정을 취소할 수 있다고 했으므로 요양보호사 교육기관 운영자가 교육 이수 관련 서류를 거짓으로 작성한 경우, 시·도지사는 해당 기관의 지정을 취소하여야 하는 것은 아님을 알 수 있다.

ㄹ. 첫 번째 법조문 제4항에서 시·도지사는 요양보호사 자격시험에 응시하고자 하는 사람과 자격증을 교부 또는 재교부 받고자 하는 사람에게 수수료를 납부하게 할 수 있다고 했으므로 요양보호사 교육기관이 아닌 시·도지사가 요양보호사 자격시험에 응시하고자 하는 사람에게 수수료를 납부하게 할 수 있음을 알 수 있다.

12 규칙 적용

정답 ③

첫 번째 자리부터 세 번째 자리까지는 100~621 사이의 숫자가 부여되므로 342가 부여될 수 있다.

네 번째 자리와 다섯 번째 자리에 부여된 80은 개인으로 보는 단체를 의미한다. 이에 따라 여섯 번째 자리부터 아홉 번째 자리까지는 6000~9999 사이의 숫자가 부여되어야 하므로 9999가 부여될 수 있다.

검증코드를 구해보면 다음과 같다.

1) $(3 \times 1)+(4 \times 3)+(2 \times 7)+(8 \times 1)+(0 \times 3)+(9 \times 7)+(9 \times 1)+(9 \times 3)+(9 \times 5)=181$

2) $(9 \times 5)/10=4.5$이므로 그 몫은 4이다.

3) $(181+4)/10=18 \ldots 5$이므로 나머지는 5이다.

4) $10-5=5$이므로 사업자등록번호의 열 번째 자리 숫자는 5이다.

따라서 3428099995는 甲국에서 부여될 수 있는 사업자등록번호이다.

오답 체크

① 네 번째 자리와 다섯 번째 자리에 부여된 82는 비영리법인의 본점 및 지점을 나타내므로 여섯 번째 자리부터 아홉 번째 자리까지는 0001~5999까지의 숫자가 부여되어야 한다. 따라서 甲국의 사업자등록번호 부여 체계상 여섯 번째 자리부터 아홉 번째 자리까지 6001이 부여될 수는 없다.

② 사업자등록번호의 여섯 번째 자리부터 아홉 번째 자리에 0000이 부여되는 경우는 없다.

④ 사업자등록번호의 첫 번째 자리부터 세 번째 자리까지는 100~621 사이의 숫자가 부여된다. 따라서 甲국의 사업자등록번호 부여 체계상 첫 번째 자리부터 세 번째 자리까지 623이 부여될 수는 없다.

⑤ 102810001로 검증코드를 구해보면 다음과 같다.

1) $(1 \times 1)+(0 \times 3)+(2 \times 7)+(8 \times 1)+(1 \times 3)+(0 \times 7)+(0 \times 1)+(0 \times 3)+(1 \times 5)=31$

2) $(1 \times 5)/10=0.5$이므로 그 몫은 0이다.

3) $(31+0)/10=3 \ldots 1$이므로 나머지는 1이다.

4) $10-1=9$이므로 사업자등록번호의 열 번째 자리 숫자는 9이다.

따라서 甲국의 사업자등록번호 부여 체계상 열 번째 자리에 1이 부여될 수는 없다.

13 세부 정보 파악

정답 ③

두 번째 단락에서 미국은 용광로 이론을 활용하여 동화정책을 적극적으로 펼쳤으나 백인은 상류층, 유색인은 중류층과 하류층으로 고착화되는 사회의 계층화 현상을 초래하였다고 했으므로 용광로 이론에 따른 미국의 다문화 정책의 결과 백인과 유색인을 구별하는 사회 계층이 형성되었음을 알 수 있다.

오답 체크

① 첫 번째 단락에서 불행이론에서 자신이 사회·경제적으로 힘든 상황에 처한 이유는 외국인이 자신의 일자리를 빼앗아갔기 때문이라고 생각하고, 이에 따른 상대적인 박탈감으로 외국인의 혐오가 발생한다고 했으므로 경제성장의 둔화로 인한 일자리 부족현상의 심각으로 제노포비아가 발생했다고 분석하는 관점은 불행이론임을 알 수 있다.

② 세 번째 단락에서 우리나라 다문화 정책이 여러 부처에서 중구난방으로 추진되어 일관성이 존재하지 않는 문제가 있다고 했으므로 우리나라는 체류외국인 증가 추세에 맞게 다문화 정책을 부처별로 다각화할 필요가 있는 것은 아님을 알 수 있다.

④ 첫 번째 단락에서 엘리트선동이론은 사회적 명망가나 정치적 엘리트가 외국인에 대한 인종차별적 또는 경계성 발언을 할 때, 사회적으로 제노포비아가 발생한다고 했으므로 정치인들이 총선에서 외국인들은 잠재적 범죄자이므로 규제를 강화해야 한다는 차별적 발언을 통해 제노포비아를 형성한다면 엘리트선동이론으로 설명될 수 있음을 알 수 있다.

⑤ 두 번째 단락에서 샐러드 볼 이론이 고유한 문화를 지키고 조화를 이루는 것을 목표로 한다고 했고, 다양한 인종과 민족이 정체성을 지키면서 더불어 살 수 있게 하는 것이라고 했으므로 단일민족 문화인 한민족을 강조하는 정책기조를 펼친다면 다문화를 수용하는 정책이 아니므로 샐러드 볼 이론을 활용한 것이 아님을 알 수 있다.

14 규칙 적용

정답 ④

5개의 사물함의 내측 길이와 무게를 네 가지 기준에 따라 정리하면 다음과 같다.

사물함	기준 1 (높이)	기준 2 (가로 길이×세로 길이)	기준 3 (가로 길이+세로 길이+높이)	기준 4 (무게)
A	105	3,375	225	20
B	95	3,500	215	18
C	80	3,000	195	15
D	85	2,275	185	22
E	110	2,400	210	21

甲은 기준 1을 선택하면 사물함 E, 기준 2를 선택하면 사물함 B, 기준 3을 선택하면 사물함 A, 기준 4를 선택하면 사물함 C를 구매한다. 따라서 甲은 어떤 기준을 따르더라도 사물함 D를 구매하지 않는다.

15 계산·비교

정답 ②

제시된 내용에 따라 교재 50권을 제작할 경우 인쇄소 A~C의 총 교재 제작 비용을 구하면 다음과 같다.

구분	A 인쇄소	B 인쇄소	C 인쇄소
용지 비용	(150×2×20)×50 =300,000원	(200×2×20)×50 =400,000원	(250×2×20)×50 =500,000원
인쇄 비용	10,000×50 =500,000원	6,000×50 =300,000원	4,000×50 =200,000원
추가 비용	–	5,000×5 =25,000원	5,000×10 =50,000원
총 교재 제작 비용	300,000+500,000 =800,000원	400,000+300,000+ 25,000=725,000원	500,000+200,000+ 50,000=750,000원

따라서 교수 甲이 교재를 주문할 인쇄소는 B이고, 총 교재 제작 비용은 725,000원이다.

16 논리퍼즐

정답 ④

• 乙이 국어 특기생인 경우와 영어 특기생인 경우로 나눠서 첫 번째 라운드 점수를 계산해본다.

〈경우 1〉 乙이 국어 특기생인 경우

순위	국어 점수	순위	영어 점수
1	30	1	70
2	27	2	63
3	24	3	56
4	21	4	49
5	18	5	42

乙의 첫 번째 라운드 점수는 91점이고 공동 순위는 기록하지 않았으므로 乙이 첫 번째 라운드에서 기록한 순위로 가능한 경우는 국어 순위 4위, 영어 순위 1위이지만 乙의 국어 순위는 영어 순위와 같거나 영어 순위보다 높으므로 乙은 국어 특기생이 아님을 알 수 있다.

〈경우 2〉 乙이 영어 특기생인 경우

순위	국어 점수	순위	영어 점수
1	70	1	30
2	63	2	27
3	56	3	24
4	49	4	21
5	42	5	18

乙의 첫 번째 라운드 점수는 91점이고 공동 순위는 기록하지 않았으므로 乙이 첫 번째 라운드에서 기록한 순위로 가능한 경우는 국어 순위 1위, 영어 순위 4위이다. 이때, 乙의 국어 순위는 영어 순위와 같거나 영어 순위보다 높으므로 乙은 영어 특기생임을 알 수 있다.

• 乙은 두 번째 라운드에서 공동 순위가 한 번 있었고 치러진 두 라운드에서 공동 순위가 4명 이상인 경우는 없었기 때문에 공동 순위는 2명 또는 3명이 함께 될 수 있지만 2명이 공동 순위를 기록한다면 乙의 두 번째 라운드 점수는 정수가 아닌 수가 되므로 乙의 점수가 79점이 될 수 없다. 이에 따라 공동 순위는 3명이서 기록했고 10씩 차이나는 세 점수를 3으로 나누면 중간에 있는 수가 그 평균이 된다. 乙이 영어 순위에서 다른 2명의 학생과 공동 순위를 기록할 수 있는 순위는 1위 또는 2위 또는 3위이고 이때 乙이 획득할 수 있는 점수는 27점 또는 24점 또는 21점이지만 해당 점수와 국어 점수를 더하여 79점이 나올 수 있는 경우는 없으므로 乙은 국어 과목에서 공동 순위를 기록했음을 알 수 있다. 乙이 국어 순위에서 다른 2명의 학생과 공동 순위를 기록할 수 있는 순위는 1위 또는 2위 또는 3위이고 이때 乙이 획득할 수 있는 점수는 63점 또는 56점 또는 49점이다. 乙의 두 번째 라운드 점수는 79점이므로 乙은 국어 과목에서 3위를 기록해 49점을 획득하고 영어 과목에서 1위를 기록해 30점을 획득하였음을 알 수 있다. 따라서 乙의 특기 과목은 영어이고 첫 번째 라운드와 두 번째 라운드에서 乙이 획득한 국어 점수의 합은 70+49=119임을 알 수 있다.

17 논리퍼즐

정답 ①

제시된 재학 기록에 따라 甲의 휴·복학 내용을 정리하면 다음과 같다.

• 첫 번째 기록에 따르면 甲은 2012년 1학기에 입학, 2019년에 4학년 1학기로 조기졸업을 하였고, 두 번째 기록에 따르면 2013년부터 2년간 휴학을 하고, 휴학을 마친 다음 해 복학했으므로 2015년에 복학했다.

• 네 번째 기록에 따르면 甲은 2016년에 1년간 휴학을 했고, 2017~2019년에는 1학기마다 휴학하고 2학기에는 복학했다.

이에 따라 甲의 재학 기록을 정리하면 다음과 같다.

구분	2012		2013	2014	2015		2016	2017	2018	2019
	1학기	2학기			1학기	2학기		2학기	2학기	2학기
학년/학기	1/1	1/2	휴학		2/1	2/2	휴학	3/1	3/2	4/1
수강 과목	–				–	–		–	–	–

- 세 번째 기록에 따르면 甲은 4학년 때 '사회혁신실습' 과목을 수강했고, 2017년에 '전략경영론' 과목을 수강했으므로 甲이 '전략경영론' 과목을 수강한 시기는 2017년 2학기인 3학년 1학기, '사회혁신실습' 과목을 수강한 시기는 2019년 2학기인 4학년 1학기이다.
- 두 번째 기록에 따르면 甲은 2015년에 복학한 후 1학기에 '교양댄스스포츠' 과목을 수강했으므로 甲이 '교양댄스스포츠' 과목을 수강한 시기는 2015년 1학기인 2학년 1학기이다. 이를 정리하면 다음과 같다.

연도	2012		2013	2014	2015		2016	2017	2018	2019
구분	1학기	2학기			1학기	2학기		2학기	2학기	2학기
학년/학기	1/1	1/2	휴학		2/1	2/2	휴학	3/1	3/2	4/1
수강 과목	–				교양댄스스포츠	–		전략경영론	–	사회혁신실습

- 다섯 번째 기록에 따르면 甲은 재학 기간 동안 '재무회계' 과목을 '원가관리회계' 과목보다 먼저 수강했으며, '회계감사' 과목을 '원가관리회계'보다 나중에 수강했고, 두 번째 기록에 따르면 1학년 때 '교양골프' 과목을 수강했으므로 이를 정리하면 다음과 같다.

연도	2012		2013	2014	2015		2016	2017	2018	2019
구분	1학기	2학기			1학기	2학기		2학기	2학기	2학기
학년/학기	1/1	1/2	휴학		2/1	2/2	휴학	3/1	3/2	4/1
수강 과목	교양골프/재무회계				교양댄스스포츠	원가관리회계		전략경영론	회계감사	사회혁신실습

따라서 甲이 2학년 2학기에 수강한 과목은 '원가관리회계'이다.

18 논리퍼즐

정답 ②

특이사항을 바탕으로 회차별 순위를 특정할 수 있다.

- 1회차: D는 C보다 높은 순위를 기록하므로 1위이며, A는 1위 또는 4위이므로 4위이다. 또한, E는 A보다 한 순위 낮거나 한 순위 높으므로 5위이다.
- 2회차: A는 1위 혹은 4위이므로 1위이고, E는 A보다 한 순위 낮거나 한 순위 높으므로 2위이다. 또한, D는 C보다 높은 순위를 기록하므로 3위이고 나머지 B는 5위이다.
- 3회차: A는 1위 혹은 4위이고 E는 A보다 한 순위 낮거나 한 순위 높으므로 A는 4위, E는 3위 또는 5위이다. 이때, C는 D보다 낮은 순위이며 3위를 기록하지 않으므로 C는 5위, E는 3위임을 알 수 있다. 이에 따라 B는 1위이다.
- 4회차: E는 A보다 한 순위 낮거나 한 순위 높으므로 A는 1위이며, D는 C보다 높은 순위이므로 C는 5위, D는 4위이다.

이상의 내용을 표로 나타내면 다음과 같다.

순위 \ 회차	1회차	2회차	3회차	4회차
1위(10점)	D	A	B	A
2위(8점)	C	E	D	E
3위(5점)	B	D	E	B
4위(3점)	A	C	A	D
5위(1점)	E	B	C	C

회차별 순위에 따른 경주마 A~E의 점수 총합은 다음과 같다.

A: 3+10+3+10=26점

B: 5+1+10+5=21점

C: 8+3+1+1=13점

D: 10+5+8+3=26점

E: 1+8+5+8=22점

따라서 甲은 점수의 총합이 가장 큰 A와 D를 경마대회에 참가시킨다.

19 계산·비교

정답 ②

제갈량의 배는 조조군의 진영에서 500m 떨어진 곳에서부터 1분에 10m씩 조조군의 진영을 향해 전진한다고 했고, 조조군 궁수 부대는 제갈량의 배가 20m까지 접근하면 짚더미만 실린 배임을 알아채고 더 이상 화살을 쏘지 않는다고 했으므로 甲~丙 궁수 부대가 쏜 화살을 정리하면 다음과 같다.

- 甲: 500m부터 20m까지 화살을 쏘므로 총 48분간 화살을 쏜다. 甲 궁수 부대가 쏘는 화살은 1분당 100발이고 제갈량의 배에 맞는 화살은 1분당 100×0.5=50발이므로 제갈량의 배는 총 48×50=2,400발의 화살을 맞게 된다.
- 乙: 250m부터 20m까지 화살을 쏘므로 총 23분간 화살을 쏜다. 乙 궁수 부대가 쏘는 화살은 1분당 500발이고 제갈량의 배에 맞는 화살은 1분당 500×0.7=350발이므로 제갈량의 배는 총 23×350=8,050발의 화살을 맞게 된다.
- 丙: 100m부터 20m까지 화살을 쏘므로 총 8분간 화살을 쏜다. 丙 궁수 부대가 쏘는 화살은 1분당 2,000발이고 제갈량의 배에 맞는 화살은 1분당 2,000×0.9=1,800발이므로 제갈량의 배는 총 8×1,800=14,400발의 화살을 맞게 된다.

이때 배에 명중한 조조군의 화살 중 90%만 다시 사용할 수 있다고 했으므로 사용할 수 있는 화살의 총 개수는 (2,400+8,050+14,400)×0.9=22,365발이다.

따라서 제갈량이 조조군으로부터 얻어내어 사용할 수 있는 화살의 개수는 22,365발이다.

20 계산·비교

정답 ④

빵 1개를 만드는 데 필요한 재료비를 정리하면 다음과 같다.

(단위: 원)

빵 \ 재료	밀가루	설탕	우유	계란	총합
티라미수	7×150=1,050	1×50=50	5×100=500	3×500=1,500	3,100
브라우니	5×150=750	1×50=50	4×100=400	4×500=2,000	3,200
머핀	5×150=750	2×50=100	8×100=800	2×500=1,000	2,650

네 번째 조건과 다섯 번째 조건에 따르면, 甲이 계란 1개를 덜 구매했음에도 丙의 재료비가 가장 적게 나왔다. 이에 따라 丙이 만든 빵은 재료비가 가장 저렴한 머핀임을 알 수 있다. 또한, 甲이 만든 빵은 재료비에서 500원을 뺀 값이 2,650원보다 커야 하므로 甲이 만든 빵은 재료비가 2,650+500=3,150원 이상인 브라우니이다.

따라서 甲, 乙, 丙이 만든 빵의 종류는 甲이 '브라우니', 乙이 '티라미수', 丙이 '머핀'이다.

21 논리퍼즐

정답 ①

ㄱ. 甲이 뽑은 파란색 카드의 숫자가 3번일 때 甲이 뽑을 수 있는 카드 조합은 (3, 1), (3, 2), (3, 3)이고, 甲의 카드 조합에 따라 乙이 뽑을 수 있는 카드 조합을 정리하면 다음과 같다.

甲이 뽑을 수 있는 카드 조합	乙이 뽑을 수 있는 카드 조합			
(3, 1)	(1, 2)	(1, 3)	(2, 2)	(2, 3)
	甲 승	무승부	무승부	乙 승
(3, 2)	(1, 1)	(1, 3)	(2, 1)	(2, 3)
	甲 승	甲 승	甲 승	무승부
(3, 3)	(1, 1)	(1, 2)	(2, 1)	(2, 2)
	甲 승	甲 승	甲 승	甲 승

따라서 甲이 뽑은 파란색 카드의 숫자가 3번일 때 甲이 이길 확률은 2/3이고, 乙이 이길 확률은 1/12이므로 甲이 이길 확률은 乙이 이길 확률보다 높다.

오답 체크

ㄴ. 甲이 뽑은 카드 조합이 파란색 1번 카드와 빨간색 2번 카드일 때 乙은 파란색 2번, 3번 카드와 빨간색 1번, 3번 카드를 뽑을 수 있으므로 甲의 카드 조합에 따라 乙이 뽑을 수 있는 카드 조합을 정리하면 다음과 같다.

甲이 뽑을 수 있는 카드 조합	乙이 뽑을 수 있는 카드 조합			
(1, 2)	(2, 1)	(2, 3)	(3, 1)	(3, 3)
	무승부	乙 승	乙 승	乙 승

따라서 甲이 뽑은 카드 조합이 파란색 1번 카드와 빨간색 2번 카드일 때 甲은 乙을 이길 수 없고, 乙이 이길 확률은 3/4이므로 乙이 이길 확률이 甲이 이길 확률보다 높다.

ㄷ. 甲이 뽑은 카드 숫자의 합이 짝수일 때 가능한 파란색 카드와 빨간색 카드의 조합은 (1, 1), (1, 3), (2, 2), (3, 1), (3, 3)으로 모두 5가지이고, 甲의 카드 조합에 따라 乙이 뽑을 수 있는 카드 조합을 정리하면 다음과 같다.

甲이 뽑을 수 있는 카드 조합	乙이 뽑을 수 있는 카드 조합			
(1, 1)	(2, 2)	(2, 3)	(3, 2)	(3, 3)
	乙 승	乙 승	乙 승	乙 승
(1, 3)	(2, 1)	(2, 2)	(3, 1)	(3, 2)
	甲 승	무승부	무승부	乙 승
(2, 2)	(1, 1)	(1, 3)	(3, 1)	(3, 3)
	甲 승	무승부	무승부	乙 승
(3, 1)	(1, 2)	(1, 3)	(2, 2)	(2, 3)
	甲 승	무승부	무승부	乙 승
(3, 3)	(1, 1)	(1, 2)	(2, 1)	(2, 2)
	甲 승	甲 승	甲 승	甲 승

따라서 甲이 뽑은 카드 숫자의 합이 짝수일 때 甲이 이길 확률은 7/20이고, 乙이 이길 확률은 7/20이므로 甲이 이길 확률과 乙이 이길 확률은 서로 동일하다.

22 논리퍼즐

정답 ①

ㄱ. 분야가 과학인 책을 반드시 두 권 이상 구매해야 하므로 먼저 분야가 과학인 책 세 권과 과학 이외 분야의 책 한 권을 구매하는 경우에 구매 조합에 포함되지 않는 책을 분류한 다음, 해당 책들이 분야가 과학인 책 두 권과 과학 이외 분야의 책 두 권을 구매하는 경우에도 구매 조합에 포함되지 않는지 파악한다.

〈경우 1〉 분야가 과학인 책 C, K, N을 모두 구매하는 경우

(C, K, N)을 모두 구매하는 경우 쪽수는 1,200쪽, 가격은 110,000원이므로 쪽수 제한에 따라 D, J, L은 구매 조합에 포함될 수 없고, 가격 제한에 따라 F, J, L은 구매 조합에 포함될 수 없다.

〈경우 2〉 분야가 과학인 책 두 권을 구매하는 경우

- (C, K)를 구매하는 경우 쪽수는 800쪽, 가격은 60,000원이다. 이때 F는 쪽수가 200쪽, 가격이 50,000원이므로 (C, K)와 A를 구매한다면 쪽수는 1,300쪽, 가격은 130,000원으로 F를 구매할 수 있는 경우가 존재한다. 또한 L은 쪽수가 400쪽, 가격이 60,000원이므로 (C, K)와 A를 구매한다면 쪽수는 1,500쪽, 가격은 140,000원으로 L을 구매할 수 있는 경우가 존재한다. 이에 따라 F와 L은 구매 조합에 포함될 수 있다.
- (K, N)을 구매하는 경우 쪽수는 700쪽, 가격은 80,000원이다. 이때 D는 쪽수가 700쪽, 가격이 30,000원이므로 (K, N)과 M을 구매한다면 쪽수는 1,500쪽, 가격은 140,000원으로 D를 구매할 수 있는 경우가 존재한다. 이에 따라 D는 구매 조합에 포함될 수 있다.
- (C, N)을 구매하는 경우 쪽수는 900쪽, 가격은 80,000원이다. 이때 J는 쪽수가 800쪽, 가격이 50,000원이므로 분야가 과학인 책 두 권을 포함한 책을 네 권 구매한다면 반드시 쪽수가 1,500쪽을 초과하여 어떠한 경우에도 구매할 수 없다. 이에 따라 J는 구매 조합에 포함될 수 없다.

따라서 책을 네 권 구매하는 경우, 어떠한 경우에도 구매 조합에 포함되지 않는 책은 J 한 권이다.

오답 체크

ㄴ. 분야가 과학인 책은 C, K, N이고, 세 권을 모두 구매하는 경우, 쪽수는 1,200쪽, 가격은 110,000원이다. 이에 따라 분야가 과학인 책을 세 권 포함하여 책을 다섯 권 구매하려면 나머지 책 두 권의 쪽수 합이 300쪽 이하이고 가격의 합이 40,000원 이하여야 한다. 이때 쪽수가 100쪽으로 가장 적은 M과 쪽수가 200쪽인 B, E, F, H의 조합을 파악한다. M의 가격이 30,000원이므로 나머지 한 권의 가격은 10,000원이어야 하나, B, E, F, H 중 가격이 10,000원인 H는 M과 분야가 같아 구매할 수 없다. 따라서 책을 다섯 권 구매하는 경우, 분야가 과학인 책은 세 권 구매할 수 없다.

ㄷ. 분야가 과학인 책을 두 권 또는 세 권 구매할 때를 기준으로 파악한다.

- (C, K, N)을 모두 구매하는 경우, 쪽수는 1,200쪽, 가격은 110,000원이다. 이때 나머지 책 세 권의 쪽수 합이 300쪽 이하이고, 가격 합이 40,000원 이하인 경우는 없으므로 책을 여섯 권 구매할 수 없다.
- (C, K)를 구매하는 경우, 쪽수는 800쪽, 가격은 60,000원이므로 나머지 책 네 권의 쪽수 합이 700쪽 이하이고, 가격 합이 90,000원 이하여야 한다. 이때 쪽수를 기준으로 쪽수가 100쪽인 M과 200쪽인 B,

E, F, H 중 세 권을 조합해보면, B와 E는 분야가 같아서 함께 구매할 수 없으므로 가능한 조합은 (B, F, H, M), (E, F, H, M) 두 가지이다. 그러나 두 가지 조합 모두 가격이 110,000원이므로 책을 여섯 권 구매할 수 없다.

- (C, N)을 구매하는 경우, 쪽수는 900쪽, 가격은 80,000원이다. 이때 나머지 책 네 권의 쪽수 합이 600쪽 이하이고, 가격 합이 70,000원 이하인 경우는 없으므로 책을 여섯 권 구매할 수 없다.
- (K, N)을 구매하는 경우, 쪽수는 700쪽, 가격은 80,000원이므로 나머지 책 네 권의 쪽수 합이 800쪽 이하이고, 가격 합이 70,000원 이하여야 한다. 이때 가격을 기준으로 가격이 10,000원인 H와 20,000원인 A, B, E, G 중 세 권을 조합해보면, A는 H와 분야가 같아서 함께 구매할 수 없으므로 가능한 조합은 (B, E, G, H) 뿐이나, 이 조합은 쪽수의 합이 900쪽이므로 책을 여섯 권 구매할 수 없다.

따라서 甲은 여섯 권의 책을 구매할 수 없다.

23 계산·비교

정답 ③

- 甲은 8시 00분에 집을 출발하여 10분 후 지하철 1호선 1번 역에 도착하고, 지하철 1호선은 08시 00분부터 6분마다 열차가 역에 도착하므로 08시 10분에 1호선 1번 역 승강장에 도착한 甲은 08시 12분에 도착하는 열차에 탈 수 있다.
- 1호선은 하나의 역에서 다음 역까지 이동하는 데 2분이 걸리므로 1호선 8번 역에 도착하는 시간은 14분 후인 08시 26분이다.
- 1호선 8번 역에서 2호선 2번 역으로 환승하는 데 3분이 걸리므로 2호선 2번 역 승강장에는 08시 29분에 도착한다. 이때 지하철 2호선은 08시 00분부터 10분마다 열차가 1번 역에 도착하고, 하나의 역에서 다음 역까지 이동하는 데는 5분이 걸린다고 했으므로 甲은 08시 35분에 2호선 2번 역에 도착하는 열차에 탈 수 있다.
- 2호선은 하나의 역에서 다음 역까지 이동하는 데 5분이 걸리므로 2호선 5번 역에 도착하는 시간은 15분 후인 08시 50분이다.
- 2호선 5번 역에서 3호선 4번 역으로 환승하는 데 5분이 걸리므로 3호선 4번 역 승강장에는 08시 55분에 도착한다. 이때 지하철 3호선은 08시 00분부터 8분마다 열차가 1번 역에 도착하고, 하나의 역에서 다음 역까지 이동하는 데는 1분이 걸린다고 했으므로 甲은 08시 59분에 3호선 4번 역에 도착하는 열차에 탈 수 있다.
- 3호선은 하나의 역에서 다음 역까지 이동하는 데 1분이 걸리므로 3호선 8번 역에 도착하는 시간은 4분 후인 09시 03분이다.
- 3호선 8번 역 하차 후 목적지까지는 도보로 5분이 걸리므로 甲이 목적지에 도착하는 시각은 09시 08분이다.

24 논리퍼즐

정답 ②

ㄱ. 乙이 게임에서 승리하는 경우가 있는지 확인한다. 甲이 9와 7을 뽑아서 97을 만들고, 乙이 8과 6을 뽑아서 86을 만든다. 86이 97보다 91에 더 가까우므로 乙이 승리한다.

ㄷ. 두 사람은 2, 4, 6, 8중 두 장씩 뽑았고, 그중 8은 乙이 뽑은 카드이므로 乙이 뽑은 카드를 기준으로 경우의 수를 나타내면 다음과 같다.

〈경우 1〉 乙이 2, 8을 뽑은 경우
甲은 4와 6을 뽑아 46을 만들고, 乙은 28을 만든다. 이때 두 숫자 모두 37과 9만큼 차이 나므로 더 큰 숫자인 46을 만든 甲이 승리한다.

〈경우 2〉 乙이 4, 8을 뽑은 경우
甲은 2와 6을 뽑아 26을 만들고 乙은 48을 만든다. 이때 두 숫자 모두 37과 11만큼 차이 나므로 더 큰 숫자인 48을 만든 乙이 승리한다.

〈경우 3〉 乙이 6, 8을 뽑은 경우
甲은 2와 4를 뽑아 42를 만들고 乙은 68을 만든다. 42가 68보다 37에 더 가까운 숫자이므로 甲이 승리한다.

〈경우 2〉에 따라 乙이 승리하는 경우가 있으므로 심판이 말한 숫자가 37이고 두 사람은 짝수 카드만을 뽑았으며 그중 8은 乙이 뽑은 경우 乙이 게임에서 승리할 수 있다.

오답 체크

ㄴ. 甲이 게임에서 승리하는 경우가 있는지 확인한다. 甲이 만들 수 있는 숫자 중 67과의 차이가 가장 작은 숫자는 74이고, 乙이 만들 수 있는 숫자 중 67과의 차이가 가장 큰 숫자는 61이다. 이 경우에도 74보다 61이 67과의 차이가 더 작다. 따라서 심판이 말한 숫자가 67이고 甲이 뽑은 카드에는 4, 乙이 뽑은 카드에는 6이 포함되어 있다면 甲은 게임에서 승리할 수 없다.

ㄹ. 乙이 게임에서 승리하는 경우가 있는지 확인한다. 甲이 5와 7을 뽑아서 57을 만들고 乙이 3과 6을 뽑아서 63을 만들면 두 숫자 모두 60과 3만큼 차이 나므로 더 큰 숫자인 63을 만든 乙이 승리한다. 따라서 심판이 말한 숫자가 60이고 甲이 뽑은 카드는 모두 소수, 乙이 뽑은 카드는 모두 3의 배수인 경우 반드시 甲이 승리하는 것은 아니다.

25 규칙 적용

정답 ②

제시된 글에 따라 甲국의 선거 과정을 정리하면 다음과 같다.

- 과정 1: 1순위 득표 수가 전체 유권자 수의 50%를 초과하면 당선
- 과정 2: 2순위 득표 수를 두 표당 1순위 득표 수 한 표로 계산한 뒤, 이에 따른 1순위 득표 수가 전체 유권자 수의 50%를 초과하면 당선(단, 2순위 득표 수가 홀수라면 1순위 득표 수로 환산할 때 소수점 첫째 자리에서 반올림)
- 과정 3: 과정 2의 당선자에 해당되는 후보자가 2명 이상인 경우, 과정 2에 따른 각 후보자의 1순위 득표 수에서 거부 후보자 득표 수를 뺀 값이 가장 높으면 당선
- 과정 3에서 거부 후보자 득표 수가 전체 유권자의 수의 30%를 초과하면 당선X
- 과정 2의 당선자에 해당하는 후보자가 아무도 없는 경우, 모든 후보자를 대상으로 과정 3 진행

과정 1에 따라 당선자를 결정하기 위해서는 1순위 득표 수가 1,500 × 0.5 = 750표를 초과하는 후보자가 있어야 하나, 1순위 득표 수가 750표를 초과한 후보자가 한 명도 없으므로 과정 2를 진행해야 함을 알 수 있다.

과정 2에 따라 각 후보자의 2순위 득표 수를 두 표당 1순위 득표 수 한 표로 계산하면, 1순위 득표 수는 A가 371 + 382.5 ≒ 754표, B가 197 + 624 = 821표, C가 288 + 63 = 351표, D가 412 + 360 = 772표, E가 232 + 70.5 ≒ 303표이다. 이에 따라 득표 수가 750표를 초과한 후보자 A, B, D를 대상으로 과정 3을 진행해야 한다.

과정 3에 따라 거부 후보자 득표 수가 482표로 1,500 × 0.3 = 450표를 초과한 A는 당선자가 될 수 없고, 과정 2에 따른 1순위 득표 수에서 거부 후보자 득표 수를 뺀 최종 득표 수는 B가 821 − 335 = 486표, D가 772 − 290 = 482표이므로 B가 당선됨을 알 수 있다.

따라서 올해 실시된 甲국 선거에서 당선된 후보자는 B이다.

실전모의고사 3회

모바일 자동 채점 및 성적 분석 서비스

정답

1	⑤	법·규정의 적용	6	①	계산·비교	11	④	법·규정의 적용	16	①	논리퍼즐	21	③	논리퍼즐
2	⑤	법·규정의 적용	7	④	규칙 적용	12	②	규칙 적용	17	②	논리퍼즐	22	②	논리퍼즐
3	①	법·규정의 적용	8	③	규칙 적용	13	③	세부 정보 파악	18	④	논리퍼즐	23	②	계산·비교
4	③	법·규정의 적용	9	①	세부 정보 파악	14	②	규칙 적용	19	④	계산·비교	24	④	논리퍼즐
5	①	세부 정보 파악	10	③	계산·비교	15	②	계산·비교	20	①	계산·비교	25	①	규칙 적용

취약 유형 분석표

유형별로 맞힌 개수, 틀린 문제 번호와 풀지 못한 문제 번호를 적고 나서 취약한 유형이 무엇인지 파악해 보세요.

유형	맞힌 개수	틀린 문제 번호	풀지 못한 문제 번호
세부 정보 파악	/3		
법·규정의 적용	/5		
계산·비교	/6		
규칙 적용	/5		
논리퍼즐	/6		
TOTAL	/25		

해설

1 법·규정의 적용

정답 ⑤

네 번째 법조문 제2항에서 배심원의 평결결과와 다른 판결을 선고하는 때에는 판결서에 그 이유를 기재하여야 한다고 했으므로 판결의 선고를 배심원의 평결결과와 다르게 한 경우, 판결서에 배심원의 평결결과와 다른 판결을 선고한 이유를 기재해야 함을 알 수 있다.

오답 체크

① 두 번째 법조문에서 배심원 또는 예비배심원은 법원의 증거능력에 관한 심리에 관여할 수 없음을 알 수 있다.

② 첫 번째 법조문 제2항에서 법원은 사임 신청에 이유가 있다고 인정하는 때에는 당해 배심원 또는 예비배심원을 해임하는 결정을 할 수 있다고 했고, 동조 제3항에서 제2항의 결정을 함에 있어서는 검사·피고인 또는 변호인의 의견을 들어야 한다고 했으므로 법원이 배심원의 사임 신청이 이유가 있다고 인정한 경우, 법원은 배심원의 해임을 결정하기 위해 검사·피고인 또는 변호인의 의견을 들어야 함을 알 수 있다.

③ 세 번째 법조문 제2항에서 배심원은 유·무죄에 관하여 전원의 의견이 일치하지 아니하는 때에는 평결을 하기 전에 심리에 관여한 판사의 의견을 들어야 한다고 했고, 이 경우 유·무죄의 평결은 다수결의 방법으로 하며 심리에 관여한 판사는 평의에 참석하여 의견을 진술한 경우에도 평결에는 참여할 수 없다고 했으므로 배심원의 유·무죄에 관하여 전원의 의견이 일치하지 않은 경우, 배심원은 심리에 관여한 판사를 포함하지 않고 다수결의 방법으로 유·무죄의 평결을 해야 함을 알 수 있다.

④ 마지막 법조문 제1항에서 배심원 또는 예비배심원이 직무상 알게 된 비밀을 누설한 때에는 6개월 이하의 징역 또는 300만 원 이하의 벌금에 처한다고 했고, 동조 제2항에서 배심원 또는 예비배심원이었던 자가 직무상 알게 된 비밀을 누설한 때에도 제1항과 같으나 연구에 필요한 협조를 한 경우는 그러하지 아니하다고 했으므로 배심원이었던 자가 직무상 알게 된 비밀을 누설하더라도 사법 연구에 필요한 협조를 하기 위함이었다면 벌금에 처해지지 않음을 알 수 있다.

2 법·규정의 적용

정답 ⑤

첫 번째 법조문(보상금) 제3항에 따르면 보상금의 지급신청은 국가 또는 지방자치단체에 수입의 회복이나 증대에 관한 법률관계가 확정되었음을 안 날부터 2년 이내, 그 법률관계가 확정된 날부터 5년 이내에 하여야 한다. 따라서 戊가 2020년 1월 2일에 법률관계의 확정 사실을 알게 되었다면, 법률관계가 확정된 2015년 1월 1일로부터 5년이 지났으므로 戊는 보상금의 지급을 신청할 수 없다.

오답 체크

① 첫 번째 법조문(보상금) 제1항에서 내부 공익신고자는 공익신고로 인하여 국가 또는 지방자치단체에 직접적인 수입의 회복 또는 증대를 가져오거나 그에 관한 법률관계가 확정된 때에 보상금의 지급을 신청할 수 있다고 했으므로 甲의 공익신고로 인해 지방행정의 오랜 병폐를 해결했더라도 지방자치단체에 직접적인 수입의 회복 또는 증대를 가져오지 않았다면 甲은 보상금의 지급을 신청할 수 없다.

② 첫 번째 법조문(보상금) 제2항에서 공직자가 자기 직무와 관련하여 공익신고를 한 사항에 대하여는 보상금을 감액하거나 지급하지 아니할 수 있다고 했으나 이는 보상금의 지급에 관한 제한일 뿐 신청에 관한 제한이 아니므로 공직자인 乙의 공익신고가 국가의 직접적인 수입의 증대를 가져왔다면 보상금의 지급을 신청할 수 있다.

③ 첫 번째 법조문(보상금) 제4항에서 위원회는 제1항에 따른 보상금의 지급신청이 있는 때에는 특별한 사유가 없는 한 신청일부터 90일 이내에 그 지급 여부 및 지급금액을 결정하여야 한다고 했으나 보상금이 반드시 90일 이내에 지급되어야 하는지는 알 수 없다. 따라서 丙이 신청한 보상금이 신청한 날로부터 90일 이내에 반드시 지급되는 것은 아니다.

④ 첫 번째 법조문(보상금) 제2항에서 공직자가 자기 직무와 관련하여 공익신고를 한 사항에 대하여는 보상금을 감액하거나 지급하지 아니할 수 있다고 했으므로 공직자인 丁이 자기 직무와 관련한 공익신고를 했더라도 반드시 보상금을 감액하거나 지급받지 않는 것은 아님을 알 수 있다. 따라서 두 번째 법조문(보상금의 환수 등) 각호의 사유가 없다면 丁은 보상금을 반환하지 않을 수 있다.

3 법·규정의 적용

정답 ①

첫 번째 법조문(회원 탈퇴와 자격 제한 및 상실) 제2항에서 이러닝콘텐츠를 복제하는 경우 회사는 회원자격을 제한 또는 정지시킬 수 있다고 했고, 동조 제3항에서 회원자격의 제한·정지 후에도 회원이 동일한 행위를 반복하는 경우 회사는 회원자격을 상실시킬 수 있다고 했으므로 회원이 회원자격의 정지 후에도 이러닝콘텐츠를 반복하여 복제하는 경우, 회사는 회원의 회원자격을 상실시킬 수 있음을 알 수 있다.

오답 체크

② 세 번째 법조문(이러닝서비스의 변경) 제1항에서 회사는 상당한 운영상 또는 기술상의 필요가 있는 경우에 이용자에게 제공되고 있는 이러닝서비스의 이용방법·이용시간을 변경할 수 있다고 했고, 동조 제2항에서 제1항의 경우에 이용자는 회사에 대하여 변경 이전의 서비스 제공을 요구할 수 있다고 했으므로 회사가 기술상의 필요가 있어 이러닝서비스의 이용방법을 변경한 경우, 이용자는 회사에 대하여 변경 이전의 서비스 제공을 요구할 수 있음을 알 수 있다.

③ 두 번째 법조문(이러닝서비스 복습기간) 제1항에서 이러닝서비스 이용계약 시 복습기간을 제공하기로 약정한 경우에는 복습기간을 무료로 제공한다고 했고, 동조 제2항에서 제1항의 약정이 없는 경우라도 회사는 이용자가 복습기간을 요청하면 저작권 등의 문제가 없는 한도에서 이를 제공할 수 있으나 이 경우 회사는 이용자에게 적절한 추가 이용대금을 청구할 수 있다고 했으므로 이용자가 복습기간을 요청하더라도 회사가 반드시 복습기간을 무료로 제공해야 하는 것은 아님을 알 수 있다.

④ 마지막 법조문(이용자의 계약해제 및 해지) 제1호에서 제공된 이러닝서비스가 표시·광고 등과 현저한 차이가 있는 경우 이용자는 그 사실을 안 날로부터 30일 이내 또는 해당 이러닝서비스를 공급받은 날로부터 90일 이내에 이러닝서비스 이용계약을 해제할 수 있다고 했으므로 제공된 이러닝서비스가 광고와 현저히 차이가 있는 경우, 이용자는 해당 사실을 안 날로부터 30일 이내에 이러닝서비스 이용계약을 해제할 수 있음을 알 수 있다.

⑤ 첫 번째 법조문(회원 탈퇴와 자격 제한 및 상실) 제 2항에서 자신의 이러닝콘텐츠를 타인이 이용하도록 한 경우 회사는 회원자격을 제한 또는 정지시킬 수 있다고 했으므로 회원이 타인에게 자신의 이러닝콘텐츠를 이용하게 한 경우, 회사는 회원자격을 정지시켜야만 하는 것은 아님을 알 수 있다.

4 법·규정의 적용

정답 ③

제□□조 제1항에서 제○○조 제1항 제2호의 규정을 위반한 학교급식공급업자는 1억 원 이하의 벌금에 처한다고 했으므로 甲이 유전자변형농수산물 표시를 거짓으로 적은 식재료를 공급하였다면 6천만 원의 벌금에 처해질 수 있음을 알 수 있다.

오답 체크

① 제□□조 제3항에서 제○○조 제1항 제4호의 규정을 위반한 학교급식공급업자는 3년 이하의 징역에 처한다고 했으므로 甲이 지리적표시를 거짓으로 적은 식재료를 공급하였다 하더라도 5년의 징역에 처해질 수는 없음을 알 수 있다.

② 제△△조 제1항에서 제○○조 제2항의 규정을 위반한 학교급식공급업자에게는 500만 원 이하의 과태료를 부과한다고 했으므로 甲이 식재료의 영양관리기준을 지키지 않았다 하더라도 600만 원의 과태료가 부과될 수는 없음을 알 수 있다.

④ 제□□조 제1항에서 제○○조 제1항 제1호의 규정을 위반한 학교급식공급업자는 1억 원 이하의 벌금에 처한다고 했으므로 甲이 외국이 원산지인 식재료의 원산지를 국산으로 표기하여 공급하였다 하더라도 과태료가 부과되는 것은 아님을 알 수 있다.

⑤ 제△△조 제2항에서 제○○조 제3항의 규정을 위반한 학교급식공급업자에게는 300만 원 이하의 과태료를 부과한다고 했으므로 甲이 알레르기를 유발하는 식재료를 공급하면서 그 사실을 해당 학교에 알리지 않았다 하더라도 400만 원의 과태료가 부과될 수는 없음을 알 수 있다.

5 세부 정보 파악

정답 ①

두 번째 단락에서 화학 용매를 이용하는 방식은 별다른 기구를 필요로 하지 않기 때문에 여타 다른 방식에 비해 비용이 저렴하다는 특징이 있다고 했고, 세 번째 단락에서 이산화탄소 추출법은 특수 장치를 사용해야 한다는 점에서 비용 부담이 있다고 했으므로 이산화탄소 추출법은 용매 기반 방식에 비해 많은 비용이 듦을 알 수 있다.

오답 체크

② 첫 번째 단락에서 디카페인 커피는 로셀리우스에 의해 1902년에 최초로 개발되었다고 했으므로 최초의 디카페인 커피는 1930년대 이전에 개발되었음을 알 수 있다.

③ 두 번째 단락에서 염화 메틸렌은 휘발성이 높아 커피콩을 볶는 과정에서 대부분 증발된다고 했으나, 커피콩을 볶으면 염화 메틸렌이 모두 제거되는지는 알 수 없다.

④ 세 번째 단락에서 이산화탄소 추출법은 스위스 워터 방식에 비해 일반 커피와 더욱 유사한 맛과 향을 가진 디카페인 커피를 만든다고 했으므로 스위스 워터 방식이 아닌 이산화탄소 추출법으로 만든 디카페인 커피의 향이 일반 커피와 유사함을 알 수 있다.

⑤ 두 번째 단락에서 현재 전 세계에 유통되는 디카페인 커피는 화학 용매를 활용하는지 여부에 따라 용매 기반 방식, 혹은 비용매 기반 방식으로 만들어진다고 했으므로 화학 용매를 이용하지 않고 커피콩에서 카페인을 제거할 수 있음을 알 수 있다.

6 계산·비교

정답 ①

• 甲이 개발한 약은 한 번 복용 시 수명이 5년씩 연장되며, 甲은 원래 수명이 끝나기 직전인 80세에 기존에 만들어 둔 한 알뿐인 약을 처음으로 복용했으므로 첫 번째 복용으로 甲의 수명은 85세로 연장된다.
• 두 번째 복용량은 $1 \times 2 = 2$알이고 약 한 알을 만들기 위해서는 6개월이 걸리므로 두 번째 복용은 $2 \times 6 = 12$개월 후인 81세에 할 수 있다. 이때 甲의 수명은 90세로 연장된다.
• 세 번째 복용량은 $2 \times 2 = 4$알이므로 $4 \times 6 = 24$개월 후인 83세에 세 번째 복용을 할 수 있고, 이때 수명은 95세로 연장된다.
• 네 번째 복용량은 $4 \times 2 = 8$알이므로 $8 \times 6 = 48$개월 후인 87세에 네 번째 복용을 할 수 있고, 이때 수명은 100세로 연장된다.
• 다섯 번째 복용량은 $8 \times 2 = 16$알이므로 $16 \times 6 = 96$개월 후인 95세에 다섯 번째 복용을 할 수 있고, 이때 수명은 105세로 연장된다.
• 여섯 번째 복용량은 $16 \times 2 = 32$알이므로 $32 \times 6 = 192$개월 후인 111세에 여섯 번째 복용을 할 수 있지만, 여섯 번째 복용 전 甲의 수명은 105세였으므로 여섯 번째 복용은 할 수 없다.

따라서 甲이 사망하는 나이는 105세이다.

7 규칙 적용

정답 ④

ㄴ. 예를 들어 기존 상품과 비교하여 상품의 품질(C)은 변동이 없고 상품의 가격(A)과 상품의 중량(B)이 각각 12,000원, 100g에서 7,000원, 70g으로 모두 감소한다면 중량 대비 가격이 120원/g에서 100원/g으로 낮아지므로 고객이 추천 상품을 구매하게 된다.

ㄹ. 상품의 가격(A)이 증가하고 상품의 중량(B)이 감소하여 중량 대비 가격이 높아지더라도 상품의 품질(C)이 향상된다면 추천 상품을 구매할 수 있다.

오답 체크

ㄱ. 기존 상품과 비교하여 상품의 품질(C)은 변동 없으며, 상품의 가격(A)이 증가하고, 상품의 중량(B)이 감소하면 중량 대비 가격이 높아지므로 추천 상품을 구매하지 않는다.

ㄷ. 상품의 가격(A)이 증가하고 상품의 중량(B)이 감소하여 중량 대비 가격이 높아지더라도 상품의 품질(C)이 향상된다면 추천 상품을 구매할 수 있다.

8 규칙 적용

정답 ③

지원자의 종목별 순위는 다음과 같다.

구분	멀리뛰기	100m 달리기	제자리높이뛰기	윗몸 일으키기
A	4	2	1	3
B	5	3	5	2
C	3	1	3	5
D	1	5	2	4
E	2	4	4	1

• 배드민턴 동아리는 '제자리높이뛰기'와 '멀리뛰기'의 기록을 고려하며, D는 배드민턴 동아리를 비희망하므로 A, B, C, E 중 두 종목의 평균 순위가 2.5위로 가장 높은 A를 선발한다.

• 축구 동아리는 '100m 달리기'와 '윗몸 일으키기'의 기록을 고려하며, A는 타 동아리에 선발되었으므로 B, C, D, E의 두 종목 평균 순위를 확인한다. 평균 순위는 B, E가 2.5위로 가장 높으나, 둘 중 B가 1순위 종목인 '100m 달리기'의 순위가 3위로 더 높으므로 B를 선발한다.

• 농구 동아리는 '제자리높이뛰기'와 '100m 달리기'의 기록을 고려하며, A, B는 타 동아리에 선발되었고 C, E는 농구 동아리를 비희망하므로 두 종목의 평균 순위가 3.5위인 D를 선발한다.

• 암벽등반 동아리는 '윗몸 일으키기'와 '멀리뛰기'의 기록을 고려하며, A, B, D는 타 동아리에 선발되었으므로 C, E 중 두 종목의 평균 순위가 1.5위로 더 높은 E를 선발한다.

따라서 동아리의 신입부원으로 선발되지 않은 지원자는 C이다.

9 세부 정보 파악

정답 ①

ㄱ. 두 번째 단락에서 검은물잠자리는 2급수 이상의 맑은 냇물, 물잠자리는 1급수 이상의 맑은 냇물에 분포한다고 했다. 따라서 1급수의 맑은 냇물에서는 검은물잠자리와 물잠자리 모두를 발견할 수 있음을 알 수 있다.

ㄴ. 두 번째 단락에서 물잠자리과는 한국에 5종이 기록되어 있지만 실제 한국에서 발견되는 물잠자리과는 검은물잠자리와 물잠자리 2종이고 두 종의 수컷은 검은물잠자리의 경우 긴 타원형으로 각이 진 날개, 물잠자리의 경우 타원형으로 동그스름한 날개를 가졌다고 했으므로 한국에서 발견되는 수컷 물잠자리과 잠자리는 모두 타원형의 날개를 가지고 있음을 알 수 있다.

오답 체크

ㄷ. 첫 번째 단락에서 잠자리의 몸길이는 날개를 펼쳤을 때 양쪽 날개 끝까지의 길이를 뜻하는 나비와 달리 머리에서 배 끝까지의 길이를 뜻한다고 했다. 따라서 날개를 펼쳤을 때 양쪽 날개 끝가지의 길이가 대개 30mm 내외라는 설명은 잠자리의 몸길이 측정방법이 아님을 알 수 있다.

ㄹ. 세 번째 단락에서 암컷 아시아실잠자리는 성숙 개체가 되면서 색이, 수컷 등검은실잠자리는 몸의 무늬가 바뀐다고 했다. 하지만 모든 실잠자리과의 잠자리가 성숙 개체가 되면 색깔과 몸의 무늬가 바뀌는지는 알 수 없으므로 실잠자리과의 잠자리는 성숙 개체가 되면 색깔과 몸의 무늬가 바뀌는 것은 아님을 알 수 있다.

10 계산·비교

정답 ③

• ㉠: 잠자리는 몸길이는 2~15cm이므로 몸길이가 가장 긴 잠자리는 150mm이며, 검은물잠자리의 몸길이는 60~62mm이므로 가장 작은 검은물잠자리는 60mm임을 알 수 있다. 따라서 둘의 몸길이를 더하면 150+60=210mm이다.

• ㉡: 1분에 6만 번의 날갯짓을 한다는 것은 1초에 1천 번의 날갯짓을 한다는 것과 같다. 또한, 첫 번째 단락에서 잠자리는 1초에 약 30~40회의 날갯짓을 함을 알 수 있다. 이에 따라 포르시포미아가 1초 동안 1,000번의 날갯짓 하는 것은 잠자리가 가장 빨리 날갯짓을 한다고 했을 때 1,000/40=25 초 동안 날갯짓 하는 것과 동일함을 알 수 있다.

따라서 ㉠과 ㉡에 들어갈 수의 합은 210+25=235이다.

11 법·규정의 적용

정답 ④

ㄴ. 두 번째 법조문(입학자격) 제2항에 따르면 국방대학교의 학위과정에 입학할 수 있는 사람은 현역에 복무하는 장교이다. 동조 제3항에서 기타 국방대학교에서 교육을 실시하는 것이 필요하다고 인정되는 자를 국방부장관의 승인을 얻어 입학시킬 수 있다고 했으므로 퇴역한 육군장교인 乙은 국방대학교에서 교육을 실시하는 것이 필요하다고 인정되는 경우에 육군참모총장이 아니라 국방부장관의 승인을 얻어 입학할 수 있음을 알 수 있다.

ㄷ. 두 번째 법조문(입학자격) 제1항 제2호에 따르면 국방대학교의 기본과정에 입학할 수 있는 공무원은 4급 이상의 공무원 또는 고위공무원단에 속하는 일반직공무원이다. 따라서 6급 공무원인 丙이 국방대학교 기본과정에 입학하기 위해서는 동조 제3항에 따라 기타 국방대학교에서 교육을 실시하는 것이 필요하다고 인정되어 국방부장관의 승인을 받아야 함을 알 수 있다.

오답 체크

ㄱ. 두 번째 법조문(입학자격) 제2항 제2호에 따르면 공무원은 국방대학교의 학위과정 입학대상자에 해당한다. 이때 세 번째 법조문(입학추천) 제2호 가목에 따르면 국회에 소속된 공무원의 경우에는 국회사무총장의 입학추천을 받은 사람이 국방대학교에 입학할 수 있다. 따라서 국회 소속 7급 공무원인 甲은 국회사무총장의 입학추천이 있으면 국방대학교의 학위과정에 입학할 수 있음을 알 수 있다.

12 규칙 적용

정답 ②

공모를 통해 신청 접수된 관광지 A~E 중 매력도가 70점 미만인 곳은 B, D이지만, B는 대표 관광지로 선정된 이력이 있고 매력도가 65점 이상이다. 이에 따라 D를 제외한 A, B, C, E만 2단계의 평가를 진행하며, 이때의 평가 요소별 점수는 다음과 같다.

관광지	A	B	C	E
지역	가	나	다	나
휠체어 대여	0점	5점	0점	5점
음성 안내	5점	5점	5점	0점
체험 콘텐츠	2점	2점	6점	14점
정보제공 채널	9점	6점	3점	0점
총점	16점	18점	14점	19점

총점이 높은 관광지부터 E, B, A, C 순이지만, B와 E는 모두 나 지역에 해당하여 둘 중 총점이 높은 E와 그 다음으로 총점이 높은 가 지역의 A가 열린관광지로 선정한다.

따라서 甲부처가 열린관광지로 선정할 곳은 A, E이다.

13 세부 정보 파악 정답 ③

세 번째 단락에서 건륭제는 60년에 이르는 재위 기간 동안 52차례 피서산장에 머물렀는데, 6~7월경에 연경을 떠나 피서산장으로 향했고, 자신의 생일을 성대히 기념한 다음 8~9월경에 다시 연경으로 돌아왔다고 했으므로 건륭제의 생일을 축하하기 위해 조선의 사신단은 항상 열하로 가야 했던 것은 아님을 알 수 있다.

오답 체크

① 첫 번째 단락에서 열하는 오늘날 청더라고 불리는 도시로, 청나라의 수도 연경, 즉 오늘날의 베이징과는 수백 킬로미터 떨어진 곳이다라고 했으므로 열하는 청더, 연경은 베이징임을 알 수 있고, 열하에 피서산장이 있다고 했으므로 피서산장이 열하에 위치했음을 알 수 있다. 두 번째 단락에서 피서산장의 목적은 무더운 여름철에는 연경의 북쪽에 있는 피서산장에서 시원하게 지내겠다는 것이라고 했으므로 열하가 연경의 북쪽에 있음을 알 수 있다. 따라서 청더가 베이징의 북쪽에 위치해있음을 알 수 있다.

② 두 번째 단락에서 피서산장은 청나라와 몽골의 경계에 해당하는 곳에 건립되었다고 했고, 몽골 귀족들은 몽골을 떠나 청나라의 열하에 모였다고 했으므로 피서산장은 몽골이 아니라 청나라의 영역 안에 건립되었음을 알 수 있다.

④ 두 번째 단락에서 황제는 몽골 귀족들과 팔기군을 거느리고 사냥을 하기도 했다고 했으므로 청나라 군대는 황제의 사냥에 동원되기도 했음을 알 수 있다.

⑤ 두 번째 단락에서 피서산장이 황제의 여름 피서, 몽골 지역에 대한 통치 등의 목적이 있다고 했으므로 피서산장은 다양한 목적을 염두에 두고 건립되었음 알 수 있다.

14 규칙 적용 정답 ②

ㄴ. 기초체력훈련을 이수하고 이듬해에 초록 벨트를 취득하려면 노랑 벨트를 취득한 후 만 3년 경과라는 요건은 갖출 수 없으므로 공식대회에 출전하여 누적 10승을 기록해야 한다. 공식대회는 32강 토너먼트 경기로 진행되므로 공식대회에 한 번 출전하여 모든 경기에서 이기면 누적 5승을 기록할 수 있다. 따라서 2022년 7월에 하양 벨트를 취득한 후 개최되는 2022년 10월 대회와 2023년 5월 대회에서 누적 10승을 기록하면 2023년 5월에 초록 벨트를 취득할 수 있다.

오답 체크

ㄱ. 검정 벨트를 취득하려면 초록 벨트를 취득한 후 만 5년 경과, 공식대회 8회 우승 기록의 두 가지 요건을 갖추어야 한다. 하양 벨트를 취득한 직후 개최되는 공식대회부터 열 번 연속 출전하여 모두 우승하였다면 만 5년 동안 공식대회 우승을 10회 기록하게 된다. 이때 초록 벨트는 두 번째 대회 출전 시 누적 10승으로 취득하게 되고, 두 번째부터 열 번째 대회까지는 만 4년이 걸린다. 따라서 공식대회 우승 횟수가 총 10회인 무술인이라도 검정 벨트를 취득하지 못할 수 있다.

ㄷ. 파랑 벨트를 취득하려면 초록 벨트를 취득한 후 만 3년 경과, 공식대회 5회 우승 기록의 두 가지 요건을 갖추어야 하므로 공식대회에 출전하지 않는다면 파랑 벨트를 취득할 수 없다.

15 계산·비교 정답 ②

조건에 따라 각 정책안의 예산위원 평가 점수와 시민 평가 점수를 계산하면 다음과 같다.

구분 / 분야	정책안	예산위원 평가 점수	시민 평가 점수	총점
교통	무단횡단금지펜스 설치	40×2=80	34×3=102	182
복지	저소득층과 청소년을 위한 마을밥상 운영	32×2=64	35×3=105	169×1.1=185.9
복지	함께 즐기는 공공 와이파이 확대	34×2=68	34×3=102	170×1.1=187
일자리	청년 미디어 크리에이터 양성	28×2=56	43×3=129	185
공원	아름다운 벽면녹화 화단 조성	37×2=74	32×3=96	170×1.1=187
공원	CCTV 설치를 통한 안전하고 편리한 공원 조성	26×2=52	38×3=114	166×1.1=182.6
협치	생태계보호지역 시민참여관리체계 구축	39×2=78	36×3=108	186

'함께 즐기는 공공 와이파이 확대'와 '아름다운 벽면녹화 화단 조성'의 총점이 동일하므로 A시는 시민 평가 점수가 더 높은 '함께 즐기는 공공 와이파이 확대'를 선정해 운영할 것임을 알 수 있다.

따라서 A시가 운영할 정책은 '함께 즐기는 공공 와이파이 확대'이다.

16 논리퍼즐 정답 ①

ㄱ. 甲이 나누어 가진 카드에 적힌 숫자가 3, 4, 7, 8이라면, 이 숫자로 만들 수 있는 100에 가장 가까운 최종숫자는 38+74=78+34=112이다. 이때 乙의 카드는 1, 2, 5, 6이므로 이 숫자로 만들 수 있는 100에 가장 가까운 최종숫자는 51+62=52+61=113이다. 따라서 甲이 나누어 가진 카드에 적힌 숫자가 3, 4, 7, 8이라면, 甲은 게임에서 승리한다.

오답 체크

ㄴ. 甲의 최종숫자가 120 이상일 때, 甲이 1~8이 적힌 카드 중 큰 숫자인 5, 6, 7, 8을 갖는 경우를 확인한다. 甲의 카드가 5, 6, 7, 8이고, 乙의 카드가 1, 2, 3, 4일 때 甲의 최종숫자는 57+68=58+67=125가 되고, 乙의 최종숫자는 31+42=32+41=73이 되어 甲이 승리한다. 따라서 甲의 최종숫자가 120 이상이더라도 甲은 게임에서 승리할 수 있다.

ㄷ. 甲의 최종숫자가 99이고, 甲이 나누어 가진 카드에 적힌 숫자 4개 중 3개가 1, 2, 7이라면, 甲의 카드가 1, 2, 7, 8이고, 乙의 카드가 3, 4, 5, 6일 때 甲과 乙의 최종숫자는 모두 99이다. 이때 두 사람의 최종숫자가 같은 경우에는 8이 적힌 카드를 가지고 있지 않은 사람이 게임에서 승리하므로 乙이 승리한다. 따라서 甲의 최종숫자가 99일 때 甲은 게임에서 질 수 있다.

17 논리퍼즐

정답 ②

A의 모국어는 한국어이고, D의 전공어는 영어이다. 이때, C와 D는 스페인어를 알지 못하고 A~D는 서로 다른 모국어와 전공어를 가지므로 A의 전공어와 B의 모국어는 스페인어이다. 또한 모국어와 전공어가 같은 교수는 없으므로 C의 모국어는 영어, D의 모국어는 러시아어이고, B와 D는 동일한 언어로 대화가 가능하므로 B의 전공어는 러시아어, C의 전공어는 한국어이다.

구분	A	B	C	D
모국어	한국어	스페인어	영어	러시아어
전공어	스페인어	러시아어	한국어	영어

따라서 C의 모국어는 영어, 전공어는 한국어이다.

18 논리퍼즐

정답 ④

A마을의 주민은 甲~戊 이외에는 없고, 모든 A마을 주민이 1번 이상 3번 미만 저수조에서 물을 받아갔으므로 A마을 주민들은 모두 1번 또는 2번만 물을 받아갔다. 甲~戊가 모두 1번 또는 2번 물을 최대로 받아갔을 때 물의 양은 다음과 같다.

(단위: 리터)

물을 받아간 횟수 \ 주민	甲	乙	丙	丁	戊	합
1번	2	5	7	11	13	38
2번	4	10	14	22	26	76

〈경우 1〉 저수조에 1리터의 물이 남아있는 경우

저수조에 1리터의 물이 남아있다는 것은 70－1=69리터의 물을 사용했다는 것이므로 甲~戊가 1번 또는 2번만 물을 받아가는 경우를 조합하여 69리터가 되는지 확인한다. 모두가 2번씩 물을 받아갔을 때 76리터이고, 76－69=7리터이므로 丙만 물을 1번 받아가고 나머지는 물을 2번씩 받아가는 경우 저수조에 1리터의 물이 남아있게 된다.

〈경우 2〉 저수조에 7리터의 물이 남아있는 경우

저수조에 7리터의 물이 남아있다는 것은 70－7=63리터의 물을 사용했다는 것이므로 甲~戊가 1번 또는 2번만 물을 받아가는 경우를 조합하여 63리터가 되는지 확인한다. 모두가 2번씩 물을 받아갔을 때 76리터이고, 76－63=13리터이므로 戊만 물을 1번 받아가고 나머지는 물을 2번씩 받아가는 경우 저수조에 7리터의 물이 남아있게 된다.

〈경우 3〉 저수조에 14리터의 물이 남아있는 경우

저수조에 14리터의 물이 남아있다는 것은 70－14=56리터의 물을 사용했다는 것이므로 甲~戊가 1번 또는 2번만 물을 받아가는 경우를 조합하여 56리터가 되는지 확인한다. 모두가 2번씩 물을 받아갔을 때 76리터이고, 76－56=20리터이므로 (甲, 乙, 戊) 또는 (甲, 丙, 丁) 또는 (丙, 戊)만 물을 1번 받아가고 나머지는 물을 2번씩 받아가는 경우 저수조에 14리터의 물이 남아있게 된다.

〈경우 4〉 저수조에 22리터의 물이 남아있는 경우

저수조에 22리터의 물이 남아있다는 것은 70－22=48리터의 물을 사용했다는 것이므로 甲~戊가 1번 또는 2번만 물을 받아가는 경우를 조합하여 48리터가 되는지 확인한다. 모두가 1번씩 물을 받아갔을 때 38리터이고, 48－38=10리터이나 10리터의 물을 받아갈 수 있는 경우는 없다.

〈경우 5〉 저수조에 27리터의 물이 남아있는 경우

저수조에 27리터의 물이 남아있다는 것은 70－27=43리터의 물을 사용했다는 것이므로 甲~戊가 1번 또는 2번만 물을 받아가는 경우를 조합하여 43리터가 되는지 확인한다. 모두가 1번씩 물을 받아갔을 때 38리터이고, 43－38=5리터이므로 乙만 물을 2번 받아가고 나머지는 물을 1번씩 받아가는 경우 저수조에 27리터의 물이 남아있게 된다.

따라서 A마을의 공동 저수조에 남아있는 물의 양으로 가능하지 않은 것은 22리터이다.

19 계산·비교

정답 ④

오렌지 8개를 묶음 포장하여 판매한 상자 개수를 x, 낱개 판매한 오렌지 개수를 y, 할인가로 낱개 판매한 오렌지 개수를 z라고 하면

$8x+y+z=150$

$9{,}000x+1{,}500y+1{,}000z=184{,}000$

$\rightarrow 9{,}000x+1{,}500y=184{,}000-1{,}000z$

이때 9,000과 1,500은 3의 배수이므로 $184{,}000-1{,}000z$의 값도 3의 배수가 되어야 하고, z는 오렌지 개수가 8개 미만일 때 판매한 개수이므로 z로 가능한 값은 1, 4, 7이다. 또한, 매출과 $184{,}000-1{,}000z$는 모두 백의 자릿수가 0이므로 y는 짝수이고, $8x$와 y가 모두 짝수이므로 z로 가능한 것은 짝수인 4뿐이다. 이에 따라 $8x+y=146$개이고, $9{,}000x+1{,}500y=180{,}000$원이므로 x는 13, y는 42임을 알 수 있다.

따라서 甲이 판매한 오렌지 상자의 개수는 13상자이다.

20 계산·비교

정답 ①

〈상황〉에 따라 甲이 교체하는 부표는 규격이 40L인 부표 50개, 규격이 60L인 부표 80개, 규격이 100L인 부표 20개이다. 이때 발포형의 경우 교체 비용의 70%를, 사출형의 경우 교체 비용의 80%를 지원한다고 했으므로 甲이 지불하는 비용을 친환경 부표의 제품별로 정리하면 다음과 같다.

제품명	용도	부표 형태	비용(개당)
A	김 양식용	발포형	8,000×0.3=2,400원
B	김 양식용	발포형	11,000×0.3=3,300원
C	김 양식용	사출형	15,000×0.2=3,000원
D	굴 양식용	사출형	21,000×0.2=4,200원
E	굴 양식용	발포형	15,000×0.3=4,500원
F	가두리 양식용, 뗏목용	발포형	70,000×0.3=21,000원
G	가두리 양식용, 뗏목용	사출형	110,000×0.2=22,000원

이에 따라 甲이 최소 비용으로 부표를 교체할 경우 선택할 제품은 A, D, F이다.

따라서 甲이 양식 어장에 설치된 부표를 교체하는 데 지불하는 최소 비용은 (2,400×50)+(4,200×80)+(21,000×20)=876,000원인 87만 6천원이다.

21 논리퍼즐

정답 ③

세 번째 조건에 따르면 날짜가 5의 배수인 5일, 10일, 15일, 20일, 25일, 30일 중 2일 이상 행사를 개최해야 한다. 5일에는 개최가 확정되었고, 15일은 봄꽃 축제기간, 20일은 주말이라 행사를 개최할 수 없다. 24일에 행사 개최가 확정되었으므로 바로 그다음 날인 25일에는 행사를 개최할 수 없다. 30일에 행사를 개최한다면 마지막 주에는 2번의 행사를 개최할 수 없으므로 29일과 31일에 행사를 개최하고, 30일에는 개최할 수 없다. 이에 따라 10일에 행사를 개최함을 알 수 있다.

10일에 행사를 개최하면 9일과 11일에는 행사를 개최할 수 없고, 12일은 봄꽃 축제기간이므로 행사를 개최할 수 없다. 이에 따라 8일에 행사를 개최함을 알 수 있다.

이상의 내용을 표로 나타내면 다음과 같다.

일	월	화	수	목	금	토
	1	2	3	4	5	6
				X	행사	X
7	8	9	10	11	12	13
X	행사	X	행사	X	X	X
14	15	16	17	18	19	20
X	X	X	행사	X	행사	X
21	22	23	24	25	26	27
X		X	행사	X		X
28	29	30	31			
X	행사	X	행사			

둘째 주와 다섯째 주 월요일에는 행사를 개최하고, 셋째 주 월요일에는 행사를 개최할 수 없다. 첫째 주와 넷째 주 월요일에는 행사를 개최할 수도 있고 개최하지 않을 수도 있으므로 甲구청의 5월 행사 일정에 따르면 월요일에는 최소 2번, 최대 4번의 행사가 개최될 수 있다.

따라서 ㉠은 2, ㉡은 4이다.

22 논리퍼즐

정답 ②

여섯 자리 자연수 A는 서로 다른 한 자리 숫자 2개가 번갈아 나열된 숫자이므로 ababab 형태의 수이고, A의 각 자리에 위치한 숫자를 모두 더한 값이 36이므로 3a+3b=36, a+b=12이다. 이때 번갈아 나열된 2개의 숫자 중 어느 하나는 다른 하나의 배수라고 했으므로 a와 b의 조합으로 가능한 경우는 (3, 9)와 (4, 8)이다.

〈경우 1〉 a와 b의 조합이 (3, 9)인 경우

A와 B는 각각 393,939 또는 939,393이고, B−A인 C는 여섯 자리 자연수라고 했으므로 두 수 중 B가 939,393, A가 393,939, C가 939,393−393,939=545,454이다. 이때 C의 첫자리에 위치한 숫자는 끝자리에 위치한 숫자보다 크므로 C는 545,454가 아니고, 이에 따라 A와 B도 각각 393,939과 939,393이 아니다.

〈경우 2〉 a와 b의 조합이 (4, 8)인 경우

A와 B는 각각 484,848 또는 848,484이고, B−A인 C는 여섯 자리 자연수라고 했으므로 두 수 중 B가 848,484, A가 484,848, C가 848,484−484,848=363,636이다. 이때 C의 첫자리에 위치한 숫자는 끝자리에 위치한 숫자보다 작으므로 C는 363,636이고, 이에 따라 A는 484,848, B는 848,484이다.

따라서 A의 첫자리에 위치한 숫자와 C의 끝자리에 위치한 숫자의 합은 4+6=10이다.

23 계산·비교

정답 ②

乙의 첫 번째 말과 甲의 두 번째 말을 통해 2023년 9월 30일에 甲은 만 30살이 됨을 알 수 있다. 이에 따라 甲의 생년은 2023−30=1993년, 생월일은 9월 30일이므로 甲의 주민등록번호 앞 6자리 숫자는 930930이다.

甲의 주민등록번호 앞 6자리 숫자를 각각 더하면 9+3+0+9+3+0=24가 되므로 乙의 두 번째 말을 통해 乙의 만 나이가 24살임을 알 수 있다. 乙의 첫 번째 말과 두 번째 말을 통해 이번 주 목요일이 9월 28일이므로 다음 주 수요일은 10월 4일임을 알 수 있다. 이에 따라 乙의 생년은 2023−25=1998년, 생월일은 10월 4일이므로 乙의 주민등록번호 앞 6자리 숫자는 981004이다.

따라서 乙의 주민등록번호 앞 6자리 숫자를 각각 더한 값은 9+8+1+0+0+4=22이다.

24 논리퍼즐

정답 ④

ㄱ. 甲이 만들 수 있는 세 자리 수는 뒷면에 적혀있는 숫자를 고려하지 않으면 총 3×3×3×3×2=162개이다. 이때 빨간색 카드의 뒷면이 0일 경우 빨간색 카드를 첫 번째 자리에 배치할 수 없다고 했으므로 3×3×2=18개는 만들 수 없는 세 자리 수이다. 따라서 甲이 만들 수 있는 세 자리 수는 162−18=144개이다.

ㄷ. 甲이 뽑은 빨간색 카드의 숫자가 0일 경우, 파란색 카드는 2, 5, 7이 가능하므로 甲이 만들 수 있는 세 자리 수는 3×3=9개이다. 甲이 뽑은 빨간색 카드의 숫자가 4일 경우, 파란색 카드는 5, 7이 가능하므로 甲이 만들 수 있는 세 자리 수는 2×3=6개이다. 甲이 뽑은 빨간색 카드의 숫자가 6일 경우, 파란색 카드는 7이 가능하므로 甲이 만들 수 있는 세 자리 수는 1×3=3개이다. 따라서 甲이 만들 수 있는 세 자리 수는 총 9+6+3=18개이다.

오답 체크

ㄴ. 카드를 빨간색−초록색−파란색 순으로 배치 순서를 정하고, 甲이 만들 수 있는 세 자리 수 중 4의 배수가 되기 위해서는 초록색−파란색 수로 만들어진 두 자리 수가 4의 배수가 되어야 한다. 이에 따라 초록색 카드가 1이고, 파란색 카드가 2인 경우와 초록색 카드가 3이고, 파란색 카드가 2인 경우가 가능하다. 이때 빨간색 카드는 첫 번째 자리에 0이 올 수 없으므로 甲이 만들 수 있는 세 자리 수는 총 2×2=4개이다.

25 규칙 적용

정답 ①

상품별 제조원가와 보유량에 따른 총 제조원가는 다음과 같다.

상품	A	B	C	D	E
제조원가(만 원/개당)	50	60	80	60	40
보유량(개)	15	10	5	20	30
총 제조원가(만 원)	750	600	400	1,200	1,200

상품 판매 방식에 따른 수익 여부는 다음과 같다.

[방식 1] 개당 제조원가가 낮은 상품을 월요일부터 순서대로 판매

요일	월	화	수	목	금
판매상품	E	A	D	B	C
총 제조원가(만 원)	1,200	750	1,200	600	400
매출액(만 원)	900	500	1,500	600	2,000
수익 여부	손실	손실	수익	–	수익

[방식 2] 개당 제조원가가 높은 상품을 월요일부터 순서대로 판매

요일	월	화	수	목	금
판매상품	C	B	D	A	E
총 제조원가(만 원)	400	600	1,200	750	1,200
매출액(만 원)	900	500	1,500	600	2,000
수익 여부	수익	손실	수익	손실	수익

ㄱ. 방식 1을 선택했을 경우 화요일에 매출액은 500만 원, 총 제조원가는 750만 원이므로 손실이 났음을 알 수 있다.

ㄴ. 방식 2를 선택했을 경우 수익이 난 날은 3일, 손실이 난 날은 2일로 수익이 난 날수가 더 많음을 알 수 있다.

오답 체크

ㄷ. 방식 1과 방식 2 어느 것을 선택했더라도 수요일에는 상품 D를 판매했을 것이고 수익이 났음을 알 수 있다.

ㄹ. 수익이 난 날수에서 손실이 난 날수를 뺀 값은 방식 1이 2−2=0, 방식 2가 3−2=1로 방식 2가 더 큰 것을 알 수 있다.

실전모의고사 4회

모바일 자동 채점 및
성적 분석 서비스

정답

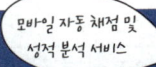

1	④	법·규정의 적용	6	①	계산·비교	11	①	법·규정의 적용	16	③	논리퍼즐	21	④	논리퍼즐
2	②	법·규정의 적용	7	④	규칙 적용	12	①	규칙 적용	17	②	논리퍼즐	22	②	논리퍼즐
3	②	법·규정의 적용	8	⑤	규칙 적용	13	①	세부 정보 파악	18	④	논리퍼즐	23	④	계산·비교
4	③	법·규정의 적용	9	③	세부 정보 파악	14	⑤	규칙 적용	19	③	계산·비교	24	⑤	논리퍼즐
5	③	세부 정보 파악	10	③	계산·비교	15	③	계산·비교	20	③	계산·비교	25	④	규칙 적용

취약 유형 분석표

유형별로 맞힌 개수, 틀린 문제 번호와 풀지 못한 문제 번호를 적고 나서 취약한 유형이 무엇인지 파악해 보세요.

유형	맞힌 개수	틀린 문제 번호	풀지 못한 문제 번호
세부 정보 파악	/3		
법·규정의 적용	/5		
계산·비교	/6		
규칙 적용	/5		
논리퍼즐	/6		
TOTAL	/25		

해설

1 법·규정의 적용

정답 ④

마지막 법조문(개표관람) 제2항에서 관할위원회는 투표와 개표를 같은 날 같은 장소에서 실시하는 경우에는 관람증을 발급하지 않고, 이 경우 관할위원회는 관람인석과 투표 및 개표 장소를 구분하여 관람인이 투표 및 개표 장소에 출입할 수 없도록 해야 함을 알 수 있다.

오답 체크

① 첫 번째 법조문(투표·개표의 참관) 제3항에서 후보자 또는 후보자의 배우자와 위탁단체의 임직원은 투표참관인·개표참관인이 될 수 없음을 알 수 있다.

② 두 번째 법조문(투표소의 설치 등) 제2항에서 관할위원회는 공정하고 중립적인 사람 중에서 투표소마다 투표에 관한 사무를 관리할 투표관리관 1명과 투표사무를 보조할 투표사무원을 위촉하여야 함을 알 수 있다.

③ 세 번째 법조문(개표소의 설치 등) 제2항에서 관할위원회는 개표사무를 보조하게 하기 위하여 개표사무를 보조할 능력이 있는 공정하고 중립적인 사람을 개표사무원으로 위촉할 수 있다고 했고, 동조 제3항에서 개표사무원은 투표사무원이 겸임하게 할 수 있다고 했으므로 관할위원회가 개표사무를 보조하게 하기 위하여 개표사무원을 위촉하려는 경우, 개표사무원은 투표관리관이 아닌 투표사무원이 겸임하게 할 수 있음을 알 수 있다.

⑤ 첫 번째 법조문(투표·개표의 참관) 제1항에서 후보자는 선거인 중에서 투표소마다 2명 이내의 투표참관인을 선정하여 선거일 전 2일까지 관할위원회에 서면으로 신고해야 함을 알 수 있다.

2 법·규정의 적용

정답 ②

두 번째 법조문(영업의 인가) 제3항에서 금융위원회에 예비인가를 신청한 경우 금융위원회는 2개월 이내에 심사하여 예비인가 여부를 알려야 한다고 했으나 금융위원회가 정하는 바에 따라 그 기간을 연장할 수 있다고 했으므로 금융위원회는 정해진 바에 따라 2개월을 초과하여 예비인가 여부를 알릴 수 있음을 알 수 있다.

오답 체크

① 첫 번째 법조문(상호저축은행의 자본금) 제1항 제2호에서 본점이 광역시에 있는 경우 상호저축은행의 자본금은 80억 원 이상이어야 한다고 했으므로 대전광역시에 A상호저축은행의 본점이 있을 경우, A상호저축은행의 자본금은 80억 원 이상일 것임을 알 수 있다.

③ 두 번째 법조문(영업의 인가) 제4항에서 금융위원회는 상호저축은행의 본인가를 하려는 경우에 건전한 운영과 거래자 보호 등을 위하여 필요한 조건을 붙일 수 있다고 했으므로 금융위원회는 본인가를 신청한 乙에게 거래자 보호를 위하여 필요한 조건을 붙여 본인가를 할 수 있음을 알 수 있다.

④ 첫 번째 법조문(상호저축은행의 자본금) 제2항에서 각 호의 어느 하나에 해당하는 지역으로부터 다른 각 호의 지역으로 이전하는 경우에는 이전한 해당 지역에 적용되는 자본금 요건을 갖추어야 한다고 했고, 동조 제1항 제1호에서 본점이 특별시에 있는 경우 자본금이 120억 원 이상이어야 한다고 했으므로 자본금 85억 원의 B상호저축은행이 세종특별자치시에서 서울특별시로 본점을 이전한다면 35억 원의 자본금을 추가로 갖추어야 함을 알 수 있다.

⑤ 두 번째 법조문(영업의 인가) 제6항에서 조건이 붙은 상호저축은행 예비인가를 받은 자는 정당한 사유가 있는 경우에는 조건의 취소를 신청할 수 있다고 했고, 이 경우 금융위원회는 2개월 이내에 조건의 취소 여부를 결정하고, 그 결과를 지체 없이 신청인에게 문서로 알려야 한다고 했으므로 조건이 붙은 예비인가를 받은 丙이 정당한 사유가 있어 조건의 취소를 금융위원회에 신청한 경우, 금융위원회는 2개월 이내에 조건의 취소 여부를 결정하고 그 결과를 신청인에게 문서로 알려야 함을 알 수 있다.

3 법·규정의 적용

정답 ②

법조문(특별휴가) 제3항에서 행정기관의 장은 소속 여성 공무원이 유산하거나 사산한 경우 해당 공무원이 신청하면 유산휴가 또는 사산휴가를 주어야 함을 알 수 있다. 이때 乙이 임신 170일째에 사산하였고, 임신기간 1주를 7일로 산정하면 乙의 임신기간은 170/7≒24.3주이다. 따라서 동조 제3항 제2호에 따라 임신기간이 22주 이상 27주 이내인 경우에 해당하므로 乙은 사산한 날부터 60일까지 휴가를 받을 수 있음을 알 수 있다.

오답 체크

① 법조문(특별휴가) 제4항에서 체외수정 등 난임치료 시술을 받는 공무원은 시술 당일에 1일의 휴가를 받을 수 있고, 체외수정 시술의 경우 여성 공무원은 난자 채취일에 1일의 휴가를 추가로 받을 수 있다고 했으므로 甲이 난임으로 체외수정 시술을 받을 예정이라면 시술 당일과 난자 채취일에 휴가를 받을 수 있음을 알 수 있다.

③ 법조문(특별휴가) 제1항 제2호에서 임신 중인 공무원이 유산·사산의 위험이 있다는 의료기관의 진단서를 제출한 경우에 출산 전 어느 때라도 최장 44일(한 번에 둘 이상의 자녀를 임신한 경우에는 59일)의 범위에서 출산휴가를 나누어 사용할 수 있도록 하여야 한다고 했으므로 丙이 쌍둥이를 임신 중인 상태에서 유산의 위험이 높다는 진단서를 제출하였다면 출산 전에 출산휴가 59일을 나누어 사용할 수 있음을 알 수 있다.

④ 법조문(특별휴가) 제2항에서 5세 이하의 자녀가 있는 공무원은 자녀를 돌보기 위하여 24개월의 범위에서 1일 최대 2시간의 육아시간을 받을 수 있음을 알 수 있다. 이때 丁의 자녀는 현재 2세이고, 향후 24개월이 지나더라도 나이가 4세로 5세 이하이므로 육아시간을 받은 적 없는 丁은 자녀를 돌보기 위해 향후 2년 동안 매일 최대 2시간의 육아시간을 받을 수 있음을 알 수 있다.

⑤ 법조문(특별휴가) 제5항 제2호에서 자녀가 있는 공무원은 자녀의 병원 진료에 동행하는 경우 연간 2일(자녀가 2명 이상인 경우에는 3일)의 범위에서 자녀돌봄휴가를 받을 수 있다고 했으므로 자녀돌봄휴가를 받은 적 없는 戊는 외동 아들(6세)의 병원 진료에 동행하기 위해 연간 최대 2일의 휴가를 받을 수 있음을 알 수 있다.

빠른 문제 풀이 Tip

선택지에서 핵심적인 키워드를 찾아 해당 키워드가 등장하는 법조문의 조항을 확인하여 문제를 풀이한다. 선택지에서 '체외수정', '사산', '진단서', '육아시간', '병원 진료'가 핵심 키워드이므로 해당 용어가 등장하는 조문을 빠르게 확인한다.

4 법·규정의 적용

정답 ③

두 번째 법조문(정정보도 청구권의 행사) 제4항 제2호에서 청구된 정정보도의 내용이 명백히 사실과 다르거나 위법한 내용인 경우에 언론사는 정정보도 청구를 거부할 수 있다고 했으므로 甲이 청구한 정정보도의 내용이 명백히 사실과 다르다면, □□TV는 甲의 정정보도 청구를 거부할 수 있음을 알 수 있다.

오답 체크

① 첫 번째 법조문(정정보도 청구의 요건) 제1항에서 피해자는 해당 언론보도 등이 있음을 안 날부터 3개월 이내에 정정보도를 청구할 수 있다고 했으나 해당 언론보도 등이 있은 후 6개월이 지났을 때에는 그러하지 아니하다고 했으므로 甲이 2024. 05. 05.에 언론보도가 있었음을 알았더라도 해당 언론보도가 있은 2024. 01. 18 이후 6개월이 지난 2024. 08. 04.에는 정정보도를 청구할 수 없음을 알 수 있다.

② 첫 번째 법조문(정정보도 청구권의 행사) 제2항에서 정정보도 청구에는 언론사 등의 고의·과실이나 위법성을 필요로 하지 아니한다고 했으므로 甲에 관한 □□TV의 보도에 고의성이 없더라도 甲은 정정보도를 청구할 수 있음을 알 수 있다.

④ 두 번째 법조문(정정보도 청구권의 행사) 제5항에서 언론사 등이 하는 정정보도는 공정한 여론형성이 이루어지도록 그 보도가 이루어진 같은 채널, 지면 또는 장소에서 같은 효과를 발생시킬 수 있는 방법으로 하여야 한다고 했으므로 □□TV는 2024. 01. 18.에 처음 甲에 관한 보도를 했던 같은 뉴스 방송에 정정보도문을 발표해야 함을 알 수 있다.

⑤ 두 번째 법조문(정정보도 청구권의 행사) 제3항에서 언론사 등이 정정보도 청구를 수용할 때에는 지체 없이 피해자 또는 그 대리인과 정정보도의 내용·크기 등에 관하여 협의한 후, 그 청구를 받은 날부터 7일 내에 정정보도문을 방송하거나 게재하여야 한다고 했으므로 □□TV가 甲의 정정보도 청구를 수용할 경우, 청구를 받은 날부터 3일 이내가 아닌 7일 이내에 정정보도문을 방송해야 함을 알 수 있다.

5 세부 정보 파악

정답 ③

세 번째 단락에서 그래서 한 원이 회로는 12회, 운으로는 360운, 세로는 4,320세가 된다고 했다. 따라서 1원은 12회, 1회는 360/12=30운, 1운은 4,320/360=12세임을 알 수 있다.

오답 체크

① 첫 번째 단락에서 소강절의 휘는 '옹', 자는 '요부'이며, 강절선생으로 불렸다고 했으나, 주돈이는 소옹과 함께 북송시대에 성리학을 전개한 북송오자 중 한 사람임을 알 수 있다.

② 두 번째 단락에서 소강절은 이지재를 만나 그를 스승으로 삼게 되고, 이를 계기로 과거 시험 준비를 중단하였다고 했고, 마지막 단락에서 여러 차례 벼슬과 관직이 주어졌으나 모두 거절하였음을 알 수 있다.

④ 두 번째 단락에서 소강절의 저서인 『황극경세서』는 우주와 세상의 모든 추상적인 현상을 수에 근거하여 해석하였고, 『관물내외편』은 허심과 내성의 도덕 수양법을 설명하였다고 했다. 따라서 『황극경세서』는 수에 근거해 추상적인 세계관을, 『관물내외편』은 도덕 수양법을 설명한 저서임을 알 수 있다.

⑤ 세 번째 단락에서 우주의 시간 단위인 원은 지구의 시간으로는 12만 9600년에 해당하며, 한 원이 우주의 하루에 해당하는 운으로는 360운이라고 했다. 따라서 우주의 하루는 129,600/360=360년에 해당함을 알 수 있다.

6 계산·비교

정답 ①

게임을 진행한 후, 중간 결과 甲, 乙, 丙의 점수는 각각 27점, 17점, 8점이라고 했으므로 해당 점수에 도달하기 위해 甲은 총 17점, 乙은 총 7점을 더 획득해야 하고, 丙은 총 2점을 잃어야 한다. 이에 따라 甲은 주사위의 눈이 (6, 6, 5)가 나오면 되므로 최소 3번 주사위를 던져야 한다. 乙은 주사위의 눈이 (1, 4, 4) 또는 (2, 4, 5) 또는 (3, 5, 5) 또는 (3, 6, 4)가 나오면 되므로 최소 3번 주사위를 던져야 한다. 이때 甲과 乙이 최소 3회 주사위를 던지므로 丙은 최소 3회 이내에 2점을 잃어야 한다. 이에 따라 丙은 주사위의 눈이 (1, 1)이 나오면 되므로 최소 2번 주사위를 던져야 하고, 가능한 경우 중 한 경우를 정리하면 다음과 같다.

甲	乙	丙
10점(기본)	10점(기본)	10점(기본)
10+6=16점(1회)	10−1=9점(2회)	10−1=9점(3회)
16+6=22점(4회)	9+4=13점(5회)	9−1=8점(6회)
22+5=27점(7회)	13+4=17점(8회)	

甲, 乙, 丙이 던진 주사위의 횟수는 기본점수에서 해당 점수로 도달하기 위해 던진 주사위의 최소 횟수라고 했으므로 ㉠은 8이다. 이후 丙이 가장 높은 합산점수를 달성하고, 甲, 乙, 丙이 던진 주사위의 횟수가 최소인 경우 중 한 가지는 甲과 乙은 주사위의 눈이 3이 나와 3점씩 잃고, 丙은 주사위의 눈이 6이 나와 6점씩 획득하는 경우이다. 해당 경우를 정리하면 다음과 같다.

甲	乙	丙
27점	17점	8+6=14점(1회)
27−3=24점(2회)	17−3=14점(3회)	14+6=20점(4회)
24−3=21점(5회)	14−3=11점(6회)	20+6=26점(7회)

甲, 乙, 丙이 던진 주사위의 횟수는 丙이 가장 높은 합산점수를 달성하기 위해 甲, 乙, 丙이 던진 주사위의 최소 횟수라고 했으므로 ㉡은 7이다.
따라서 ㉠과 ㉡의 합은 8+7=15이다.

7 규칙 적용

정답 ④

주제 적합성을 제외한 세 가지 평가항목별 점수는 다음과 같다.

작품 \ 평가항목	예술성	창의성	활용성	합계
A	1점	5점	3점	9점
B	5점	1점	3점	9점
C	5점	3점	5점	13점
D	5점	3점	1점	9점

ㄱ. A는 주제 적합성을 제외한 세 가지 평가항목의 점수가 가장 높은 C보다 4점 낮으므로 A가 주제 적합성에서 5점을 받아야 1위를 할 수 있다. 그러나 A는 주제 적합성의 스티커 개수가 D보다 적어 1점 또는 3점이 부여되므로 최우수상을 받을 수 없다.

ㄴ. ㉠과 ㉡이 각각 5개라면 주제 적합성 점수는 A에 1점이 부여되고, B~D에 5점씩 부여된다. 이에 따라 최종 점수는 C가 5+13=18점으로 1위이고, B와 D는 5+9=14점으로 동점이다. 최종 점수가 동점인 경우 더 많은 스티커를 받은 작품에 높은 순위를 부여하므로 스티커 개수가 5+9+1+7=22개인 B가 2위, 5+9+2+3=19개인 D가 3위이다. 따라서 3위인 D가 장려상을 받는다.

ㄹ. ㉠이 5개이고 ㉡이 3개라면 최종 점수는 A가 1+9=10점, B가 5+9=14점, C가 1+13=14점, D가 5+9=14점이 된다. 따라서 최종 점수가 14점으로 같은 B, C, D 3개 작품이 최우수상, 우수상, 장려상을 받을 수 있다.

오답 체크

ㄷ. 주제 적합성 점수가 B에 5점, C에 1점이 부여될 경우 B와 C는 최종 점수가 14점으로 같다. 이때 ㉠이 6개 이상이고, ㉡이 3개 미만이라면 최종 점수는 A가 3+9=12점, D가 3+9=12점으로 같다. 최종 점수가 동점인 경우 더 많은 스티커를 받은 작품에 높은 순위를 부여하므로 스티커 개수가 3+6+9+7=25개인 A가 3위, 5+9+2+3=19개인 D가 4위이다. 따라서 A가 3위를 하여 장려상을 받고, D가 어떤 상도 받지 못할 수 있다.

8 규칙 적용

정답 ⑤

- 甲: 대기업은 청년채용장려금 지원 대상에 해당하지 않는다.
- 乙: 청년채용장려금 신청 기한은 청년 채용 후 6개월 또는 12개월이 되는 날이 속한 달의 다음 달부터 3개월 이내이므로 입사일이 2022.04.22.인 乙이 재직중인 회사의 신청기한은 2022년 11월부터 2023년 1월까지 또는 2023년 5월부터 2023년 7월까지이므로 2023년 3월 1일 기준 신청 기간을 충족하지 않는다.
- 丙: 대표이사의 4촌 이내의 친·인척 등은 지원 제외되므로 지원 요건을 충족하지 않는다.
- 丁: 2021.12.01.부터 2022.12.31.까지의 기간 동안 신규 채용한 청년을 대상으로 지원하므로 2021.11.01.에 입사한 丁이 근무하는 회사는 지원 요건을 충족하지 않는다.
- 戊: 입사일이 2022.07.04인 戊가 재직중인 회사의 청년채용장려금 신청 기한은 2023년 2월부터 2023년 4월까지 또는 2023년 8월부터 2023년 10월까지이므로 2023년 3월 1일 기준 신청이 가능하다.

9 세부 정보 파악

정답 ③

ㄷ. 세 번째 단락에서 연동형 비례대표제에서는 총 의석 수가 300석, 정당 득표율이 10%, 지역구 당선자가 10명이라면 남은 20명은 비례대표로 채우는 방식으로 배분한다고 했으므로 총 의석수가 100석, 지역구 당선자가 10명, 정당 득표율이 20%라면, 비례대표는 (100 × 0.2) − 10 = 10명임을 알 수 있다.

오답 체크

ㄱ. 첫 번째 단락에서 연동형 비례대표제는 지역구 의석과 비례대표 의석에 각각 한 표를 행사하지만 정당 득표율에 비례해 정당별 총 의석 수를 할당하고, 할당된 총 의석 수에서 비례대표 의석을 할당한다고 했으므로 별개로 산출해 합산하는 방식은 아님을 알 수 있다.

ㄴ. 마지막 단락에서 비례대표제에서는 봉쇄 조항을 설정한다고 했으므로 병립형 비례대표제와 연동형 비례대표제 모두 봉쇄 조항을 설정할 수 있음을 알 수 있다.

10 계산·비교

정답 ③

제시문과 〈상황〉에 따라 乙 정당의 19대, 20대 비례대표 인원을 계산하면 다음과 같다.

- 세 번째 단락에 따르면 병립형 비례대표제는 총 의석 수 중 일부가 비례대표 의석이고 정당 득표율은 비례대표 의석 배분에만 사용하므로 乙 정당의 19대 비례대표 인원인 ㉠은 60 × 0.15 = 9명이다.
- 세 번째 단락에 따르면 연동형 비례대표제는 정당 득표율에 비례하여 총 의석 수를 배분한 후 정당별로 배분된 총 의석 수에서 지역구 당선자를 뺀 나머지 의석을 비례대표로 채우므로 乙 정당의 비례대표 인원인 ㉡은 300 × 0.27 − 70 = 11명이다.

따라서 ㉠과 ㉡에 들어갈 수의 합은 9+11=20이다.

11 법·규정의 적용

정답 ①

첫 번째 법조문 제4항에서 광산구호대는 2개조 이상 편성을 원칙으로 하되, 사무소장이 광산 구호에 지장이 없다고 인정하는 경우에는 1개조로 편성할 수 있다고 했으므로 사무소장이 광산 구호에 지장이 없다고 인정한 경우, 광산구호대는 1개조로 편성될 수 있음을 알 수 있다.

오답 체크

② 세 번째 법조문 제3항에서 광업권자 또는 조광권자는 광산안전관리직원을 선임하거나 해임하였을 때에는 그 사실을 산업통상자원부장관에게 신고하여야 한다고 했으므로 조광권자가 광산안전관리직원을 선임했을 경우, 그 사실을 광산안전사무소장이 아닌 산업통상자원부장관에게 신고해야 함을 알 수 있다.

③ 첫 번째 법조문 제3항에서 광업권자 또는 조광권자는 작업장 부근의 적당한 장소에 응급구호 용품을 준비하고, 광산구호대원을 대상으로 연 2회 이상 자체 광산구호 훈련을 실시하여야 한다고 했으므로 광업권자는 광산구호대원을 대상으로 2년마다 1회 이상이 아닌 광산구호대원을 대상으로 연 2회 이상 자체 광산구호 훈련을 실시해야 함을 알 수 있다.

④ 두 번째 법조문 제2항에서 광업권자 또는 조광권자가 안전규정을 제정하거나 변경하려는 경우 전문기관의 의견서를 첨부하여 산업통상자원부장관의 승인을 받아야 함을 알 수 있다.

⑤ 세 번째 법조문 제4항에서 광산안전관리직원은 둘 이상의 광산의 광산안전관리직원을 겸할 수 없지만, 특별한 사유로 인하여 산업통상자원부장관의 승인을 받았을 때에는 겸직할 수 있다고 했으므로 광산안전관리직원은 2개 광산의 광산안전관리직원으로 겸직할 수 있음을 알 수 있다.

12 규칙 적용

정답 ①

- 조 구성 및 조장 선발 기준의 세 번째 조건에서 같은 학과 학생들은 같은 조 구성원이 되나 영어영문학과 학생과 정치외교학과 학생이 모두 하나의 조로 편성될 수는 없다고 했으므로 '다, 라, 마, 바'가 모두 같은 조일 수 없다. 이에 따라 '다'와 '바', '라'와 '마'가 각각 같은 조 구성원이 된다.
- 조 구성 및 조장 선발 기준의 첫 번째 조건에서 같은 조 내 구성원은 학번이 모두 달라야 한다고 했고, '라'와 '마'는 각각 15학번, 17학번, '다'와 '바'는 각각 19학번, 16학번이므로 '가, 다, 바', '사, 라, 마'가 각각 같은 조 구성원이 된다. 이때 조 구성 및 조장 선발 기준의 두 번째 조건에서 같은 조 내에 하나의 성별로만 구성될 수 없다고 했고, '가, 다, 바'는 모두 남자이므로 '가, 나, 다, 바'가 같은 조 구성원이 된다. 이에 따라 '가, 나, 다, 바', '라, 마, 사'가 각각 한 조를 이룬다.

- 조 구성 및 조장 선발 기준의 네 번째 조건에서 재수강을 하는 학생은 조장이 될 수 없으므로 '가', '라', '바'는 조장이 될 수 없고, 재수강을 하는 학생을 제외하고 각 조 내에서 학번이 가장 높은 학생이 조장이 되므로 '나'와 '다' 중 '나'가 조장이 되고, '사'와 '마' 중 '사'가 조장이 된다.

따라서 각 조의 조장은 '나', '사'이다.

13 세부 정보 파악

정답 ①

두 번째 단락에서 제사상은 4열 또는 5열로 차려지며, 탕의 유무에 따라 4열인지 5열인지가 결정된다고 했으므로 제사상에 탕을 올리지 않는다면 5열 배치기준에서 4열인 포가 3열에 올려짐을 알 수 있다. 또한 세 번째 단락에서 마른 음식은 동쪽에 올린다고 했으므로 마른 북어포는 동쪽에 위치한다. 따라서 탕이 없는 제사상에서 마른 북어포는 제사상 3열의 동쪽에 위치함을 알 수 있다.

오답 체크

② 첫 번째 단락에서 『주자가례』에 따르면 조상에게 제사를 지내 효를 실천해야 하고, 같은 단락에서 『경국대전』에 따르면 사대부 이상은 사대봉사를 지내야 하므로 사대부 이상이 사대봉사를 해야 한다는 내용은 『주자가례』가 아닌 『경국대전』에 명시되었음을 알 수 있다.

③ 첫 번째 단락에서 『경국대전』에는 6품 이상은 삼대봉사, 7품 이하는 이대봉사를 지내도록 명시되어 있다고 했으므로 아버지와 조부에 대해서만 제사를 지내는 것은 7품 이하에 해당한다. 따라서 만약 제사를 지내는 자가 정6품의 이조좌랑이라면, 삼대봉사를 지내야 하므로 아버지와 조부뿐만 아니라 증조부까지 제사를 지내야 함을 알 수 있다.

④ 세 번째 단락에서 복숭아는 양기의 상징이라 음기인 귀신을 쫓아낸다고 했으므로 제사상에 복숭아를 올리지 않는 이유는 복숭아가 음기인 귀신을 불러내는 것이 아니라 귀신을 쫓아낸다고 여겨지기 때문임을 알 수 있다.

⑤ 세 번째 단락에서 머리와 꼬리가 있는 음식의 경우 머리는 동쪽, 꼬리는 서쪽으로 향하게 하며 배는 신위를 향하게 한다고 했고, 두 번째 단락에서 신위를 북쪽에 놓는다고 했으므로 조기의 배는 남면이 아니라 북쪽을 향하게 놓음을 알 수 있다.

14 규칙 적용

정답 ⑤

걷기대회에서 이동 전략 1~3을 적용한 경우 누적 이동 거리는 다음과 같다.

(단위: km)

일차	1	2	3	4	5	6	7	8	9	10	11
이동 전략 1	30	60	90	120	150	180	210	240	270	300	-
이동 전략 2	10	30	60	100	150	210	280	300	-	-	-
이동 전략 3	50	50	100	100	150	150	200	200	250	250	300

ㄴ. 대회 경로의 출발선부터 결승선까지의 거리는 300km이며, 중간점을 나타내는 깃발은 출발선과의 거리와 결승선과의 거리가 같은 지점에 세워져 있으므로 출발선으로부터 150km 떨어진 지점에 있다. 이동 전략 1을 적용하면 6일 동안 180km를 이동하고, 이동 전략 2를 적용하면 6일 동안 210km를 이동하며, 이동 전략 3을 적용하면 6일 동안 150km를 이동한다. 따라서 제시된 이동 전략 모두 걷기대회 6일 차 이전에는 중간점 깃발에 도달할 수 있다.

ㄷ. 甲이 이동 전략 1을 적용하면 걷기대회 10일 차까지 매일 30km씩 이동하고, 乙이 이동 전략 2를 적용하면 걷기대회 8일 차까지 이동한다. 이에 따라 걷기대회 1일 차와 2일 차에는 甲이 乙보다 많이 이동하고, 3일 차에는 甲과 乙이 동일하게 이동하며, 4일 차부터 7일 차까지는 甲이 乙보다 적게 이동하고, 8일 차부터 10일 차까지는 甲이 乙보다 많이 이동한다. 따라서 걷기대회 동안 甲이 乙보다 많이 이동한 날수는 5일, 적게 이동한 날수는 4일로 甲이 乙보다 많이 이동한 날수가 더 많다.

ㄹ. 甲이 이동 전략 1을, 乙이 이동 전략 3을 적용하는 경우 甲은 걷기대회 10일 차에, 乙은 걷기대회 11일 차에 결승선을 통과하므로 甲이 먼저 결승선을 통과한다.

오답 체크

ㄱ. 이동 전략 2를 적용하는 경우 걷기대회 8일 차에 결승선을 통과한다. 이에 따라 이동한 첫날인 1일 차의 이동 거리는 10km, 이동한 마지막 날인 8일 차의 이동 거리는 20km이므로 이동 거리가 동일하지 않다.

15 계산·비교

정답 ③

소설 한 편의 분량은 4,500자 이상이어야 하고, 총 30편 이상을 업로드해야 하므로 최소한 소설은 135,000자를 완성해야 한다. 여기에 작가소개와 소설소개를 총 2,000자 이상 완성해야 하므로 5월 27일 금요일까지 137,000자를 완성해야 한다.

- 甲: 하루 8,000자의 글을 완성할 수 있고 일요일에는 글을 쓰지 않는다. 이에 따라 공모전 참가를 위한 작문에 걸리는 시간은 최소 137,000/8,000 ≒ 17.12일이므로 작업에 필요한 날은 18일 이상이다. 따라서 甲은 늦어도 5월 7일 토요일부터 글을 쓰기 시작해야 한다.
- 乙: 하루 6,000자의 글을 완성할 수 있고, 이틀을 연속해서 글을 쓰면 둘째 날에는 12,000자의 글을 완성할 수 있다. 날짜가 3의 배수인 날은 글을 쓰지 않으므로 이틀간 최대 18,000자의 글을 완성할 수 있다. 또한, 137,000/18,000 ≒ 7.61임에 따라 작업에 필요한 날은 이틀씩 8번 이상으로 16일 이상이다. 따라서 乙은 늦어도 5월 4일 수요일부터 글을 쓰기 시작해야 한다.

일	월	화	수	목	금	토
1	2	3	4	5	6	7
		X	O	O	X	O
8	9	10	11	12	13	14
O	X	O	O	X	O	O
15	16	17	18	19	20	21
X	O	O	X	O	O	X
22	23	24	25	26	27	28
O	O	X	O	O	X	

- 丙: 하루 6,800자의 글을 완성할 수 있고, 작가소개와 소설소개는 6,800자의 글을 완성한 날에도 추가로 작성할 수 있으므로 135,000자를 작성하는 데 걸리는 시간을 계산한다. 이에 따라 공모전 참가를 위한 작문에 걸리는 시간은 최소 135,000/6,800 ≒ 19.85일이므로 작업에 필요한 날은 20일 이상이다. 따라서 丙은 늦어도 5월 8일 일요일부터 글을 쓰기 시작해야 한다.

따라서 甲, 乙, 丙이 웹소설 공모전에 참가하기 위해 글을 작성하기 시작해야 하는 날 중 가장 늦은 날은 甲이 5월 7일, 乙이 5월 4일, 丙이 5월 8일이다.

16 논리퍼즐

정답 ③

ㄱ. 각 세트는 무승부 없이 승패가 결정되므로 득세트 수의 합과 실세트 수의 합은 서로 같으며, 13경기의 실세트 수는 총 6+11+6+13+11+9=56세트이므로 남은 2경기의 실세트 수는 총 64−56=8세트이다. 또한, 경기 결과는 3:0, 3:1, 3:2 중 하나이므로 남은 2경기에서 4개 팀의 실세트 수는 (0, 2, 3, 3) 또는 (1, 1, 3, 3)이 가능하다. 따라서 A와 F 중 한 팀은 3:1로 이기고, 다른 한 팀은 1:3으로 진다면 실세트 수의 합은 6+9+1+3=19세트일 수 있다.

ㄴ. 13경기가 완료된 시점에 A는 승점 10점으로 2위이다. B와의 경기에서 A가 2:3으로 패배한다면 A는 승점은 10+1=11점, 득세트 수는 12+2=14세트, 실세트 수는 6+3=9세트가 된다. 이에 따라 1위인 C와 승점이 같아지며, 승리 경기 수도 4경기로 동일하므로 세트득실률순으로 순위가 정해진다. 세트득실률은 A가 14/9≒1.6, C가 13/6≒2.2이므로 1위는 C, 2위는 A가 된다. 따라서 A와 B의 경기에서 3:2로 B가 승리한다면 A의 최종 순위는 13경기가 완료된 시점과 동일하게 2위이다.

오답 체크

ㄷ. F가 승점 1점을 획득한 것은 경기 결과가 3:2로 E가 승리했음을 의미하므로 승점은 E가 4+2=6점, F가 5+1=6점이 된다. 이때 승점이 같은 D, E, F 중 승리 경기 수가 1경기인 F의 순위가 가장 낮고, D와 E는 승리 경기 수가 같다. D는 득세트 수 10세트, 실세트 수 13세트이고, E는 득세트 수 8+3=11세트, 실세트 수 11+2=13세트로 실세트 수는 같고 득세트 수는 E가 더 많으므로 D보다 E의 순위가 높다. 따라서 E의 순위는 D, F의 순위보다 높아진다.

17 논리퍼즐

정답 ②

甲과 乙이 서로 같은 카드를 낸 적은 10회 동안 한 번도 없고, 甲과 乙이 풀 카드를 낸 횟수의 합이 10이므로 이를 이용하여 두 사람이 낸 풀 카드를 서로 다른 회차로 배치하면 다음과 같다.

회차	1	2	3	4	5	6	7	8	9	10
甲	풀	풀	풀	풀	풀	풀				
乙							풀	풀	풀	풀

이에 따라 甲이 낸 불 카드 3회와 물 카드 1회, 乙이 낸 불 카드 2회와 물 카드 4회를 임의로 빈칸에 배치한다.

회차	1	2	3	4	5	6	7	8	9	10
甲	풀	풀	풀	풀	풀	풀	불	불	불	물
乙	불	불	물	물	물	물	풀	풀	풀	풀

따라서 甲은 7승 3패, 乙은 3승 7패를 하므로 甲과 乙의 승리 횟수의 차이는 7−3=4이다.

18 논리퍼즐

정답 ④

ㄴ. 이름이 네 글자이더라도 두 사람의 이름이 동일하다면 '친구점수'는 0점이 된다. 이 경우, 이름이 두 글자인 두 사람의 '친구점수'가 1점만 되어도 이름이 네 글자인 두 사람의 '친구점수'는 이름이 두 글자인 두 사람의 '친구점수'보다 낮게 된다.

ㄷ. 초성, 중성, 종성의 일치 여부에 따라 점수를 획득하지만, 초성, 중성, 종성이 모두 동일한 경우에는 해당 자리에서 획득할 수 있는 점수가 0점이다. 따라서 한 자리에서 획득할 수 있는 최대 점수는 2점이므로 이름이 세 글자인 두 사람의 '친구점수'는 최대 6점이다.

오답 체크

ㄱ. 첫 번째 자리에 '김'과 '이'가 배치되고, 중성만 'ㅣ'로 일치하므로 1점이 부여된다. 두 번째 자리에는 '가'와 '나'가 배치되고, 중성만 'ㅏ'로 일치하므로 1점이 부여된다. 세 번째 자리에 배치되는 글자는 모두 '영'으로 동일하므로 점수는 0점이다. 따라서 이름이 '김가영'과 '이나영'인 두 사람의 '친구점수'는 1+1=2점이다.

19 계산·비교

정답 ③

군사조직의 총원이 50,000명 이상이 되어야 한다고 했고 일반병사와 온이 가장 높은 비중을 차지하므로 일반병사와 온의 수가 50,000명에 근접하는 수를 기준으로 삼는다.

일반병사가 45,000명이라고 하면 온은 최소 4,500명, 위즈는 최소 450명, 빙은 최소 90명, 튀멘은 최소 18명, 타르칸은 1명이 된다. 이 경우 甲국의 군사조직 총원은 45,000+4,500+450+90+18+1=50,059명이다. 이때 일반병사를 54명, 온을 5명 줄이면 나머지 지휘관 수는 변동 없이 군사조직 총원을 50,000명으로 편성할 수 있다. 이 경우 지휘관의 수는 온이 4,495명, 위즈가 450명, 빙이 90명, 튀멘이 18명, 타르칸이 1명이다.

따라서 甲국 군사조직 내 지휘관의 수는 4,495+450+90+18+1=5,054명이다.

20 계산·비교

정답 ③

- 甲~丙 중 연봉 인상 기준인 2023년에 50경기 이상 출장하여 3할을 초과하는 타율을 기록한 타자는 乙뿐이고, 乙의 타율은 3할을 10리 초과했으므로 乙의 2024년 연봉은 2023년 대비 10% 증액된 7,700만 원이다.
- 甲의 보너스는 80×10+50×20+5×40×0.5=1,900만 원, 乙의 보너스는 30×10+60×20+15×40=2,100만 원, 丙의 보너스는 10×10×0.5+30×20×0.5+10×40=750만 원이다.
- 甲~丙 중 격려금 지급 기준인 2023년에 100경기 이상을 출장한 타자는 甲뿐이고, 甲의 연봉은 4,000만 원이므로 격려금은 4,000×0.1=400만 원이다.

이에 따라 2024년 甲의 보수는 4,000+1,900+400=6,300만 원, 乙의 보수는 7,700+2,100=9,800만 원, 丙의 보수는 8,000+750=8,750만 원이다.

따라서 甲~丙 중 2024년 보수를 가장 많이 받는 乙과 가장 적게 받는 甲의 보수액 차이는 9,800−6,300=3,500만 원이다.

21 논리퍼즐

정답 ④

- 3,675를 소인수분해 하면 3×5×5×7×7이다. 이때 신규 수강생들은 총 세 명이고, 수강신청이 가능한 나이가 4세 이상 70세 미만이라고 했으므로 이를 고려하여 수강생들의 나이를 조합해보면 다음과 같다.

  〈경우 1〉 15세가 있는 경우

  세 사람의 나이로 가능한 조합은 (5세, 3×5=15세, 7×7=49세) 또는 (7세, 3×5=15세, 5×7=35세)이고, 이때 세 사람의 나이의 합은 각각 5+15+49=69, 7+15+35=57이다.

  〈경우 2〉 21세가 있는 경우

  세 사람의 나이로 가능한 조합은 (5세, 3×7=21세, 5×7=35세) 또는 (7세, 3×7=21세, 5×5=25세)이고, 이때 세 사람 나이의 합은 각각 5+21+35=61, 7+21+25=53이다.
- 신규 수강생 세 명의 나이를 더하면 지민이 나이의 3배라고 했으므로 3의 배수가 아닌 61과 53은 신규 수강생 세 명의 나이를 더한 값이 될 수 없다. 이에 따라 신규 수강생 세 명의 나이를 더한 값은 69 또는 57이므로 지민의 나이는 69/3=23세 또는 57/3=19세임을 알 수 있다.
- 강사의 나이는 지민이 나이의 2배이고, 신규 수강생 중에는 강사보다 나이가 많은 사람이 1명 있다고 했으나 지민이의 나이가 19세라면 강사의 나이는 38세, 신규 수강생 세 명의 나이는 각각 7세, 15세, 35세로 신규 수강생이 모두 강사보다 나이가 많지 않게 되므로 가능하지 않은 조합이다. 한편, 지민이의 나이가 23세라면 강사의 나이는 46세, 신규 수강생 세 명의 나이는 각각 5세, 15세, 49세로 강사보다 나이가 많은 수강생이 1명 있게 되므로 가능한 조합이다.

따라서 강사의 나이는 46세, 지민이의 나이는 23세이다.

22 논리퍼즐

정답 ②

- 초과근무 수당은 시간당 2만 원이고, 甲~戊에게 지급한 초과근무 수당은 총 84만 원이므로 5명의 초과근무 시간은 총 84/2=42시간이다. 이때 丙은 14만 원의 초과근무 수당을 받았으므로 14/2=7시간의 초과근무를 하였다. 이에 따라 丙을 제외한 4명이 42−7=35시간의 초과근무를 했음을 알 수 있다.
- 丁의 초과근무 시간은 甲과 戊의 초과근무 시간 평균과 같으므로 丁의 초과근무 시간을 x라 하면 甲, 丁, 戊 3명의 초과근무 시간은 총 $3x$이다. 이때 乙의 초과근무 시간은 丁의 절반인 $0.5x$이므로 $3.5x=35$, $x=10$이다. 이에 따라 乙은 5시간, 丁은 10시간의 초과근무를 하였다.
- 5명의 초과근무 시간은 모두 다르고 戊의 초과근무 시간이 가장 짧으므로 戊의 초과근무 시간은 1~4시간이다. 이때 甲과 戊의 초과근무 시간을 합하면 20시간이고 직원들 간 초과근무 시간의 차이는 최대 13시간이므로 甲은 16시간, 戊는 4시간의 초과근무를 하는 것이 가능하다.

따라서 甲이 받은 지난주 초과근무 수당은 16×2=32만 원이다.

23 계산·비교

정답 ④

A의 비밀번호는 두 가지 숫자로 구성되고, A의 비밀번호 네 자리 숫자를 모두 더한 값은 5이므로 A의 비밀번호는 '1' 3개, '2' 1개로 구성됨을 알 수 있다. 이에 따라 A의 비밀번호로 가능한 경우는 1112, 1121, 1211 세 가지이다.

〈경우 1〉 A의 비밀번호가 1112인 경우

B의 비밀번호 첫째 자리 숫자는 0 또는 1이 될 수 있다. 첫째 자리 숫자가 0이라면 둘째 자리 숫자는 1~9 중 하나가 될 수 있고, 첫째 자리 숫자가 1이라면 둘째 자리 숫자는 0, 2 중 하나가 될 수 있다. 셋째 자리 숫자는 0, 1, 2, 3 중 하나가 될 수 있고, 셋째 자리 숫자가 3이라면 넷째 자리 숫자는 0 또는 1이 될 수 있고, 셋째 자리 숫자가 0, 1, 2 중 하나라면 둘째 자리 숫자는 3~9 중 하나가 될 수 있다.

이에 따라 B의 비밀번호 각 자리 숫자를 모두 더한 값이 최대가 되게 하려면 첫째 자리 숫자는 0, 셋째 자리 숫자는 0, 1, 2 중 하나가 되어야 함을 알 수 있다. 이때 B의 비밀번호 네 자리 숫자 중 가장 큰 숫자는 짝수이므로 셋째 자리 숫자는 1112의 셋째 자리 숫자인 1이 되어야 한다.

B의 비밀번호 네 자리 숫자 중 가장 큰 숫자는 짝수이므로 둘째 자리 또는 넷째 자리 숫자는 9가 될 수 없고, 네 자리 숫자를 모두 더한 값이 최대가 되게 하려면 7 또는 8이 되어야 함을 알 수 있다.

이에 따라 B의 비밀번호로 가능한 것은 0718 또는 0817이고, 이때 각 자리 숫자를 모두 더한 값은 16이다.

〈경우 2〉 A의 비밀번호가 1121인 경우

A의 비밀번호가 1112인 경우와 마찬가지 방법으로 네 자리 숫자를 모두 더한 값이 최대가 되게 하려면 첫째 자리는 0, 셋째 자리는 2이고, 둘째 자리와 넷째 자리는 7 또는 8이 되어야 한다.

이에 따라 B의 비밀번호로 가능한 것은 0728 또는 0827이고, 이때 각 자리 숫자를 모두 더한 값은 17이다.

〈경우 3〉 A의 비밀번호가 1211인 경우

A의 비밀번호가 1112인 경우와 마찬가지 방법으로 네 자리 숫자를 모두 더한 값이 최대가 되게 하려면 첫째 자리는 0, 셋째 자리는 1이고, 둘째 자리와 넷째 자리는 7 또는 8이 되어야 한다.

이에 따라 B의 비밀번호로 가능한 것은 0718 또는 0817이고, 이때 각 자리 숫자를 모두 더한 값은 16이다.

따라서 B의 비밀번호 네 자리 숫자를 모두 더한 값의 최댓값은 17이다.

24 논리퍼즐

정답 ⑤

G가 C와 같은 차에 탈 경우 과장 C는 중형차에 타고, G와 같은 차를 타는 F와 H도 이 차에 타게 된다. 이에 따라 다른 5명은 소형차와 다른 한 대의 중형차에 나누어 타야 한다. 부장 A와 과장 B는 중형차에 타고, 같은 차종의 차를 타지 않는 D와 E는 각각 소형차 또는 중형차에 타야 한다. 이때 I가 B와 같은 차인 중형차에 타게 될 경우 소형차에는 D와 E 중 1명만 타게 되어, 차를 혼자 타고 가는 직원은 없다는 조건이 충족되지 않는다.

오답 체크

① 부장 A와 과장 B는 소형차에 타지 않고, 대리 D와 E는 같은 차종의 차를 타지 않으므로 중형차 한 대에 A, B, D가 타고 소형차에 E가 탈 수 있다. 이때 B와 다른 차에 타는 C가 다른 한 대의 중형차에 타게 되므로 사원 F, G, H와 I는 각각 C가 탄 중형차 또는 E가 탄 소형차에 탈 수 있다.

② 과장 B가 탄 중형차에 F와 H가 타면 G도 같은 차에 타고, C는 다른 한 대의 중형차에 타게 된다. 이때 C가 탄 중형차에 D와 E 중 1명과 A가 타고, I는 D와 E 중 중형차에 타지 않는 1명과 소형차에 탈 수 있다.

③ 대리 D와 E는 같은 차종의 차를 타지 않으므로 E가 중형차에 탄다면 D는 소형차에 탈 수 있다.

④ H가 소형차에 탈 경우 F와 G도 소형차에 타고, D와 E 중 1명도 소형차에 타게 된다. 이에 따라 다른 5명이 두 대의 중형차에 나누어 타야 한다. D와 E 중 소형차에 타지 않는 1명과 A, I가 2명과 1명으로 나뉘어 각각 B, C와 같은 차에 탈 수 있다.

25 규칙 적용

정답 ④

A~G의 정량평가 및 정성평가 점수를 정리하면 다음과 같다.

(단위: 점)

기업	재무 안전성	산업재산권 확보 수준	우수기업 우대사항	정량평가 점수	정성평가 점수	최종점수
A	20	20	10	50	35	85
B	20	20	0	40	30	70
C	15	10	5	30	40	70
D	30	5	10	45	20	65
E	25	15	10	50	25	75
F	30	0	5	35	20	55
G	25	10	5	40	35	75

이에 따라 최종점수가 85점으로 가장 높은 A가 지원대상으로 선정되고, 75점으로 동점인 E와 G 중에서 정량평가 점수가 더 높은 E가 선정된다.

이때 정성평가에서 '미흡'을 받은 D와 F, '보통'을 받은 E의 등급이 한 등급씩 상향 조정되면 최종점수는 D가 65+5=70점, E가 75+5=80점, F가 55+5=60점이 된다. 따라서 정성평가의 '보통' 이하 등급이 한 등급씩 상향 조정되어도 최종점수가 가장 높은 A와 두 번째로 높은 E가 선정된다.

오답 체크

① A의 부채비율이 300%라면 재무 안전성에서 5점이 줄어들어 A의 최종점수는 85−5=80점이 된다. 이 경우에도 A의 최종점수가 가장 높아 A와 E가 선정되고, G는 선정되지 않는다.

② 지원대상을 3개 기업으로 늘리면 A, E, G가 선정된다.

③ C의 기관표창 수상이력이 추가되면 우수기업 우대사항에서 5점이 늘어나 C의 최종점수는 70+5=75점이 된다. 이 경우 75점으로 동점인 C, E, G 중에서 정량평가 점수가 가장 높은 E가 선정되므로 C는 선정되지 않는다.

⑤ F가 4건의 특허를 보유했다면 산업재산권 확보 수준에서 20점이 늘어나 F의 정량평가 점수는 35+20=55점, 최종점수는 55+20=75점이 된다. 이 경우 75점으로 동점인 E, F, G 중에서 정량평가 점수가 가장 높은 F가 선정된다.

실전모의고사 5회

모바일 자동 채점 및
성적 분석 서비스

정답

1	④	법·규정의 적용	6	④	계산·비교	11	①	법·규정의 적용	16	①	논리퍼즐	21	④	계산·비교
2	③	법·규정의 적용	7	②	규칙 적용	12	⑤	법·규정의 적용	17	③	규칙 적용	22	①	논리퍼즐
3	②	법·규정의 적용	8	④	규칙 적용	13	②	계산·비교	18	⑤	규칙 적용	23	③	논리퍼즐
4	①	법·규정의 적용	9	④	세부 정보 파악	14	②	논리퍼즐	19	①	규칙 적용	24	③	논리퍼즐
5	⑤	세부 정보 파악	10	③	규칙 적용	15	④	논리퍼즐	20	②	계산·비교	25	③	법·규정의 적용

취약 유형 분석표

유형별로 맞힌 개수, 틀린 문제 번호와 풀지 못한 문제 번호를 적고 나서 취약한 유형이 무엇인지 파악해 보세요.

유형	맞힌 개수	틀린 문제 번호	풀지 못한 문제 번호
세부 정보 파악	/2		
법·규정의 적용	/7		
계산·비교	/4		
규칙 적용	/6		
논리퍼즐	/6		
TOTAL	/25		

해설

1 법·규정의 적용

정답 ④

두 번째 법조문 제2항 제2호에서 약사는 처방전에 기재된 의약품의 제조업자와 같은 제조업자가 제조한 의약품으로서 처방전에 적힌 의약품과 성분·제형은 같으나 함량이 다른 의약품으로 같은 처방 용량을 대체조제하는 경우에 의사의 사전 동의 없이 대체조제할 수 있다고 했으므로 성분, 함량, 제형 및 처방 용량이 같다 하더라도 제조업자가 다른 경우에는 처방전을 발행한 의사의 사전 동의를 받아야 함을 알 수 있다.

오답 체크

① 첫 번째 법조문 제3항에서 의사는 약국이 없는 지역에서 의약품을 조제하는 경우에 자신이 직접 의약품을 조제할 수 있음을 알 수 있다.

② 두 번째 법조문 제3항에서 약사는 식품의약품안전처장이 생물학적 동등성이 있다고 인정한 품목으로 대체하여 조제한 경우에는 그 내용을 1일 또는 3일 이내에 처방전을 발행한 의사에게 통보하여야 함을 알 수 있다.

③ 두 번째 법조문 제4항에서 처방전을 발행한 의사가 의약품으로 인해 발생한 약화사고의 책임을 면하는 경우는 의사의 사전 동의 없이 처방전에 적힌 의약품을 대체조제한 경우임을 알 수 있다.

⑤ 두 번째 법조문 제3항에서 처방전을 발행한 의사의 사전 동의 없이 대체조제한 경우에 그 내용을 최대 3일 이내에 의사에게 통보하여야 함을 알 수 있다.

2 법·규정의 적용

정답 ③

세 번째 법조문(자료의 기증) 제2호, 제5호, 제7호에서 발행 후 5년 이상이 경과한 백과사전 및 사전류의 자료, 본교를 제외한 대학의 학위논문, 전집의 일부(낱권) 자료는 기증에서 제외된다고 했으므로 타대학의 학위논문, 발행 후 5년이 된 한국어교육학 사전은 기증받을 수 없으나 10권으로 구성된 문학전집 전 권은 기증받을 수 있음을 알 수 있다.

오답 체크

① 두 번째 법조문(자료의 관리) 제2호와 제4호에서 국내 학위논문은 정기간행물실에서, 1910년 이전에 간행된 자료는 고문헌실에서 보관·관리한다고 했으므로 1800년대에 간행된 자료는 고문헌실에서, 국내 학위논문은 정기간행물실에서 보관 및 관리함을 알 수 있다.

② 첫 번째 법조문(자료의 폐기) 제2항에서 도서관 자료의 연간 폐기 범위는 도서관 전체 자료 수의 100분의 8을 초과할 수 없다고 했으므로 2021년 도서관 전체 자료 수가 15,240천 권이라면, 해당 연도에 폐기될 수 있는 자료의 수는 최대 $15,240 \times 0.08 = 1,219.2$천 권으로 1,219천 권을 초과할 수 없음을 알 수 있다.

④ 첫 번째 법조문(자료의 폐기) 제3항에서 폐기 담당자는 폐기 대상자료목록을 작성하여 도서관장의 승인을 받은 후, 목록의 사본을 자료운영팀과 전산지원팀에 제출해야 함을 알 수 있다.

⑤ 첫 번째 법조문(자료의 폐기) 제1항에서 폐기 기준은 25년 이상이 경과한 자료 중 10년 이상 이용되지 않은 자료, 20년 이상이 경과한 자료 중 현실과 맞지 않고 최신성이 떨어지는 서적, 훼손 또는 파손의 정도가 심하여 이용 불가한 자료라고 하였으므로 제시된 자료 및 서적은 모두 폐기 기준에 해당함을 알 수 있다.

3 법·규정의 적용

정답 ②

제○○조 제2항에서 법원은 피고인이 빈곤의 사유로 변호인을 선임할 수 없는 경우에 피고인이 청구하면 국선변호인을 선정해야 하고, 제△△조에 따라 국선변호인 선정을 청구하는 경우 기록에 의해 그 사유가 소명되었다고 인정될 때가 아니라면 피고인은 소명자료를 제출해야 하는 것을 알 수 있다.

오답 체크

① 제□□조 제1항 제1호에서 재판장은 공소제기가 있는 때에 변호인이 없는 70세 이상의 피고인에게 변호인 없이 개정할 수 없는 취지와 피고인이 스스로 변호인을 선임하지 아니할 경우에는 법원이 국선변호인을 선정하게 된다는 취지를 고지해야 하고, 제□□조 제2항에 따라 해당 고지는 서면으로 해야 하는 것을 알 수 있다.

③ 제○○조 제3항에서 법원은 피고인의 나이·지능 등을 참작하여 권리보호를 위하여 필요하다고 인정하면 피고인의 명시적 의사에 반하지 아니하는 범위에서 국선변호인을 선정해야 한다고 했으므로 피고인이 국선변호인 선정을 희망하지 않는다는 의사 표시를 한 경우 법원은 국선변호인 선정을 할 수 없다.

④ 제□□조 제3항에서 법원이 고지를 받은 피고인이 변호인을 선임하지 아니한 때에는 지체없이 국선변호인을 선정하고, 피고인 및 변호인에게 그 뜻을 고지해야 하는 것을 알 수 있다.

⑤ 제□□조 제4항에서 공소제기가 있은 후 변호인이 없게 된 때에도 제□□조 제1항 내지 제3항의 규정을 준용한다고 했으므로 제□□조 제1항에 따른 각 호의 취지를 고지해야 하는 것을 알 수 있다.

4 법·규정의 적용

정답 ①

두 번째 법조문 제2호에서 도지사는 조리사가 면허를 타인에게 대여하여 사용하게 한 경우 면허를 취소하거나 6개월 이내의 기간을 정하여 업무정지를 명할 수 있다고 했다. 따라서 A도지사는 乙에게 조리사 면허를 대여한 甲에게 6개월 이상인 8개월 업무정지를 명할 수 없음을 알 수 있다.

오답 체크

② 첫 번째 법조문 제1항 제3호에서 도지사는 등록이 취소된 후에도 계속하여 영업하는 영업소에 대해서는 관계 공무원을 통해 해당 영업소가 영업에 사용하는 기구 등을 사용할 수 없게 하는 봉인 조치를 할 수 있다고 했다. 따라서 甲은 등록이 취소된 후에도 계속 영업 중이므로 A도지사는 관계 공무원을 통해 甲이 영업에 사용하는 기구 등을 사용할 수 없게 봉인 조치를 할 수 있음을 알 수 있다.

③ 첫 번째 법조문 제3항의 단서에서 시장이 영업소의 간판을 제거할 때 급박한 사유가 있으면 해당 영업을 하는 자에게 문서로 미리 알리지 않을 수 있다고 했다. 따라서 급박한 사유가 있는 경우라면 B시장은 甲에게 문서로 알리지 않고 관계 공무원을 통해 甲이 영업 중인 영업소의 간판을 제거할 수 있음을 알 수 있다.

④ 첫 번째 법조문 제2항에서 시장은 대리인이 해당 영업소 폐쇄를 약속하며 게시문의 해제를 요청하는 경우에는 게시문을 해제할 수 있다고 했다. 따라서 甲의 대리인인 乙이 해당 영업소 폐쇄를 약속하며 게시문의 해제를 요청한 경우, B시장은 게시문을 해제할 수 있음을 알 수 있다.

⑤ 첫 번째 법조문 제4항에서 시장의 지시에 따라 영업소의 영업 표지물을 제거하는 관계 공무원은 그 권한을 표시하는 증표 등이 기재된 서류를 관계인에게 내보여야 한다고 했다. 따라서 B시장의 지시에 따라 甲이 영업 중인 영업소의 영업 표지물을 제거하는 관계 공무원은 관계인인 甲 또는 乙에게 그 권한을 표시하는 증표를 내보여야 함을 알 수 있다.

5 세부 정보 파악

정답 ⑤

세 번째 단락에서 하이브리드 방식을 적용한 P기업의 방화벽 장비에서 보안 문제 발생 시 처음에는 엣지 컴퓨팅으로 처리하고, 엣지 컴퓨팅 방식으로도 처리할 수 없는 문제는 클라우드에 전송하여 처리한다고 했으므로 하이브리드 방식으로 보안 문제를 처리할 때 엣지 컴퓨팅만 이용하는 경우가 있을 수 있음을 알 수 있다.

오답 체크

① 첫 번째 단락에서 프라이빗 클라우드는 기업 내부에 클라우드를 구축하는 것으로 자체 서버를 구축하고 유지하는 비용이 크다고 했으므로 서버 유지 비용이 큼을 알 수 있다.

② 세 번째 단락에서 하이브리드 방식은 클라우드의 탄력적인 확장성과 엣지 컴퓨팅의 데이터 분산처리 방법을 모두 활용하므로 클라우드와 엣지 컴퓨팅 간의 상호 보완이 가능함을 알 수 있다.

③ 첫 번째 단락에서 퍼블릭 클라우드는 아웃소싱 기업으로부터 모든 IT 인프라를 제공받는다고 했고, 프라이빗 클라우드는 기업 내부에 클라우드를 구축하는 것으로 데이터 과부화 방지 또는 보안 유지에 유리하다고 했으므로 데이터 과부화를 해결하기 위해 기업 내부에 인터넷 서버를 구축하는 방식은 프라이빗 클라우드임을 알 수 있다.

④ 두 번째 단락에서 엣지 컴퓨팅 서비스는 클라우드 서비스의 중앙 집중화로 인한 컴퓨팅의 속도 저하 문제, 대역폭 제약 그리고 개인 정보 침해 문제도 해결할 수 있다고 했으므로 엣지 컴퓨팅으로 데이터를 처리하는 것이 퍼블릭 클라우드로 데이터를 처리하는 것보다 개인정보 침해 문제를 해결하는 데 적합함을 알 수 있다.

6 계산·비교

정답 ④

甲, 乙, 丙 세 사람이 채소가게에서 구매한 채소 박스 무게의 합은 총 39kg이었으며 각자 구매한 채소 박스의 무게는 같았으므로 각자 구매한 채소 박스의 무게는 39/3=13kg이다. 이에 따라 1박스당 무게가 무거운 채소부터 박스 개수를 줄이면서 한 사람이 구매한 채소 박스의 무게가 13kg인 경우를 정리하면 다음과 같다.

구분	고구마 박스(10kg)	옥수수 박스(5kg)	감자 박스(3kg)	당근 박스(1kg)	합계
경우 1	1박스		1박스		2박스
경우 2	1박스			3박스	4박스
경우 3		2박스	1박스		3박스
경우 4		2박스		3박스	5박스
경우 5		1박스	2박스	2박스	5박스
경우 6		1박스	1박스	5박스	7박스
경우 7		1박스		8박스	9박스
경우 8			4박스	1박스	5박스
경우 9			3박스	4박스	7박스
경우 10			2박스	7박스	9박스
경우 11			1박스	10박스	11박스
경우 12				13박스	13박스

이에 따라 세 사람이 같은 개수의 박스를 구매하는 경우는 5박스를 구매한 〈경우 4〉, 〈경우 5〉, 〈경우 8〉이며, 이때의 지불 금액은 다음과 같다.

구분	지불 금액
경우 4	옥수수 2박스+당근 3박스 : 9,500×2+15,700×3=66,100원
경우 5	옥수수 1박스+감자 2박스+당근 2박스 : 9,500×1+6,300×2+15,700×2=53,500원
경우 8	감자 4박스+당근 1박스 : 6,300×4+15,700×1=40,900원

세 경우 중 채소가게에 지불한 금액이 가장 많은 〈경우 4〉가 甲, 두 번째로 많은 〈경우 5〉가 乙, 가장 적은 〈경우 8〉이 丙이 구매한 채소 박스 조합에 해당한다.

따라서 甲과 乙이 지불한 금액의 차이는 66,100−53,500=12,600원이다.

7 규칙 적용

정답 ②

올해 처음 A시험에 응시한 甲의 접수번호는 '14021501'이므로 甲의 접수번호 처음 세 자리 수는 △△직렬인 '140', 다음 세 자리 수는 지원한 순서인 '215', 마지막 두 자리 수는 고사장 지역이 인천인 '01'이다. 이때 乙은 작년 A시험에 1차 시험까지 합격한 경험이 있고, 甲과 다른 직렬에 지원하였다고 했으므로 처음 세 자리 수로 가능한 수는 □□직렬인 '120', ◇◇직렬인 '160'이 가능하다. 또한 乙이 지원한 직렬에서 乙의 지원 순서는 甲이 지원한 직렬에서 甲의 지원 순서보다 늦었고 乙은 甲과 다른 고사장 지역에 응시하였다고 했으므로 다음 세 자리 수로 가능한 수는 '216'부터 '999'까지이고, 마지막 두 자리 수는 고사장 지역이 인천인 '01'을 제외한 고사장 지역 서울 '00', 경기도 '02', 광주 '03', 부산 '04'가 가능하다. 따라서 乙의 접수번호로 가능한 것은 '12021902'이다.

8 규칙 적용

정답 ④

△△ 게임에서 A가 첫 번째 순서로 1라운드를 진행한다고 했으므로 규칙에 따라 8명(A~H)이 외치는 순서와 탈락한 사람을 정리하면 다음과 같다.

구분	A	B	C	D	E	F	G	H
1라운드	1 9(탈락)	2	3(탈락)	4	5	6(탈락)	7	8
2라운드	–	1 6(탈락)	–	2 7	3(탈락)	–	4 8	5 9(탈락)
3라운드	–	–	–	1 3(탈락)	–	–	2(우승)	–

따라서 △△ 게임에서 우승한 사람은 G이다.

9 세부 정보 파악

정답 ④

세 번째 단락에서 출판기획은 종합기획과 편집기획으로 나뉘고 이 중 자신의 글을 책으로 만들고 싶은 작가가 스스로 기획하여 출판사에 투고하거나 스스로 출판사를 만들어 출판하는 것은 편집기획임을 알 수 있다.

오답 체크

① 첫 번째 단락에서 국내 출판사 수는 79,564개, 무실적 출판사는 전체 출판사의 88.5%이고, 79,564의 88.5%는 약 70,414이므로 무실적 출판사가 7만 개 미만이 아님을 알 수 있다.

② 두 번째 단락에서 출판 과정은 출판기획이 먼저 이루어지기도 하지만, 작가가 원고 작성을 통해 출판사에 투고하는 경우와 같이 원고 작성이 출판기획보다 먼저 이루어지기도 한다는 점을 알 수 있다.

③ 두 번째 단락에서 출판기획부터 인쇄제작이 아닌 원고 편집에서부터 인쇄제작까지 약 60일 내외의 제작 기간이 소요됨을 알 수 있다.

⑤ 세 번째 단락에서 가격결정은 출판기획 중 판매가 아닌 시장조사에 포함됨을 알 수 있다.

10 규칙 적용

정답 ③

각각 인쇄제작을 마친 시점을 기준으로 판단할 수 있다.

- 甲: 4월 30일에 원고를 보낸다고 했으며, 이로부터 원고편집과 북디자인 각각 3주, 원고교정 1주, 최종완성 및 인쇄제작까지 10일이 소요되므로 6월 28일에 인쇄제작이 끝남을 알 수 있다.
- 乙: 북디자인까지 마친 상태에서 최종완성 단계까지 2주 걸린다고 하였으므로 원고교정을 시작하는 5월 20일로부터 2주, 인쇄 제작 5일을 고려하면 6월 7일에 인쇄제작이 끝남을 알 수 있다.
- 丙: 현충일은 6월 6일이므로 해당일에 인쇄제작이 끝남을 알 수 있다.
- 丁: 5월 29일에 인쇄를 앞두고 있고 5일 걸린다고 했으므로 6월 2일에 출판함을 알 수 있다.
- 戊: 6월 20일까지 고민 후에 결정한다고 했으므로 이때 최종완성이 끝남을 알 수 있고, 인쇄는 2일이면 된다고 했으므로 6월 22일에 인쇄제작이 끝남을 알 수 있다.

따라서 빨리 인쇄제작이 완료되는 책을 출판하는 사람 순서대로 나열하면 丁－丙－乙－戊－甲이므로, 두 번째로 빨리 인쇄제작이 완료되는 책을 출판하는 사람은 丙임을 알 수 있다.

11 법·규정의 적용

정답 ①

제□□조 제2항에서 특허청장은 등록취소된 후 2년이 지나지 아니한 사람이 변리사 등록을 신청하면 이를 거부하여야 한다고 했다. 따라서 丙은 2022년 1월 10일에 등록취소되었으므로 특허청장은 2023년 9월 7일에 丙이 변리사 등록을 신청하면 이를 거부하여야 함을 알 수 있다.

오답 체크

② 제◇◇조 제3항에서 업무정지 처분은 징계사유가 발생한 날부터 3년이 지나면 할 수 없다고 했다. 따라서 甲은 2020년 5월 1일에 발생한 징계사유를 근거로 2023년 7월 20일에 업무정지 1년에 처해질 수 없음을 알 수 있다.

③ 제△△조 제3항에서 변리사시험 제1차 시험이 면제되는 대상은 특허청 소속 7급 이상의 공무원으로서 10년 이상 특허행정사무에 종사한 경력이 있는 사람이라고 했다. 따라서 8급 공무원인 乙은 7급 이상의 공무원에 해당하지 않으므로 변리사시험 제1차 시험이 면제되지 않음을 알 수 있다.

④ 제◇◇조 제4항에서 특허청장은 징계사유가 있는 변리사가 제□□조 제3항 제2호에 따라 등록취소의 신청을 하여 등록이 취소된 경우에 자격정지를 명할 수 있다고 했다. 따라서 특허청장은 징계로 등록취소 처분을 받은 변리사에게는 5년의 자격정지를 명할 수 없음을 알 수 있다.

⑤ 제△△조 제2항에서 특허청장은 시험일시 및 방법 등에 관한 사항을 제1차 시험 실시 90일 전까지 공고하여야 한다고 했으므로 변리사시험 제1차 시험이 2025년 2월 18일에 시행되므로 특허청장은 그 90일 전인 2024년 11월 20일까지 공고하여야 한다. 따라서 특허청장은 2025년 2월 18일에 시행되는 변리사시험 제1차 시험에 관한 사항을 2024년 11월 27일에 공고할 수 없음을 알 수 있다.

12 법·규정의 적용

정답 ⑤

제△△조 제1항 제5호에서 4년제 대학의 건축관련학과 졸업자로서 3년 이상 건축분야에 종사한 자는 건축지도원으로 지정될 수 있는 자격을 갖추었음을 알 수 있다.

오답 체크

① 제□□조 제1항에서 건축지도원은 해당 지방자치단체에 근무하는 건축직렬 공무원과 건축에 관한 학식이 풍부한 자로서 제△△조에 정하는 자격을 갖춘 자 중에서 지정되는 것을 알 수 있다.

② 제△△조 제2항에서 특별자치시장·특별자치도지사는 건축지도원 중 공무원이 아닌 건축지도원에 대하여는 보수·수당·여비 및 활동비를, 공무원인 건축지도원에 대하여는 수당·여비 및 활동비를 예산의 범위 내에서 지급할 수 있다고 했으므로 공무원인 건축지도원과 공무원이 아닌 건축지도원 모두 수당·여비 및 활동비를 지급받을 수 있음을 알 수 있다.

③ 제△△조 제1항에서 특별자치시장·특별자치도지사 또는 시장·군수·구청장이 건축지도원을 지정하고, 특별시의 경우 관할 자치구 구청장이 건축지도원을 지정하므로 서울특별시의 A자치구에서 근무할 건축지도원은 서울특별시장이 아닌 A자치구의 구청장이 지정함을 알 수 있다.

④ 제□□조 제2항에서 건축지도원의 업무는 건축신고를 하고 건축 중에 있는 건축물의 시공 지도, 허가를 받지 아니하고 용도변경한 건축물의 단속 등임을 알 수 있다.

13 계산·비교

정답 ②

□□과의 OT에는 2개 반이 참석했고, 각 반에는 조가 ㉠개 있으므로 조는 총 (2×㉠)개이다. 각 조에는 새내기가 ㉡명씩 소속되었으므로 OT에 참석한 새내기는 총 (2×㉠×㉡)명이다.

이에 따라 예산에 대한 정보를 정리하면 다음과 같다.

- 대관비용: 50×2=100만 원
- 간식비용: 10×(2×㉠)=20×㉠만 원
- 웰컴키트비용: 2×(2×㉠×㉡)=4×㉠×㉡만 원

100+20×㉠+4×㉠×㉡=496만 원이므로 단위를 생략하고 식을 정리하면 ㉠×(5+㉡)=99이다.

이때 ㉠과 ㉡에 들어갈 수 있는 숫자의 조합은 (1, 94), (3, 28), (9, 6), (11, 4) 네 가지이다. OT에 참석한 새내기는 100명 이하이므로 ㉠×㉡은 50 이하가 되어야 하고, 이를 만족하는 조합은 (11, 4)뿐이다.

따라서 ㉠은 11, ㉡은 4이므로 ㉠+㉡의 값은 15이다.

14 논리퍼즐

정답 ②

제시된 게임의 규칙에 따르면 같은 문양의 문자가 적힌 카드 두 장을 뽑았을 때 최대의 점수를 획득할 수 있다. 甲이 뽑은 2장의 카드는 같은 문양의 문자가 적힌 카드이므로 甲은 최대의 점수를 획득할 수 있다. 乙이 뽑은 카드 중 한 장은 甲이 뽑은 카드와 같은 문양이라고 했고, 하나의 문양에서 문자가 적힌 카드는 총 3장이고 甲이 이미 2장을 뽑았으므로 乙은 같은 문양의 문자가 적힌 카드 두 장을 뽑을 수 없다. 이에 따라 甲의 점수가 乙보다 높음을 알 수 있고 甲의 점수는 최소한으로, 乙의 점수는 최대한으로 만들 때 두 사람의 점수 차이가 최소가 된다.

甲의 점수를 최소한으로 만들기 위해서는 甲이 뽑은 카드에 적힌 문자가 Q, J여야 하므로 甲의 점수는 (23+22)×2=90점이 된다.

乙의 점수를 최대한으로 만들기 위해서는 乙이 뽑은 2장의 카드가 모두 문자가 적힌 카드이거나, 2장의 카드가 같은 문양이어야 한다.

〈경우 1〉 乙이 뽑은 2장의 카드가 모두 문자가 적힌 카드인 경우

甲이 뽑은 카드와 같은 문양인 카드가 한 장 있어야 하고, 甲은 K가 적힌 카드를 뽑지 않아 乙은 K가 적힌 카드 두 장을 뽑을 수 있으므로 점수는 24+24=48점이 된다.

〈경우 2〉 乙이 뽑은 2장의 카드가 같은 문양인 경우

乙은 K가 적힌 카드와 10이 적힌 카드를 뽑을 수 있으므로 점수는 (10+13)×2=46점이 된다.

이에 따라 乙의 점수는 48점일 때 최대가 된다.

따라서 甲과 乙이 획득할 수 있는 점수 차이의 최솟값은 90−48=42점이다.

15 논리퍼즐

정답 ④

甲과 乙은 카페에서 2시간 30분 동안 대화를 나눈 후 카페에서 나왔다고 했으므로 A카페에 들어간 시각과 A카페에서 나온 시각의 차는 2시간 30분이다. A카페의 시계를 거울을 통해 확인했을 때 A카페에 들어간 시각과 A카페에서 나온 시각이 동일하고, 거울은 좌우 반전이 발생한다고 했으므로 12시 또는 6시를 기준으로 각각 150/2=75분 전, 후 시각임을 알 수 있다. 이에 따라 甲과 乙이 A카페에 들어간 시각으로 가능한 경우는 오전 또는 오후 10시 45분, 오전 또는 오후 4시 45분이다. 이때 甲과 乙은 오후에 A카페에 들러 음료를 마셨다고 했고, 甲과 乙은 오늘 중으로 A카페에서 나왔다고 했으므로 甲과 乙이 A카페에 들어간 시각은 오후 4시 45분이다.

16 논리퍼즐

정답 ①

甲의 노트북 비밀번호를 ㉠㉡㉢㉣㉤㉥라고 하면

첫 번째 숫자와 네 번째 숫자를 곱한 값은 두 번째 숫자와 세 번째 숫자를 곱한 값과 같고, 첫 번째 숫자와 여섯 번째 숫자를 곱한 값은 세 번째 숫자와 네 번째 숫자를 곱한 값과 같으므로 다음의 식이 성립한다.

㉠×㉣=㉡×㉢

㉠×㉥=㉢×㉣

1부터 6까지의 숫자로 위와 같은 형태의 식을 다음과 같이 2개 만들 수 있다.

2×3=1×6

3×4=2×6

㉠과 ㉢은 서로 다른 변에서 한 번씩 사용되었으므로 3 또는 6이 될 수 있으므로 ㉠과 ㉢의 숫자에 따른 경우를 확인한다.

〈경우 1〉 ㉠이 3, ㉢이 6인 경우

3×㉣=6×㉡

3×㉥=6×㉣

이에 따라 ㉣은 2, ㉡은 1, ㉥은 4이므로 ㉤은 5가 된다. 이 경우 세 번째 숫자는 두 번째 숫자보다 크므로 네 번째 조건을 충족한다.

〈경우 2〉 ㉠이 6, ㉢이 3인 경우

6×㉣=3×㉡

6×㉥=3×㉣

이에 따라 ㉣은 2, ㉡은 4, ㉥은 1이므로 ㉤은 5가 된다. 이 경우 세 번째 숫자는 두 번째 숫자보다 작으므로 네 번째 조건을 충족하지 못한다.

따라서 甲의 노트북 비밀번호는 316254이고, 첫 번째 숫자와 두 번째 숫자를 합한 값은 3+1=4이다.

17 규칙 적용

정답 ③

- 1단계
  - 기업 A: 세 항목의 평균 점수가 (87+83+67)/3=79점이므로 금년도 퀵스타트 프로그램 참여기관으로 재선정되지 않는다.
  - 기업 B: 세 항목의 평균 점수가 (92+81+79)/3=84점이므로 금년도 퀵스타트 프로그램 참여기관으로 재선정된다.
  - 기업 C: 가능성 항목의 점수가 65점 미만이므로 금년도 퀵스타트 프로그램 참여기관으로 재선정되지 않는다.
  - 기업 D: 세 항목의 평균 점수가 (75+82+85)/3≒80.67점이므로 금년도 퀵스타트 프로그램 참여기관으로 재선정된다.
  - 기업 E: 세 항목의 평균 점수가 (68+87+93)/3≒82.67점이므로 금년도 퀵스타트 프로그램 참여기관으로 재선정된다.
- 2단계
  - 기업 B: 교육이수율은 (45/50)×100=90%, 취업률은 (43/45)×100≒96%이므로 45×100=4,500만 원의 지원금이 지급된다.
  - 기업 D: 교육이수율은 (50/60)×100≒83%, 취업률은 (42/50)×100=84%이므로 지원금이 지급되지 않는다.
  - 기업 E: 교육이수율은 (40/40)×100=100%, 취업률은 (34/40)×100=85%이므로 40×50=2,000만 원의 지원금이 지급된다.

이에 따라 □□부는 기업 B에 4,500만 원, 기업 E에 2,000만 원을 지원하게 된다.

따라서 □□부가 지급할 금년도 퀵스타트 프로그램 지원금 총액은 4,500+2,000=6,500만 원이다.

18 규칙 적용

정답 ⑤

- 甲의 여행 일정은 수요일, 목요일, 금요일 3일간이며, 한 곳에서 계속해서 머무를 예정이므로 금요일에 예약할 수 없는 A 호텔은 예약하지 않을 것이다.
- 甲은 10층 이상의 객실에서 머무를 수 없다고 했으므로 객실의 층수를 의미하는 객실 번호 앞의 두 자리가 10인 C 호텔은 예약하지 않을 것이다.
- 바다를 보기 위해서는 5층 이상의 객실에 머물러야만 하므로 객실의 층수를 의미하는 객실 번호 앞의 두 자리가 03인 D호텔은 예약하지 않을 것이다.

- 객실 창문이 나 있는 방향을 의미하는 객실 번호 뒤의 두 자리 수가 짝수인 10으로 창문이 서쪽으로 나 있으나 호텔의 위치가 동해안인 B 호텔은 바다를 볼 수 없으므로 예약하지 않을 것이다.
- 객실 창문이 나 있는 방향을 의미하는 객실 번호 뒤의 두 자리 수가 짝수인 14로 창문이 서쪽으로 나 있고 호텔의 위치가 서해안인 E 호텔은 바다를 볼 수 있으므로 예약할 것이다.

따라서 甲이 예약할 호텔은 E이다.

19 규칙 적용

정답 ①

숫자의 위치를 변경한 후 숫자가 작은 사람부터 순서대로 발표를 하고, 甲~戊는 최대한 늦게 발표하기를 원하므로 甲~戊는 숫자의 위치를 변경하여 최대한 큰 숫자를 만들고자 할 것이다. 甲~戊가 큰 숫자의 위치를 앞쪽으로 옮겨서 순서를 변경하면 다음과 같다.

- 甲의 생년월일 8자리는 19850219이고, 주사위 눈의 숫자는 3이므로 3개의 숫자를 변경할 수 있다. 甲이 만들 수 있는 가장 큰 숫자는 99852110이므로 숫자 3개를 변경하면 19850219 → 19985021 → 19985210 → 99852110의 과정을 통해 99852110을 만들 수 있다.
- 乙의 생년월일 8자리는 19910317이고, 주사위 눈의 숫자는 2이므로 2개의 숫자를 변경할 수 있다. 이때 乙이 만들 수 있는 가장 큰 숫자는 99731110이지만, 숫자 2개만을 변경하여 해당 숫자를 만들 수는 없으므로 19910317 → 19971031 → 99711031의 과정을 통해 99711031을 만들 수 있다.
- 丙의 생년월일 8자리는 19920716이고, 주사위 눈의 숫자는 1이므로 1개의 숫자를 변경할 수 있다. 이때 丙이 만들 수 있는 가장 큰 숫자는 99762110이지만, 숫자 1개만을 변경하여 해당 숫자를 만들 수는 없으므로 19920716 → 99210716을 만들 수 있다.
- 丁의 생년월일 8자리는 19881221이고, 주사위 눈의 숫자는 2이므로 2개의 숫자를 변경할 수 있다. 이때 丁이 만들 수 있는 가장 큰 숫자는 98822111이므로 숫자 2개를 변경하면 19881221 → 19882211 → 98822111의 과정을 통해 만들 수 있다.
- 戊의 생년월일 8자리는 19900429이고, 주사위 눈의 숫자는 2이므로 2개의 숫자를 변경할 수 있다. 戊가 만들 수 있는 가장 큰 숫자는 99942100이지만, 숫자 2개만을 변경하여 해당 숫자를 만들 수는 없으므로 19900429 → 19990042 → 99910042의 과정을 통해 99910042를 만들 수 있다.

따라서 甲~戊의 발표 순서를 바르게 나열한 것은 丁 - 丙 - 乙 - 甲 - 戊이다.

빠른 문제 풀이 Tip

모든 숫자를 고려하지 않고 앞의 3~4자리의 수를 고려한다. 예를 들어 앞의 3자리의 수를 고려하면 甲은 998, 乙은 997, 丙은 992, 丁은 988, 戊는 999이므로 甲~戊의 발표 순서는 丁 - 丙 - 乙 - 甲 - 戊임을 알 수 있다.

20 계산·비교

정답 ②

제시된 글에 따르면 A~F 대학의 2023년 예산은 다음과 같다.

구분	점수 비교	성과 점수 순위	2023년 예산
A	중장기 > 성과	4	40 × 1.15 = 46억 원
B	중장기 < 성과	1	40 × 0.75 + 1 = 31억 원
C	중장기 > 성과	3	40 × 1.15 = 46억 원
D	중장기 < 성과	6	40 × 0.75 − 1 = 29억 원
E	중장기 < 성과	5	40 × 0.75 − 1 = 29억 원
F	중장기 > 성과	2	40 × 1.15 + 1 = 47억 원

ㄱ. 2023년 예산이 2022년 예산보다 낮은 대학은 B, D, E 대학 3곳이다.

ㄹ. D대학의 '중장기 계획과의 연계성' 점수가 3점 높은 73점이 되면 D대학의 성과 점수는 76점이 되지만, '중장기 계획과의 연계성' 점수는 여전히 성과 점수보다 낮으므로 2023년 예산은 변함없음을 알 수 있다.

오답 체크

ㄴ. A대학의 2023년 예산은 47억 원이 아닌 46억 원이 편성될 것이다.

ㄷ. A~F 대학에 편성하는 2023년 예산의 합은 228억 원으로 2022년 예산의 합인 240억 원보다 12억 원 낮다. 따라서 2023년 예산의 합은 전년 대비 12억 원 줄어드는 것을 알 수 있다.

21 계산·비교

정답 ④

- 甲: 수온이 영상 9도이고 최대 잠수 깊이가 4m이므로 최대 잠수 깊이 0.2m당 20분의 휴식을 취해야 한다. 이에 따라 甲은 (4 / 0.2) × 20 = 400분간 휴식을 취해야 한다. 甲이 스쿠버다이빙을 종료한 시각은 7월 13일 04시이고 비행기 탑승시각은 그로부터 18시간 이내이므로 甲은 400분의 120%인 480분간 휴식을 취한 후에 비행기에 탑승할 수 있다. 따라서 7월 13일 04시로부터 480분 후는 7월 13일 12시이므로 甲은 7월 13일 11시 비행기에 탑승할 수 없다.
- 乙: 수온이 영하 2도이고 최대 잠수 깊이가 7m이므로 10m를 잠수한 것으로 간주한다. 이에 따라 최대 잠수 깊이 0.2m당 30분의 휴식을 취해야 하므로 乙은 (10 / 0.2) × 30 = 1,500분간 휴식을 취해야 한다. 乙이 스쿠버다이빙을 종료한 시각은 7월 12일 11시이고, 비행기 탑승시각은 그로부터 18시간 이후이다. 이에 따라 乙은 7월 12일 11시로부터 1,500분의 90%인 1,350분이 경과한 7월 13일 9시 30분 이후부터 비행기에 탑승할 수 있다. 따라서 乙은 7월 13일 11시 비행기에 탑승할 수 있다.
- 丙: 수온이 영상 3도이고 최대 잠수 깊이가 12m이므로 15m를 잠수한 것으로 간주한다. 이에 따라 최대 잠수 깊이 0.2m당 40분의 휴식을 취해야 하므로 丙은 (15 / 0.2) × 40 = 3,000분간 휴식을 취해야 한다. 丙은 7월 11일 16시로부터 3,000분의 90%인 2,700분이 경과한 7월 13일 13시 이후부터 비행기에 탑승할 수 있다. 따라서 丙은 7월 13일 11시 비행기에 탑승할 수 없다.
- 丁: 수온이 영상 8도이고 최대 잠수 깊이가 17m이므로 최대 잠수 깊이 0.2m당 40분의 휴식을 취해야 한다. 이에 따라 丁은 (17 / 0.2) × 40 = 3,400분간 휴식을 취해야 한다. 丁은 7월 11일 05시로부터 3,400분의 90%인 3,060분이 경과한 7월 13일 08시 이후부터 비행기에 탑승할 수 있다. 따라서 丁은 7월 13일 11시 비행기에 탑승할 수 있다.

따라서 주어진 비행기 탑승시각에 비행기에 탑승할 수 있는 사람은 乙과 丁이다.

22 논리퍼즐

정답 ①

8명이 2명 또는 3명으로 3개 조를 편성하기 위해서는 각 조의 조원이 각각 2명, 3명, 3명이어야 한다.

A와 B, A와 D는 원수 관계이므로 B와 D는 친구 관계이다. 또한 F와 D가 친구 관계이므로 B, D, F는 한 조에 편성되고, C와 E는 친구 관계이므로 한 조에 편성된다.

ㄱ. B와 F는 친구 관계이므로 같은 조에 편성됨을 알 수 있다.

오답 체크

ㄴ. H와 G가 원수 관계라면, H는 A와 같은 조에 편성되어 친구 관계이거나 A와 다른 조에 편성되어 친구 관계가 아닐 수도 있다.

ㄷ. C와 친구 관계인 학생이 E 1명이라면, E와 G는 다른 조에 편성되어 있으므로 친구 관계는 아니지만 반드시 원수 관계도 아님을 알 수 있다.

23 논리퍼즐

정답 ③

세 번째 조건에서 甲, 乙, 丙이 각각 진술한 세 가지 진술 중에 하나는 거짓이었고, 둘은 참이었다고 했고, 甲의 첫 번째 진술과 丙의 두 번째 진술에서 甲의 점수를 진술하고 있으므로 이를 기준으로 경우의 수를 고려한다. 이에 따라 甲의 점수는 180점 또는 200점이거나 180점과 200점이 아닌 경우가 가능하다. 이때 甲의 점수가 180점과 200점이 아닌 경우 甲의 첫 번째 진술과 丙의 두 번째 진술은 거짓이고, 甲의 두 번째 진술 또는 丙의 세 번째 진술도 거짓이므로 세 번째 조건에 모순된다. 이에 따라 甲의 점수는 180점 또는 200점이므로 甲의 가능한 점수를 기준으로 경우를 정리하면 다음과 같다.

〈경우 1〉 甲의 점수가 180점인 경우

甲의 점수가 180점인 경우 丙의 두 번째 진술은 거짓으로 丙의 첫 번째, 세 번째 진술은 참이다. 이에 따라 乙의 점수는 180+60=240점이고, 甲의 두 번째 진술은 거짓으로 甲의 세 번째 진술은 참이므로 丙의 점수는 180−40=140점이다. 이때 乙의 두 번째 진술과 세 번째 진술 모두 거짓이므로 세 번째 조건에 모순된다. 이에 따라 甲의 점수로 180점은 가능하지 않다.

〈경우 2〉 甲의 점수가 200점인 경우

甲의 점수가 200점인 경우 甲의 첫 번째 진술은 거짓으로 甲의 두 번째, 세 번째 진술은 참이다. 이에 따라 乙의 점수는 200+20=220점, 丙의 점수는 200−40=160점이다. 이때 乙의 첫 번째 진술은 참, 두 번째 진술은 참, 세 번째 진술은 거짓이다. 또한 丙의 첫 번째 진술은 참, 두 번째 진술은 참, 세 번째 진술은 거짓이므로 세 번째 조건에 모순되지 않는다. 이에 따라 甲의 점수로 200점이 가능하다.

따라서 甲, 乙, 丙 각각의 점수는 甲이 200점, 乙이 220점, 丙이 160점이다.

24 논리퍼즐

정답 ③

- A는 여섯 번째 자리이므로 바로 왼쪽 자리에 위치한 카드에 적혀 있는 수인 9를 2로 나눈 4.5보다 작은 자연수여야 한다. 이때 3과 4는 이미 배열되었으므로 A로 가능한 수는 1 또는 2이다.
- B는 여덟 번째 자리이므로 바로 왼쪽 자리에 위치한 카드에 적혀 있는 수인 7을 2로 나눈 3.5보다 작은 자연수여야 한다. 이때 3과 4는 이미 배열되었으므로 B로 가능한 수 또한 1 또는 2이다.
- C와 D로 가능한 수는 5 또는 10이다. 이때 D는 C를 2로 나눈 수 이하인 수여야 하므로 D가 C보다 더 작은 수이고, 이에 따라 C가 10, D가 5이다.

따라서 C는 10이다.

오답 체크

① A로 가능한 수는 1 또는 2 총 2개이다.

⑤ B가 1이라면 A와 D를 곱한 값은 2×5=10, B와 C를 곱한 값은 1×10=10이므로 같다.

25 법·규정의 적용

정답 ③

ㄴ. 세 번째 법조문(계엄의 해제) 제1항에서 대통령은 계엄 상황이 평상상태로 회복되거나 국회가 계엄의 해제를 요구한 경우에는 지체 없이 계엄을 해제하고 이를 공고하여야 한다고 했고, 동조 제2항에서 대통령이 계엄을 해제하려는 경우에는 국무회의의 심의를 거쳐야 한다고 했으므로 대통령은 국무회의의 심의를 거쳐야 함을 알 수 있다.

ㄹ. 세 번째 법조문(계엄의 해제) 제3항에서 행정안전부장관은 계엄 상황이 평상상태로 회복된 경우에는 국무총리를 거쳐 대통령에게 계엄의 해제를 건의할 수 있다고 했으므로 행정안전부장관이 대통령에게 반드시 계엄의 해제를 건의하여야 하는 것은 아님을 알 수 있다.

오답 체크

ㄱ. 첫 번째 법조문(계엄의 종류와 선포 등) 제3항에서 경비계엄은 대통령이 사변 시 사회질서가 교란되어 일반 행정기관만으로는 치안을 확보할 수 없는 경우에 공공의 안녕질서를 유지하기 위하여 선포한다고 했고, 동조 제6항에서 행정안전부장관은 제2항 또는 제3항에 해당하는 사유가 발생한 경우에는 국무총리를 거쳐 대통령에게 계엄의 선포를 건의할 수 있다고 했으므로 행정안전부장관은 국무총리를 거쳐 대통령에게 계엄의 선포를 건의할 수 있음을 알 수 있다.

ㄷ. 첫 번째 법조문(계엄의 종류와 선포 등) 제5항에서 대통령이 계엄을 변경하고자 할 때에는 국무회의의 심의를 거쳐야 한다고 했으므로 대통령이 비상계엄에서 경비계엄으로 변경하려는 경우 국무회의의 심의를 다시 거쳐야 함을 알 수 있다.

실전모의고사 6회

모바일 자동 채점 및 성적 분석 서비스

정답

1	④	법·규정의 적용	6	⑤	계산·비교	11	⑤	법·규정의 적용	16	④	논리퍼즐	21	③	계산·비교
2	④	법·규정의 적용	7	④	규칙 적용	12	③	법·규정의 적용	17	②	규칙 적용	22	⑤	논리퍼즐
3	⑤	법·규정의 적용	8	③	규칙 적용	13	①	계산·비교	18	③	규칙 적용	23	③	논리퍼즐
4	④	법·규정의 적용	9	⑤	세부 정보 파악	14	②	논리퍼즐	19	①	규칙 적용	24	④	논리퍼즐
5	②	세부 정보 파악	10	③	규칙 적용	15	④	논리퍼즐	20	⑤	계산·비교	25	①	법·규정의 적용

취약 유형 분석표

유형별로 맞힌 개수, 틀린 문제 번호와 풀지 못한 문제 번호를 적고 나서 취약한 유형이 무엇인지 파악해 보세요.

유형	맞힌 개수	틀린 문제 번호	풀지 못한 문제 번호
세부 정보 파악	/2		
법·규정의 적용	/7		
계산·비교	/4		
규칙 적용	/6		
논리퍼즐	/6		
TOTAL	/25		

해설

1 법·규정의 적용

정답 ④

세 번째 법조문 제2항에서 예방위원은 무보수이지만, 특별자치도 또는 시·군·구의 인구 2만 명당 1명의 비율로 유급위원을 둘 수 있음을 알 수 있다.

오답 체크

① 두 번째 법조문 제2항에서 위원장이 감염병의 예방 또는 관리 업무를 담당하는 공무원을 위원으로 임명하거나 위촉할 수 있음을 알 수 있다.

② 네 번째 법조문에서 예방위원의 배치에 드는 경비는 특별자치도와 시·군·구가 부담함을 알 수 있다.

③ 두 번째 법조문 제2항 제4호에서 감염병에 관한 지식과 경험이 풍부한 사람은 위원장이 위원으로 임명하거나 위촉할 수 있음을 알 수 있다.

⑤ 두 번째 법조문 제2항에서 공무원이 아닌 위원이 전체 위원의 과반수가 되도록 하여야 한다고 했고, B시의 보건소 소속 공무원이 15명을 모두 위원으로 임명할 경우 질병관리청장을 포함하여 공무원인 위원이 16명이 되므로 옳지 않음을 알 수 있다.

2 법·규정의 적용

정답 ④

제△△조 제2항에서 행정관청은 설립신고서가 보완되어 접수된 때에는 3일 이내에 신고증을 교부하여야 함을 알 수 있다.

오답 체크

① 제○○조 제2항에서 종사근로자가 아닌 노동조합의 조합원은 사용자의 효율적인 사업운영에 지장을 주지 않는 범위에서는 사업 혹은 사업장 내에서 노동조합 활동을 할 수 있음을 알 수 있다.

② 제○○조 제3항에서 종사근로자인 조합원이 해고되어 구제신청을 한 경우에는 중앙노동위원회의 재심판정이 있을 때까지는 종사근로자로 봄을 알 수 있다.

③ 제□□조에서 2 이상의 특별시·도에 걸치는 단위노동조합은 신고서를 연합단체인 노동조합과 고용노동부장관에게 제출해야 함을 알 수 있다.

⑤ 제△△조 제3항에서 노동조합이 신고증을 교부받은 경우에는 설립신고서를 제출한 때 노동조합이 설립된 것으로 봄을 알 수 있다.

3 법·규정의 적용

정답 ⑤

제△△조(주민등록증 재발급) 제1항 제2호에서 생년월일 변경의 사유로 재발급을 받으려는 자는 구청장에게 그 사실을 신고하고 재발급을 신청하여야 한다고 했고, 동조 2항에서 구청장은 제1항에 따라 재발급 신청하는 자에게 수수료를 징수할 수 있다고 하였으므로 신청 시 오류로 실제와 다른 생년월일이 적힌 주민등록증을 발급받은 D시민 丁이 주민등록증 재발급 신청을 하는 경우, D시장은 丁에게 수수료를 징수할 수 있음을 알 수 있다.

오답 체크

① 제○○조(주민등록증의 발급 등) 제3항에서 행정안전부장관은 시장에게 주민등록증을 일제히 갱신하거나 검인하게 할 수 있다고 했고, 제□□조(경비의 부담) 제1호에서 행정안전부장관이 시장에게 주민등록증을 일제히 갱신하게 하는 경우 행정안전부장관은 주민등록증을 일제 갱신 발급하는 데 드는 경비의 일부를 부담해야 한다고 했다. 따라서 행정안전부장관이 A시장에게 주민등록증을 검인하게 한 경우에는 행정안전부장관이 검인에 드는 경비의 일부를 부담하지 않음을 알 수 있다.

② 제△△조(주민등록증의 재발급) 제2항의 단서에서 주민등록증의 기재사항 중 주소 외의 사항이 변경되어 재발급하는 경우에는 수수료 징수 대상에서 제외된다고 했고, 제○○조(주민등록증의 발급 등) 제2항에서 주민등록증의 기재사항에는 성명이 포함된다고 했다. 따라서 B구청장은 개명을 하여 주민등록증 재발급 신청을 한 구민 甲에게 수수료를 징수할 수 없음을 알 수 있다.

③ 제○○조(주민등록증의 발급 등) 제4항에서 제△△조에 따른 경우 외에는 주민등록증의 발급을 이유로 수수료를 징수하여서는 아니 된다고 했다. 따라서 생애 최초로 주민등록증을 발급받는 C군민 乙은 주민등록증을 발급받기 위해 C군수에게 수수료를 납부할 필요가 없음을 알 수 있다.

④ 제□□조(경비의 부담) 제2호에서 외과적 시술 등으로 용모가 변하여 본인 확인이 어려워 주민등록증을 재발급받는 경우로서 자연적 재해·재난으로 인한 경우에 해당하면 행정안전부장관이 주민등록증의 발급에 드는 경비의 일부를 부담해야 한다고 했다. 따라서 미용 목적의 성형수술로 용모가 변한 丙이 주민등록증 재발급을 신청한 경우에는 행정안전부장관이 주민등록증 발급에 드는 경비의 일부를 부담하지 않음을 알 수 있다.

4 법·규정의 적용

정답 ④

두 번째 법조문 제4항에서 소속 장관은 5급 공무원을 장으로 하는 소속 기관의 장에게 그 소속 기관의 8급 이하 공무원의 임용권을 위임할 수 있다는 제3항에도 불구하고 각 기관의 장에게 그 기관의 고위공무원단에 속하지 않는 임기제공무원의 임용권을 위임할 수 있다고 했다. 따라서 E지역본부의 장인 5급 공무원 戊는 소속 장관 甲으로부터 7급 임기제공무원 己에 대한 임용권을 위임받을 수 있음을 알 수 있다.

오답 체크

① 두 번째 법조문 제1항에서 대통령은 소속 장관에게 3급부터 5급까지의 공무원에 대한 임용권을 위임한다고 했으므로 A부 장관인 甲은 1급 공무원 乙에 대한 임용권을 위임받을 수 없음을 알 수 있다.

② 두 번째 법조문 제2항에서 소속 장관은 고위공무원 이상을 장으로 하는 소속 기관의 장에게 그 소속 기관의 4급 및 5급 공무원의 전보권을 위임할 수 있다고 했으므로 B본부의 장인 乙은 2급 공무원 丙에 대한 전보권을 위임받을 수 없음을 알 수 있다.

③ 두 번째 법조문 제2항에서 소속 장관은 고위공무원 이상을 장으로 하는 소속 기관의 장에게 그 소속 기관의 6급 이하 공무원의 임용권을 위임할 수 있다고 했으므로 B본부의 장인 乙은 5급 공무원 戊에 대한 임용권을 위임받을 수 없음을 알 수 있다.

⑤ 두 번째 법조문 제3항에서 임용권을 위임받은 사람은 위임자의 승인을 받아 고위공무원을 장으로 하는 소속 기관의 장에게 그 소속 기관의 6급 이하 공무원의 임용권을 위임할 수 있다고 했으므로 C부의 장인 丙은 5급 공무원 丁에 대한 전보권을 위임받을 수 없음을 알 수 있다.

5 세부 정보 파악

정답 ②

세 번째 단락에서 팔관보 관원으로는 4품 이상의 사(使) 1인, 5품 이상의 부사(副使) 2인, 판관(判官) 4인, 이속(吏屬)으로 기사(記事) 2인, 기관(記官) 1인, 산사(算士) 1인을 두었다고 하였으므로 팔관보에는 11명이 있다. 개경과 서경의 관원 구성이 동일하다면 서경의 팔관회 담당 관청 인원은 총 11명이 된다.

오답 체크

① 첫 번째 단락에서 정확한 전래 연도의 추정은 어려우나 『삼국사기』에 따르면 신라 진흥왕대의 기록이 최초임을 알 수 있다고 하였다. 하지만 이는 기록만 최초일 뿐 언제 최초로 시작되었는지는 알 수 없으므로 팔관회가 신라 진흥왕대에 최초로 시행된 것은 아님을 알 수 있다.

③ 세 번째 단락에서 고려시대 가장 중요한 국가적인 행사 중 하나로 여러 토속신에 대한 제사도 겸하면서 종합적인 종교행사의 성격을 가졌다고 하였을뿐 첫번째 단락과 같이 신라시대에 삼국간의 전쟁 중에 희생된 전사자들에 대한 위령제의 역할을 하면서 호국적인 성격을 갖고 있었다고 언급하지 않았으므로 고려시대에 팔관회가 위령제의 역할을 한 것은 아님을 알 수 있다.

④ 두 번째 단락에서 대회일에는 소회일과 행사가 동일하게 진행되나 외국 사신들이 왕에게 조하하는 의식이 추가된다는 점이 다르다고 하였으므로 소회일에만 문무백관에게서만 조하를 받고 대회일에는 문무백관과 외국 사신들에게 조하를 받음을 알 수 있다.

⑤ 첫 번째 단락에서 신라시대의 팔관회는 제천행사와 결합되고 위령제의 역할을 하였으며, 세번째 단락에서 고려시대의 팔관회는 여러 토속신에 대한 제사가 겸해졌다고 하였으므로 팔관회는 본래의 불교에서 순수하게 팔관재계만을 목적으로 거행되던 종교행사는 아님을 알 수 있다.

6 계산·비교

정답 ⑤

• 시침은 12시간 동안 1바퀴, 분침은 1시간 동안 1바퀴, 초침은 1분 동안 1바퀴를 움직인다. 초침은 매분 1바퀴씩 움직이기 때문에 시침과 분침이 이루는 각도와 시침과 초침이 이루는 각도가 같아지는 순간은 매분 발생한다. 이에 따라 3시 정각부터 4시 정각까지 알람은 총 60번 울리므로 ㉠에 해당하는 수는 60이다.

• 3시 정각부터 4시 정각까지 시침은 30°를 이동하고 분침은 360°를 이동하므로 시침은 1분에 0.5°, 분침은 1분에 6°를 이동한다. 이에 따라 3시 15분이 되면 12시를 기준으로 시침은 90+15×0.5=97.5°, 분침은 90°에 위치하여 시침과 분침이 이루는 각도는 7.5°가 된다. 3시 16분에는 시침이 98°, 분침이 96°가 되어 시침과 분침이 이루는 각도는 2°가 된다. 3시 17분에는 시침이 98.5°, 분침이 102°가 되어 시침과 분침이 이루는 각도는 3.5°가 된다. 3시 16분에서 3시 17분 사이에 분침이 시침을 앞서나가게 되었으므로 해당 시간대에 시침과 분침이 겹쳤음을 알 수 있다. 이에 따라 3시 16분에서 3시 17분 사이에 알람이 울렸을 때 시침과 분침이 이루는 각도가 가장 좁았고, 이때 울린 알람은 3시 정각 이후 17번째로 울린 알람이므로 ㉡에 해당하는 수는 17이다.

따라서 ㉠은 60, ㉡은 17이다.

7 규칙 적용

정답 ④

항목별 점수를 부여하는 방식에 따른 A~E 업체별 점수는 다음과 같다.

구분 \ 경비업체	A	B	C	D	E
비용점수	3	4	1	5	2
경력점수	8	10	10	9	6
고객평가점수	8	7.5	8.5	4.5	5.5
보안성점수	13.5	12	10.5	15	13.5
항목별 점수의 합	32.5	33.5	30	33.5	27

항목별 점수의 합이 가장 큰 업체는 B와 D이고, D의 매출액이 B의 매출액보다 많다.

따라서 甲회사가 고용하는 경비업체는 D이다.

8 규칙 적용

정답 ③

• 네 번째 기준에 따라 반복민원인 C를 가장 후순위로 처리한다.
• 첫 번째 기준에 따라 1/7(토)에 접수된 D, F, H를 처리한 후에 1/8(일)에 접수된 A, B, E, G를 처리한다.
• 두 번째 기준에 따라 고충민원 – 질의민원 – 건의민원 순으로 처리하므로 F, H – D – G – A, E – B – C 순으로 처리한다.
• 접수일과 유형이 같은 F와 H, A와 E는 세 번째 기준에 따라 처리 난이도를 고려하여 각각 H – F, A – E 순으로 처리한다.

따라서 민원 처리 순서는 H – F – D – G – A – E – B – C이므로 두 번째로 처리되는 민원은 'F', 여섯 번째로 처리되는 민원은 'E'이다.

9 세부 정보 파악

정답 ⑤

ㄴ. 세 번째 단락에서 2017년 3월 통계에 따르면, 발견된 소행성 중 고유 명칭으로 번호가 붙여진 소행성은 488,449개, 번호 외의 이름이 붙여진 소행성은 20,570개가 있고, 임시 명칭이 붙여진 소행성은 241,177개가 있다고 했으므로 총 488,449+20,570+241,177=750,196개의 소행성이 이미 발견되었음을 알 수 있다. 따라서 2022년까지 발견된 소행성의 수는 75만 개 이상일 것임을 알 수 있다.

ㄷ. 마지막 단락에서 첫 번째 알파벳은 천체를 발견한 반월을 가리키며 반월은 항상 각 달의 15일을 기준으로 나누어 총 24개 문자를 순서대로 사용하여 표시한다고 했고, 숫자 1과 혼동되는 알파벳 'I'는 건너뛰고 표시한다고 했으므로 2022년 5월 13일에 새로운 소행성이 발견되었다면 해당 소행성의 임시 명칭 중 첫 번째 알파벳은 'J'로 표시될 것임을 알 수 있다.

ㄹ. 첫 번째 단락에서 태양으로부터 2.06AU 떨어진 화성과 3.27AU 떨어진 목성의 공전 궤도 사이에 있다고 했으므로 태양으로부터 2.24AU 떨어진 곳에서 소행성이 발견되었다면, 해당 소행성은 화성과 목성의 공전 궤도 사이에 위치할 것임을 알 수 있다.

오답 체크

ㄱ. 두 번째 단락에서 C-형 소행성은 외관이 어둡고 탄소질이 많이 포함되어 있을 것임을 알 수 있다.

10 규칙 적용

정답 ③

〈상황〉에 따라 새로 발견된 소행성의 임시 명칭을 정리하면 다음과 같다.

- 소행성의 임시 명칭 중 앞의 숫자는 소행성이 발견된 연도를 가리킨다고 했으므로 2022년에 발견된 소행성의 임시 명칭 중 앞의 숫자는 '2022'이다.
- 첫 번째 알파벳은 천체를 발견한 반월을 가리키며 반월은 항상 각 달의 15일을 기준으로 나눈다고 했고, 숫자 1과 혼동되는 알파벳 'I'는 건너뛰고 총 24개 문자를 순서대로 사용하여 표시한다고 했으므로 4월 27일에 발견된 소행성의 임시 명칭 중 첫 번째 알파벳은 'H'이다.
- 두 번째 알파벳은 해당 반월의 기간 안에서 소행성이 발견된 순서를 가리킨다고 했고, 숫자 1과 혼동되는 알파벳 'I'는 건너뛰고 표시함을 알 수 있다. 이때 'A~Z'까지 모두 사용한 후에는 알파벳 아래에 숫자를 추가로 사용한다고 했으므로 A_1은 25×1+1=26번째 소행성이고, A_2는 25×2+1=51번째 소행성, A_{12}는 25×12+1=301번째 소행성임을 알 수 있다. 이에 따라 해당 반월의 기간 안에서 323번째 발견된 소행성의 임시 명칭 중 두 번째 알파벳은 'X_{12}'이다.

따라서 새로 발견된 소행성의 임시 명칭은 2022HX_{12}이다.

11 법·규정의 적용

정답 ⑤

제△△조 제3항에서 해진 후에는 해당 토지의 점유자의 승낙 없이 택지 또는 담으로 둘러싸인 타인의 토지에 출입할 수 없다고 했으므로 해가 진 이후에 택지에 출입하려면 택지 점유자의 승낙을 받아야 함을 알 수 있다.

오답 체크

① 제△△조 제1항, 제2항에서 사업시행자는 댐 친환경 활용 사업의 시행을 위하여 필요한 경우에는 타인이 점유하는 토지에 출입할 수 있으며, 이 경우에는 미리 해당 토지의 점유자에게 통지해야 하므로 동의를 받는 것이 아님을 알 수 있다.

② 제○○조에서 사업시행자는 댐 친환경 활용 계획을 수립하여 환경부장관에게 승인을 받아야 하고, 제□□조 제1항과 제2항에서 사업시행자가 댐 친환경 활용 사업을 시행하려는 경우 댐 친환경 활용 계획의 내용을 반영한 실시계획을 수립하여 환경부장관에게 승인을 신청해야 한다고 했다. 따라서 댐 친환경 활용 계획과 실시계획을 각각 수립하여 환경부장관의 승인이 필요함을 알 수 있다.

③ 제△△조 제1항, 제2항에서 사업시행자는 타인이 소유하거나 점유하는 토지를 임시도로로 일시 사용할 수 있으며, 이 경우에는 토지 소유자 또는 점유자의 동의를 받아야 한다고 했다. 또한, 해당 토지의 소유자의 부재로 동의를 받을 수 없는 때에는 행정청인 사업시행자는 관할 시장·군수·구청장에게 그 사실을 통지해야 하므로 관할 시·도지사에게 통지하는 것은 아님을 알 수 있다.

④ 제◇◇조 제2항에서 손실을 받은 자는 토지·물건 등에 관하여 관할 토지수용위원회에 재결을 신청할 수 있으며, 이 경우 재결의 신청은 해당 댐 친환경 활용 사업의 시행기간 내에 할 수 있음을 알 수 있다.

12 법·규정의 적용

정답 ③

제○○조 제3항 제2호에서 산업통상자원부장관은 드론첨단기술로 지정된 기술이 드론첨단기술의 지정 기준에 적합하지 않게 된 경우 3개월 이내의 기간을 정하여 지정의 효력을 정지할 수 있음을 알 수 있다.

오답 체크

① 제○○조 제1항에서 드론첨단기술이 접목된 제품을 드론첨단기술로 지정할 수 있는 것은 국토교통부장관이 아닌 산업통상자원부장관임을 알 수 있다.

② 제□□조 제3항에서 국토교통부장관은 공공기관이 드론 관련 계약을 체결할 때 우수사업자를 우대하도록 요청할 수 있다고 했으므로 공공기관이 반드시 우수사업자를 우대해야 하는 것은 아님을 알 수 있다.

④ 제□□조 제2항에서 우수사업자로 지정된 자에 대해 우수사업자로 지정되었음을 나타내는 표지가 제공됨을 알 수 있으나, 드론첨단기술로 지정된 기술에 대해 드론첨단기술 지정 인증서가 발급되는지는 알 수 없다.

⑤ 제□□조 제4항 제1호에서 거짓으로 우수사업자의 지정을 받은 경우 그 지정을 취소해야 한다고 했고, 제△△조 제2호에서 행정청은 우수사업자의 지정 취소 처분을 하려면 청문을 해야 함을 알 수 있다.

13 계산·비교

정답 ①

A팀 점수가 74점보다 낮으면서 각 자리 수의 합이 B팀 점수의 각 자리 수의 합인 11보다 큰 경우는 다음과 같다.

A팀 점수	39	48	49	57	58	59	66	67	68	69
각 자리 수의 합	12	12	13	12	13	14	12	13	14	15

3점 슛을 하나 더 성공시켰을 때 A팀의 점수와 각 자리 수의 합은 다음과 같다.

A팀 점수	42	51	52	60	61	62	69	70	71	72
각 자리 수의 합	6	6	7	6	7	8	15	7	8	9

이때 여전히 각 자리 수의 합이 11보다 큰 경우는 3점 슛을 하나 더 성공시켜 69점이 되는 경우뿐이다.

따라서 현재 A팀의 점수는 66점이며 B팀을 이기기 위해서는 최소 74−66+1=9점을 추가로 획득해야 하므로 3점 슛을 3개 이상 성공시켜야 한다.

14 논리퍼즐

정답 ②

후보들은 남녀 2명씩이고 학번이 같은 학생은 2명뿐인데, 네 번째 조건에 따르면 홀수 학번인 사람은 서로 성별이 같으므로 학번이 같은 2명은 22학번임을 알 수 있다. 이에 따라 22학번의 성별에 따른 경우를 확인한다.

〈경우 1〉 22학번이 남자인 경우

컴퓨터공학과 학생은 여자이고, 통계학과 학생보다 학번이 높으므로 컴퓨터공학과 학생은 21학번이다. 이때 회장보다 부회장의 학번이 더 낮고, 둘은 성별이 다르므로 회장은 22학번 남자, 부회장은 23학번 여자이고, 영문학과 학생은 부회장보다 학번이 높으므로 22학번 남자이다. 통계학과 학생은 회장이나 부회장으로 선출되지 않았으므로 22학번 남자이고, 부회장은 23학번 경제학과 여자이다.

구분	21학번	22학번	22학번	23학번
성별	여자	남자	남자	여자
학과	컴퓨터공학과	영문학과	통계학과	경제학과
선출	X	회장	X	부회장

〈경우 2〉 22학번이 여자인 경우

컴퓨터공학과 학생은 여자이므로 22학번이고, 컴퓨터공학과 학생이 통계학과 학생보다 학번이 높으므로 회장이나 부회장으로 선출되지 않는 통계학과는 23학번 남자이다. 이때 회장보다 부회장의 학번이 더 낮고, 영문학과 학생은 부회장보다 학번이 높으므로 영문학과 학생은 21학번은 남자이고 회장임을 알 수 있다. 이에 따라 부회장은 컴퓨터공학과 또는 경제학과 학생이다.

구분	21학번	22학번	22학번	23학번
성별	남자	여자	여자	남자
학과	영문학과	경제학과	컴퓨터공학과	통계학과
선출	회장	부회장 또는 X	부회장 또는 X	X

따라서 〈경우 2〉에 따라 통계학과 학생이 23학번일 경우, 영문학과 학생과 성별이 남자로 같음을 알 수 있다.

오답 체크

① 어떤 경우에도 회장은 영문학과 학생임을 알 수 있다.

③ 〈경우 2〉에 따라 학번이 가장 높은 학생은 영문학과일 수도 있음을 알 수 있다.

④ 〈경우 2〉에 따라 21학번 학생이 회장일 경우, 부회장은 22학번임을 알 수 있다.

⑤ 〈경우 1〉에 따라 영문학과와 통계학과 학생의 학번은 같고, 〈경우 2〉에 따라 영문학과 학생이 통계학과 학생보다 학번이 더 높으므로 영문학과 학생이 통계학과 학생보다 학번이 낮을 수 없음을 알 수 있다.

15 논리퍼즐

정답 ④

1시간을 예약한 팀(1시간팀) 4개, 2시간팀 1개, 4시간팀 2개를 나열하는 것과 같다. 1시간팀이 연이어 예약하지는 않았으므로 가능한 경우는 다음과 같다.

〈경우 1〉

1시간팀 – 4시간팀 – 1시간팀 – 4시간팀 – 1시간팀 – 2시간팀 – 1시간팀

〈경우 2〉

1시간팀 – 4시간팀 – 1시간팀 – 2시간팀 – 1시간팀 – 4시간팀 – 1시간팀

〈경우 3〉

1시간팀 – 2시간팀 – 1시간팀 – 4시간팀 – 1시간팀 – 4시간팀 – 1시간팀

이를 시간대별로 정리하면 다음과 같다.

<table>
<tr><th>시간</th><th>경우 1</th><th>경우 2</th><th>경우 3</th></tr>
<tr><td>08~09시</td><td>1시간팀</td><td>1시간팀</td><td>1시간팀</td></tr>
<tr><td>09~10시</td><td rowspan="4">4시간팀</td><td rowspan="4">4시간팀</td><td rowspan="2">2시간팀</td></tr>
<tr><td>10~11시</td></tr>
<tr><td>11~12시</td><td>1시간팀</td></tr>
<tr><td>12~13시</td><td rowspan="4">4시간팀</td></tr>
<tr><td>13~14시</td><td>1시간팀</td><td>1시간팀</td></tr>
<tr><td>14~15시</td><td rowspan="4">4시간팀</td><td rowspan="2">2시간팀</td></tr>
<tr><td>15~16시</td></tr>
<tr><td>16~17시</td><td>1시간팀</td><td>1시간팀</td></tr>
<tr><td>17~18시</td><td rowspan="4">4시간팀</td><td rowspan="4">4시간팀</td></tr>
<tr><td>18~19시</td><td>1시간팀</td></tr>
<tr><td>19~20시</td><td rowspan="2">2시간팀</td></tr>
<tr><td>20~21시</td></tr>
<tr><td>21~22시</td><td>1시간팀</td><td>1시간팀</td><td>1시간팀</td></tr>
</table>

따라서 스터디룸 101호를 4시간 예약한 팀만 사용하는 시간은 12~13시와 17~18시이며, 보기 중 가능한 시각은 12시 30분이다.

16 논리퍼즐

정답 ④

甲은 프로젝트가 종료되는 6월 14일의 다음 날인 15일 이후의 날짜 중에서 강수확률이 프로젝트 종료일의 강수확률과 같은 35%이거나 그보다 낮은 날 여행을 떠나므로 여행 시작일은 15일, 18일, 19일, 24일, 26일, 28일이 가능하다. 이때 6월 14일은 월요일이므로 6월의 마지막 수요일인 14+7+7+2=30일에는 미팅에 참석해야 하지만, 26일이나 28일에 여행을 떠날 경우 미팅일 전에 여행에서 돌아올 수 없다. 이에 따라 가능한 여행 기간을 기준으로 해당 기간에 포함되는 강수확률 30% 이하인 날과 강수확률 70% 이상인 날을 정리하면 다음과 같다.

여행 기간	강수확률 30% 이하인 날	강수확률 70% 이상인 날
15~19일	18일, 19일	17일
18~22일	18일, 19일	-
19~23일	19일	-
24~28일	24일, 26일, 28일	25일

여행 기간 중 강수확률이 30% 이하인 날이 이틀 이상이고, 강수확률이 70% 이상인 날은 하루도 없는 것은 18~22일뿐이다.

따라서 甲의 휴가 마지막 날은 22일이고, 이때의 요일은 화요일이다.

17 규칙 적용

정답 ②

이동부담지수=등하교 거리(km)×등하교 난이도 계수이고, 등하교 난이도 계수는 '상'이 3, '중'이 2, '하'가 1이므로 오피스텔별 이동부담지수는 다음과 같다.

구분	A	B	C
등하교 거리(km)	4	5	3
등하교 난이도 계수	3	2	1
이동부담지수	12	10	3

비용부담지수=보증금(만 원)×이자율+월세(만 원)이고, 이자율은 보증금이 1억 원 이상인 경우 0.4%이고, 보증금이 1억 원 미만인 경우 0.3%이므로 오피스텔별 비용부담지수는 다음과 같다.

구분	A	B	C
보증금(만 원)	1,000	10,000	5,000
이자율	0.003	0.004	0.003
월세(만 원)	70	20	50
비용부담지수	73	60	65

부담지수=이동부담지수+비용부담지수이고, 전용면적이 $66m^2$ 이상이면 계산식에 따른 결괏값의 20%를 차감하므로 오피스텔별 부담지수는 다음과 같다.

구분	A	B	C
이동부담지수	12	10	3
비용부담지수	73	60	65
전용면적에 따른 차감 적용여부	O	X	X
부담지수	68	70	68

이때 오피스텔 A와 C의 부담지수가 동일하지만, 보증금은 A가 C보다 낮으므로 A가 C보다 높은 순위이다.

따라서 이사 선호 순위는 A, C, B 순이다.

18 규칙 적용

정답 ③

가족요양비 지급 대상은 ㉮, ㉯, ㉰, ㉱의 합산점수를, 의사소견서 제출 제외 대상은 ㉮, ㉯, ㉲의 합산점수를 기준으로 판단한다. 이때 ㉮의 경우 6km 이상은 1km당 1점씩 가산한다고 했으므로 대중교통수단 이용지점까지의 거리가 7.2km인 A는 2점을 가산하여 7점임을 알 수 있다.

이에 따라 A~E 지역의 기준요소별 점수과 판단기준별 합산점수를 정리하면 다음과 같다.

지역	기준요소별 점수(점)					판단기준별 합산점수(점)	
	㉮	㉯	㉰	㉱	㉲	가족요양비	의사소견서 제출 제외
A	7	1	5	3	1	7+1+5+3=16	7+1+1=9
B	5	4	4	1	4	5+4+4+1=14	5+4+4=13
C	2	3	5	2	2	2+3+5+2=12	2+3+2=7
D	3	2	4	2	5	3+2+4+2=11	3+2+5=10
E	4	3	3	4	4	4+3+3+4=14	4+3+4=11

가족요양비 지급 대상은 ㉮, ㉯, ㉰, ㉱의 합산점수가 12점 이상인 A, B, C, E이고, 의사소견서 제출 제외 대상은 ㉮, ㉯, ㉲의 합산점수가 10점 이상인 B, D, E이다.

따라서 가족요양비 지급 대상이면서 의사소견서 제출 제외 대상에도 해당하는 지역은 B, E이다.

19 규칙 적용

정답 ①

<△△시 홍보영상 제작 업체 선정 기준>의 조건을 정리하면 다음과 같다.

- 조건 1: 사업주의 나이가 39세 이하일 것
- 조건 2: 제작 소요 기간이 2개월 이내일 것
- 조건 3: 제작 비용이 200만 원 이내일 것
  예외 1: 영상을 3D로 제작할 것
- 조건 4: 콘셉트가 코믹 또는 애니메이션일 것

이에 따라 <홍보영상 제작 업체 목록>을 정리하면 다음과 같다.

업체	사업주 연령	제작 소요 기간	제작 비용	콘셉트	해당 조건
A	24세	2개월	(150/30)×50 =250만 원	3D, 코믹	조건 1, 조건 2, 예외 1, 조건 4
B	30세	3개월	80만 원	감성, 액션	조건 1, 조건 3
C	30세	1개월	165만 원	코믹, 캠페인	조건 1, 조건 2, 조건 3, 조건 4
D	34세	3주	110만 원	감성, 캠페인	조건 1, 조건 2, 조건 3
E	41세	2개월	250만 원	3D, 애니메이션	조건 2, 예외 1, 조건 4
F	28세	2주	14×20 =280만 원	코믹, 캠페인	조건 1, 조건 2, 조건 4
G	38세	1개월	200만 원	애니메이션	조건 1, 조건 2, 조건 3, 조건 4

제시된 조건을 모두 충족해야 하므로 △△시 홍보영상 제작에 선정될 업체는 A, C, G이다.

빠른 문제 풀이 Tip

<△△시 홍보영상 제작 업체 선정 기준>을 충족하지 않는 업체를 파악한 후, 해당 업체를 포함하는 선택지를 소거하며 문제를 풀이한다. 예를 들어 업체 E의 사업주 연령은 41세이므로 ②를 소거한다.

20 계산·비교

정답 ⑤

동전의 1g당 금액을 매기면 다음과 같다.

동전 종류	동전 한 개 금액 (커스)	동전 한 개 무게 (g)	1g당 금액 (커스/g)
A	500	10	50
B	100	5	20
C	50	2	25
D	10	1	10

ㄱ. 1kg의 동전으로 가능한 최대 금액은 50,000커스이고 최소 금액은 10,000커스이므로 금액의 차는 50,000−10,000=40,000커스이다.

ㄷ. 1g당 금액을 토대로 B 동전과 C, D 동전의 무게와 금액이 모두 일치하는 경우는 다음과 같다.
B와 C의 1g당 금액 차이는 5커스/g이고 B와 D의 1g당 금액 차이는 10커스/g이다. 이때, 1g당 금액 차이가 1:2이므로 C와 D의 무게가 2:1이 되는 경우에 저울에서 노래가 흘러나온다. 동전 한 개당 무게는 C:D=2:1이므로 이 경우 C와 D 동전의 개수는 같다.

ㄹ. 1g당 금액을 토대로 C 동전과 A, B 동전의 무게와 금액이 모두 일치하는 경우는 다음과 같다.
C와 A의 1g당 금액 차이는 25커스/g이고 C와 B의 1g당 금액 차이는 5커스/g이다. 1g당 금액의 차이가 5:1이므로 A와 B의 무게가 1:5가 되는 경우에 저울에서 노래가 흘러나온다. 동전 한 개 무게는 A:B=2:1이므로 이 경우 B 동전의 개수는 A 동전의 개수의 10배이다.

오답 체크

ㄴ. 동전을 최소 무게로 지급하려면 1g당 금액이 높은 동전을 최대로 사용하여 지급해야 한다. 따라서 A 동전을 500×7=3,500커스, C 동전을 50×5=250커스 지급하면 동전의 최소 무게는 10×7+2×5=80g이다.

21 계산·비교

정답 ③

제시된 글과 상황에 따라 시간대별 배터리 사용량과 충전량, 잔여 배터리를 정리하면 다음과 같다.

시간	노트북으로 한 일	사용량	충전기 상태	충전량	잔여 배터리
09:00~09:30(30분)	영상 시청	7.5%	연결되지 않음	−	20−7.5=12.5%
09:30~10:30(60분)	없음	6%	연결됨	60%	12.5−6+60=66.5%
10:30~12:30(120분)	인터넷 서핑	20%	연결되지 않음	−	66.5−20=46.5%
12:30~13:30(60분)	없음	6%	연결됨	60%	46.5−6+60=100% (최대)
13:30~15:30(120분)	게임	60%	연결되지 않음	−	100−60=40%
15:30~16:30(60분)	영상 시청	15%	연결되지 않음	−	40−15=25%
16:30~17:00(30분)	없음	3%	연결됨	30%	25−3+30=52%

따라서 오늘 17시에 甲의 노트북에 남은 배터리의 양은 52%이다.

22 논리퍼즐

정답 ⑤

ㄱ. 바위를 내서 2번 이기고 보를 내서 1번 이기면 총 11칸 이동하여 3번의 가위바위보로 11번 돌다리에 도착할 수 있음을 알 수 있다.

ㄴ. 제시된 순서로 내면 甲 – 乙 – 乙 순서로 반복해서 이기게 되고, 이때 甲은 바위로 이기고 乙은 바위 – 가위로 이기게 된다. 이 경우 甲은 계속해서 3칸씩만 이동할 수 있고 乙은 3칸, 2칸씩 번갈아 이동한다. 甲은 3번 – 6번 – 9번 – 10번 – 9번 – 10번… 돌다리로 이동하게 되어 11번 돌다리에 멈출 수 없으며, 乙은 3번 – 5번 – 8번 – 10번 – 9번 – 11번 돌다리로 이동하게 되어 아홉 번째 게임에서 乙은 11번 돌다리에 도착하여 게임에 승리함을 알 수 있다.

ㄷ. 甲이 가위 – 바위 – 보 순서를 반복해서 5번의 가위바위보를 모두 이겼다면 甲은 가위 – 바위 – 보 – 가위 – 바위로 각각 2번 – 5번 – 10번 – 10번 – 9번 돌다리로 이동하게 되고, 이때 2칸을 더 이동하여 11번 돌다리에 도착하면 게임에서 승리하므로 甲은 여섯 번째에 가위를 내서 이겼음을 알 수 있다.

23 논리퍼즐

정답 ③

甲은 하루 최대 10시간 동안 작업을 진행하고, 목걸이와 반지의 개당 제작시간은 각각 4시간, 3시간이다. 이때 상품 제작에 착수하여도 당일에 완성이 불가능할 경우 새 상품 제작을 시작하지 않고 퇴근하게 되므로 하루 작업 시간을 최대한 사용해야 가능한 빠른 시일 내에 제작을 완료할 수 있다. 이에 따라 최대 작업시간을 모두 사용하여 하루에 목걸이 1개와 반지 2개를 제작해야 한다. 다만 토요일은 최대 작업시간의 1/2 미만인 5시간 미만으로 작업을 하므로 목걸이 1개를 제작해야 하며, 공휴일을 제외하면 5월 10일까지 목걸이는 8개 모두 제작이 완료되고, 반지는 12개 제작할 수 있다.

일	월	화	수	목	금	토
				1	2	3
				목걸이 1개 반지 2개	목걸이 1개 반지 2개	목걸이 1개
4	5	6	7	8	9	10
–	–	목걸이 1개 반지 2개	목걸이 1개 반지 2개	목걸이 1개 반지 2개	목걸이 1개 반지 2개	목걸이 1개
11	12	13	14	15	16	17
–						

남은 반지 5개는 5월 12일부터 제작하는데 반지의 개당 제작시간은 3시간이므로 하루에 최대 3개 제작할 수 있다.

따라서 甲의 의뢰 상품 제작 완료 예정일은 5월 13일이다.

24 논리퍼즐

정답 ④

㉠, ㉡, ㉢, ㉣을 차례대로 나열하여 만든 네 자릿수를 A라 하고, ㉡, ㉢, ㉣, ㉤을 차례대로 나열하여 만든 네 자릿수를 B라고 하면 A의 맨 앞자리 수는 5이므로 B에 4를 곱한 값이 A가 되기 위해서는 B의 맨 앞자리 수가 1이어야 한다. 이에 따라 ㉡은 1이므로 A는 51㉢㉣, B는 1㉢㉣㉤이다.

51㉢㉣을 4로 나누면 B가 12㉣㉤임을 알 수 있으므로 ㉢은 2이다. 이에 따라 A는 512㉣, B는 12㉣㉤이다.

512㉣을 4로 나누면 B가 128㉤임을 알 수 있으므로 ㉣은 8이다. 이에 따라 A는 5128, B는 128㉤이다.

5128을 4로 나누면 B가 1282임을 알 수 있으므로 ㉤은 2이다. 이에 따라 A는 5128, B는 1282이다.

따라서 ㉠+㉡+㉢+㉣+㉤=5+1+2+8+2=18이다.

25 법·규정의 적용

정답 ①

세 번째 법조문(추방 또는 송환의 금지) 제1항에서 체약국은 난민을 어떠한 방법으로도 인종, 종교, 국적, 특정사회 집단의 구성원신분 또는 정치적 의견을 이유로 그 생명이나 자유가 위협받을 우려가 있는 영역의 국경으로 추방하거나 송환해서는 안 된다고 했으나, 동조 제2항에서 중대한 범죄에 관하여 유죄의 판결이 확정되고 그 국가공동체에 대하여 위험한 존재가 된 자는 제1항의 적용을 받지 못한다고 했으므로 B국은 甲을 다시 A국으로 송환할 수 있음을 알 수 있다.

오답 체크

② 첫 번째 법조문(피난국에 불법으로 있는 난민) 제2항에서 체약국은 상기한 난민의 이동에 대하여 필요한 제한을 과할 수 있으며 그러한 제한은 그 난민이 타국에의 입국허가를 획득할 때까지만 적용된다고 했고, 체약국은 그러한 난민에게 타국에의 입국허가를 획득하기 위하여 필요한 모든 편의를 부여한다고 했으므로 B국은 甲이 타국에의 입국허가를 획득할 수 있도록 모든 편의를 부여하나, 甲의 이동에 필요한 제한을 과할 수 있음을 알 수 있다.

③ 첫 번째 법조문(피난국에 불법으로 있는 난민) 제1항에서 체약국은 그 생명 또는 자유가 위협되고 있는 영역으로부터 직접 온 난민이 지체 없이 당국에 출두하고 또한 불법으로 입국하거나 또는 불법으로 있는 것에 대한 상당한 이유를 제시한다면 불법으로 입국하거나 또는 불법으로 있는 것을 이유로 형벌을 과해서는 안 된다고 했으므로 甲이 지체 없이 B국 당국에 출두하여 불법 입국한 상당한 이유를 제시한다면 B국은 甲이 불법으로 입국한 것을 이유로 형벌을 과할 수 없음을 알 수 있다.

④ 두 번째 법조문(추방) 제3항에서 체약국은 상기 난민에게 타국가에의 합법적인 입국허가를 구하기 위하여 타당하다고 인정되는 기간을 부여한다고 했고, 체약국은 그 기간 동안 체약국이 필요하다고 인정하는 국내조치를 취할 권리를 유보한다고 했으므로 A국이 아니라 B국이 국내조치를 취할 권리를 유보함을 알 수 있다.

⑤ 두 번째 법조문(추방) 제1항에 따르면 체약국은 국가안보 또는 공공질서를 이유로 하는 경우를 제외하고 합법적으로 그 영역에 있는 난민을 추방해서는 안 되고, 세 번째 법조문(추방 또는 송환의 금지) 제2항에 따르면 체약국에 있는 난민으로서 그 국가의 안보에 위험하다고 인정되기에 충분한 상당한 이유가 있는 자 또는 특히 중대한 범죄에 관하여 유죄의 판결이 확정되고 그 국가공동체에 대하여 위험한 존재가 된 자는 추방하거나 송환할 수 있다. 따라서 국가안보 또는 공공질서를 이유로 하는 경우 또는 중대한 범죄에 관하여 유죄의 판결이 확정되고 그 국가공동체에 대하여 위험한 존재가 된 자인 경우에는 합법적으로 들어온 난민이더라도 추방할 수 있음을 알 수 있다.

실전모의고사 7회

모바일 자동 채점 및 성적 분석 서비스

정답

1	④	법·규정의 적용	6	⑤	규칙 적용	11	①	규칙 적용	16	①	규칙 적용	21	⑤	계산·비교
2	④	법·규정의 적용	7	③	논리퍼즐	12	④	규칙 적용	17	⑤	논리퍼즐	22	④	논리퍼즐
3	②	법·규정의 적용	8	②	규칙 적용	13	⑤	규칙 적용	18	②	논리퍼즐	23	①	논리퍼즐
4	③	법·규정의 적용	9	⑤	세부 정보 파악	14	①	계산·비교	19	③	계산·비교	24	②	계산·비교
5	④	세부 정보 파악	10	⑤	세부 정보 파악	15	③	규칙 적용	20	②	계산·비교	25	⑤	법·규정의 적용

취약 유형 분석표

유형별로 맞힌 개수, 틀린 문제 번호와 풀지 못한 문제 번호를 적고 나서 취약한 유형이 무엇인지 파악해 보세요.

유형	맞힌 개수	틀린 문제 번호	풀지 못한 문제 번호
세부 정보 파악	/3		
법·규정의 적용	/5		
계산·비교	/5		
규칙 적용	/7		
논리퍼즐	/5		
TOTAL	/25		

해설

1 법·규정의 적용 정답 ④

제1항에서 국가계획과 관련된 경우 국토교통부장관은 관계 중앙행정기관의 장의 요청에 따라 도시·군관리계획을 입안할 수 있다고 했으므로 관계 중앙행정기관의 장은 국가계획과 관련된 도시·군관리계획의 입안을 국토교통부장관에게 요청할 수 있음을 알 수 있다.

오답 체크

① 제3항 후단에서 훼손지 복구에 소요되는 비용은 개발사업자가 부담함을 알 수 있다.

② 제1항에서 국토교통부장관은 국가계획과 관련된 도시·군관리계획을 직접 입안할 수 있고, 시·도지사는 광역도시계획과 관련된 도시·군관리계획을 직접 입안할 수 있다고 했으므로 국토교통부장관이 광역도시계획과 관련된 도시·군관리계획을 직접 입안할 수 없음을 알 수 있다.

③ 제2항 후단에서 복구하고자 하는 훼손지의 범위는 해제대상지역 면적의 100분의 10부터 100분의 20까지에 상당하는 범위 안에서 결정되고, 제4항에 따르면 부득이한 사유가 있다고 인정하는 경우에는 복구계획을 제시하지 않을 수 있다고 했으므로 해제대상지역의 면적이 $10km^2$인 도시·군관리계획에 $1km^2$ 이상의 훼손지에 대한 복구계획이 반드시 포함되는 것은 아님을 알 수 있다.

⑤ 제4항에서 국토교통부장관이 중앙도시계획위원회의 심의를 거쳐 부득이한 사유가 있다고 인정하는 경우에 개발사업자는 훼손지의 복구를 하지 아니할 수 있다고 했으므로 입안권자가 부득이한 사유가 있다고 인정한다고 하여 개발사업자의 훼손지 복구 의무가 사라지는 것은 아님을 알 수 있다.

2 법·규정의 적용 정답 ④

제2항에 따르면 간호조무사 국가시험을 공고할 때 응시원서의 제출 장소는 반드시 포함해야 하는 내용이 아님을 알 수 있다.

3 법·규정의 적용 정답 ②

첫 번째 법조문 제2호에서 응급의료종사자가 업무수행 중이 아닌 때 본인이 받은 자격의 범위에서 응급의료를 하다가 환자를 사망케 한 경우, 그 민사책임은 면제되고 형사책임은 감면된다고 했으므로 乙의 민사책임은 면제됨을 알 수 있다.

오답 체크

① 첫 번째 법조문에서 응급의료종사자가 업무수행 중이 아닌 때 본인이 받은 면허 또는 자격의 범위에서 한 응급의료로 상해가 발생했을 때 그 형사책임이 면제된다고 했으므로 甲이 응급처치가 아닌 응급의료를 제공하다가 응급환자에게 상해를 입힌 경우에는 甲의 형사책임이 면제되지 않음을 알 수 있다.

③ 두 번째 법조문 제1항 제2호에서 응급의료종사자는 동의 절차로 인하여 환자의 생명이 위험해지거나 심신상의 중대한 장애를 가져오는 경우에는 응급의료에 관한 동의 없이도 응급의료를 할 수 있다고 했으므로 丙은 의사결정능력이 있는 환자 본인의 동의 없이도 응급의료를 제공할 수 있음을 알 수 있다.

④ 두 번째 법조문 제2항에서 응급의료종사자는 의사결정능력이 없는 응급환자의 법정대리인이 동행하지 않은 경우, 동행한 사람에게 설명한 후 응급처치 또는 응급진료를 할 수 있다고 했으므로 丁은 동행한 사람의 동의가 없더라도 응급처치 또는 응급진료를 할 수 있음을 알 수 있다.

⑤ 세 번째 법조문 제3항에서 의료기관의 장은 이송에 든 비용을 환자에게 청구할 수 있다고 했으므로 이송 비용을 반드시 戊가 부담하는 것은 아님을 알 수 있다.

4 법·규정의 적용 정답 ③

세 번째 법조문 제2항에서 어선의 소유자는 어선의 수리 또는 개조로 인하여 총톤수가 변경된 경우에는 해양수산부장관에게 총톤수의 재측정을 신청해야 하므로 총톤수 측정을 했었더라도 변경에 대한 재측정을 신청해야 함을 알 수 있다.

오답 체크

① 첫 번째 법조문 제3항 제2호에서 시장·군수·구청장은 제1항에 따른 등록을 한 어선에 대하여 총톤수 5톤 미만의 무동력어선을 제외한 총톤수 20톤 미만인 어선은 선적증서를 발급해야 함을 알 수 있다.

② 첫 번째 법조문 제1항의 후단에서 총톤수 20톤 이상의 범선은 선박등기를 한 후에 어선의 등록을 해야 함을 알 수 있다.

④ 두 번째 법조문에서 총톤수 20톤 미만의 소형어선에 대한 소유권의 득실변경은 등록을 해야 그 효력이 생기므로 매매 즉시 소유권이 이전되는 것은 아님을 알 수 있다.

⑤ 첫 번째 법조문 제1항에서 어선의 소유자는 선적항을 관할하는 시장·군수·구청장에게 어선원부에 어선의 등록을 해야 함을 알 수 있다.

5 세부 정보 파악 정답 ④

두 번째 단락에서 상면 발효 맥주는 비교적 고온에서 2주간 발효 후 15℃에서 1주 정도 숙성을 통해 만들어진다고 했고, 세 번째 단락에서 하면 발효 맥주는 저온에서 7~12일간 발효 후 1~2개월간 숙성시켜 만들어진다고 했으므로 맥주의 숙성 기간은 상면 발효 맥주가 하면 발효 맥주보다 더 짧음을 알 수 있다.

오답 체크

① 첫 번째 단락에서 중세 시대 당시 맥주에는 향과 맛이 강한 약초나 약재 등을 첨가하였기 때문에 지금의 맥주 맛과는 차이가 있음을 알 수 있다.

② 두 번째 단락에서 상면 발효 방식의 에일은 비교적 고온에서 2주간 발효 후 1주 정도 숙성을 통해 만들어지고, 에일 계열 맥주에는 아일랜드의 스타우트가 있음을 알 수 있다.

③ 두 번째와 세 번째 단락에서 상면 발효 맥주는 고온에서 2주간 발효하고, 하면 발효 맥주는 저온에서 7~12일간 발효한다고 했고, 세 번째 단락에서 하면 발효 맥주인 라거 맥주는 부산물이 적게 들어있어 깔끔하고 시원한 맛이 특징이라고 했으므로 상대적으로 발효 기간이 짧은 하면 발효 맥주는 부산물이 적게 들어있어 깔끔하고 시원한 맛이 특징임을 알 수 있다.

⑤ 두 번째 단락에서 에일 계열 맥주에 영국의 에일이 있다고 했고 세 번째 단락에서 라거 맥주는 에일 맥주보다 부산물이 적게 들어있어 깔끔하고 시원한 맛이 특징인데, 라거 맥주에는 체코의 필스너가 들어있다고 했으므로 체코의 필스너가 영국의 에일보다 부산물이 더 많은 것은 아님을 알 수 있다.

6 규칙 적용 정답 ⑤

학생들이 한 봉사활동을 각각의 기준으로 계산하면 아래와 같다.

- 甲: 3주간 주 3회 2시간씩 정기적으로 봉사활동을 하였고, 3월 10일에 1시간 봉사활동을 추가로 했으므로 실제 봉사시간은 3×3×2+1=19시간이다. 이때, 3월 10일에 인정되는 봉사시간은 1시간이므로 생활기록부에 기록된 봉사활동 시간은 17시간이다.
- 乙: 3월 5일부터 3일간 4시간씩 봉사활동을 하였고, 2번의 헌혈을 했으므로 실제 봉사시간은 3×4+2×4=20시간이다. 이때, 3월 5일부터 3월 7일까지 인정되는 봉사시간은 2시간이므로 생활기록부에 기록된 봉사활동 시간은 14시간이다.
- 丙: 3주간 평일 15일 중 수업이 7교시인 이틀을 제외하고 13일간 1시간씩 봉사활동을 하였고, 3월 1일에는 최대로 인정되는 봉사시간의 절반을 채워서 했으므로 실제 봉사시간은 13+4=17시간이다. 이때, 17시간 모두 생활기록부에 기록되므로 생활기록부에 기록된 봉사활동 시간 또한 17시간이다.
- 丁: 방학기간에 3시간씩 봉사활동을 하였으므로 3주간 실제 봉사시간은 6×3=18시간이며, 18시간 모두 생활기록부에 기록되므로 생활기록부에 기록된 봉사활동 시간 또한 18시간이다.
- 戊: 3주간 주 2회 3시간씩 봉사활동을 하였고, 3월 12일에는 3시간 동안 봉사활동을 했으므로 실제 봉사시간은 3×2×3+3=21시간이다. 이때, 3월 6일과 3월 13일에 인정되는 봉사시간은 2시간, 3월 11일에 인정되는 봉사시간은 1시간이며, 미인정 결석 중 실시한 봉사활동은 실적으로 기록하지 않으므로 생활기록부에 기록된 봉사활동 시간은 14시간이다.

이상의 내용을 표로 정리하면 다음과 같다.

구분	실제 봉사시간	생활기록부에 기록된 봉사시간
甲	19	17
乙	20	14
丙	17	17
丁	18	18
戊	21	14

따라서 3주 동안 실제 봉사 시간이 가장 많은 학생은 戊, 3주 동안 생활기록부에 기록된 봉사활동 시간이 가장 많은 학생은 丁이다.

7 논리퍼즐 정답 ③

아홉 판 모두에서 두 사람이 낸 카드에 적힌 숫자의 차이는 2라고 했으므로 甲이 1을 냈을 때 乙은 3을, 甲이 4를 냈을 때 乙은 2 또는 6을 낸 것이다. 이에 따라 甲의 카드를 기준으로 2만큼 차이가 나게 乙의 카드를 조합하여 승패를 정리하면 다음과 같다.

甲	乙	승자
1	3	乙
3	5	乙
4	2	甲
5	3	甲
5	7	乙
6	4	甲
6	8	乙
8	6	甲
9	7	甲

따라서 甲의 승패 결과는 5승 4패이다.

8 규칙 적용 정답 ②

- 조건 1에서 무상 A/S를 받으려는 시점을 기준으로 제품의 구매 연월은 2년 이내여야 한다고 했고, 현재 시점은 2025년 3월이므로 구매 연월이 2023년 2월로 2년을 초과하는 E는 제외된다.
- 조건 2에서 무상 A/S를 받으려는 시점을 기준으로 제품의 제조 연월은 3년 이내여야 한다고 했으므로 제조 연월이 3년을 초과하는 C는 제외된다.
- 조건 3에서 무상 A/S를 받으려는 부분의 손상 원인이 사고나 무단개조 이외의 것이어야 한다고 했으므로 손상 원인이 사고인 B는 제외된다.

따라서 무상 A/S를 받을 수 있는 제품은 A, D이다.

9 세부 정보 파악 정답 ⑤

ㄴ. 두 번째 단락에 따르면 과의교위는 정5품 무신 상계이고, 전력부위는 종9품 무신임을 알 수 있다. 첫 번째 단락에서 종6품 이상의 관료들은 참상관, 정7품 이하의 관료들은 참하관이라고 불렀고, 참상관이 되면 여러 특권들이 주어졌다고 했으므로 과의교위에게는 전력부위에 비해 여러 특권들이 주어졌을 것임을 알 수 있다.

ㄷ. 첫 번째 단락에서 정1품, 종1품, 정2품, 종2품 관료를 비롯해 정3품 관료 중 높은 지위에 있는 관료들이 당상관에 해당하였고, 세 번째 단락에서 당상관 중 가장 낮은 관품을 가진 관료는 무신인 경우 절충장군이라는 관계가 주어졌음을 알 수 있다. 또한 종2품 당상관부터는 무신에 대한 관계가 없었기 때문에 무신이 종2품 이상으로 승진하는 경우 문신으로 그 소속을 변경하게 되었다고 했으므로 당상관 중 정3품 무신의 경우 문신으로 소속을 변경하지 않았음을 알 수 있다.

ㄹ. 첫 번째 단락에서 당상관이란 국가의 대소사를 결정하는데 직접 참여할 자격을 갖춘 관료들로, 정1품, 종1품, 정2품, 종2품 관료를 비롯해 정3품 관료 중 높은 지위에 있는 관료들이라고 했고, 세 번째 단락에서 종2품 상계는 가정대부라고 했으므로 가정대부는 국가의 대소사를 결정하는 데 직접 참여할 자격을 갖춘 관료일 것임을 알 수 있다.

오답 체크

ㄱ. 첫 번째 단락에서 정3품 관료 중 낮은 지위에 있는 관료들부터 그 이하의 관품을 가진 관료들은 당하관이라고 불렀다고 했으므로 정5품 관료의 관리는 당하관이라고 불렸을 것임을 알 수 있다.

10 세부 정보 파악

정답 ⑤

문과의 경우 4등부터 10등까지는 정8품으로 임명되었다고 했으므로 1482년 甲은 정8품 문신이 되었다. 1501년 甲은 1482년보다 관품이 5단계 승진하였다고 했으므로 정8품 → 종7품 → 정7품 → 종6품 → 정6품 → 종5품으로 승진하여 관품은 종5품이며, 하계의 관계를 받았다고 했으므로 관계는 봉훈랑이다.

따라서 1501년 甲의 관품은 종5품이고, 관계는 봉훈랑이다.

11 규칙 적용

정답 ①

- 乙은 이적료가 4,950만 유로로 구단주의 요구사항을 충족하지 못하므로 영입하지 않는다.
- 丙은 구단 자체 평가 결과 골 결정력이 8 미만으로 회장의 요구사항을 충족하지 못하므로 영입하지 않는다.
- 戊는 구단 자체 평가 결과 주력이 10 미만으로 감독의 요구사항을 충족하지 못하므로 영입하지 않는다.
- 구단주, 회장, 감독의 요구사항을 모두 충족하는 선수가 여러 명인 경우, 구단 자체 평가 결과 골 결정력, 주력, 패스 정확도의 합이 가장 높은 선수를 영입한다고 했고, 남은 甲과 丁의 골 결정력, 주력, 패스 정확도의 합은 甲이 9+11+8=28, 丁이 8+10+9=27이므로 甲을 영입한다.

따라서 A구단이 영입할 선수는 甲이다.

12 규칙 적용

정답 ④

각 도 교육청의 컴퓨터 및 태블릿 부족분과 인공지능 학습 공간 미달 면적은 다음과 같다.

도 교육청	학생 수	컴퓨터 부족분(대)	태블릿 부족분(대)	인공지능 학습 공간 미달 면적(m^2)
A	15만 명	15만/3−3.5만 =1.5만	15만/5−0.5만 =2.5만	15만×0.3−3만=1.5만
B	24만 명	24만/3−7만 =1만	24만/5−3.5만 =1.3만	24만×0.3−5만=2.2만
C	30만 명	30만/3−8만 =2만	30만/5−4만 =2만	30만×0.3−7.5만=1.5만

각 도 교육청별로 산정된 지원금액은 다음과 같다.

도 교육청	지원금액
A	40×1.5+30×2.5+200×1.5=435억 원
B	40×1+30×1.3+200×2.2=519억 원
C	40×2+30×2+200×1.5=440억 원

따라서 지원금액이 많은 순서대로 나열하면 B−C−A가 된다.

13 규칙 적용

정답 ⑤

ㄴ. 메시지 앱을 열고 '꼬까신'을 입력하기 위해 키패드를 순서대로 누르면 'ㄲ'(1#), 'ㅗ'(6), 'ㄲ'(1#), 'ㅏ'(3), 'ㅅ'(7), 'ㅣ'(99), 'ㄴ'(2)이므로 '1#61#37992'가 됨을 알 수 있다.

ㄷ. 메시지 앱을 열고 '광주'를 입력하면 'ㄱ'(1), 'ㅗ'(6), 'ㅏ'(3), 'ㅇ'(8), 'ㅈ'(77), 'ㅜ'(66)이므로 '16387766'이고, 'GWANGJU'를 입력하면 '*'(한/영/숫자 변환), 'G'(4), 'W'(9), 'A'(2), 'N'(66), 'G'(4), 'J'(5), 'U'(88)이므로 '*492664588'임을 알 수 있다. 따라서 키패드를 누르는 횟수는 '광주'가 8회, 'GWANGJU'가 10회로 'GWANGJU'가 더 많음을 알 수 있다.

오답 체크

ㄱ. 메시지 앱을 열고 'LOVE'를 입력하기 위해 키패드를 순서대로 누르면 '*'(한/영/숫자 변환), 'L'(555), 'O'(666), 'V'(888), 'E'(33)이므로 '*55566688833'이 됨을 알 수 있다.

14 계산·비교

정답 ①

평가항목별 가중치는 배터리가 2, 가격이 1이고, 무게의 가중치를 x라고 하면 노트북 A~D의 종합점수는 다음과 같다.

- A: $6\times2+5\times1+7\times x=7x+17$
- B: $9\times2+1\times1+6\times x=6x+19$
- C: $7\times2+8\times1+4\times x=4x+22$
- D: $2\times2+9\times1+8\times x=8x+13$

ㄴ. 무게의 가중치가 1이라면 노트북 A~D의 종합점수는 각각 24점, 25점, 26점, 21점이므로 甲은 노트북 C를 구매한다.

오답 체크

ㄱ. 甲이 노트북 A를 구매하기 위해서는 노트북 A의 종합점수가 노트북 B, C, D의 종합점수보다 높아야 하므로 $7x+17>6x+19$, $7x+17>4x+22$, $7x+17>8x+13$ 세 부등식을 모두 만족해야 한다. 이를 모두 만족하는 x의 범위는 $2<x<4$이므로 x가 4 이상일 때는 甲이 노트북 A를 구매하지 않는다. 따라서 무게의 평가항목별 가중치가 3보다 크다고 해서 甲이 반드시 노트북 A를 구매하는 것은 아님을 알 수 있다.

ㄷ. 노트북 D의 배터리 점수가 6점으로 상승하면, 노트북 D의 종합점수는 $6\times2+9\times1+8\times x=8x+21$점이 된다. 이때 노트북 A와 노트북 B의 종합점수는 상수항과 미지수항 모두 노트북 D보다 작으므로 노트북 C와 노트북 D의 종합점수만 비교한다. 甲이 반드시 노트북 D를 구매하기 위해서는 노트북 D의 종합점수가 노트북 C의 종합점수보다 높아야 한다. 또한 종합점수가 가장 높은 노트북이 2개 이상인 경우에는 그 중 가격 점수가 가장 높은 노트북을 구매하기 때문에 노트북 C, D의 종합점수가 같으면 노트북 D의 가격 점수가 더 높아 두 노트북의 종합점수는 같아도 무방하므로 $8x+21\geq4x+22$ 부등식을 만족해야 한다. 이를 만족하는 x의 범위는 $x\geq0.25$이므로 x가 0.25 이상일 때 甲이 노트북 D를 구매한다. 따라서 $0<x<0.25$일 때는 노트북 D를 구매하지 않는다.

15 규칙 적용

정답 ③

ㄷ. 두 명의 참여자는 각각 1점짜리 말 5개, 3점짜리 말 3개, 5점짜리 말 1개를 가지고 게임을 시작하므로 획득할 수 있는 최고점수는 $(1\times5)+(3\times3)+(5\times1)=19$점이다. 이때 마지막 라운드인 9라운드에서 상대방 보드의 칸을 먼저 지목하는 참여자가 승리하게 되므로 먼저 19점 이상의 점수를 획득한 참여자가 승리하는 경우, 1라운드에서 상대방 보드의 칸을 먼저 지목하는 참여자가 반드시 승리한다.

오답 체크

ㄱ. 먼저 8점 이상의 점수를 획득한 참여자가 승리하는 경우, 5라운드까지 승리자가 정해지지 않았다면 1점짜리 말이 위치한 칸을 다섯 번씩 지목하였거나, 1점짜리 말이 위치한 칸을 네 번, 3점짜리 말이 위치한 칸을 한 번 지목하였을 것이다. 1점짜리 말이 위치한 칸을 다섯 번씩 지목하였다면 5점을 획득하게 되고, 1점짜리 말이 위치한 칸을 네 번, 3점짜리 말이 위치한 칸을 한 번 지목하였다면 7점을 획득하게 되므로 甲과 乙이 5라운드까지 획득한 점수를 모두 합한 값은 10 또는 12 또는 14이다. 따라서 반드시 10은 아니다.

ㄴ. 먼저 12점 이상의 점수를 획득한 참여자가 승리하는 경우, 6라운드까지 승리자가 정해지지 않았다면 甲과 乙의 점수로 가능한 경우의 수는 다음의 세 가지이다.

〈경우 1〉 다섯 번은 1점짜리 말이 위치한 칸을, 한 번은 5점짜리 말이 위치한 칸을 지목한 경우

〈경우 2〉 다섯 번은 1점짜리 말이 위치한 칸을, 한 번은 3점짜리 말이 위치한 칸을 지목한 경우

〈경우 3〉 네 번은 1점짜리 말이 위치한 칸을, 두 번은 3점짜리 말이 위치한 칸을 지목한 경우

〈경우 1〉의 점수는 10점이고, 남은 말은 3점짜리 3개이다. 이에 따라 7라운드에서 먼저 상대방 보드의 칸을 지목한다면 어느 한 칸을 지목하더라도 점수가 13점이 되므로 반드시 승리한다.

〈경우 2〉의 점수는 8점이고, 남은 말은 3점짜리 2개, 5점짜리 1개이다. 이에 따라 7라운드에서 먼저 상대방 보드의 칸을 지목하더라도 3점짜리 말이 위치한 두 칸 중 어느 한 칸을 지목한다면 점수가 11점이 되므로 7라운드에서 승리하지 못한다.

〈경우 3〉의 점수는 10점이고, 남은 말은 1점짜리 1개, 3점짜리 1개, 5점짜리 1개이다. 이에 따라 7라운드에서 먼저 상대방 보드의 칸을 지목하더라도 1점짜리 말이 위치한 칸을 지목한다면 점수가 11점이 되므로 7라운드에서 승리하지 못한다.

따라서 7라운드에서 먼저 상대방 보드의 칸을 지목하는 참여자가 반드시 승리하는 것은 아니다.

16 규칙 적용

정답 ①

교환학생 선발기준은 학점, 어학, 봉사시간 세 가지 항목이고, 세 항목의 수치들을 모두 환산점수로 변환해야 한다. 최종순위 결정기준의 첫 번째 기준에서 세 가지 항목의 환산점수의 합인 최종점수가 높은 순서대로 순위를 결정하나 어학의 환산점수는 영어와 베트남어 중 어느 하나만 반영한다고 했고, 세 번째 기준과 네 번째 기준 그리고 〈학점·어학 환산점수표〉를 이용하면 A~F의 최종점수를 계산할 수 있으므로 A~F 중 학생회장이 없을 경우의 각 지원자별 최종점수를 정리하면 다음과 같다.

환산점수 \ 지원자	A	B	C	D	E	F
학점	40점	40점	30점	30점	35점	40점
어학	35점	30점	44점	40점	35점	30점
봉사시간	16점	16점	16점	18점	20점	18점
최종점수	91점	86점	90점	88점	90점	88점

C가 학생회장인 경우, C의 봉사시간 환산점수는 2점이 오른 18점이 되고 이에 따라 C의 최종점수는 92점이 된다. 이때 D가 학생회장이 아닌 경우 D의 최종점수는 88점이고, D가 학생회장인 경우 D의 봉사시간 환산점수는 2점이 오른 20점이 되므로 이에 따른 D의 최종점수는 90점이다. 따라서 D의 학생회장 여부와 상관없이 C는 최종점수가 가장 높은 학생이므로 교환학생으로 선발될 것이다. 한편 C가 학생회장이 아니고 D가 학생회장인 경우, 최종점수는 C와 D가 90점으로 동일하나 동점자 처리기준에 따라 C는 D와 E보다 어학 환산점수가 더 높아 지원자 전체에서 2위가 되므로 교환학생에 선발될 것이다. 또한 C와 D가 모두 학생회장이 아닌 경우, C는 A, E와 함께 교환학생에 선발될 것이다.

따라서 C는 반드시 교환학생으로 선발됨을 알 수 있다.

오답 체크

②, ③ D가 학생회장일 경우 D의 봉사시간 환산점수가 20점이 되므로 D의 최종점수는 90점이다. 이때 D의 어학 환산점수가 최종점수 동점자인 E보다 높으므로 C의 학생회장 여부와 상관없이 동점자 처리기준에 따라 A, C, D가 교환학생으로 선발됨을 알 수 있다.

④ A~F 중 학생회장이 없더라도 최종점수가 88점인 F는 교환학생으로 선발되지 않음을 알 수 있다.

⑤ A~F 중 학생회장이 없는 경우에는 A의 최종점수가 91점으로 가장 높으므로 1위로 교환학생에 선발되나, C가 학생회장인 경우 C의 봉사시간 환산점수는 2점이 오른 18점이 되고, 이에 따라 C의 최종점수가 92점이 되므로 C가 1위로 교환학생에 선발된다. 따라서 1위로 교환학생에 선발되는 학생이 바뀔 수 있음을 알 수 있다.

17 논리퍼즐

정답 ⑤

5개의 숫자 중 홀수가 3개이므로 짝수는 2개이고, 숫자 6이 한 번 이상 사용되므로 나머지 하나의 짝수는 2, 4, 8중 하나이다. 나머지 짝수를 기준으로 경우를 나누고 전화번호를 구성하는 다섯 숫자 중 세 번째로 큰 수가 짝수인 조합을 확인한다. 이때, 8자리 전화번호의 각 숫자의 합이 최대가 되려면 5개의 서로 다른 숫자 중 큰 순서대로 3개 숫자는 각각 2번씩, 나머지 2개 숫자는 각각 1번씩 사용해야 한다.

〈경우 1〉 전화번호에 사용된 짝수가 2, 6인 경우

전화번호에 사용된 숫자가 9, 7, 6, 5, 2일 때 11개 숫자의 합이 최대가 된다. 큰 수인 9, 7, 6을 2번씩 사용하고 작은 수인 5, 2를 1번씩 사용한다. 이때 甲의 전화번호를 구성하는 11개의 숫자를 모두 합한 값은 $0\times2+1+2+5+(9+7+6)\times2=52$이다.

〈경우 2〉 전화번호에 사용된 짝수가 4, 6인 경우

전화번호에 사용된 숫자가 9, 7, 6, 5, 4일 때 11개 숫자의 합이 최대가 된다. 큰 수인 9, 7, 6을 2번씩 사용하고 작은 수인 5, 4를 1번씩 사용한다. 이때 甲의 전화번호를 구성하는 11개 숫자를 모두 합한 값은 $0\times2+1+4+5+(6+7+9)\times2=54$이다.

〈경우 3〉 전화번호에 사용된 짝수가 6, 8인 경우

전화번호에 사용된 숫자가 9, 8, 6, 5, 3일 때 11개 숫자의 합이 최대가 된다. 큰 수인 9, 8, 6을 2번씩 사용하고 작은 수인 5, 3을 1번씩 사용한다. 이때 甲의 전화번호를 구성하는 11개 숫자를 모두 합한 값은 $0\times2+1+3+5+(6+8+9)\times2=55$이다.

따라서 甲의 전화번호를 구성하는 11개 숫자를 모두 합한 값의 최댓값은 55이다.

18 논리퍼즐

정답 ②

ㄴ. 丙과 丁이 함께 한 세션은 70분 동안 진행되었으므로 丙과 丁은 2권의 책을 공통으로 읽고, 1권의 책을 둘 중 한 사람만 읽었음을 알 수 있다. 따라서 丙 또는 丁은 반드시 세 권의 책을 모두 읽는다.

오답 체크

ㄱ. 乙과 丁이 공통으로 읽은 책이 없는 경우가 있는지를 확인한다.

구분	甲	乙	丙	丁
A	X	O	O	X
B	O	X	O	O
C	O	X	O	O

다음의 경우 독서 모임에서 진행된 세션별 시간을 구하면 甲－乙: 30분, 丙－丁: 70분, 甲－丙: 70분, 乙－丁: 30분, 甲－丁: 60분, 乙－丙: 50분으로 총합은 30+70+70+30+60+50=310분이다. 따라서 乙과 丁이 반드시 한 권 이상의 책을 공통으로 읽는 것은 아니다.

ㄷ. 甲이 읽은 책이 특정되면 乙이 읽은 책은 특정되지만, 丙과 丁이 읽은 책은 특정할 수 없다.

19 계산·비교

정답 ③

업체별 대여 비용을 정리하면 다음과 같다.

업체	대여료	보험료	주유비	비용
A	50,000원	10,000원	(120/5)×1,000 =24,000원	50,000+10,000 +24,000 =84,000원
B	45,000원	(120/10)×500 =6,000원	(120/10)×1,500 =18,000원	45,000+6,000 +18,000 =69,000원
C	70,000원	70,000×0.2 =14,000원	(120/20)×2,000 =12,000원	(70,000+14,000 +12,000)×0.7 =67,200원
D	100,000×0.5 =50,000원	20,000원	0	50,000+20,000 =70,000원
E	40,000원	20,000원	{(120−30)/10} ×1,000 =9,000원	40,000+20,000 +9,000 =69,000원

따라서 甲이 차량을 대여할 렌터카 업체는 비용이 가장 저렴한 C이다.

20 계산·비교

정답 ②

〈연수생 평가 기준〉과 〈연수생 甲~戊의 성적〉에 따른 총점은 다음과 같다.

평가항목 / 연수생	연수원		면접	2차 시험	총점
	분임 평가	개인 평가			
甲	20점	30점	21점	12점	83점
乙	12점	30점	35점	12점	89점
丙	20점	18점	28점	15점	81점
丁	20점	24점	35점	6점	85점
戊	8점	30점	35점	15점	88점

따라서 A부처에서 선발하는 연수생은 총점이 가장 높은 乙이다.

21 계산·비교

정답 ⑤

작년 리그 결승전 정보에 따르면 甲팀은 B슛과 C슛만을 성공시켜 35점을 얻었으며, B슛 성공 횟수는 C슛 성공 횟수의 2배이므로 C슛 성공 횟수를 x라고 하면 B슛 성공 횟수는 $2x$이다.

$(2x \times 2)+(x \times 3)=35 \rightarrow x=5$

甲팀의 B슛 성공 횟수는 10회이므로 이와 같은 乙팀의 A슛 성공 횟수도 10회이다. 乙팀의 B슛 성공 횟수를 y라고 하면

$(10 \times 1)+(y \times 2)=38 \rightarrow y=14$

乙팀의 B슛 성공 횟수는 14개이다.

이에 따라 작년 리그 결승전 기록 및 변경 검토 중인 점수 기준을 적용한 결과는 다음과 같다.

구분	A슛(회)	B슛(회)	C슛(회)	기존 점수(점)	변경 후 점수(점)
甲	0	10	5	35	55
乙	10	14	0	38	62

따라서 경기의 승패는 바뀌지 않았으며, 두 팀의 최종 점수 차이는 62−55=7점이 되었다.

22 논리퍼즐

정답 ④

3라운드 결과에서 丙은 2라운드에서 이겨 바위를 냈으므로 2라운드에서 甲은 가위를 냈다. 3라운드부터는 甲, 乙, 丙 모두 자신의 규칙에 따라 게임을 진행했으므로 1라운드부터 5라운드까지의 가위·바위·보 게임 결과는 다음과 같다.

구분	1라운드	2라운드	3라운드	4라운드	5라운드
甲	가위	(가위)	(바위)	(바위)	보
乙	가위	바위	보	가위	바위
丙	바위	바위	바위	보	가위

또한 甲, 乙, 丙은 가위·바위·보 게임에서 甲이 규칙을 따르지 않은 2라운드부터 재경기를 실시하고, 재경기는 4라운드까지만 진행했으므로 규칙에 따라 재경기를 진행한 가위·바위·보 게임의 결과는 다음과 같다.

구분	1라운드	2라운드	3라운드	4라운드
甲	가위	(바위)	(보)	(바위)
乙	가위	(바위)	(보)	(가위)
丙	바위	(바위)	(가위)	(바위)

ㄱ. 甲은 2라운드에서 졌으므로 甲이 2라운드에서 규칙을 따르지 않고 잘못 낸 것은 가위이다.

ㄷ. 재경기를 진행한 2라운드부터 4라운드까지의 가위·바위·보 게임에서 甲이 이긴 라운드는 4라운드로 한 번이고, 丙이 이긴 라운드는 3라운드, 4라운드로 두 번이므로 甲이 이긴 횟수가 丙이 이긴 횟수보다 적다.

오답 체크

ㄴ. 재경기를 진행한 1라운드부터 4라운드까지의 가위·바위·보 게임에서 乙이 이긴 라운드는 없다.

23 논리퍼즐 정답 ①

- 甲의 말에 따르면 1등을 한 선수는 2, 4, 6, 8번 중 한 명임을 알 수 있다.
- 乙의 말에 따르면 1등을 한 선수와 2등을 한 선수의 조합으로 가능한 것을 (1등을 한 선수의 번호, 2등을 한 선수의 번호)로 나타내면 (2, 7), (4, 5), (6, 3), (8, 1)임을 알 수 있다.
- 丙의 말에 따르면 1등을 한 선수는 4번이 아니므로 4개의 조합 중 (4, 5)는 아님을 알 수 있다.
- 丁의 말에 따르면 2번과 7번 선수는 1등 또는 2등이 아니므로 4개의 조합 중 (2, 7)은 아님을 알 수 있다.
- 戊의 말에 따르면 6번 선수는 1등 또는 2등이 아니므로 4개의 조합 중 (6, 3)은 아님을 알 수 있다.

따라서 1등을 한 선수는 8번, 2등을 한 선수는 1번이다.

24 계산·비교 정답 ②

甲 대학교 총 학생회비를 x라고 하면 산하기구에 배분된 학생회비는 $0.4x$원, 산하기구에 배분된 금액 중 동아리 연합회에 배분되는 금액은 $0.4x \times 0.2 = 0.08x$원이고, 네 개의 단과대학 학생회에 기본 운영금으로 지급되는 금액은 $500{,}000 \times 4 = 2{,}000{,}000$원이다.

한편 甲 대학교 총 인원은 $2{,}800 + 3{,}100 + 2{,}200 + 1{,}900 = 10{,}000$명이고, 문과대학의 인원 비율은 $(2{,}800 / 10{,}000) \times 100 = 28\%$이므로, 문과대학에 배분되는 금액은 $(0.4x - 0.08x - 2{,}000{,}000) \times 0.28 + 500{,}000 = 6{,}660{,}000$원이다. 따라서 총 학생회비의 금액인 x는 7,500만 원이다.

25 법·규정의 적용 정답 ⑤

네 번째 법조문(이행보조자의 고의, 과실)에서 채무자의 법정대리인이 채무자를 위하여 이행하거나 채무자가 타인을 사용하여 이행하는 경우에는 법정대리인 또는 피용자의 고의나 과실은 채무자의 고의나 과실로 본다고 했으므로 丙이 고의로 소유권이전등기를 하지 않았다면 甲의 고의로 봄을 알 수 있다. 이때 세 번째 법조문(채무불이행과 손해배상)에서 채무자가 채무의 내용에 따라 이행을 하지 아니한 때에는 채권자는 손해배상을 청구할 수 있다고 했으므로 丙이 고의로 소유권이전등기를 하지 않았다면 乙은 甲에게 손해배상을 청구할 수 있음을 알 수 있다.

오답 체크

① 첫 번째 법조문(이행기와 이행지체)에서 채무이행의 확정한 기한이 있는 경우에는 채무자는 기한이 도래한 때로부터 지체책임이 있음을 알 수 있다. 이때 甲은 乙에게 3월 31일에 X주택에 대한 소유권을 이전해 주기로 했으므로 확정한 기한이 있다. 따라서 甲은 乙에게 이행청구를 받은 때가 아닌 2021년 3월 31일부터 지체책임이 있음을 알 수 있다.

② 두 번째 법조문(강제이행)의 제1항과 제2항에서 채무자가 임의로 채무를 이행하지 아니한 때에는 채권자는 그 강제이행을 법원에 청구할 수 있고, 해당 규정은 손해배상의 청구에 영향을 미치지 아니한다고 했으므로 乙이 법원을 통해 강제이행을 하더라도 별도의 손해배상을 청구할 수 있음을 알 수 있다.

③ 마지막 법조문(배상액의 예정)의 제2항에서 손해배상의 예정액이 부당히 과다한 경우에는 법원은 적당히 감액할 수 있다고 했으므로 甲이 乙에게 손해배상을 해야 하는 상황에서 甲이 계약 체결 당시 예정했던 손해배상의 예정액이 부당히 과다하다고 법원에 청구하더라도 법원이 손해배상의 예정액을 반드시 감액해야 하는 것은 아님을 알 수 있다.

④ 마지막 법조문(배상액의 예정)의 제1항에서 당사자는 채무불이행에 관한 손해배상액을 예정할 수 있다고 했으므로 甲은 계약 체결 당시 예정한 배상액 150만 원을 乙에게 배상해야 한다. 이때 여섯 번째 법조문(손해배상의 방법)에서 다른 의사표시가 없으면 손해는 금전으로 배상한다고 했으므로 당사자 간의 다른 의사표시가 없으면 甲은 금전으로 150만 원을 배상해야 함을 알 수 있다.

실전모의고사 8회

모바일 자동 채점 및 성적 분석 서비스

정답

1	④	법·규정의 적용	6	④	규칙 적용	11	④	규칙 적용	16	③	규칙 적용	21	②	계산·비교
2	①	법·규정의 적용	7	⑤	논리퍼즐	12	②	규칙 적용	17	③	논리퍼즐	22	④	논리퍼즐
3	④	법·규정의 적용	8	⑤	규칙 적용	13	②	규칙 적용	18	②	논리퍼즐	23	①	논리퍼즐
4	③	법·규정의 적용	9	⑤	세부 정보 파악	14	④	계산·비교	19	③	계산·비교	24	②	계산·비교
5	①	세부 정보 파악	10	③	세부 정보 파악	15	①	규칙 적용	20	①	계산·비교	25	⑤	법·규정의 적용

취약 유형 분석표

유형별로 맞힌 개수, 틀린 문제 번호와 풀지 못한 문제 번호를 적고 나서 취약한 유형이 무엇인지 파악해 보세요.

유형	맞힌 개수	틀린 문제 번호	풀지 못한 문제 번호
세부 정보 파악	/3		
법·규정의 적용	/5		
계산·비교	/5		
규칙 적용	/7		
논리퍼즐	/5		
TOTAL	/25		

해설

1 법·규정의 적용
정답 ④

마지막 법조문(이익 및 결손의 처리) 제2항에서 기금의 결산상 손실금이 생기면 제1항에 따른 적립금으로 보전하고, 그 적립금으로 부족하면 정부가 예산의 범위에서 보전할 수 있다고 했으므로 기금의 결산상 손실금은 기금의 결산상 이익금으로 인한 적립금으로 보전하고, 부족할 경우 정부의 예산의 범위에서 보전할 수 있음을 알 수 있다.

오답 체크

① 두 번째 법조문(장기차입)에서 통일부장관은 기금의 재원을 마련하기 위하여 필요하면 기금의 부담으로 다른 기금, 금융기관 등으로부터 자금을 장기차입할 수 있음을 알 수 있다.
② 세 번째 법조문(기금의 운용·관리) 제1항과 제2항에서 통일부장관은 기금의 운용 및 관리에 관한 사무를 맡고 있으나, 해당 사무를 금융기관에 위탁할 수 있음을 알 수 있다.
③ 네 번째 법조문(보고 및 환수) 제1항에서 기금을 사용하려는 자는 기금 사용 계획을, 기금을 사용한 자는 기금사용 결과를 각각 통일부장관에게 보고하여야 한다고 했고, 동조 제2항에서 통일부장관은 기금을 사용하는 자가 해당 기금지출 목적 외의 용도에 사용하였을 때에는 지출된 기금의 전부를 환수할 수 있다고 했으므로 통일부장관은 보고된 기금지출 목적 이외의 용도로 기금을 사용한 자에 대하여 지출된 기금의 전부를 환수할 수 있음을 알 수 있다.
⑤ 세 번째 법조문(기금의 운용·관리) 제3항에서 통일부장관이 기금운용계획을 수립할 경우, 재정·금융정책과 관련된 중요 사항은 사전에 기획재정부장관 및 관계 중앙행정기관의 장과 협의하여야 함을 알 수 있다.

2 법·규정의 적용
정답 ①

'2023년 5월 17일'은 A 제조 시 사용된 원재료 B의 제조일이며, 제□□조에 따라 원재료의 제조일은 甲이 기록·보관해야 하는 내용에 해당하지 않는다.

오답 체크

② 제□□조 제4호에 따라 A 제조 시 사용된 원재료의 명칭인 'B'와 원산지인 '대한민국'은 기록·보관해야 하는 사항에 해당한다.
③ 제□□조 제2호에 따라 A의 판매일자인 '2023년 10월 5일'은 기록·보관해야 하는 사항에 해당한다.
④ 제□□조 제6호에 따라 제품 판매처의 명칭인 '丙기업'과 연락처인 '02-0000-XXXX'는 기록·보관해야 하는 사항에 해당한다.
⑤ A의 소비기한은 제조일로부터 2년이므로 제□□조 제3호에 따라 2023년 7월 22일에 제조된 A의 소비기한인 '2025년 7월 21일'은 기록·보관해야 하는 사항에 해당한다.

3 법·규정의 적용
정답 ④

제○○조 제2항에서 제1항의 등록 기준에 미달하지 않는 범위에서 인력에 관한 사항을 변경하려는 경우에는 기상청장에게 변경신고를 해야 한다고 했다. 따라서 제1항에 따른 기상감정업의 등록 기준은 기상감정사 1명 이상이므로 기상감정사 1명을 고용하여 기상감정업을 하던 기상사업자가 기상감정사 1명을 추가 고용하는 경우에는 기상청장에게 변경신고를 해야 함을 알 수 있다.

오답 체크

① 제○○조 제3항에서 휴업 후 영업을 재개하고자 하는 기상사업자는 기상청장에게 신고를 해야 함을 알 수 있다.
② 제○○조 제1항에서 기상감정업을 하려는 자는 인력으로 기상감정사 1명 이상을 갖추고 기상청장에게 등록해야 한다고 했다. 따라서 인력 조건을 갖추었더라도 기상청장에게 등록이 아닌 신고만 하는 것으로는 기상감정업체를 운영할 수 없음을 알 수 있다.
③ 제□□조에서 기상청장은 기상업자가 제□□조 제1호 또는 제5호에 해당하는 경우에는 등록을 취소해야 하고, 나머지 경우에는 등록 취소 또는 3개월 이내의 사업 정지를 명할 수 있다고 했다. 따라서 기상예보업체에서 근무하던 모든 기상예보사가 해고된 것은 제○○조 제1항에 따른 등록 기준을 충족하지 못하게 된 경우로, 이는 제□□조 제2호에 해당하므로 기상청장이 반드시 그 등록을 취소해야 하는 것은 아님을 알 수 있다.
⑤ 제□□조 제5호에서 기상청장은 기상사업의 등록이 취소된 후 1년이 지나지 아니한 자가 임원으로 재직 중인 법인의 등록을 취소해야 한다고 했다. 따라서 2023년 2월 1일에 기상사업의 등록이 취소된 자가 1년이 지나지 않은 2023년 6월 1일 현재 기상감정업체의 임원으로 재직 중이라면 기상청장은 해당 기상감정업체의 등록을 취소해야 함을 알 수 있다.

4 법·규정의 적용
정답 ③

두 번째 법조문 제4항에서 지방보조사업자가 지방보조금의 전부를 지방자치단체에 반환한 경우에는 지방자치단체의 장의 승인을 받지 않고도 제3항 제3호에 따른 담보의 제공 행위를 할 수 있다고 했다. 따라서 교부되었던 지방보조금 전액을 지방자치단체에 반환하면 중요재산을 담보로 제공할 수 있음을 알 수 있다.

오답 체크

① 두 번째 법조문 제2항에서 중요재산의 취득 현황 보고는 중요재산 취득 후 15일 이내, 변동 현황 보고는 매년 6월 및 12월에 해야 함을 알 수 있다.
② 두 번째 법조문 제2항 단서에서 제2호에 따른 변동 현황 보고의 경우 중요재산의 현황에 변동이 없는 경우에는 생략할 수 있음을 알 수 있다.
④ 두 번째 법조문 제5항 제2호에서 지방자치단체의 장은 지방보조사업자가 지방자치단체의 장의 승인 없이 중요재산에 대하여 제3항 제2호에 따른 대여 행위를 한 경우에는 중요재산을 취득하기 위하여 사용된 지방보조금에 해당하는 금액의 전부 또는 일부의 반환을 명할 수 있다고 했다. 따라서 교부한 지방보조금 전액이 아닌, 중요재산을 취득하기 위해 사용된 지방보조금에 해당하는 금액의 전부 또는 일부의 반환을 명할 수 있음을 알 수 있다.
⑤ 두 번째 법조문 제3항에서 지방보조사업자는 완료한 후에도 지방자치단체의 장의 승인 없이 제3항 제2호에 따른 양도 행위를 해서는 안 된다고 했다. 따라서 지방보조사업자는 지방자치단체의 장이 승인하는 경우 중요재산에 대하여 양도 행위를 할 수 있음을 알 수 있다.

5 세부 정보 파악 정답 ①

마지막 단락에서 오장오부는 오색오미에도 영향을 받는다고 했으므로 오장의 허파는 '금'이다. 허파에 문제가 있으면 상생관계에 있는 '토생금'의 '토'의 음식을 찾아야 한다. 오미에서 '토'는 단맛이므로 단맛인 음식을 섭취해야 함을 알 수 있다.

오답 체크

② 세 번째 단락의 오미에서 쓴맛은 '화'이고, 짠맛은 '수'이므로 둘의 관계는 '수극화'로 상극관계이다. 따라서 쓴맛이 들어간 음식에 짠맛이 들어간 음식이 들어가지 않도록 주의해야 함을 알 수 있다.

③ 마지막 단락에서 비장과 위는 각각 오장과 오부의 '토'이고, 세 번째 단락에서 하얀색과 매운맛은 오색과 오미의 '금'이다. 이때 '토'와 '금'은 '토생금'으로 상생관계이나 '토'가 '금'을 낳는 관계이므로 토(土)인 비장과 위를 이롭게 하기 위해서는 화생토(土生金)인 상생관계여야 하므로 화(火)인 빨간색과 쓴맛의 음식을 섭취해야함을 알 수 있다.

④ 마지막 단락에서 오부의 방광은 '수' 이고, 세 번째 단락에서 오색의 빨간색은 '화'로 '수극화'이다. 수극화는 방광인 '수'가 빨간색인 '화'를 억제하는 관계이므로 방광의 기력이 약해지는지는 알 수 없다.

⑤ 마지막 단락에서 상극관계의 억제 대상이 너무 약하면 억제 대상에 문제가 생긴다고 했으므로 오부에서 쓸개는 '목', 대장은 '금'이므로 목과 금의 관계는 금극목(金剋木)으로 상극관계이다. 따라서 억제 대상인 쓸개가 너무 약해도 억제 대상인 쓸개에 문제가 생긴다고 했으므로 대장에는 문제가 생기지 않음을 알 수 있다.

6 규칙 적용 정답 ④

甲은 1천 5백 부를 인쇄한다고 했으므로 최소 인쇄 수량이 2천 부인 A와 C 인쇄소에는 인쇄를 맡길 수 없다. 이에 따라 B, D, E 인쇄소의 인쇄 비용을 비교하면 다음과 같다.

- B: 제본 비용은 최소 인쇄 수량당 금액이며, 최소 인쇄 수량은 1,500부이므로 양장 제본 비용은 750천 원이다. 인쇄 컬러 비용은 100페이지 당 금액이며 이는 1부 당 금액이므로 4.5×1,500=6,750천 원이다. 후가공 비용은 주문 건당 금액이므로 80+90=170천 원이다. 따라서 B 인쇄소의 인쇄비용은 750+6,750+170=7,670천 원이다.
- D: D 인쇄소의 최소 인쇄 수량은 500부로 1,500부보다 1,000부가 많으므로 제본과 인쇄컬러 가격에 10%의 할인율이 적용된다. 양장 제본 비용은 550×3×0.9=1,485천 원이다. 인쇄 컬러 비용은 3.5×1,500×0.9=4,725천 원이다. D 인쇄소는 오픈 기념으로 후가공 중 에폭시를 무료로 제공하므로 후가공 비용은 120천 원이다. 따라서 D 인쇄소의 인쇄비용은 1,485+4,725+120=6,330천 원이다.
- E: E 인쇄소의 최소 인쇄 수량은 1,000부로 1,500부보다 500부가 많으므로 제본과 인쇄컬러 가격에 5%의 할인율이 적용된다. 양장 제본 비용은 600×1.5×0.95=855천 원이다. 인쇄 컬러 비용은 4×1,500×0.95=5,700천 원이다. 후가공 비용은 220천 원이다. 따라서 E 인쇄소의 인쇄비용은 855+5,700+220=6,775천 원이다.

따라서 甲이 책 출판을 위해 선택할 인쇄소는 비용이 가장 저렴한 D이다.

7 논리퍼즐 정답 ⑤

중간 집계에서 乙이 丙보다 점수가 높았으나 최종 집계에서는 丙이 乙보다 점수가 높았으므로 중간 집계 점수는 평가위원 10명 미만의 투표 점수이다. 甲은 중간 집계 결과 45점을 얻었고, 이는 9명이 모두 1순위로 甲을 투표했을 때 가능한 점수이다. 이에 따라 중간 집계는 9명의 평가위원의 투표 점수이고, 丁은 4순위 8표, 3순위 1표를 얻었음을 알 수 있다. 9명의 평가위원 투표 점수의 총합은 (5×9)+(3×9)+(2×9)+(1×9)=99점이고, 乙의 중간 집계 점수를 x라고 하면 丙의 중간 집계 점수는 $x-2$점이다. 乙의 점수는 $x+x-2+45+10=99 \rightarrow x=23$으로 23점, 丙의 중간 집계점수는 21점이고, 乙과 丙은 동일한 3순위 표를 얻었으므로 乙과 丙은 3순위 4표를 각각 얻었음을 알 수 있다. 이에 따라 乙은 2순위 5표, 3순위 4표를 얻었고, 丙은 2순위 4표, 3순위 4표, 4순위 1표를 얻었음을 알 수 있다. 이후 최종 집계 결과, MVP 수상자는 甲이었고, 丙이 乙보다 1점 더 많았다고 했으므로 1명의 평가위원의 투표 점수로 丙은 乙보다 3점을 더 얻어야 함을 알 수 있다. 이에 따라 丙은 1순위 1표를, 乙은 3순위 1표를 얻었음을 알 수 있다. 따라서 최종 집계 결과 乙을 3순위로 투표한 평가위원의 수는 4+1=5명이다.

8 규칙 적용 정답 ⑤

응시자별 국가고시 자격시험 교시별 응시 현황과 점수를 정리하면 다음과 같다.

- 甲: 실무경력 5년 이상 10년 미만의 관련직종 실무경력 인정 응시자로서, 2교시 시험 면제 대상자이다. 1교시 시험에서 필수과목 A, B와 선택과목 E를 응시했으며, 응시과목 평균이 (72+54+57)/3=61점으로 합격 기준 60점 이상을 충족한다.
- 乙: 실무경력 3년 미만의 일반 응시자로서, 1교시 시험에서 필수과목 A, B와 선택과목 C를 응시했고, 2교시 시험에서 필수과목 F, G, H를 응시했지만, 응시과목 6과목 중 A 과목의 점수가 35점으로 40점 미만이므로 자격시험에서 불합격한다.
- 丙: 실무경력 3년 이상 5년 미만의 관련직종 실무경력 인정 응시자로서, 1교시 시험에서 필수과목 A, B와 선택과목 D를 응시했고, 2교시 시험에서 필수과목 F, G, H를 응시했다. 1교시 응시과목 평균은 (74+47+59)/3=60점, 2교시 응시과목 평균은 (72+60+84)/3=72점이므로 1교시와 2교시 시험 모두 합격 기준 60점 이상을 충족한다.
- 丁: 실무경력 10년 이상의 관련직종 실무경력 인정 응시자로서, 2교시 시험 면제 대상자이다. 1교시 시험에서 필수과목 A, B와 선택과목 C를 응시했으며, 응시과목 중 점수가 높은 2과목의 평균이 (63+58)/2=60.5점으로 합격 기준 60점 이상을 충족한다.

따라서 자격증을 취득한 사람은 甲, 丙, 丁이다.

9 세부 정보 파악 정답 ⑤

ㄴ. 제시된 글에서 바이에른기독교사회연합은 1994년 연방하원의원 선거에서 50석, 1998년 연방하원의원 선거에서 47석, 2002년 연방하원의원 선거에서 58석을 획득했다고 했으므로 1994년부터 2002년까지 치러진 연방하원의원 선거에서 바이에른기독교사회연합이 단독으로 가장 많은 의석을 획득한 해는 2002년임을 알 수 있다.

ㄹ. 마지막 단락에서 2002년의 연방하원의원 선거에서는 독일사회민주당이 251석, 독일기독교민주연합이 190석, 바이에른기독교사회연합이 58석, 녹색당이 55석, 자유민주당이 47석, 독일민주사회당이 2석을 획득했다고 했으므로 전체 의석 수는 251+190+58+55+47+2=603석이고 그 절반은 603/2=301.5석임을 알 수 있다. 또한 첫 번째 단락에서 정당 간의 연정을 통해 연방하원에서 과반 의석을 차지하고 있는 정당 혹은 정당연합이 내각을 구성한다고 했으므로 2002년의 선거 결과, 내각을 구성하기 위한 최소 의석 수는 302석임을 알 수 있다.

오답 체크

ㄱ. 두 번째 단락에서 독일기독교민주연합과 바이에른기독교사회연합은 자매정당으로, 1994년의 총선뿐만 아니라 모든 선거에서 연정을 이루고 있다고 했으므로 1990년 연방하원의원 선거에서 독일기독교민주연합은 바이에른기독교사회연합과 연정을 이루었음을 알 수 있다.

ㄷ. 세 번째 단락에서 독일사회민주당과 녹색당은 각각 298석과 47석을 획득하여 총 298+47=345석을 획득했고, 독일기독교민주연합, 바이에른기독교사회연합, 자유민주당은 각각 198석, 47석, 43석을 획득하여 총 198+47+43=288석을 획득했다고 했으므로 1998년 연방하원의원 선거에서 내각을 구성한 정당연합은 독일사회민주당과 녹색당임을 알 수 있다. 그러나 두 번째 단락에서 1994년의 연방하원의원 독일기독교민주연합과 바이에른기독교사회연합은 자유민주당과의 연정을 통해 내각을 구성했다고 했으므로 1998년의 선거결과 내각을 구성한 정당연합은 1994년의 선거결과로 내각을 구성한 정당연합과 동일하지 않음을 알 수 있다.

10 세부 정보 파악

정답 ③

2005년의 연방하원의원 선거에서는 독일사회민주당이 222석, 독일기독교민주연합이 180석, 자유민주당이 61석, 좌파당(Die Linke)이 54석, 녹색당이 51석, 바이에른기독교사회연합이 46석을 획득했다고 했으므로 전체 의석 수는 222+180+61+54+51+46=614석임을 알 수 있다. 한편, 의석 수는 독일사회민주당－좌파당이 222+54=276석, 독일사회민주당－녹색당이 222+51=273석, 독일기독교민주연합+바이에른기독교사회연합=180+46=226석, 독일사회민주당－좌파당－녹색당이 222+54+51=327석, 독일기독교민주연합－바이에른기독교사회연합－자유민주당=180+46+61=287석임을 알 수 있다.

따라서 내각을 구성할 수 있는 조합은 과반 의석을 차지한 독일사회민주당－좌파당－녹색당임을 알 수 있다.

11 규칙 적용

정답 ④

팀전과 개인전의 평가항목별 총점은 다음과 같다.

구분	음식의 맛	협동성	독창성	일관성	완성도	총점	순위
X팀 (A, C, G)	85	80	80	78	82	405	3위
Y팀 (B, H, I)	87	90	74	84	86	421	2위
Z팀 (D, E, F)	90	85	75	88	92	430	1위

구분	음식의 맛	독창성	일관성	완성도	총점	순위
A	90	84	86	88	348	5위
B	84(최저)	88	80	85	337	9위
C	93	84	85	86	348	5위
D	95	80(최저)	78(최저)	85	338	8위
E	85	90	84	90	349	3위
F	86	90	92	94	362	1위
G	88	82	95	92	357	2위
H	95	86	82	86	349	3위
I	90	87	88	83(최저)	348	5위

팀전 결과 가장 높은 점수를 획득한 팀은 Z팀이다. 이때 D, E, F 중 D는 개인전 합계 점수 8위, 개인전 평가 항목 중 '독창성'과 '일관성'에서 최저점을 받아 다음 라운드에 진출하지 못한다. 다음 라운드에 진출하는 E와 F를 제외하고 3명의 참가자는 개인전 합산 점수가 높은 순서대로 진출하므로 2위인 G, 공동 3위인 H가 진출하고, 공동 5위인 A, C, I 중 한 명이 진출한다. 이때, I는 '완성도'에서 최저점을 받았으므로 진출하지 못한다. 이때 A와 C 중 팀전 순위가 높은 요리사가 다음 라운드로 진출하는데, 둘은 X팀으로 동일하므로 개인전 평가 항목 점수로 판단한다. 음식의 맛 점수를 비교하면 C가 A보다 높으므로 C가 다음 라운드로 진출한다.

따라서 다음 라운드에 진출하는 요리사는 C, E, F, G, H이다.

12 규칙 적용

정답 ②

세 가지 평가 요소에 대한 브랜드별 점수와 해당 평가 요소의 가중치를 적용하여 계산하면 다음과 같다.

평가 요소	甲	乙	丙	丁
주행거리	10×0.4=4	8×0.4=3.2	7×0.4=2.8	10×0.4=4
안전성	6×0.3=1.8	7×0.3=2.1	9×0.3=2.7	5×0.3=1.5
디자인	8×0.3=2.4	7×0.3=2.1	9×0.3=2.7	10×0.3=3
총점	8.2	7.4	8.2	8.5

- 소비자 A: 가중치가 적용된 평가 요소별 점수 중 1.5점 이하가 있는 경우 그 브랜드는 선택하지 않으므로 丁은 제외한다. 甲, 乙, 丙 중에 총점은 乙이 가장 낮고, 甲과 丙은 동점이다. 따라서 소비자 A는 甲과 丙 중에서 주행거리 점수가 더 높은 甲 브랜드의 전기차를 구매할 것이다.
- 소비자 B: 乙의 각 평가 요소별 점수에 1점씩을 더하여 가중치를 적용하며, 이는 총점에 1점을 더한 것과 같으므로 乙의 총점은 7.4+1=8.4점이 된다. 이때 乙보다 丁의 총점이 더 높아, 소비자 B는 丁 브랜드의 전기차를 구매할 것이다.
- 소비자 C: 가중치가 적용된 평가 요소별 점수가 모두 2.5점 이상인 브랜드는 총점에 0.2를 더하므로 丙은 8.2+0.2=8.4점이다. 또한, 가중치가 적용된 평가 요소별 점수 중 2점 이하가 있는 브랜드는 총점에서 0.2를 빼므로 甲은 8.2−0.2=8점이고, 丁은 8.5−0.2=8.3점이 된다. 따라서 소비자 C는 총점이 8.4점으로 가장 높은 丙 브랜드의 전기차를 구매할 것이다.

13 규칙 적용

정답 ②

각 시험·검사 기준을 충족하지 못하는 제품을 순서대로 정리하면 다음과 같다.

- pH: 1종 및 2종 세척제 '가~라' 중에서 pH 6.0~10.5 범위를 벗어나는 '다'는 부적합 판정을 받는다.
- 메탄올: 1종 및 2종 세척제 '가, 나, 라' 중에서 메탄올 검출량이 1mg/g을 초과하는 '가'는 부적합 판정을 받는다.
- 비소: 1종 및 2종 세척제 '나'와 '라' 중에서 비소 검출량이 0.05mg/kg을 초과하는 '라', 3종 세척제 '마'와 '바' 중에서 비소 검출량이 0.4mg/kg을 초과하는 '바'는 부적합 판정을 받는다.
- 중금속: '나'와 '마' 모두 불검출이므로 부적합 판정을 받지 않는다.
- 표백 성분: '마'에 표백 성분이 포함되어 있으나, 표백 작용이 있는 성분이 금지되는 것은 1종 세척제이므로 부적합 판정을 받지 않는다.

따라서 안전성 적합 판정을 받는 제품은 '나, 마'이다.

14 계산·비교

정답 ④

설문조사를 진행한 직장인은 1,000명이고, 1번 설문에서 a라고 답한 응답자는 20%였으므로 1번 설문에서 a라고 답한 응답자는 1,000×0.2=200명이다. 이에 따라 1번 설문에서 b 또는 c라고 답한 응답자는 800명이고, b라고 답한 응답자가 c라고 답한 응답자의 3배라고 했으므로 b라고 답한 응답자는 $800 \times \frac{3}{4} = 600$명, c라고 답한 응답자는 $800 \times \frac{1}{4} = 200$명임을 알 수 있다.

1번 설문에서 a라고 답한 응답자의 80%가 2번 설문에서 a라고 답했으므로 1번 설문에서 a라고 답한 응답자 중 2번 설문에서 a라고 답한 응답자는 200×0.8=160명이고, 1번 설문에서 b 또는 c라고 답한 응답자의 40%가 2번 설문에서 a라고 답했으므로 1번 설문에서 b 또는 c라고 답한 응답자 중 2번 설문에서 a라고 답한 응답자는 800×0.4=320명이다.

1번 설문에서 c라고 답한 응답자의 25%가 2번 설문에서 a라고 답했으므로 1번 설문에서 c라고 답한 응답자 중 2번 설문에서 a라고 답한 응답자는 200×0.25=50명임을 알 수 있다.

이상의 내용을 표로 나타내면 다음과 같다.

1번 설문 답변	응답자 수	2번 설문 답변	응답자 수
a	200명	a	160명
		b	40명
b	600명	a	270명
		b	330명
c	200명	a	50명
		b	150명

따라서 회사에 만족하는 응답자는 160+270+50=480명이고, 회사에 불만족하는 응답자는 1,000−480=520명이므로 회사에 만족하는 응답자보다 불만족하는 응답자가 더 많다.

오답 체크

① 초과근무를 하는 응답자 중 일주일 평균 10시간 미만의 초과근무를 하고 회사에 만족하는 응답자는 1번 설문에서 b, 2번 설문에서 a라고 답했으므로 해당하는 응답자는 270명으로 300명을 넘지 않는다.

② 일주일 평균 10시간 이상의 초과근무를 하고 회사에 불만족하는 응답자는 1번 설문에서 c, 2번 설문에서 b라고 답했으므로 해당하는 응답자는 150명으로 120명을 넘는다.

③ 회사에 만족하는 응답자는 160+270+50=480명이고, 이 중 초과근무를 하지 않는 응답자는 160명이므로 회사에 만족하는 응답자 중에서 초과근무를 하지 않는 응답자의 비율은 (160/480)×100 ≒ 33.3%로 40%를 넘지 않는다.

⑤ 일주일 평균 10시간 미만의 초과근무를 하는 응답자 600명 중 회사에 만족하는 응답자는 270명이고 회사에 불만족하는 응답자는 330명이므로 회사에 만족하는 응답자가 회사에 불만족하는 응답자보다 적다.

15 규칙 적용

정답 ①

ㄱ. 'korea'를 점자로 표시했을 때, 단어에 사용된 돌기형태의 점의 수는 k=2, o=3, r=4, e=2, a=1이므로 총 2+3+4+2+1=12개이다.

ㄴ. 영어 점자로 표기된 단어가 4글자이고 돌기형태의 점의 수가 17개라면, 글자당 돌기형태의 점의 수는 (3, 4, 5, 5) 또는 (4, 4, 4, 5) 또는 (2, 5, 5, 5)가 되어야 하므로 돌기형태의 점의 수가 5개인 'q' 또는 'y'가 반드시 포함된다.

오답 체크

ㄷ. 영어 점자 'y'의 경우 돌기형태의 점에 해당하는 번호의 합은 1+3+4+5+6=19로 최대이고, 영어 점자 'a'의 경우 돌기형태의 점에 해당하는 번호의 합은 1로 최소이다. 따라서 영어 점자 두 개를 뽑아서 두 영어 점자의 돌기형태의 점에 해당하는 번호의 합을 각각 구했을 때, 그 합의 차이는 최대 19−1=18이다.

ㄹ. 각 영어 점자 중 '1, 2, 3'에 모두 돌기형태의 점이 있는 점자는 'l', 'p', 'q', 'r', 'v'이며, '4, 5, 6'에 모두 돌기형태의 점이 있는 점자는 'w', 'y'이므로 두 글자인 단어를 만들 때, 각 영어 점자 중 '1, 2, 3'에 모두 돌기형태의 점이 있는 영어 점자를 첫 글자에 배치하고 '4, 5, 6'에 모두 돌기형태의 점이 있는 영어 점자를 끝 글자에 배치하여 만들 수 있는 단어는 5×2=10개이다.

빠른 문제 풀이 Tip

ㄴ. 점자로 표기된 단어가 4글자일 때, 'q'와 'y'를 제외하면 돌기형태의 점의 수는 4개가 가장 많으므로 이때 최대 돌기형태의 점의 수는 4×4=16개이다. 따라서 돌기형태의 점의 수가 총 17개라면 돌기형태의 점의 수가 5개인 알파벳이 필요하므로 'q' 또는 'y'가 반드시 포함된다.

16 규칙 적용

정답 ③

- A의 공동주택은 2005년 6월 30일 이전에 건축허가를 받았으므로 〈층간소음 기준〉의 직접충격 소음 기준에 5dB을 더한 값으로 층간소음 발생 여부를 판정한다.

구분		주간			야간		
		기준	측정 소음도	판정	기준	측정 소음도	판정
배경소음		−	35	−	−	22	−
직접 충격 소음	1분간 등가소음도	40+5=45	46	O	35+5=40	32	X
	최고 소음도	60+5=65	62	X	50+5=55	58	O
		60+5=65	61	X	50+5=55	54	X
공기 전달 소음	2분간 등가소음도	50	50	X	35	36	O

이에 따라 A는 주간에는 직접충격 소음 중 1분간 등가소음도가, 야간에는 공기전달 소음이 기준을 초과하여 층간소음이 발생한 것으로 판정된다.

• B의 주간 배경소음도는 32db, 주간의 직접충격 소음 중 1분간 등가소음도는 41db로 측정소음도가 배경소음도보다 10dB 미만의 차이로 크므로 〈층간소음의 기준〉에 따른 기준에 2dB을 더한 값으로 층간소음 발생 여부를 판정한다. 마찬가지로 B의 야간 배경소음도는 28db, 야간의 직접충격 소음 중 1분간 등가소음도는 36db, 야간의 공기전달 소음은 32db로 측정소음도가 배경소음도보다 10dB 미만의 차이로 크므로 〈층간소음의 기준〉에 따른 기준에 2dB을 더한 값으로 층간소음 발생 여부를 판정한다.

구분		주간			야간		
		기준	측정 소음도	판정	기준	측정 소음도	판정
배경소음		–	32	–	–	28	–
직접 충격 소음	1분간 등가소음도	40+2=42	41	X	35+2=37	36	X
	최고 소음도	60	68	O	50	55	O
		60	62	O	50	48	X
공기 전달 소음	2분간 등가소음도	50	43	X	35+2=37	32	X

이에 따라 B는 주간에는 직접충격 소음 중 최고소음도가 기준을 2회 이상 초과하여 층간소음이 발생한 것으로 판정되고, 야간에는 층간소음이 발생하지 않은 것으로 판정된다.

따라서 B의 층간소음 측정결과, 주간에는 직접충격 소음 중 최고소음도가 기준을 2회 초과하여 층간소음이 발생한 것으로 판정된다.

오답 체크

① A의 층간소음 측정결과에 따르면 주간 공기전달 소음은 기준을 초과하지 않았다.

② A의 층간소음 측정결과에 따르면 야간 직접충격 소음 중 최고소음도는 1회만 기준을 초과하였으므로 이로 인해 층간소음이 발생한 것으로 판정되지 않는다.

④ B의 층간소음 측정결과에 따르면 야간 직접충격 소음 중 1분간 등가소음도는 기준을 초과하지 않았다.

⑤ 공기전달 소음의 기준이 5dB씩 낮아지더라도 B의 공동주택은 야간에 층간소음이 발생한 것으로 판정되지 않는다.

17 논리퍼즐

정답 ③

甲은 총 10개의 대회 중 8개의 대회에서 10위권 안에 진입했고, 5개의 메이저 대회 중 3개의 대회에서는 1위를, 2개의 대회에서는 10위권 안에 진입하지 못했다고 했으므로 甲은 5개의 일반 대회에서는 모두 10위권 안에 진입했다. 이때 甲이 10개의 대회에서 획득한 총 점수는 296점이고, 메이저 대회의 경우 순위별 점수에서 두 배의 점수를 획득한다고 했으므로 甲이 5개의 일반 대회에서 획득한 점수는 296−(30×2×3)=116점이다. 이에 따라 5개의 일반 대회에서 116점을 획득했으므로 우승한 횟수별로 경우를 정리하면 다음과 같다.

〈경우 1〉 일반 대회에서 1회 우승한 경우

甲이 일반 대회에서 1회 우승한 경우 최대 획득할 수 있는 점수는 1개의 일반 대회에서 우승하고, 4개의 일반 대회에서 2위를 한 경우이다. 이때 甲이 일반 대회에서 획득할 점수는 30+(18×4)=102점으로 116점을 획득할 수 없다.

〈경우 2〉 일반 대회에서 2회 우승한 경우

甲이 일반 대회에서 2회 우승한 경우 최대 획득할 수 있는 점수는 2개의 일반 대회에서 우승하고, 3개의 일반 대회에서 2위를 한 경우이다. 이때 甲이 일반 대회에서 획득할 점수는 (30×2)+(18×3)=114점으로 116점을 획득할 수 없다.

〈경우 3〉 일반 대회에서 3회 우승한 경우

甲이 일반 대회에서 3회 우승한 경우 甲이 3개의 일반 대회에서 획득한 점수는 30×3=90점이므로 2개의 일반 대회에서 116−90=26점을 획득해야 한다. 이때 2개의 일반 대회에서 2위와 4위를 한 경우 18+8=26점이 가능하므로 116점을 획득할 수 있다.

〈경우 4〉 일반 대회에서 4회 우승한 경우

甲이 일반 대회에서 4회 우승한 경우 甲이 일반 대회에서 획득할 점수는 30×4=120점 이상이다. 이에 따라 甲은 116점을 획득할 수 없다.

〈경우 5〉 일반 대회에서 5회 우승한 경우

甲이 일반 대회에서 5회 우승한 경우 甲이 일반 대회에서 획득할 점수는 30×5=150점이다. 이에 따라 甲은 116점을 획득할 수 없다.

따라서 A스포츠의 일반 대회에서 甲이 우승한 총 횟수는 3회이다.

18 논리퍼즐

정답 ②

甲은 10개의 숫자 카드 중 2, 8, 10를 뽑았다고 했으므로 '21'을 초과하지 않는 숫자 중 '21'에 가까운 '숫자'는 2+8+10=20이다. 이에 따라 〈보기〉의 경우 중 乙이 게임에서 이길 수 있는 경우를 정리하면 다음과 같다.

ㄱ. 乙이 숫자 카드 중 7, 3, 1을 뽑을 경우 7×3×1=21로 '숫자'를 '21'로 만들 수 있으므로 乙이 승리한다.

ㄷ. 乙이 숫자 카드 중 3, 4, 9를 뽑을 경우 3×4+9=21로 '숫자'를 '21'로 만들 수 있으므로 乙이 승리한다.

ㄹ. 乙이 숫자 카드 중 1, 5, 4를 뽑을 경우 1+5×4=21로 '숫자'를 '21'로 만들 수 있으므로 乙이 승리한다.

오답 체크

ㄴ. 乙이 숫자 카드 중 9, 7, 6을 뽑을 경우 만들 수 있는 '숫자'가 모두 '21'을 초과하므로 乙은 패배한다.

ㅁ. 乙이 숫자 카드 중 5, 3, 9를 뽑을 경우 '21'을 초과하지 않는 숫자 중 '21'에 가까운 '숫자'는 5+3+9=17로 甲의 '숫자'인 '20'보다 작으므로 乙은 패배한다.

19 계산·비교

정답 ③

찐빵 제작 시간은 일반 찐빵이 2+3+1=6분, 단호박 찐빵이 4+2+3+1=10분이다. 이때 10명의 직원이 8시간 동안 찐빵을 제작하므로 찐빵 제작 시간은 총 60×8×10=4,800분이다. 또한 찐빵을 찌는 데 소요되는 시간은 일반 찐빵이 12분, 단호박 찐빵이 10분이고, 10개의 찜기로 11시간 동안 찐빵을 찌므로 찐빵을 찌는 시간은 총 60×11×10=6,600분이다. 이때 A 찐빵 전문점의 매출액을 최대화하기 위해서는 찐빵 제작 시간과 찐빵을 찌는 시간을 최대로 사용해야 한다. 이에 따라 일반 찐빵 10개를 x, 단호박 찐빵 10개를 y로 정하여 수식을 세우면 다음과 같다.

- 찐빵 제작 시간: $6x+10y=4,800$
- 찐빵을 찌는 시간: $12x+10y=6,600$

두 식을 연립하여 계산하면 $x=300$, $y=300$이므로 A 찐빵 전문점은 일반 찐빵 3,000개와 단호박 찐빵 3,000개를 제작 및 판매할 수 있음을 알 수 있다.

따라서 일반 찐빵 3,000개의 매출액은 3,000×1,000=300만 원, 단호박 찐빵 3,000개의 매출액은 3,000×1,500=450만 원이므로 A 찐빵 전문점이 일반 찐빵과 단호박 찐빵을 판매하여 얻을 수 있는 당일 최대 매출액은 300+450=750만 원이다.

20 계산·비교

정답 ①

제시된 글에 따르면 도깨비 마을의 금화 : 은화 : 동화 교환 비율은 1 : 20 : 500이고, 인간 마을의 금 : 은 : 동 교환 비율은 1 : 10 : 1,000임을 알 수 있다. 이때 인간 甲이 과거에 인간 마을의 금 10근을 도깨비 마을의 은화와 교환했다면, 금 10근을 동일한 가치의 은 100근으로 교환한 후 은 100근을 은화 10개로 교환했을 것임을 알 수 있다. 이후 도깨비 마을의 은화를 다시 인간 마을의 금으로 교환하기 위해서는 도깨비 마을에 가서 은화 10개를 동화 250개로 교환한 후 다시 동화 250개를 동 2,500근으로 교환해야 한다. 이때 동 1,000근은 금 1근이고, 이에 따라 동 2,500근은 금 2.5근이므로 甲이 도깨비 마을의 은화를 오늘날 다시 인간 마을의 금으로 교환하고자 한다면 甲이 인간 마을의 금으로 교환할 금의 무게는 2.5근이다.

21 계산·비교

정답 ②

A~E의 강의시간과 강사수당 지급 기준에 따른 지급액은 다음과 같다.

강사	강의시간	강사 구분	지급액
A	4시간 6분 → 4시간으로 산출	외부 강사 (특급)	30+20×3=90만 원
B	1시간 22분 → 1시간으로 산출	외부 강사 (1급)	20만 원
C	25분 → 1시간으로 산출	내부 강사 (전임 교수)	0원 (지급 제외 대상)
D	2시간 31분 → 3시간으로 산출	내부 강사 (비전임 교수)	4+2×2=8만 원
E	3시간 26분 → 3시간으로 산출	외부 강사 (특급)	30+20×2=70만 원

따라서 A~E에게 지급할 강사수당의 총액은 90+20+8+70=188만 원이다.

22 논리퍼즐

정답 ④

제시된 점수를 기준으로 게임 결과를 정리하면 다음과 같다.

- 甲의 1라운드 점수: 홀수만 맞힌 甲의 점수가 짝수가 되는 경우는 연속 점수로 2배가 되거나 꽝으로 1점 감점되는 경우이다. 이때 1부터 10까지의 홀수 중 같은 숫자를 두 번 맞혀서 나올 수 있는 최솟값은 (1+1+3)×2=10이므로 후자의 경우에 해당함을 알 수 있다. 3개의 다트로 획득한 점수의 합이 7점이 되려면 가능한 경우는 (0, 0, 7)뿐이므로 甲은 1라운드에서 두 번 꽝이었다.
- 乙의 2라운드 점수: 乙은 짝수만 맞혔으므로 (2, 2, 2)로 (2+2+2)×3=18점이 되거나 (2, 6, 10)으로 2+6+10=18점 또는 (4, 6, 8)로 4+6+8=18점이 되는 세 가지 경우가 가능하다.
- 甲의 3라운드 점수: 3라운드 역시 짝수로, 꽝이 한 번일 경우 홀수를 두 번 맞히면 짝수가 되어 31점이 나올 수 없으므로 연속 점수로 2배가 된 경우이다. 1부터 10까지의 홀수 중 같은 숫자를 두 번 포함하면서 합하여 15가 되어야 하므로 가능한 경우는 (3, 3, 9)로 (3+3+9)×2=30점 또는 (1, 7, 7)로 (1+7+7)×2=30점이다.

ㄱ. 乙이 1라운드에서 한 번 꽝이었고 (0, 2, 4)를 맞혔다면 2+4−1=5점이 되어 6점인 甲이 우승할 수 있다.

ㄷ. 2라운드에서 꽝이 나왔다면 甲이 한 번 꽝이었던 것이고, 패자인 甲과 승자인 乙의 점수 차가 최대가 되려면 甲의 점수가 최소가 되어야 한다. 甲의 2라운드 점수가 최소가 되는 경우는 (0, 1, 1)로 (1+1)×2−1=3점 또는 (0, 1, 3)으로 1+3−1=3점이다. 따라서 甲과 乙의 점수 차는 최대 18−3=15점이다.

ㄹ. 3라운드에서 2점 차이로 승부가 결정되었다면 乙의 3라운드 점수는 28점 또는 32점이다. 이때 같은 숫자의 반복 없이 짝수를 세 번 맞혀서 나올 수 있는 최댓값은 6+8+10=24이므로 연속 점수를 획득한 것이며, 28과 32 모두 3으로 나누어떨어지지 않으므로 같은 숫자를 세 번 맞힌 것은 아님을 알 수 있다. 따라서 乙은 같은 숫자를 두 번 포함하면서 합하여 14 또는 16이 되는 (2, 2, 6) 또는 (2, 2, 8)을 맞힌 것이므로 甲과 乙이 같은 숫자를 맞힌 횟수는 각각 두 번으로 동일하다.

오답 체크

ㄴ. 2라운드에서 乙이 (4, 6, 8)를 맞힌 경우에는 한 번도 2를 맞히지 않았다.

23 논리퍼즐

정답 ①

甲이 던진 슛 횟수는 총 10회이고, 친구 A는 甲이 3점슛 라인 밖, 즉 3점슛을 5회 이상 시도했다고 했으므로 甲은 3점슛을 5회 이상, 2점슛을 5회 이하 시도했음을 알 수 있다. 또한 친구 C는 甲이 던진 2점슛 중 1회를 제외하고 나머지는 모두 성공시켰으므로 甲의 2점슛 시도 횟수는 최소 2회이다. 이에 따라 가능한 3점슛 시도 횟수는 5, 6, 7, 8회이다. 이때 3점슛은 3회 또는 4회만 성공했으므로 甲의 3점슛 성공률은 (3/5)×100=60%, (4/5)×100=80%, (3/6)×100=50%, (4/6)×100≒66.7%, (3/7)×100≒42.9%, (4/7)×100≒57.1%, (3/8)×100=37.5%, (4/8)×100=50%가 가능하다. 친구 D는 甲의 3점슛 성공률은 60% 이상이라고 했으므로 甲의 3점슛 시도 횟수와 성공시킨 횟수로 가능한 조합은 (5, 3), (5, 4), (6, 4)이고, 甲의 2점슛 시도 횟수와 성공시킨 횟수로 가능한 조합은 (5, 4), (4, 3)이다. 이에 따라 甲의 총점을 정리하면 다음과 같다.

3점슛 시도 횟수	3점슛 성공 횟수	2점슛 시도 횟수	2점슛 성공 횟수	3점슛 점수	2점슛 점수	총점
5회	3회	5회	4회	3×3=9점	2×4=8점	9+8=17점
	4회		4회	3×4=12점	2×4=8점	12+8=20점
6회	4회	4회	3회	3×4=12점	2×3=6점	12+6=18점

만약 친구 D가 甲의 총점 중 2점슛 점수와 3점슛 점수의 차이가 6점이라고 말했을 경우, 甲의 총점 중 2점슛 점수와 3점슛 점수의 차이가 12−6=6점인 3점슛 시도 횟수 6회 중 4회 성공, 2점슛 시도 횟수 4회 중 3회 성공한 경우만 가능하여 甲의 총점이 18점임을 정확히 알 수 있다.

오답 체크

② 만약 친구 D가 甲이 3점슛을 4회 성공시켰다고 말했다면, 甲의 총점은 17점 또는 20점이 가능하므로 甲의 총점을 정확히 알 수 없다.

③ 만약 친구 D가 甲이 2점슛을 5회 시도했다고 말했다면, 甲의 총점은 17점 또는 20점이 가능하므로 甲의 총점을 정확히 알 수 없다.

④ 만약 친구 D가 甲의 2점슛 성공률이 80% 이상이라고 말했다면, 甲의 2점슛 성공률은 (4/5)×100=80%가 가능하다. 甲의 2점슛 성공률은 80% 이상인 경우 甲의 총점은 17점 또는 20점이 가능하므로 甲의 총점을 정확히 알 수 없다.

⑤ 만약 친구 D가 甲의 총점이 20점 미만이라고 말했다면, 甲의 총점은 17점 또는 18점이 가능하므로 甲의 총점을 정확히 알 수 없다.

24 계산·비교

정답 ②

- A금속 20kg과 B금속 10kg을 혼합하여 30kg의 C금속을 만든다고 했고, C금속과 D금속을 1 : 1의 비율로 혼합하여 E금속을 만든다고 했으므로 30kg의 C금속과 30kg의 D금속을 혼합하여 60kg의 E금속을 만들 수 있다.
- E금속과 H금속을 1 : 1의 비율로 혼합하여 X합금을 만든다고 했으므로 60kg의 E금속과 60kg의 H금속을 혼합하여 120kg의 X합금을 만들 수 있다. 이때 F금속과 G금속을 3 : 1의 비율로 혼합하여 H금속을 만든다고 했으므로 60kg의 H금속은 45kg의 F금속과 15kg의 G금속을 혼합하여 만들 수 있음을 알 수 있다.
- 120kg의 X합금에는 30kg의 D금속과 15kg의 G금속이 혼합되어 있으므로 120kg의 X합금을 만들기 위해 필요한 D금속과 G금속 무게의 합은 45kg이다. 이에 따라 X합금 300kg을 만들기 위해 필요한 D금속과 G금속 무게의 합은 120 : 300=45 : x로 x=112.5kg임을 알 수 있다.

따라서 甲공장에서 X합금 300kg을 만들기 위해 필요한 D금속과 G금속 무게의 합은 112.5kg이다.

25 법·규정의 적용

정답 ⑤

제시된 〈상황〉의 담당 법원과 재판부를 정리하면 다음과 같다.

- A민사사건: 소송 목적의 금액이 1,000만 원으로 1억 원 이하인 민사사건이므로 일반적으로 피고 乙의 주소지 법원인 수원지방법원 단독판사가 재판을 담당하나, A민사사건은 금전지급청구의 소이므로 원고 甲의 주소지에 설치된 인천지방법원 단독판사도 재판을 담당할 수 있다. 이때 합의부에서 재판할 것으로 결정될 경우, 인천지방법원 합의부 또는 수원지방법원 합의부에서 재판을 담당할 수 있다.
- B형사사건: 검찰이 징역 3년을 구형한 형사사건이므로 피고인 丙의 주소지 지역인 춘천지방법원 합의부에서 재판을 담당한다.

따라서 춘천지방법원 합의부는 B형사사건을 재판할 수 있다.

오답 체크

① A민사사건은 금전지급청구의 소이므로 원고 甲의 주소지에 설치된 인천지방법원 합의부에서 재판을 담당할 수도 있다.

② A민사사건은 금전지급청구의 소이므로 피고 乙의 주소지에 설치된 수원지방법원 합의부에서 재판을 담당할 수도 있다.

③ A민사사건은 금전지급청구의 소이므로 피고 乙의 주소지에 설치된 수원지방법원 단독판사는 재판을 담당할 수 있다.

④ B형사사건은 징역 3년을 구형하는 형사사건이고, 단독판사는 1년 미만의 징역 또는 금고에 해당하는 형사사건을 담당하므로 춘천지방법원 단독판사는 B형사사건을 재판할 수 없다.

시험일: ____년 ____월 ____일

국가공무원 7급 공개경쟁채용 1차 필기시험 모의고사

| 상황판단영역 |

응시번호	
성명	

실전모의고사 **1회**

문제책형 **㉮**

응시자 주의사항

1. **시험시작 전 시험문제를 열람하는 행위나 시험종료 후 답안을 작성하는 행위를 한 사람**은 「공무원 임용시험령」 제51조에 의거 **부정행위자**로 처리됩니다.

2. **답안지 책형 표기는 시험시작 전** 감독관의 지시에 따라 **문제책 앞면에 인쇄된 문제책형을 확인**한 후, **답안지 책형란에 해당 책형(1개)**을 '●'로 표기하여야 합니다.

3. 시험이 시작되면 문제를 주의 깊게 읽은 후, **문항의 취지에 가장 적합한 하나의 정답만을 고르며**, 문제내용에 관한 질문은 할 수 없습니다.

4. **답안을 잘못 표기하였을 경우에는 답안지를 교체하여 작성**하거나 **수정할 수 있으며**, 표기한 답안을 수정할 때는 **응시자 본인이 가져온 수정테이프만을 사용**하여 해당 부분을 완전히 지우고 부착된 수정테이프가 떨어지지 않도록 손으로 눌러주어야 합니다. **(수정액 또는 수정스티커 등은 사용 불가)**

5. **시험시간 관리의 책임은 응시자 본인에게 있습니다.**
   ※ 문제책은 시험종료 후 가지고 갈 수 있습니다.

정답공개 및 해설강의 안내

1. 모바일 자동 채점 및 성적 분석 서비스
   - '약점 보완 해설집'에 회차별로 수록된 QR코드 인식 ▶ 응시 인원 대비 자신의 성적 위치 확인

2. 해설강의 수강 방법
   - 해커스PSAT 사이트(psat.Hackers.com) 접속 후 로그인 ▶ 우측 퀵배너 [쿠폰/수강권등록] 클릭 ▶ '약점 보완 해설집'에 수록된 쿠폰번호 입력 후 이용

해커스PSAT

상황판단영역

1. 다음 글을 근거로 판단할 때 옳은 것은?

> 제○○조(감염병 예방 및 관리 계획의 수립 등) ① 질병관리청장은 보건복지부장관과 협의하여 감염병의 예방 및 관리에 관한 기본계획(이하 "기본계획"이라 한다)을 5년마다 수립·시행하여야 한다.
> ② 기본계획에는 다음 각 호의 사항이 포함되어야 한다.
> 1. 감염병 예방·관리의 기본목표 및 추진방향
> 2. 주요 감염병의 예방·관리에 관한 사업계획 및 추진방법
> 3. 감염병 통계 및 정보통신기술 등을 활용한 감염병 정보의 관리 방안
>
> ③ 특별시장·광역시장·도지사·특별자치도지사(이하 "시·도지사"라 한다)와 시장·군수·구청장(자치구의 구청장을 말한다. 이하 같다)은 기본계획에 따라 시행계획을 수립·시행하여야 한다.
> ④ 질병관리청장, 시·도지사 또는 시장·군수·구청장은 기본계획이나 제3항에 따른 시행계획의 수립·시행에 필요한 자료의 제공 등을 관계 행정기관 또는 단체에 요청할 수 있다.
> ⑤ 제4항에 따라 요청받은 관계 행정기관 또는 단체는 특별한 사유가 없으면 이에 따라야 한다.
> 제△△조(감염병관리사업지원기구의 운영) ① 질병관리청장 및 시·도지사는 제○○조에 따른 기본계획 및 시행계획의 시행과 국제협력 등의 업무를 지원하기 위하여 민간전문가로 구성된 감염병관리사업지원기구를 둘 수 있다.
> ② 국가 및 지방자치단체는 감염병관리사업지원기구의 운영 등에 필요한 예산을 지원할 수 있다.
> 제□□조(내성균 관리대책) 보건복지부장관은 내성균 발생 예방 및 확산 방지 등을 위하여 감염병관리위원회의 심의를 거쳐 내성균 관리대책을 5년마다 수립·추진하여야 한다.
> 제◇◇조(긴급상황실) ① 질병관리청장은 감염병 정보의 수집·전파, 상황관리, 감염병이 유입되거나 유행하는 긴급한 경우의 초동조치 및 지휘 등의 업무를 수행하기 위하여 상시 긴급상황실을 설치·운영하여야 한다.
> ② 제1항에 따른 긴급상황실의 설치·운영에 필요한 사항은 대통령령으로 정한다.

① A 광역시장은 보건복지부장관과 협의하여 기본계획을 수립·시행하여야 한다.
② B 군수는 관계 행정기관에 기본계획의 시행에 필요한 자료의 제공을 요청할 수 있다.
③ C 구청장은 민간전문가로 구성된 감염병관리사업지원기구를 둘 수 있다.
④ 보건복지부장관은 상시 긴급상황실을 운영하여야 한다.
⑤ 질병관리청장은 내성균 관리대책을 5년마다 수립·추진하여야 한다.

2. 다음 글을 근거로 판단할 때 옳은 것은?

> 제○○조 ① 공공폐수처리시설을 운영하는 자는 강우·사고 또는 처리공법상 필요한 경우 등 부령으로 정하는 정당한 사유 없이 다음 각 호의 어느 하나에 해당하는 행위를 하여서는 아니 된다.
> 1. 폐수관로로 유입된 수질오염물질을 공공폐수처리시설에 유입하지 아니하고 배출하거나 공공폐수처리시설에 유입시키지 아니하고 배출할 수 있는 시설을 설치하는 행위
> 2. 공공폐수처리시설에 유입된 수질오염물질에 오염되지 아니한 물을 섞어 처리하거나 방류수 수질기준을 초과하는 수질오염물질이 공공폐수처리시설의 최종 방류구를 통과하기 전에 오염도를 낮추기 위하여 물을 섞어 배출하는 행위
>
> ② A부장관은 공공폐수처리시설의 운영·관리에 관한 평가(이하 "운영평가"라 한다)를 정기적으로 실시할 수 있으며, 평가 지표·방법 등 평가에 필요한 사항은 A부장관이 정하여 고시한다.
> ③ A부장관은 공공폐수처리시설이 제2항에 따른 기준에 맞지 아니하게 운영·관리되고 있다고 인정할 때에는 대통령령으로 정하는 바에 따라 기간을 정하여 해당 시설을 운영하는 자에게 그 시설의 개선 등 필요한 조치를 할 것을 명할 수 있다.
> 제□□조 ① A부장관은 운영평가를 위한 지침(이하 "평가지침"이라 한다)을 수립하고, 지방환경관서의 장이 수행한 평가 결과를 토대로 운영·관리 실태를 최종 평가한다.
> ② 지방환경관서의 장은 제1항에 의한 평가지침에 따라 운영평가 세부계획을 수립하고, 서류심사 및 현장평가를 수행한다.
> 제△△조 ① A부장관은 제○○조에 따른 운영평가 최종결과에서 높은 점수를 획득한 공공폐수처리시설 설치·운영자(이하 "평가 우수자"라 한다)에게 포상금을 지급할 수 있다.
> ② 제1항에도 불구하고 이미 2년 연속 포상금 지급 대상에 선정되어 포상금을 지급받은 경우 해당 그룹의 차순위 득점자를 포상금 지급 대상으로 선정할 수 있다.

① 공공폐수처리시설의 운영자는 처리공법상 필요한 경우 공공폐수처리시설에 유입된 방류수 수질기준을 초과하는 수질오염물질에 물을 섞어 배출할 수 없다.
② A부장관은 3년 연속 운영평가 평가 우수자에 해당하는 공공폐수처리시설의 운영자를 포상금 지급 대상으로 선정할 수 있다.
③ 공공폐수처리시설 운영평가의 지표·방법 등 평가에 필요한 사항은 대통령령에 따라 A부장관이 정하여 고시한다.
④ 지방환경관서의 장은 A부장관의 명령에 따라 평가지침을 수립하여 서류심사 및 현장평가를 수행한다.
⑤ A부장관은 공공폐수처리시설의 운영평가를 정기적으로 실시해야 한다.

3. 다음 글을 근거로 판단할 때 옳은 것은?

제00조 ① 법무부장관은 다음 각 호의 어느 하나에 해당하는 국민에 대하여는 6개월 이내의 기간을 정하여 출국을 금지할 수 있다.
1. 형사재판에 계속(係屬) 중인 사람
2. 징역형이나 금고형의 집행이 끝나지 아니한 사람
② 법무부장관은 범죄 수사를 위하여 출국이 적당하지 아니하다고 인정되는 사람에 대하여는 1개월 이내의 기간을 정하여 출국을 금지할 수 있다. 다만, 다음 각 호에 해당하는 사람은 그 호에서 정한 기간으로 한다.
1. 소재를 알 수 없어 기소중지된 사람 또는 도주 등 특별한 사유가 있어 수사진행이 어려운 사람: 3개월 이내
2. 기소중지 또는 수사중지(피의자중지로 한정한다)된 경우로서 체포영장 또는 구속영장이 발부된 사람: 영장 유효기간 이내
③ 중앙행정기관의 장 및 법무부장관이 정하는 관계 기관의 장은 소관 업무와 관련하여 제1항 또는 제2항 각 호의 어느 하나에 해당하는 사람이 있다고 인정할 때에는 법무부장관에게 출국금지를 요청할 수 있다.
제00조 ① 외국인이 입국할 때에는 유효한 여권과 법무부장관이 발급한 사증(査證)을 가지고 있어야 한다.
② 다음 각 호의 어느 하나에 해당하는 외국인은 제1항에도 불구하고 사증 없이 입국할 수 있다.
1. 재입국허가를 받은 사람 또는 재입국허가가 면제된 사람으로서 그 허가 또는 면제받은 기간이 끝나기 전에 입국하는 사람
2. 대한민국과 사증면제협정을 체결한 국가의 국민으로서 그 협정에 따라 면제대상이 되는 사람
3. 난민여행증명서를 발급받고 출국한 후 그 유효기간이 끝나기 전에 입국하는 사람
③ 법무부장관은 공공질서의 유지나 국가이익에 필요하다고 인정하면 제2항제2호에 해당하는 사람에 대하여 입국 시 사증을 요구할 수 있다.

① 유효기간이 2023. 5. 3.까지인 난민여행증명서를 발급받은 외국인 甲이 2023. 4. 28.에 입국하려는 경우 법무부장관이 발급한 사증을 가지고 있어야 한다.
② 법무부장관은 2023. 4. 28.에 형사재판에 계속 중인 국민 乙에 대하여 2023. 11. 2.까지 출국을 금지할 수 있다.
③ 법무부장관은 2023. 4. 28.에 소재를 알 수 없어 기소중지된 국민 丙에 대하여 2023. 7. 24.까지 출국을 금지할 수 있다.
④ 2023. 4. 15.자로 징역 2년의 집행이 끝난 국민 丁에 대하여 법무부장관은 2023. 4. 28.부터 2023. 8. 2.까지 출국을 금지할 수 있다.
⑤ 법무부장관은 재입국허가가 면제된 사람으로서 그 기간이 끝나기 전에 입국하는 외국인 戊에 대하여 사증을 요구할 수 있다.

4. 다음 글과 〈상황〉을 근거로 판단할 때, 甲이 양육비를 청구할 수 있는 자녀와 그 금액을 옳게 짝지은 것은?

이혼한 부부 사이에서 어느 일방이 과거에 미성년 자녀를 양육하면서 생긴 비용의 상환을 상대방에게 청구하는 양육비 청구권이 존재한다. 이때 과거 양육비에 관한 권리로서 청구권의 소멸시효가 진행하는지, 만약 진행한다면 그 기산점은 언제인지 문제된다. 소멸시효는 권리자가 일정한 기간 동안 권리를 행사하지 않는 상태(권리불행사의 상태)가 계속된 경우에 그의 권리를 소멸시키는 제도를 말하며, 기산점은 기간의 계산이 시작되는 시점을 말한다.

종전 대법원 판례는, 당사자의 협의 또는 가정법원의 심판에 의해 구체적으로 양육비 청구권이 성립하기 전에는 양육비를 청구할 수 있는 권리로서 재산권에 해당하지 않는다고 하였다. 따라서 소멸시효는 진행될 여지가 없다고 판단하였다.

최근 이와 유사한 사안에서 대법원은 어느 일방이 과거에 미성년 자녀를 양육하면서 생긴 비용의 상환을 상대방에게 청구하는 경우 소멸시효가 진행한다고 봤으며, 그 기산점은 자녀가 성년이 되어 양육의무가 종료된 때라 하였다. 이때 적용되는 소멸시효는 민법 제162조에 따라 10년이다. 이와 같이 판례가 변경된 이유는 오랜 시간이 흘렀음에도 소멸시효가 진행되지 않을 경우 영구적인 권리로서 존재하여 소멸시효 제도의 취지에 부합하지 않는다는 비판이 있었기 때문이다. 대법원은 자녀의 복리 보장과 소멸시효 제도의 조화로운 균형을 위해 이와 같이 판례를 변경하였다.

〈상 황〉

甲과 乙은 혼인하여 자녀 A와 B를 두었다. 이후 甲과 乙은 이혼하여 甲이 자녀양육권을 가져 A와 B를 양육하였다. A는 2021년에 성년이 되었고, B는 2024년에 성년이 되어 양육의무가 종료되었다. 甲은 A와 B를 양육하며 2020년까지 각각 2천만 원을 양육비로 사용했으며, 2021년부터 2023년까지 B를 양육하며 1천만 원의 양육비를 사용하였다. 이에 대하여 乙은 2033년 甲에게 A와 B에 대한 양육비를 청구하였다. 단, 소멸시효가 중단되거나 추가되는 경우는 없다고 가정하고 변경된 판례를 적용한다.

	양육비를 청구할 수 있는 자녀	청구 가능한 양육비
①	A	2천만 원
②	A, B	1천만 원
③	A, B	5천만 원
④	B	1천만 원
⑤	B	3천만 원

5. 다음 글을 근거로 판단할 때 옳은 것은?

> 18세기 영국의 젊은 상류층에게는 사회로 나아가기 전에 반드시 거쳐야 할 코스들이 있었다. 그 중 대표적인 것은 그랜드 투어라고 불리는 유럽 여행이었다. 그랜드 투어는 젊은 상류층이 교사와 하인들을 동행하고 수년에 걸쳐 유럽 전역을 여행하며 상류층에게 필수적인 교양을 쌓는 것을 목적으로 했다. 18세기 영국에서는 그랜드 투어를 다녀온 사람만이 진정한 상류층으로 대접받을 수 있었기 때문에 형편이 어려운 상류층들은 후원을 받아서라도 그랜드 투어를 체험하고자 했다. 영국에서 시작된 그랜드 투어는 금세 다른 나라의 상류층에게도 퍼져 나갔고, 심지어 미국의 상류층들도 그랜드 투어를 떠나기도 했다.
>
> 그랜드 투어의 세부적인 루트는 참가자의 선호에 따라 달랐으나, 18세기 영국 상류층들은 파리를 그랜드 투어의 루트에 포함시키는 것을 선호했다. 파리와 그 인근 지역의 정통 프랑스어를 배우는 것이 그랜드 투어의 목적 중 하나였기 때문이다. 한편, 18세기 당시 유럽의 다른 지역들에 비해 낙후했던 독일지역은 그랜드 투어의 루트로 선호되지는 않았지만, 군인이 되고자 하는 사람들은 베를린이나 마그데부르크와 같은 도시들을 루트에 포함시키기도 하였고, 독일 출판 산업의 중심지이자 교통의 요지였던 프랑크푸르트는 많은 그랜드 투어 참가자들이 거쳐 가는 도시였다. 그러나 그랜드 투어에서 반드시 포함되어야만 하는 도시가 있었는데, 그것은 유럽 문명의 기원으로 여겨졌던 로마였다. 로마는 그랜드 투어의 궁극적이고 최종적인 목적지로, 그곳에 응축되어 있는 유럽 문명의 정수를 체험하는 것이 영국에서 상류층으로 인정받기 위한 하나의 조건이었기 때문이다.
>
> 그랜드 투어는 영국의 젊은 상류층에게 다양한 문화를 직접 체험할 수 있게 함으로써 그들이 관용적이고 상대주의적인 사고를 할 수 있게 해주었다. 또한, 여행을 통해 쌓은 높은 수준의 교양은 영국이 학문과 예술 등 다양한 분야에서 진일보하는 밑거름이 되었고, 여행이 맺어준 외국 상류층과의 인맥은 영국 외교정책의 귀중한 자산이 될 수 있었다.

① 그랜드 투어의 루트에 파리를 포함시킨 영국의 상류층은 정통 프랑스어를 필수적인 교양이라고 생각했을 것이다.
② 그랜드 투어의 최종 목적지는 각 참가자의 진로에 따라 결정되었을 것이다.
③ 그랜드 투어의 루트에 미국의 도시를 포함시키는 경우도 있었다.
④ 군인이 될 의향이 없었던 사람들은 독일을 그랜드 투어의 루트에 포함시키지 않았을 것이다.
⑤ 18세기 영국에서 그랜드 투어는 상류층뿐만 아니라 하류층에게도 중요한 경험이었을 것이다.

6. 다음 글을 근거로 판단할 때, 甲이 획득한 점수의 최솟값과 최댓값의 합은?

> ○ △△ 사격장에서는 최초에 총알 10발을 제공하고, 획득한 점수에 따라 보너스 총알을 제공한다.
> ○ 총알 한 발로 획득할 수 있는 점수는 1점 이상 10점 이하이다.
> ○ 최초에 제공한 총알 10발에서 총알 한 발로 획득한 점수가 1~6점이면 보너스 총알이 제공되지 않고, 7~8점이면 보너스 총알 1발, 9점이면 보너스 총알 2발, 10점이면 보너스 총알 3발이 제공된다.
> ○ 총알은 최초에 제공한 총알 10발을 모두 쏜 후, 제공받은 보너스 총알을 쏜다.
> ○ 제공받은 보너스 총알로 7점 이상을 획득하면 최초에 제공한 총알과 동일한 점수 기준으로 보너스 총알이 추가로 제공된다.
> ○ 甲은 최초에 제공된 총알 10발 중 8발은 6점 이하, 2발은 7점 이상을 획득했고, 첫 번째 사격에서는 5점, 두 번째 사격에서는 8점을 획득했다.
> ○ 甲은 총 13발의 총알을 쏘았다.

① 95
② 100
③ 105
④ 110
⑤ 115

7. 다음 글을 근거로 판단할 때, K 프랜차이즈 햄버거 가게가 선정할 입지를 모두 고르면?

○ K 프랜차이즈 햄버거 가게는 새로운 지점을 위한 입지를 선정하려고 한다. 입지별 기본점수 및 현황은 다음과 같다.

입지	기본 점수 (점)	전체 유동인구 (백 명)	13세 이상 40세 미만 유동인구 (백 명)	연면적 (m^2)	반경 1km내 학교 수 (개)	월 임대료 (천 만원)
A	70	120	85	653	0	10
B	75	90	72	390	3	9
C	80	100	60	486	2	9.5
D	65	110	75	524	1	8.4

○ 최종점수는 기본점수에 아래 기준에 따른 점수를 가감해 산출한다.

기준	가감 점수
전체 유동인구 중 13세 이상 40세 미만 유동인구 비율 70% 이상	가점 5점
13세 이상 40세 미만 유동인구 1명당 연면적 0.06m^2 이하	감점 5점
반경 1km내 학교 2개 이상	가점 5점
월 임대료 1억 원 이상	감점 5점

○ 최종점수가 80점 이상인 입지를 선정한다.

① A, B
② A, D
③ B, C
④ B, D
⑤ C, D

8. 다음 글을 근거로 판단할 때, 〈보기〉에서 옳은 것만을 모두 고르면?

이사회는 상임이사 5인과 비상임이사 10인을 합하여 총 15인으로 구성되며 다음과 같은 방식으로 안건 통과 여부를 결정한다.

○ 이사회의 안건은 중요사항과 절차사항으로 나뉜다.
○ 절차사항인 안건은 이사 구분 없이 전체 참석 이사 중 60% 이상의 찬성이 있을 경우 통과된다.
○ 중요사항인 안건은 참석 상임이사 전체의 찬성을 포함하여 전체 참석 이사 중 60% 이상의 찬성이 있을 경우 통과된다.
○ 모든 이사가 참석하였고, 모든 이사는 찬성과 반대 중 하나를 선택하였다.

〈보 기〉

ㄱ. 상임이사 1인, 비상임이사 3인의 반대가 있었음에도 안건이 통과되었다면, 해당 안건은 절차사항이다.
ㄴ. 상임이사 5인, 비상임이사 4인의 찬성으로 안건이 통과되었다면, 해당 안건은 절차사항이 아니다.
ㄷ. 상임이사 5인, 비상임이사 3인이 찬성하였다면, 중요사항인 안건은 통과된다.

① ㄱ
② ㄴ
③ ㄱ, ㄴ
④ ㄱ, ㄷ
⑤ ㄴ, ㄷ

[9 ~ 10] 다음 글을 읽고 물음에 답하시오.

> 1690년 영국 해군은 영국해협에서 벌어진 프랑스 해군과의 전투에서 대패하게 된다. 패전 이후 영국은 해군력의 복구를 시도하지만, 이를 위한 재원을 마련하기란 쉬운 일이 아니었다. 결국 당시 영국의 국왕이었던 윌리엄 3세는 주식회사 형태의 은행을 설립하여 재정난을 타개하고자 했고, 이에 따라 1694년에 유대인 자본이 주축이 된 영란은행이 창설되었다. 윌리엄 3세는 영란은행이 정부에 설립 자본금 120만 파운드를 대출해주는 대신 120만 파운드에 달하는 화폐의 발행 권한을 허용해주었다. 그러나 영란은행이 창립되던 당시에는 민간은행에서 화폐를 발행하는 일이 흔했기 때문에 이러한 권한이 특별한 것은 아니었다.
>
> 영란은행이 다른 은행들과 차별되는 특별한 권한을 본격적으로 누린 것은 19세기의 일이었다. 19세기 중반에 이르러 영국 정부는 영란은행에서 발행하는 파운드화를 법정 화폐로 지정하고, 영란은행 외에 파운드화의 발행권을 가지고 있던 은행들의 발행권을 점진적으로 회수하기 시작했다. 이에 따라 19세기 후반 영란은행은 명실상부한 세계 최초의 중앙은행으로 인정받을 수 있었고, 다른 국가들도 영란은행을 모방하여 중앙은행을 설립하였다. 영국이 국제 정치의 헤게모니를 장악하고 있던 19세기 후반부터 20세기 초반에 이르는 시기 동안 파운드화는 국제무역의 기축통화 역할을 수행했다. 당시 파운드화를 거의 독점적으로 발행하던 영란은행 역시 영국의 중앙은행을 넘어 국제금융의 중심이 되었다. 그러나 두 차례의 세계대전을 거치며 영국이 패권국가의 지위에서 내려오면서 영란은행의 지위 역시 하락할 수밖에 없었다.
>
> 한편 영란은행이 설립되기 이전부터 사용되어 온 파운드화는 보조 화폐 단위로 실링과 펜스가 있었는데, 이때는 1파운드가 20실링, 1실링이 12펜스에 해당하여 화폐 단위에 십이진법과 이십진법이 혼재되어 있었다. 그뿐만 아니라 1파운드 1실링은 1기니, 5실링은 1크라운, 2실링은 1플로린으로 환산되는 등 기니와 크라운, 플로린을 비롯해 열 종류가 넘는 화폐 단위가 존재하여 매우 복잡하였다. 이에 1971년 2월에 십진법 체계가 도입되어 영란은행이 설립된 이래 가장 대규모의 화폐개혁이 단행되었다. 그 결과 1파운드당 100펜스로 개편되었고, 파운드와 새로운 펜스를 제외한 다른 화폐 단위는 모두 폐지되었다. 16세기부터 사용되던 실링도 이때부터 발행이 중단되었지만, 화폐개혁 전에 발행한 1실링, 2실링, 5실링은 각각 5펜스와 10펜스, 25펜스로 대체되어 1990년대 초반까지 유통되었다.

9. 윗글을 근거로 판단할 때 옳은 것은?

① 파운드화는 1694년부터 사용되기 시작했다.
② 윌리엄 3세는 중앙은행 제도를 도입하기 위해 영란은행을 창설했다.
③ 영란은행이 영국 유일의 파운드화 발행 기능을 갖게 된 시기에 실링도 발행되기 시작했다.
④ 영국 화폐 단위가 십진법 체계로 전환되면서 1파운드를 실링으로 환산한 액수가 그 전과 달라지게 되었다.
⑤ 영국의 화폐 단위 중 1971년 영란은행의 화폐개혁으로 폐지된 것이 그렇지 않은 것보다 더 많았다.

10. 윗글을 근거로 판단할 때, ㉠~㉢을 옳게 짝지은 것은?

> 1971년 화폐개혁 전에 통용되던 기니의 가치를 크라운과 플로린으로 각각 환산할 경우, 10기니가 크라운으로는 (㉠)크라운, 플로린으로는 (㉡)플로린이었다. 그리고 이를 화폐개혁 후의 새로운 펜스로 환산하면 10기니는 (㉢) 펜스에 해당하였다.

	㉠	㉡	㉢
①	40	100	1,050
②	40	105	2,520
③	42	100	1,050
④	42	105	1,050
⑤	42	105	2,520

11. 다음 글을 근거로 판단할 때, 〈보기〉에서 옳지 않은 것만을 모두 고르면?

> 제00조(주식의 매각 또는 신탁) 재산공개대상자는 본인 및 이해관계자(배우자, 직계존비속) 모두가 보유한 주식의 총 가액이 3천만 원을 초과할 때에는 초과하게 된 날부터 1개월 이내에 다음 각 호의 어느 하나에 해당하는 행위를 하고 그 행위를 한 사실을 신고하여야 한다. 다만, 주식백지신탁 심사위원회로부터 직무관련성이 없다는 결정을 통지받은 경우에는 그러하지 아니하다.
>
> 1. 해당 주식의 매각
> 2. 다음 각 목의 요건을 갖춘 주식백지신탁에 관한 계약의 체결
>   가. 수탁기관은 신탁계약이 체결된 날부터 60일 이내에 처음 신탁된 주식을 처분할 것. 다만, 60일 이내에 주식을 처분하기 어려운 사정이 있는 경우로서 수탁기관이 공직자윤리위원회의 승인을 받은 때에는 주식의 처분시한을 연장할 수 있으며, 이 경우 1회의 연장기간은 30일 이내로 하여야 한다.
>   나. 공개대상자 등 또는 그 이해관계자는 신탁재산의 관리·운용·처분에 관여하지 아니할 것
>
> 제00조(주식백지신탁 심사위원회의 직무관련성 심사) 공개대상자는 본인 및 이해관계자 모두가 보유한 주식이 직무관련성이 없다는 이유로 주식 매각의무 또는 주식백지신탁의무를 면제받으려는 경우 또는 전보 등의 사유로 직위가 변경되어 직무관련성 심사를 받으려는 경우에는 본인 및 그 이해관계자 모두가 보유한 주식의 총 가액이 3천만 원을 초과하게 된 날부터 1개월 이내에 주식백지신탁 심사위원회에 보유 주식의 직무관련성 유무에 관한 심사를 청구하여야 한다.

〈보 기〉

ㄱ. 전보로 직위가 변경되어 보유한 주식의 직무관련성 심사를 받으려는 공개대상자는 본인 및 그 이해관계자 모두가 보유한 주식의 총 가액이 3천만 원을 초과하게 된 날부터 1개월 이내에 주식백지신탁 심사위원회에 심사를 청구해야 한다.

ㄴ. 수탁기관은 60일 내에 주식을 처분하기 어려운 사정이 있는 경우, 주식백지신탁 심사위원회의 승인을 받아 처분시한을 30일 이내로 1회 연장할 수 있다.

ㄷ. 재산공개대상자는 주식백지신탁 심사위원회로부터 직무관련성이 없다는 결정을 통지받더라도 보유한 주식을 30일 이내에 처분해야 한다.

① ㄱ

② ㄴ

③ ㄱ, ㄴ

④ ㄱ, ㄷ

⑤ ㄴ, ㄷ

12. 다음 글을 근거로 판단할 때, □□대학교가 2024년에 스포츠 유학을 보낼 선수만을 모두 고르면?

> ○ □□대학교에서는 2025년 대학 배구 리그 우승을 위한 장기 프로젝트를 진행하기 위해 2023년 기록을 바탕으로 2024년 한 해 동안 스포츠 유학을 가게 될 선수 3명을 선발하려고 한다. 선발 기준은 다음과 같다.
>   - 성적 점수, 신장에 따른 점수, 연령에 대한 가산점을 합산한 점수가 높은 순으로 선발한다.
>   - 성적 점수는 공격 성공률과 세트당 수비 개수에 따른 점수의 합이다. 공격 성공률과 세트당 수비 개수에 따른 점수는 각각 다음과 같이 부여한다. 공격 성공률이 50.0% 미만이면 10점, 50.0% 이상 55.0% 미만이면 20점, 55.0% 이상이면 30점을 부여하고 세트당 수비 개수가 1.5개 미만이면 15점, 1.5개 이상 2.0개 미만이면 20점, 2.0개 이상이면 25점을 부여한다. 단, 성적 점수의 만점은 40점으로 공격 성공률과 세트당 수비 개수에 따른 점수 합은 최대 40점을 넘지 못한다.
>   - 신장이 190cm 미만이면 10점, 190cm 이상 200cm 미만이면 15점, 200cm 이상이면 20점을 부여한다.
>   - 2023년 당시 19세와 20세였던 선수는 앞으로의 발전 가능성을 고려해 가산점 5점을 부여한다.
>   - 신장이 185cm 미만인 선수는 선발하지 않는다.
>
> ○ 2024년 스포츠 유학 선발후보 선수(A~G)의 2023년 주요 기록과 신체 정보는 다음과 같다.
>
> | 선수 | 공격 성공률(%) | 세트당 수비 개수(개) | 신장(cm) | 연령(세) |
> |---|---|---|---|---|
> | A | 44.8 | 1.83 | 204 | 19 |
> | B | 49.4 | 1.48 | 194 | 19 |
> | C | 51.3 | 2.44 | 184 | 19 |
> | D | 58.9 | 2.49 | 187 | 20 |
> | E | 57.5 | 1.58 | 189 | 21 |
> | F | 51.1 | 2.18 | 200 | 22 |
> | G | 50.4 | 1.98 | 185 | 22 |

① A, E, F

② A, D, F

③ C, D, E

④ C, D, G

⑤ D, E, F

13. 다음 글을 근거로 판단할 때 옳은 것은?

> 제2차 세계대전에서 승리한 연합국은 일본의 주요 지도자 중 전쟁범죄를 저지른 사람들을 처벌하기 위한 재판을 열었다. 연합국은 전쟁범죄를 A, B, C형 세 종류로 구분했다. A형 전쟁범죄는 평화에 관한 죄로, 제2차 세계대전을 기획하고 지도한 사람들이 이에 해당했다. B형 전쟁범죄는 통상적인 전쟁범죄로, 포로를 학대하거나 살인, 약탈 등의 범죄를 저지른 사람들이 이에 해당했다. C형 전쟁범죄는 인도에 관한 죄로, 명령에 의해 직접 살인, 고문 등을 행한 사람들이 이에 해당했다.
>
> A형 전쟁범죄 혐의로 기소된 피고인은 모두 28명으로 전시(戰時) 총리였던 도조 히데키를 비롯해 일본 정부와 군부의 고위 인사들이 대부분이었다. 연합국은 A형 전쟁범죄 혐의로 기소된 피고인들을 도쿄에 설치된 극동국제군사재판소에서 재판을 받도록 했다. 미국이 주도하여 설립한 극동국제군사재판소의 판사와 검사는 모두 연합국의 인사들로 구성되었는데, 판사는 호주 출신의 재판장을 비롯한 10명, 검사는 미국 출신의 수석검찰관을 비롯한 30여 명이었다.
>
> 극동국제군사재판소는 재판 도중 사망한 2명의 피고인과 정신 이상 증세를 보인 1명의 피고인을 제외한 나머지 모든 피고인에게 A형 전쟁범죄에 대한 유죄 판결을 내렸다. 판결의 결과는 사형이 7명, 종신형이 16명, 금고 20년 형과 7년 형이 각각 1명이었다. 도조 히데키를 비롯해 사형 선고를 받은 7명의 피고인들은 모두 B형 또는 C형 전쟁범죄 혐의에서도 유죄가 인정되었고, 선고를 받은 지 한 달 후에 교수형에 처해졌다.
>
> 한편, B형 또는 C형 전쟁범죄 혐의로만 기소된 피고인들은 자신이 포로 생활을 하던 국가에 설치된 재판소에서 재판을 받았는데, 죄질이 나쁜 경우에는 사형을 비롯한 중형을 선고받기도 했다. 일본군에 소속되었던 조선인에게 전쟁범죄 혐의가 인정된 경우도 있었다. 대표적인 경우는 일본 육군 중장이었던 홍사익으로, B형 전쟁범죄 혐의가 인정되어 필리핀의 포로수용소에서 교수형에 처해졌다.

① 포로를 학대하거나 약탈하는 범죄를 저지른 사람은 C형 전쟁범죄에 해당했다.

② 도조 히데키에게 통상적인 전쟁범죄나 인도에 관한 죄의 혐의는 유죄로 인정되지 않았다.

③ 전쟁범죄 혐의로 기소된 일본군은 모두 도쿄에 설치된 재판소에서 재판을 받았다.

④ 일본의 주요 지도자 중 제2차 세계대전을 기획하고 지도한 혐의가 인정되어 유죄 판결을 받은 사람은 25명이다.

⑤ 홍사익은 명령에 의해 직접 살인, 고문 등을 행한 혐의로 교수형에 처해졌다.

14. 다음 글과 <상황>을 근거로 판단할 때, 甲이 구입할 컴퓨터 외부 저장장치 제품은?

> △△국은 정확한 제품정보를 제공하고 소비자의 손쉬운 구매를 돕기 위해 컴퓨터 외부 저장장치의 상품명에 대한 규칙을 다음과 같이 제정하였으며, 신제품과 기존 출시 제품 모두 새로운 상품명 규칙에 따라야 한다.
>
> ○ 컴퓨터 외부 저장장치의 상품명은 '제조사+제품이름+저장용량+연결방식+점등 기능' 순으로 구성되어야 한다.
>
> ○ 저장용량은 TB(테라바이트)를 사용하며, 연결 방식은 USB 2.0, USB 3.0, USB-C 타입을 사용하여야 한다.
>
> ○ 점등 기능은 점등 기능이 있을 경우 '점등'으로 표기하며 점등 기능이 없을 경우 표기하지 않는다.

<상 황>

> 甲은 제조사가 A사 또는 B사인 외부 저장장치 제품을 구매하고자 한다. 이때 甲이 구매하려는 제품은 저장용량이 3TB 이상이며, 연결방식은USB3.0또는USB-C타입이어야한다. 단, 甲이 구매하려는 제품의 제조사, 저장용량, 연결방식을 충족한 제품이 2개 이상일 경우 점등 기능이 있는 제품을 구매할 예정이다.

① A 라이트 200 3TB USB 3.0 점등

② A 라이트 180 1TB USB 3.0 점등

③ B 슬림 3TB USB 2.0 점등

④ B 슬림 4TB USB-C

⑤ C 울트라 3TB USB 3.0

15. 다음 글과 〈상황〉을 근거로 판단할 때, 甲~丁이 꿈 테마파크에서 티켓을 구매하는 데 지불한 금액의 총합은?

꿈 테마파크의 이용 방법은 다음과 같다.

○ 입장할 때 반드시 입장권을 구매한다.
○ 이용권 및 관람권을 구매하여 놀이기구 및 동물원을 이용한다.
○ 이용권은 본인만 사용할 수 있고, 이용 횟수가 남았더라도 타인에게 양도할 수 없다.
○ 다음은 티켓에 대한 정보이다.

티켓명	금액(원)	비고
입장권	10,000	입장권으로 놀이기구 1회 이용 가능
놀이기구 1회 이용권	10,000	중복 구매 가능, 놀이기구 3회 이용권과 함께 구매할 수 있음
놀이기구 3회 이용권	18,000	중복 구매 가능, 놀이기구 1회 이용권과 함께 구매할 수 있음
놀이기구 자유 이용권	40,000	-
동물원 관람권	10,000	놀이기구 자유이용권 구매 시 50% 할인

※ 놀이기구 이용권으로는 동물원을 관람할 수 없다.

〈상 황〉

꿈 테마파크에 놀러 간 甲, 乙, 丙, 丁의 이용내역은 다음과 같고, 甲~丁은 가장 저렴한 방법을 선택하여 티켓을 구매했다.(단, ○는 1회 이용, ×는 이용하지 않았음을 의미한다)

항목	甲	乙	丙	丁
바이킹	○	○	×	○
범퍼카	○	×	×	○
자이로드롭	○	×	×	○
대관람차	○	×	×	○
회전목마	○	×	×	○
유령의 집	○	○	×	○
동물원	○	×	○	×

① 141,000원
② 145,000원
③ 151,000원
④ 155,000원
⑤ 161,000원

16. 다음 글과 〈대화〉를 근거로 판단할 때, 참가자와 그 참가자가 담당하는 발표 주제를 짝지은 것으로 옳지 않은 것은?

여섯 명의 참가자(甲~己)는 두 명씩 3개의 조를 편성하고, 각각의 조는 발표 주제 A, B, C 중 하나를 담당하여 발표 준비를 한다. 각각의 조를 편성할 때, 甲~己의 의사 중 서로 선호하는 조원이 있다면 이들로 먼저 조를 편성하고, 이후 나머지 조원들의 의사에 따라 조를 편성한다. 또한 각각의 발표 주제를 담당할 때, 甲~己의 선호에 따라 발표 주제를 담당한다. 다음은 甲~己의 조 편성과 발표 주제 담당에 대한 〈대화〉이다.

〈대 화〉

○ 甲: 난 누구와 조원이 되어도 상관이 없고, 발표 주제는 B를 맡을 거야.
○ 乙: 난 己와 조원이 되고 싶어. 발표 주제는 무엇을 맡아도 상관없어.
○ 丙: 난 예전에 丁과 조원이 된 적이 있어서 丁을 제외하고, 누구와 조원이 되어도 상관이 없어. 발표 주제도 무엇을 맡아도 상관없어.
○ 丁: 난 예전에 甲과 조원이 된 적이 있어서 甲을 제외하고, 누구와 조원이 되어도 상관이 없어. 발표 주제는 C를 맡지 않을 거야.
○ 戊: 난 누구와 조원이 되어도 상관없고, 발표 주제도 무엇을 맡아도 상관없어.
○ 己: 난 乙과 조원이 되고 싶어. 발표 주제는 무엇을 맡아도 상관없어.

	참가자	참가자가 담당하는 발표 주제
①	乙	C
②	丙	B
③	丁	A
④	戊	B
⑤	己	C

17. 다음 글을 근거로 판단할 때, 〈보기〉에서 옳은 것만을 모두 고르면?

> ○ 임의의 인원이 제비뽑기 게임에 참여했다.
> ○ 게임은 다음과 같은 방식으로 진행된다.
> – 참가자들은 1부터 10까지의 자연수가 적힌 열 장의 제비 중 한 장을 뽑는다.
> – 참가자들이 뽑은 제비에 적힌 숫자들의 평균을 구한 다음, 평균에 가장 가까운 숫자가 적힌 제비를 뽑은 참가자가 승리한다.
> – 평균에 가장 가까운 숫자가 적힌 제비를 뽑은 참가자가 여러 명인 경우, 해당 참가자들만을 대상으로 처음부터 재경기를 진행한다.

〈보 기〉

ㄱ. 참가자가 10명이라면 5가 적힌 제비를 뽑은 참가자가 승리한다.
ㄴ. 참가자가 2명이고, 그중 한 명이 5가 적힌 제비를 뽑았다면 반드시 재경기가 진행된다.
ㄷ. 참가자가 3명이고, 그중 한 명이 5가 적힌 제비를 뽑았다면 재경기는 진행되지 않는다.

① ㄱ
② ㄴ
③ ㄷ
④ ㄱ, ㄴ
⑤ ㄴ, ㄷ

18. 다음 글을 근거로 판단할 때, 甲이 생각한 특정 자연수가 '45'인 경우 획득할 수 있는 최대 점수는?

> ○ 甲은 특정 자연수를 연속된 자연수의 합으로 나타내는 놀이를 하고자 한다.
> ○ 특정 자연수를 연속된 자연수의 합으로 나타낼 때, 연속된 자연수의 개수에 따라 점수를 획득한다. 예를 들어, 특정 자연수가 '25'이고 이를 12+13=25로 나타낸 경우 연속된 자연수의 개수가 2개로 2점을 획득할 수 있고, 3+4+5+6+7=25로 나타낸 경우 연속된 자연수의 개수가 5개이므로 5점을 획득할 수 있다.
> ○ 연속된 자연수의 합은 다음과 같은 규칙을 가진다.
> ○ 연속된 자연수의 합=(연속된 자연수의 첫수+연속된 자연수의 끝수)×(연속된 자연수의 개수)÷2

① 3점
② 5점
③ 8점
④ 9점
⑤ 10점

19. 다음 글과 〈상황〉을 근거로 판단할 때, A~C가 지급받은 지원금의 총합은?

甲국은 경제위기로 인해 실업자가 급증하자 2024년 1월부터 실업자에게 지원금을 지급하는 정책을 시행했다. 정책의 내용은 실업 상태가 지속되고 있는 사람에게 매달 200만 원의 한도 내에서 실업 이전에 받던 월 소득의 50%를 지원하는 것이었다. 그런데 시간이 지나도 경기가 호전될 기미는 보이지 않았고, 甲국은 국가 재정에 부담을 느끼게 되어 정책을 수정하기로 했다. 수정된 정책의 내용은 2024년 5월부터는 매달 150만 원의 한도 내에서 실업 이전에 받던 월 소득의 50%를 지원하는 것이었다. 이후 甲국은 실업자 지원 정책을 다시 한번 수정했는데, 그 내용은 2024년 11월부터는 실업 이전의 월 소득과 무관하게 매달 100만 원의 지원금을 지급한다는 것이었다.

〈상 황〉

○ 다음은 甲국 국민 A~C의 실업 전 월 소득과 지원금 수령 이력에 관한 정보이다.

○ 현재를 기준으로 지원금은 2025년 1월분까지 지급되었다.

이름	실업 전 월 소득	지원금 수령 이력
A	500만 원	2024년 1월부터 2024년 6월까지 지원금 수령
B	360만 원	2024년 3월부터 2024년 12월까지 지원금 수령
C	180만 원	2024년 6월부터 현재까지 지원금 수령 중

① 3,210만 원
② 3,260만 원
③ 3,310만 원
④ 3,360만 원
⑤ 3,410만 원

20. 다음 글과 〈상황〉을 근거로 판단할 때, 〈보기〉에서 옳은 것만을 모두 고르면?

甲교수는 A과목과 B과목을 평가할 때 최종 점수를 각각 다른 방식으로 산정한다. A과목의 경우 중간고사 점수와 기말고사 점수의 가중치를 60:40으로 하여 최종 점수를 산정하고, B과목의 경우 중간고사 점수와 기말고사 점수의 가중치를 20:80으로 하여 최종 점수를 산정한다. 이에 따라 A과목과 B과목 각각의 최종점수를 산정하는 방식은 다음과 같다.

○ A과목 최종 점수 = (중간고사 점수 × 0.6) + (기말고사 점수 × 0.4)

○ B과목 최종 점수 = (중간고사 점수 × 0.2) + (기말고사 점수 × 0.8)

〈상 황〉

가연, 나연, 다연, 라연은 A과목과 B과목의 중간고사와 기말고사를 모두 치렀다. 두 과목의 중간고사 점수와 기말고사 점수는 모두 자연수이며, 100점 만점을 기준으로 한다. 라연의 A과목 기말고사 점수는 95점, 나연의 A과목 최종 점수는 80점이고, 라연의 B과목 기말고사 점수는 96점, 다연의 B과목 최종 점수는 72점이다. 네 사람의 최종 점수를 순위가 높은 순으로 나열하면 A과목은 다연–나연–가연–라연 순이고, B과목은 라연–가연–나연–다연 순이다. 두 과목 모두 최종 점수에서 네 사람의 점수가 동점인 경우는 없으며, A과목과 B과목 중간고사 점수는 다음과 같다.

○ A과목과 B과목 중간고사 점수

구분	가연	나연	다연	라연
A과목	70점	80점	90점	60점
B과목	80점	70점	60점	90점

〈보 기〉

ㄱ. 가연의 A과목 기말고사 점수는 96점일 수 있다.
ㄴ. 나연과 라연의 B과목 기말고사 점수의 차이는 최대 23점이다.
ㄷ. 다연의 A과목 기말고사 점수가 70점일 경우, 다연의 최종 점수는 A과목이 B과목보다 10점 높다.

① ㄱ
② ㄴ
③ ㄷ
④ ㄱ, ㄴ
⑤ ㄴ, ㄷ

21. 다음 글을 근거로 판단할 때, 〈보기〉에서 옳은 것만을 모두 고르면?

○ 음악 차트는 매월 1일 업데이트되며, 누적된 스트리밍 점수가 높은 순서에 따라 순위가 결정된다. 단, 매년 1월에는 전월 누적 스트리밍 점수에 연말 가요제 성적에 따른 보너스 점수를 합산하여 순위가 결정된다.

○ 연말 가요제(매년 12월 20일~25일)는 당월 1일 기준 누적 스트리밍 점수가 가장 높은 상위 4명의 아티스트만 참가할 수 있다.

○ 연말 가요제 성적에 따른 보너스 점수와 2025년 1월 음악 차트는 아래와 같다. 단, 음악 차트에서 공동 순위는 없고, 연말 가요제에서 같은 성적을 받은 아티스트도 없다.

연말 가요제 성적	보너스 점수(점)
대상	5,000
최우수상	3,500
우수상	1,500
인기상	1,000

〈2025년 1월 음악 차트〉

순위	아티스트	점수(점)	전월 대비 순위 변동
1위	B	30,000	△ 2
2위	A	29,500	▽ 1
3위	D	28,000	△ 1
4위	C	27,000	▽ 2

※ 2025년 1월 음악 차트의 점수는 2024년 12월까지의 누적 스트리밍 점수에 2024년 연말 가요제 보너스 점수가 반영된 점수이다.

〈보 기〉

ㄱ. 2024년 연말 가요제에서 A가 인기상을 수상한다면, C는 최우수상을 수상한다.
ㄴ. 2025년 1월 음악 차트에서 전월 대비 순위가 상승한 아티스트는 모두 3,500점 이상의 보너스 점수를 받았다.
ㄷ. 2024년 연말 가요제에서 최우수상을 수상한 아티스트는 2025년 1월 음악 차트에서 전월 대비 순위가 하락하였다.
ㄹ. 2024년 12월 음악 차트에서 3위를 한 아티스트는 2024년 연말 가요제에서 대상을 수상하였다.

① ㄱ, ㄷ
② ㄴ, ㄹ
③ ㄱ, ㄴ, ㄷ
④ ㄱ, ㄴ, ㄹ
⑤ ㄴ, ㄷ, ㄹ

22. 다음 글을 근거로 판단할 때, 甲이 20단위 이상의 밀을 수확하는 마지막 해는?

○ 甲은 다음과 같은 경작지를 보유하고 있다. 각 경작지 칸 안에 쓰여진 숫자 2~7은 1년차 농사를 짓기 전 각 경작지의 비옥도를 나타내는 것으로, 비옥도는 연간 수확할 수 있는 밀의 수확 단위를 의미한다.

경작지 1	경작지 2	경작지 3
2	3	4
경작지 4	경작지 5	경작지 6
5	6	7

○ 甲은 매년 4칸의 경작지에서 농사를 지으며, 연간 20단위 이상의 밀을 수확해야만 한다.

○ 한 칸의 경작지에서 1년 동안 농사를 지으면 그 경작지의 다음 해 비옥도는 절반으로 줄어든다. 예를 들어 경작지 4에서 1년 동안 농사를 지으면 경작지 4의 다음 해 비옥도는 2.5가 되고, 경작지 4에서 연이어 1년 동안 또다시 농사를 지으면 경작지 4의 그 다음 해 비옥도는 1.25가 된다.

○ 한 칸의 경작지에 1년 동안 아무것도 심지 않고 휴경을 한다면 그 경작지의 다음 해 비옥도는 4만큼 회복된다. 예를 들어 경작지 4에서 1년 동안 아무것도 심지 않고 휴경을 한다면 경작지 4의 다음 해 비옥도는 9가 되고, 경작지 4에서 연이어 1년 동안 또다시 아무것도 심지 않고 휴경을 한다면 경작지 4의 그 다음 해 비옥도는 13이 된다.

○ 甲은 경작지 2, 3, 5, 6에서 1년차 농사를 지어 20단위의 밀을 수확했다.

① 1년차
② 2년차
③ 3년차
④ 4년차
⑤ 5년차

23. 다음 글을 근거로 판단할 때, A베이커리에서 4월 한 달 동안 빵을 판매하여 얻을 수 있는 최대 수입은?

A베이커리는 4월 1일에 신규 오픈하여 네 종류의 빵을 만들어 판매한다. 빵은 매일 종류별로 최소 1개씩 만들며, 만들어진 빵은 당일에 모두 판매한다.

○ 1개의 빵을 만드는 데 투입되는 노력과 빵의 개당 판매 가격은 아래와 같다.

구분	식빵	스콘	맘모스빵	피자빵
투입 노력	80	100	120	150
판매 가격	5,000원	5,500원	7,000원	9,000원

○ 1~20일에는 베테랑 제빵사 3명이 빵을 만들고, 21~30일에는 신입 제빵사 2명이 추가되어 5명이 함께 빵을 만든다.
○ 베테랑 제빵사는 1명당 하루에 800의 노력을, 신입 제빵사는 1명당 하루에 400의 노력을 투입할 수 있다.
○ 하나의 빵을 만들 때 모든 제빵사가 협력하며, 하루에 투입 가능한 노력이 남지 않게 빵을 만든다.

① 4,910천 원
② 4,925천 원
③ 4,930천 원
④ 4,945천 원
⑤ 4,955천 원

24. 다음 글을 근거로 판단할 때, 〈보기〉에서 옳은 것만을 모두 고르면?

○ 甲은 자신의 배낭에 물건(A~F)을 담아 등산을 가고자 한다.
○ 물건(A~F)은 각 1개씩 있으며, 甲은 3개 이상의 물건을 배낭에 담는다.
○ 甲이 가지고 있는 배낭은 최대 1,000g까지 담을 수 있다.
○ 甲은 배낭 속에 담은 물건의 총 효용 가치가 1,400 이상이면 등산을 간다.
○ 물건별 무게와 효용 가치는 다음과 같다.

물건	무게(g)	효용 가치
A	350	500
B	500	600
C	250	300
D	100	100
E	150	350
F	300	450

〈보 기〉

ㄱ. 甲이 배낭에 B를 넣더라도 등산을 갈 수 있다.
ㄴ. 甲이 배낭에 D를 넣더라도 등산을 갈 수 있다.
ㄷ. 甲이 배낭에 E를 넣지 않더라도 등산을 갈 수 있다.

① ㄱ
② ㄴ
③ ㄱ, ㄴ
④ ㄴ, ㄷ
⑤ ㄱ, ㄴ, ㄷ

25. 다음 글과 〈상황〉을 근거로 판단할 때, A기업이 납부해야 할 수수료의 총합은?

○ 甲국에서 특허등록 또는 실용신안등록에 관한 절차를 밟는 사람 또는 기업은 수수료를 납부해야 한다.
○ 甲국에서는 특허 또는 실용신안 출원서 제출 시 특허심사 또는 실용신안심사도 함께 청구할 수 있다.
○ 甲국에서는 출원한 특허 또는 실용신안의 심사 결과 등록된 경우에는 '등록결정', 거절된 경우에는 '거절결정'을 통보한다. 이때 '거절결정'된 경우에는 재심사를 청구할 수 있다.
○ 甲국에서는 특허등록 또는 실용신안등록에 관련하여 우선심사 제도를 운영 중이다. 해당 제도는 특허심사 및 실용신안심사 청구 시 우선심사를 신청하는 경우, 다른 출원보다 더 먼저 심사해주는 제도이고 심사청구료와 별개로 우선심사청구료를 납부해야 한다.
○ 甲국의 특허등록 및 실용신안등록 관련 수수료에 대한 정보는 다음과 같다.

구분	특허	실용신안
출원서 제출 (전자문서)	46,000원	20,000원
출원서 제출 (서면)	66,000원	30,000원
심사청구료	매건 143,000원 (단, 청구범위의 1항마다 44,000원을 가산함)	매건 71,000원 (단, 청구범위의 1항마다 19,000원을 가산함)
재심사청구료	매건 100,000원 (단, 청구범위의 1항마다 10,000원을 가산함)	매건 50,000원 (단, 청구범위의 1항마다 5,000원을 가산함)
우선심사신청료	매건 200,000원 (단, 초기창업기업의 경우 신청료의 70%를 감면함)	매건 100,000원

〈상 황〉

A기업은 초기창업기업으로 청구범위가 2개 항으로 구성된 1건의 특허와 청구범위가 2개 항으로 구성된 1건의 실용신안을 출원하였다. 이때 특허와 실용신안 모두 서면으로 출원서를 제출하였으며 이와 함께 특허심사와 실용신안심사를 청구하였다. 이때 A기업은 1건의 특허심사에 대하여 우선심사를 신청하였다. 특허심사 및 실용신안심사 결과, 특허의 경우 '등록결정'이 되었으나 실용신안의 경우 '거절결정'이 되었다. A기업은 '거절결정'이 된 1건의 실용신안에 대하여 재심사를 청구하였고, 재심사 결과 '등록결정'이 되었다.

① 43만 원
② 52만 6천 원
③ 55만 원
④ 55만 6천 원
⑤ 69만 6천 원

약점 보완 해설집 p.2

자르는 선

2025 해커스PSAT 7급 PSAT FINAL 봉투모의고사 상황판단 (1회)

컴퓨터용 흑색사인펜만 사용

책형
㉮
㉯

【필적감정용 기재】
*아래 예시문을 옮겨 적으시오

본인은 OOO(응시자성명)임을 확인함

기 재 란

성 명	
자필성명	본인 성명 기재
시험장소	

응시번호

	⓪	⓪	⓪	⓪	⓪	⓪	⓪
	①	①	①	①	①	①	①
	②	②	②	②	②	②	②
	③	③	③	③	③	③	③
	④	④	④	④	④	④	④
⑤	⑤	⑤	⑤	⑤	⑤	⑤	⑤
⑥	⑥	⑥	⑥	⑥	⑥	⑥	⑥
⑦	⑦	⑦	⑦	⑦	⑦	⑦	⑦
	⑧	⑧	⑧	⑧	⑧	⑧	⑧
	⑨	⑨	⑨	⑨	⑨	⑨	⑨

생년월일

⓪	⓪	⓪	⓪	⓪	⓪
①	①	①	①	①	①
②	②		②	②	②
③	③		③	③	③
④	④		④		④
⑤	⑤		⑤		⑤
⑥	⑥		⑥		⑥
⑦	⑦		⑦		⑦
⑧	⑧		⑧		⑧
⑨	⑨		⑨		⑨

※시험감독관 서명
(서명을 정자로 기재할 것)

적색 볼펜만 사용

상황판단(1~10번)

1	①	②	③	④	⑤
2	①	②	③	④	⑤
3	①	②	③	④	⑤
4	①	②	③	④	⑤
5	①	②	③	④	⑤
6	①	②	③	④	⑤
7	①	②	③	④	⑤
8	①	②	③	④	⑤
9	①	②	③	④	⑤
10	①	②	③	④	⑤

상황판단(11~20번)

11	①	②	③	④	⑤
12	①	②	③	④	⑤
13	①	②	③	④	⑤
14	①	②	③	④	⑤
15	①	②	③	④	⑤
16	①	②	③	④	⑤
17	①	②	③	④	⑤
18	①	②	③	④	⑤
19	①	②	③	④	⑤
20	①	②	③	④	⑤

상황판단(21~25번)

21	①	②	③	④	⑤
22	①	②	③	④	⑤
23	①	②	③	④	⑤
24	①	②	③	④	⑤
25	①	②	③	④	⑤

시험일: ____년 ____월 ____일

국가공무원 7급 공개경쟁채용 1차 필기시험 모의고사

| 상황판단영역 |

응시번호	
성명	

실전모의고사 **2회**

문제책형 **다**

응시자 주의사항

1. **시험시작 전 시험문제를 열람하는 행위나 시험종료 후 답안을 작성하는 행위를 한 사람**은 「공무원 임용시험령」 제51조에 의거 **부정행위자**로 처리됩니다.
2. **답안지 책형 표기는 시험시작 전** 감독관의 지시에 따라 **문제책 앞면에 인쇄된 문제책형을 확인**한 후, **답안지 책형란에 해당 책형(1개)**을 '●'로 표기하여야 합니다.
3. 시험이 시작되면 문제를 주의 깊게 읽은 후, **문항의 취지에 가장 적합한 하나의 정답만을 고르며**, 문제내용에 관한 질문은 할 수 없습니다.
4. **답안을 잘못 표기하였을 경우에는 답안지를 교체하여 작성**하거나 **수정할 수 있으며**, 표기한 답안을 수정할 때는 **응시자 본인이 가져온 수정테이프만을 사용**하여 해당 부분을 완전히 지우고 부착된 수정테이프가 떨어지지 않도록 손으로 눌러주어야 합니다. **(수정액 또는 수정스티커 등은 사용 불가)**
5. **시험시간 관리의 책임은 응시자 본인에게 있습니다.**
   ※ 문제책은 시험종료 후 가지고 갈 수 있습니다.

정답공개 및 해설강의 안내

1. 모바일 자동 채점 및 성적 분석 서비스
   • '약점 보완 해설집'에 회차별로 수록된 QR코드 인식 ▶ 응시 인원 대비 자신의 성적 위치 확인
2. 해설강의 수강 방법
   • 해커스PSAT 사이트(psat.Hackers.com) 접속 후 로그인 ▶ 우측 퀵배너 [쿠폰/수강권등록] 클릭 ▶ '약점 보완 해설집'에 수록된 쿠폰번호 입력 후 이용

해커스PSAT

상황판단영역

1. 다음 글을 근거로 판단할 때 옳지 않은 것은?

> 제00조(예술인 복지정책 기본계획) ① 문화체육관광부장관은 예술인 복지정책의 체계적인 추진을 위하여 관계 중앙행정기관의 장과 협의하여 5년마다 예술인 복지정책 기본계획(이하 '기본계획'이라 한다)을 수립하여야 한다.
> ② 문화체육관광부장관은 기본계획의 수립과 시행을 위하여 필요한 경우 관계 지방자치단체의 장 또는 관련 기관·법인·단체나 개인에게 협조를 요청할 수 있으며, 요청을 받은 자는 정당한 사유가 없으면 이에 따라야 한다.
> 제00조(실태조사) ① 문화체육관광부장관은 예술인의 권익보호와 복지정책의 수립·시행에 필요한 기초 자료로 활용하기 위하여 예술인 복지 및 창작환경 등에 대한 실태조사(이하 '실태조사'라 한다)를 3년마다 실시하고 그 결과를 공표하여야 한다. 다만, 문화체육관광부장관은 필요하다고 인정하는 경우 특정 분야 또는 사안 등을 대상으로 수시조사를 실시할 수 있다.
> ② 문화체육관광부장관은 제1항에 따른 실태조사 실시를 위하여 필요한 경우 관계 중앙행정기관·지방자치단체 및 공공기관의 장, 예술인과 계약을 체결한 개인, 법인 또는 단체 등에게 관련 자료의 제출을 요구할 수 있다. 이 경우 자료의 제출을 요구받은 자는 특별한 사유가 없으면 이에 따라야 한다.
> 제00조(예술인의 경력 증명 등에 관한 조치 마련) 문화체육관광부장관은 예술인이 고용, 임금, 그 밖의 근로조건 등에 있어서 합리적인 이유 없이 불리하게 처우받지 아니하도록 예술인의 경력 증명 등에 필요한 별도의 조치를 마련하여야 한다.

① 문화체육관광부장관은 필요하다고 인정하는 경우 예술인들의 특정 사안에 대하여 수시조사를 실시할 수 있다.
② 지방자치단체의 장이 실태조사 실시를 위하여 문화체육관광부장관에게 관련 자료의 제출을 요구한 경우, 문화체육관광부장관은 특별한 사유가 없는 한 관련 자료를 제출해야 한다.
③ 문화체육관광부장관은 예술인의 권익보호와 복지정책을 수립하고 시행하는 데에 필요한 기초 자료로 활용하기 위한 실태조사를 3년마다 실시한 후, 그 결과를 공표해야 한다.
④ 기본계획의 수립과 시행을 위해 필요할 경우 문화체육관광부장관은 관련 기관에 협조를 요청할 수 있으며, 협조 요청을 받은 기관은 정당한 사유가 없을 경우 이에 따라야 한다.
⑤ 문화체육관광부장관은 예술인이 근로조건 등에 있어서 합리적 이유 없이 불리한 처우를 받지 않도록 예술인의 경력 증명에 필요한 별도의 조치를 마련해야 한다.

2. 다음 글을 근거로 판단할 때 옳은 것은?

> 제00조 ① 담배를 제조장에서 반출할 때 그 제조업자에게 개별소비세를 부과한다.
> ② 담배의 종류별 세율은 다음 각 호와 같다.
> 1. 궐련: 20개비당 594원
> 2. 엽궐련: 1그램(g)당 61원
> 3. 전자담배: 니코틴 용액 1밀리리터(㎖)당 370원
>
> ③ 담배가 다음 각 호의 어느 하나에 해당하는 경우에는 제조장에서 반출하는 것으로 본다.
> 1. 제조장에서 사용되거나 소비되는 경우. 다만, 동일 제조장에서 시험·연구 및 검사의 목적으로 사용되는 경우는 제외한다.
> 2. 제조장에 있다가 공매, 경매 또는 파산절차로 환가되는 경우
> 3. 제품의 제조를 폐지한 경우에 제조장에 남아있는 경우
>
> ④ 납세의무자는 매월 제조장에서 반출한 담배의 종류와 수량을 적은 신고서를 반출한 날이 속하는 다음 달 말일까지 제조장 관할 세무서장에게 제출하여야 한다.
> ⑤ 제4항의 규정에도 불구하고 제3항 제2호 또는 제3호에 해당하는 경우에는 그 사유가 발생한 날이 속한 달의 다음 달 25일까지 신고서를 제출하여야 한다.
> 제00조 ① 다음 각 호의 어느 하나에 해당하는 담배에 대해서는 개별소비세를 징수하지 아니한다.
> 1. 수출할 담배를 다른 장소에 반출하는 것
> 2. 박람회·전시회 및 품평회 등에 출품하기 위하여 제조장에서 반출하는 것
>
> ② 제1항을 적용받아 담배를 반입 장소에 반입한 제조업자는 반입한 날이 속하는 달의 다음 달 15일까지 반입 사실을 반입지 관할 세무서장에게 신고하여야 한다.

① 담배 제조업자 甲이 2023년 3월에 궐련 20만 개비를 제조한 경우, 3월 제조분 궐련 20만 개비에 대한 신고서를 2023년 4월 30일까지 제조장 관할 세무서장에게 제출하여야 한다.
② 담배 제조업자 乙이 전자담배용 니코틴 용액 1,000리터(L)를 제조장에서 반출한 경우, 해당 물품에 부과되는 개별소비세는 3,700만 원이다.
③ 담배 제조업자 丙이 엽궐련 100킬로그램(kg)을 제조하여 20킬로그램(kg)은 제조장에서 소비하고 80킬로그램(kg)은 동일 제조장에서 연구용으로 사용했다면 해당 물품에 부과되는 개별소비세는 4,880,000원이다.
④ 담배 제조업자 丁의 제조장에 궐련 2만 개비가 남은 상태에서 2023년 4월부로 제품의 제조를 폐지한 경우, 2023년 5월 31일까지 궐련 2만 개비에 대한 신고서를 관할 세무서장에게 제출하여야 한다.
⑤ 담배 제조업자 戊가 영주시의 제조장에서 제조한 궐련을 반출하여 2023년 5월에 고양시에서 열리는 전시회에 출품하기 위하여 반입했다면 2023년 6월 15일까지 고양시를 관할하는 세무서장에게 신고하여야 한다.

3. 다음 글을 근거로 판단할 때 옳지 않은 것은?

제00조 ① 산림청장 또는 지방자치단체의 장은 국립수목원을 조성하려는 경우에는 수목원을 조성하려는 구역(이하 '수목원조성예정지'라 한다)을 지정할 수 있다. 이 경우 미리 주민의 의견을 듣고 관계 행정기관의 장과 협의하여야 한다.
② 지방자치단체의 장이 수목원조성예정지를 지정하려는 경우에는 미리 산림청장의 승인을 받아야 한다.
③ 수목원조성예정지의 지정기간은 5년 이내로 한다. 다만, 3년의 범위에서 한 차례만 그 지정기간을 연장할 수 있다.
④ 산림청장 또는 지방자치단체의 장은 수목원조성예정지의 전부 또는 일부에 다음 각 호의 어느 하나에 해당하는 사유가 발생한 경우에는 그 지정을 변경하거나 해제할 수 있다.
1. 군사시설이나 그 밖에 공용·공공용 시설의 용지로 사용하려는 경우
2. 그 밖에 공익목적이나 지정목적을 달성하기 위하여 지정구역의 변경 또는 해제가 불가피하다고 인정하는 경우
⑤ 산림청장 또는 지방자치단체의 장은 제1항 및 제4항에 따라 수목원조성예정지를 지정하거나 그 지정을 변경 또는 해제한 경우에는 그 사실을 토지소유자 및 관계 행정기관의 장에게 통보하여야 한다.
⑥ 제1항 또는 제4항에 따라 지정되거나 지정변경된 수목원조성예정지에서는 다음 각 호의 행위를 할 수 없다. 다만, 산림청장 또는 지방자치단체의 장의 허가를 받은 경우에는 그러하지 아니하다.
1. 산지·농지의 전용
2. 건축물의 건축
3. 인공구조물의 설치

제00조 산림청장은 국립수목원조성계획을 수립하거나 변경하려는 경우에는 미리 주민의 의견을 듣고 관계 행정기관의 장과 협의하여야 한다. 다만, 전조(前條) 제1항에 따라 수목원조성예정지를 지정할 때 주민의 의견을 들은 경우에는 주민의 의견을 듣는 절차를 생략할 수 있다.

① 산림청장이 수목원조성예정지를 지정할 때 주민의 의견을 들었다면, 국립수목원조성계획을 수립할 때에는 주민의 의견을 듣는 절차를 생략할 수 있다.
② 지방자치단체의 장이 수목원조성예정지의 지정을 변경한 경우, 해당 사실을 토지소유자 및 관계 행정기관의 장에게 통보해야 한다.
③ 지방자치단체의 장의 허가를 받은 경우, 수목원조성예정지로 지정된 구역에 인공구조물을 설치할 수 있다.
④ 지방자치단체의 장이 수목원조성예정지를 지정하려는 경우, 지방자치단체의 장은 먼저 산림청장의 승인을 받아야 한다.
⑤ 산림청장은 수목원조성예정지가 전부 군사시설로 사용될 경우, 수목원조성예정지의 지정을 해제해야 한다.

4. 다음 글과 〈상황〉을 근거로 판단할 때 옳은 것은?

제00조 ① 종합병원은 다음 각 호의 요건을 갖추어야 한다.
1. 100개 이상의 병상을 갖출 것
2. 100병상 이상 300병상 이하인 경우에는 내과·외과·소아청소년과·산부인과 중 3개 진료과목, 영상의학과, 마취통증의학과와 진단검사의학과 또는 병리과를 포함한 7개 이상의 진료과목을 갖추고 각 진료과목마다 전속하는 전문의 1명 이상을 둘 것
3. 300병상을 초과하는 경우에는 내과, 외과, 소아청소년과, 산부인과, 영상의학과, 마취통증의학과, 진단검사의학과 또는 병리과, 정신건강의학과 및 치과를 포함한 9개 이상의 진료과목을 갖추고 각 진료과목마다 전속하는 전문의 1명 이상을 둘 것
② 종합병원은 제1항 제2호 또는 제3호에 따른 진료과목(이하 이 항에서 '필수진료과목'이라 한다) 외에 필요하면 추가로 진료과목을 설치·운영할 수 있다. 이 경우 필수진료과목 외의 진료과목에 대하여는 해당 의료기관에 전속하지 아니한 전문의를 둘 수 있다.

제00조 보건복지부장관은 다음 각 호의 요건을 갖춘 종합병원 중에서 중증질환에 대하여 난이도가 높은 의료행위를 전문적으로 하는 종합병원을 상급종합병원으로 지정할 수 있다.
1. 300개를 초과하는 병상을 갖춘 종합병원일 것
2. 20개 이상의 진료과목을 갖추고 각 진료과목마다 전속하는 전문의 1명 이상을 둘 것
3. 의사는 병상 10개당 1명 이상, 간호사는 병상 2.3개당 1명 이상을 둘 것

〈상 황〉

○ A종합병원의 병상은 150개, 진료과목은 성형외과를 포함하여 8개이다.
○ B종합병원의 병상은 400개, 진료과목은 20개이다.

① A종합병원에는 최소 8명의 전문의가 전속되어 있다.
② A종합병원의 진료과목에는 산부인과와 병리과가 포함되어 있다.
③ A종합병원이 병상을 350개로 늘리고자 한다면 최소 2개의 진료과목을 추가로 갖추어야 한다.
④ B종합병원이 상급종합병원으로 지정되기 위해서는 1개 이상의 진료과목을 추가로 갖추어야 한다.
⑤ B종합병원이 상급종합병원으로 지정되기 위해서는 전문의가 40명 이상 전속되어 있어야 한다.

5. 다음 글을 근거로 판단할 때 옳은 것은?

최근 한 온라인 쇼핑몰의 조사에 따르면 전년 대비 파스타라면 매출이 143% 가량 늘었다고 한다. 파스타는 간단한 몇 가지 재료와 손쉬운 조리로도 맛있고 정성스럽게 차린 식탁을 만들 수 있다는 점에서 인기가 높아지고 있다. 이에 따라 파스타의 주 재료인 면에 대한 관심도 증가하고 있는데, 수분 함유 여부에 따라 건조 파스타와 생면 파스타, 면의 길이에 따라 롱 파스타와 쇼트 파스타로 나눌 수 있다.

건조 파스타는 높은 기압으로 밀어내 추출하는 압출 면이다. 모양을 뽑아내는 틀에 따라 구리로 만든 동틀, 테플론(Teflon)으로 코팅한 테플론 틀로 구분한다. 동틀로 뽑은 면은 테플론 틀로 뽑은 것보다 훨씬 연한 색을 띤다. 반면 생면 파스타는 손으로 직접 치대 만들었기에 건조 파스타보다 쫄깃하고 부드러운 식감을 낸다. 또한 전분이 많아 소스와 잘 엉겨 유화가 잘되는 특징이 있다.

다음으로 면의 길이에 따라 20~30cm는 롱 파스타, 5~10cm는 쇼트 파스타로 구분한다. 스파게티(Spaghetti)는 롱 파스타 면 중 가장 잘 알려진 것으로 이탈리아에서는 스파게티보다 조금 굵은 면을, 미국에서는 더 얇은 면을 베르미첼리(Vermicelli)라 부르기도 한다. 카펠리니(Capellini)는 스파게티 절반 정도 굵기의 가느다란 파스타를 말한다. 굵기가 가늘어 빠른 시간에 삶아낼 수 있고 쉽게 익기 때문에 차갑게 먹는 요리에 사용하는 것이 좋다. 이외에도 중심부에 구멍이 뚫린 부카티니(Bucatini), 스파게티를 눌러놓은 모양의 링귀네(Linguine) 등이 있다. 링귀네는 지역에 따라 사용하는 용어에 차이가 있는데, 북부에서는 트레네테(Trenette)나 바베테(Bavette)라 불린다. 쇼트 파스타에는 찌그러진 원형 튜브처럼 생긴 파케리(Paccheri), 바깥쪽에 줄무늬가 있는 튜브 모양의 리가토니(Rigatoni), 원통형 양 끝이 사선 모양으로 잘린 펜네(Penne) 등이 있다. 펜네는 크기가 작은 것은 펜니네(Pennine), 큰 것은 펜노니(Pennoni), 줄무늬가 있는 것은 리가테(Rigate), 없는 것은 리셰(Lisce)라 부른다.

① 파스타는 스파게티의 종류 중 하나이다.
② 건조 파스타는 생면 파스타보다 더 쫄깃하고 부드러운 식감을 낸다.
③ 카펠리니는 뜨거운 소스와 잘 어울리는 롱 파스타 면이다.
④ 베르미첼리는 쇼트 파스타 면 중 하나로, 스파게티보다 얇은 면을 말한다.
⑤ 동틀로 뽑은 리가테 면은 양 끝이 사선 모양으로 잘려 있고, 테플론 틀로 뽑은 것 보다 색이 연하다.

6. 다음 글을 근거로 판단할 때, 甲과 乙이 결제한 금액의 차이는?

카페를 방문한 甲~丁은 음료를 주문했다. 甲은 자신과 丁이 주문한 음료를 계산했고, 乙은 자신과 丙이 주문한 음료를 계산했다. 다음은 네 사람이 방문한 카페의 메뉴판이다.

커피	아메리카노	1,500원
	카페라떼	2,000원
	카페모카	2,500원
차	루이보스	3,000원
기타	샷 추가(커피 메뉴만 가능함)	300원
	아이스로 변경	500원

甲~丁은 각자 한 잔의 음료를 주문했고, 기호에 따라 기타 메뉴를 추가했다. 네 사람이 주문한 음료는 모두 서로 다른 종류였고, 네 사람이 주문한 샷 추가는 5번이었다. 다음은 음료를 주문한 후에 甲~丁이 나눈 대화이다.

甲: 난 10% 할인쿠폰을 사용해서 계산했어.
乙: 난 커피를 못 마셔서 차를 주문했어.
丙: 내가 주문한 메뉴의 총가격만 4,000원 이상이네.
丁: 아이스로 변경하여 주문한 사람은 나와 乙뿐이야.

① 2,800원
② 3,400원
③ 3,600원
④ 3,900원
⑤ 4,100원

7. 다음 글과 〈상황〉을 근거로 판단할 때, 2025년 2월 28일 현재 서류 전형 탈락에서 제외되는 지원자는?

甲 기업에서 진행한 경력직 특별채용에 서류를 제출한 지원자는 아래와 같다.

지원자	지원 분야	이전 직장 퇴사일	서류 점수 (100점 만점)
A	인사	2025. 2. 15.	65점
B	영업	2025. 1. 7.	70점
C	개발	2024. 11. 13.	55점
D	인사	2024. 1. 31.	75점
E	인사	2023. 12. 30.	75점

〈상 황〉

甲 기업의 서류 합격 기준은 서류 점수 80점 이상이었으나, 서류를 제출한 지원자가 모두 서류 합격 기준에 미달하였다. 이에 현재 기업의 상황을 고려하여 다음의 기준을 모두 만족하는 지원자의 경우, 서류 전형 탈락에서 제외하기로 하였다.

○ 지원 분야: 인사 또는 개발
○ 이전 직장 퇴사일: 현재를 기준으로 이전 직장 퇴사일이 6개월 이내
○ 서류 점수: 65점 이상

① A
② B
③ C
④ D
⑤ E

8. 다음 글을 근거로 판단할 때 옳지 않은 것은?

A국에 거주하고 있는 甲은 휴가 동안 B, C국으로 여행을 다녀오고자 한다. 甲의 여행 일정은 A국에서 출발하여 B국과 C국을 방문한 후에 다시 A국으로 돌아오는 것이다. 甲은 국가 간 이동을 할 때는 모두 항공편을 이용하며, 다음은 현재 A~C국 간 이용 가능한 항공편에 관한 정보이다.

운항 항공사	출발 국가	도착 국가	비행시간 (시간)	운항요금 (만 원)
□□	A	B	13	58
△△	B	A	15	50
△△	A	C	14	100
□□	C	A	17	90
□□	B	C	2	10
△△	C	B	2	12

甲은 항공편을 이용할 때 다음 세 가지 안 중 하나를 선택한다. 단, 항공편을 환승하는 경우도 허용된다.

○ I안: □□항공사의 항공편만 3회 이용한다.
○ II안: 비행시간의 총합이 최소가 되도록 이용한다.
○ III안: 운항요금의 총합이 최소가 되도록 이용한다.

① I안의 비행시간의 총합은 II안보다 1시간 길다.
② I안의 비행시간의 총합은 III안과 같다.
③ III안의 경우 □□, △△항공사의 항공편을 2회씩 이용한다.
④ I안의 운항요금의 총합은 II안보다 5만원 이상 저렴하다.
⑤ II안의 운항요금의 총합은 III안보다 30만원 이상 비싸다.

[9 ~ 10] 다음 글을 읽고 물음에 답하시오.

족보(族譜)란 같은 성씨의 씨족 계통을 부계(父系) 중심으로 체계화하여 정리한 책이다. 족보의 시조(始祖)나 본관(本貫) 등의 수록 범위는 제작하는 족보의 종류에 따라 달랐지만 족보의 작성 방법은 공통적인 원칙에 따라 작성되었다. 일반적으로 족보는 각 지면을 가로 6칸으로 나누는데, 한 칸은 같은 대(代)를 의미한다. 즉, 같은 대의 형제들은 같은 칸에 적고, 다음 대는 아래 칸에 이어 적는 방식이다. 각 칸의 오른쪽 끝에는 시조로부터의 세수(世數)를 적어 두는데, 이는 각 칸에 적힌 자손들이 시조의 몇 세손인지 쉽게 파악할 수 있게 하기 위해서이다.

족보에 기록되는 주요 내용은 이름, 출생 및 사망연도, 배우자, 후계의 유무 등이다. 조선시대에는 족보에 기록되는 사람이 선대(先代)의 친자라면 이름자 앞에 '子(자)', 양자라면 '繼(계)'라고 썼고, 기록되는 사람에게 호(號)나 자(字), 시호(諡號) 등이 있다면 이름 뒤에 '號(호)', '字(자)', '諡號(시호)' 등의 글자와 이에 해당하는 명칭을 함께 적었다.

한편, 출생 및 사망에 대한 정보는 태어난 해의 간지(干支)와 '生(생)', 사망한 해의 간지와 '卒(졸)'을 순서대로 적었으며, 족보에 기록되는 사람이 20세가 되기 전에 사망하면 '早夭(조요)', 70세가 되기 전에 사망하면 '享年(향년)', 70세 이후에 사망하면 '壽(수)'를 '卒(졸)' 뒤에 표시하였다.

배우자는 '配(배)'라는 글자 뒤에 배우자의 본관과 성씨, 그리고 그 뒤에 '부(父)'라는 글자와 배우자 아버지의 관직과 이름만을 나타냈으며, 족보에 기록되는 사람에게 후계가 없을 때는 아래 칸에 '无后(무후)'라고 표시하여 후손이 없음을 표시하였다. 또한 족보에 기록되는 사람에게 자식이 있더라도 서자는 족보에 표시하지 않았으며, 딸의 경우 '女(여)' 뒤에 사위의 성과 이름만을 적었다.

※ 자(字): 성인이 되었을 때 붙이는 이름
※ 시호(諡號): 사후에 나라에서 내린 이름

9. 윗글을 근거로 판단할 때, 〈보기〉에서 옳은 것만을 모두 고르면?

〈보 기〉

ㄱ. 족보를 펼쳤을 때 한 지면의 첫 번째 칸에 기록된 사람과 마지막 칸에 기록된 사람은 5세대 차이가 난다.
ㄴ. 족보의 네 번째 칸에 기록된 사람이 한 명이고, 그에게 후계가 없다면, 다섯 번째 칸에 '无后'라고 표시한다.
ㄷ. 족보의 수록 범위를 통일하기 위해 족보의 작성 원칙을 공통으로 정하였다.

① ㄱ
② ㄴ
③ ㄱ, ㄴ
④ ㄴ, ㄷ
⑤ ㄱ, ㄴ, ㄷ

10. 윗글과 다음 〈상황〉을 근거로 판단할 때, 조선시대 ○○ 김씨 족보에 표시될 내용으로 옳게 짝지어진 것은?

〈상 황〉

○○ 김씨 65세손인 병재는 갑인년에 태어났다. 병재는 원래 중건의 친자였으나 덕건에게 후계가 없어 덕건의 양자가 되었다. 이후 20세가 되던 해에 병재는 △△ 이씨 능참봉(陵參奉) 재곤의 맏딸인 가윤과 혼인하여 지내다가 70세가 되기 전인 병진년에 사망하였다. 병재에게는 덕명이라는 호가 있었다.

※ ○○, △△는 본관을 의미함.
※ 갑인, 병진은 간지를 의미함.
※ 능참봉(陵參奉): 조선시대 각 능(陵)의 일을 맡아 보던 종9품 참봉

	병재의 이름과 호	병재의 출생 및 사망연도	병재의 배우자
①	繼병재 號덕건	갑인生 병진卒 壽	配△△ 이씨 父 능참봉 재곤
②	繼병재 號덕건	갑인生 병진卒 享年	配△△ 이씨 능참봉 재곤
③	繼병재 號덕명	갑인生 병진卒 壽	配△△ 이씨 능참봉 재곤
④	繼병재 號덕명	갑인生 병진卒 享年	配△△ 이씨 父 능참봉 재곤
⑤	繼병재 號덕명	갑인生 병진卒 享年	配△△ 이씨 父 재곤

11. 다음 글을 근거로 판단할 때, 〈보기〉에서 옳은 것만을 모두 고르면?

제○○조 ① 노인복지시설의 운영자는 노인 등의 신체활동 또는 가사활동 지원 등의 업무를 전문적으로 수행하는 요양보호사를 두어야 한다.
② 요양보호사가 되려는 사람은 제△△조에 따라 요양보호사를 교육하는 기관(이하 '요양보호사 교육기관'이라 한다)에서 교육과정을 마치고 특별시장·광역시장·특별자치시장·도지사·특별자치도지사(이하 '시·도지사'라 한다)가 실시하는 요양보호사 자격시험에 합격하여야 한다.
③ 시·도지사는 제2항에 따라 요양보호사 자격시험에 합격한 사람에게 요양보호사 자격증을 교부하여야 한다.
④ 시·도지사는 제2항에 따라 요양보호사 자격시험에 응시하고자 하는 사람과 제3항에 따라 자격증을 교부 또는 재교부받고자 하는 사람에게 수수료를 납부하게 할 수 있다.
제△△조 ① 시·도지사는 요양보호사의 양성을 위하여 지정기준에 적합한 시설을 요양보호사 교육기관으로 지정·운영하여야 한다.
② 시·도지사는 요양보호사 교육기관이 다음 각 호의 어느 하나에 해당하는 경우 사업의 정지를 명하거나 그 지정을 취소할 수 있다. 다만, 제1호에 해당하는 경우 지정을 취소하여야 한다.
1. 거짓이나 그 밖의 부정한 방법으로 요양보호사 교육기관으로 지정을 받은 경우
2. 제1항에 따른 지정기준에 적합하지 아니하게 된 경우
3. 교육과정을 1년 이상 운영하지 아니하는 경우
4. 요양보호사 교육기관을 운영하는 자가 교육 이수 관련 서류를 거짓으로 작성한 경우
제□□조 다음 각 호의 어느 하나에 해당하는 사람은 요양보호사가 될 수 없다.
1. 정신질환자. 다만, 전문의가 요양보호사로서 적합하다고 인정하는 사람은 그러하지 아니하다.
2. 피성년후견인
3. 법원의 판결에 따라 자격이 정지 또는 상실된 사람
4. 요양보호사의 자격이 취소된 날부터 1년이 경과되지 아니한 사람

〈보 기〉
ㄱ. 전문의가 요양보호사로서 적합하다고 인정한 정신질환자의 경우, 요양보호사가 될 수 있다.
ㄴ. 요양보호사가 되려는 사람은 요양보호사 교육기관에서 교육과정을 마치고 시·도지사가 실시하는 요양보호사 자격시험에 합격하여야 한다.
ㄷ. 요양보호사 교육기관 운영자가 교육 이수 관련 서류를 거짓으로 작성한 경우, 시·도지사는 해당 기관의 지정을 취소하여야 한다.
ㄹ. 요양보호사 교육기관은 요양보호사 자격시험에 응시하고자 하는 사람에게 수수료를 납부하게 할 수 있다.

① ㄱ, ㄴ ② ㄱ, ㄹ ③ ㄷ, ㄹ
④ ㄱ, ㄴ, ㄷ ⑤ ㄴ, ㄷ, ㄹ

12. 다음 글을 근거로 판단할 때, 甲국에서 부여될 수 있는 사업자등록번호로 옳은 것은?

○ 甲국에서는 신규로 개업하는 사업자에게 10자리로 구성된 사업자등록번호를 부여한다.
○ 사업자등록번호의 첫 번째 자리부터 세 번째 자리까지는 사업자등록번호를 부여한 관할 세무서의 번호를 나타내며, 100~621 사이의 숫자가 부여된다.
○ 사업자등록번호의 네 번째 자리와 다섯 번째 자리는 사업의 성격을 나타내며, 그 내용은 다음과 같다.

번호	내용	번호	내용
01~79	개인 과세사업자	84	외국법인의 본점 및 지점
80	개인으로 보는 단체	85	영리법인의 지점
81, 86, 87, 88	영리법인의 본점	89	개인으로 보는 단체 중 종교단체
82	비영리법인의 본점 및 지점	90~99	개인 면세사업자
83	국가, 지방자치단체		

○ 사업자등록번호의 여섯 번째 자리부터 아홉 번째 자리까지는 사업자 유형별로 등록일자에 따라 순차적으로 부여되며, 그 내용은 다음과 같다.

번호	내용
0001~9999	개인 과세사업자, 개인 면세사업자, 영리법인과 외국법인의 본점 및 지점, 국가, 지방자치단체
0001~5999	비영리법인의 본점 및 지점
6000~9999	개인으로 보는 단체

○ 사업자등록번호의 마지막 한자리는 검증코드로, 부여 방식은 다음과 같다.
1) 사업자등록번호의 첫 번째 자리 숫자부터 아홉 번째 자리 숫자까지 순서대로 각각 1, 3, 7, 1, 3, 7, 1, 3, 5를 곱한 다음, 그 계산 결과들을 모두 더한 값을 구한다.
2) 사업자등록번호의 아홉 번째 자리 숫자에 5를 곱한 다음, 10으로 나눈 몫을 구한다.
3) 1)에서 구한 값과 2)에서 구한 값을 더한 다음, 10으로 나눈 나머지를 구한다.
4) 3)에서 구한 값을 10에서 뺀 값을 사업자등록번호의 열 번째 자리 숫자로 부여한다.

① 6208260017
② 5038900009
③ 3428099995
④ 6237908567
⑤ 1028100011

13. 다음 글을 근거로 판단할 때 옳은 것은?

제노포비아란 자신과 피부, 언어, 문화 등이 다른 이방인에 대한 매우 공격적인 심리적 상태를 보이며, 혐오하는 것을 의미한다. 제노포비아의 발생을 설명하는 이론 중 하나인 불행이론은 제노포비아가 부의 불평등에 따라 발생한다고 본다. 자신이 사회·경제적으로 힘든 상황에 처한 이유는 외국인이 자신의 일자리를 빼앗아갔기 때문이라고 생각하고, 이에 따른 상대적인 박탈감으로 외국인에 대한 혐오가 발생한다고 본다. 또 다른 이론으로 엘리트선동이론은 사회적 명망가나 정치적 엘리트가 외국인에 대한 인종차별적 또는 경계성 발언을 할 때, 사회적으로 제노포비아가 발생한다고 본다. 마지막으로 집단갈등이론은 자신들이 주류인 사회에서 외국인들이 집단을 형성해 세력화되면 자신들의 자리가 위험하다고 느끼고, 이러한 불안감을 외국인에 대한 혐오로 표출되는 것이라고 본다.

제노포비아를 해소하고 다문화가 함께 지낼 수 있도록 하기 위해 과거 미국은 용광로 이론을 활용하여 동화정책을 적극적으로 펼쳤다. 그러나 백인이 주류인 사회에서 상대적 하류층 인종이나 민족이 자신들의 고유한 문화를 포기하는 현상이 발생하였으며, 백인은 상류층, 유색인은 중류층과 하류층으로 고착화되는 사회의 계층화 현상을 초래하였다. 이후 미국은 고유한 문화를 지키고 조화를 이루는 것을 목표로 하는 샐러드 볼 이론을 정책기조로 삼았다. 다양한 인종과 민족이 정체성을 지키면서 더불어 살 수 있게 하는 것이다. 이를 위해 소수자에 대한 권리보장을 제도화하는 데 노력했다.

반면에 우리나라의 제노포비아 해소와 외국인에 대한 정책은 미국과 달리 체계적이지 않고 미흡한 문제점이 있다. 우리나라의 제노포비아를 해소하기 위한 정책은 외국인에 대한 보호가 아닌 규제에 초점을 두고 있고, 다문화 정책이 여러 부처에서 중구난방으로 추진되어 일관성이 존재하지 않는 문제가 있다. 또한 지방정부는 단순히 중앙정부의 결정에 따른 정책집행만 하고 있어 다문화 정책에서 지역 네트워크를 활용한 서비스를 제공하기 어렵다는 한계가 있다.

① 경제성장의 둔화로 인한 일자리 부족현상의 심각으로 제노포비아가 발생했다고 분석하는 관점은 집단갈등이론이다.
② 우리나라는 체류외국인 증가 추세에 맞게 다문화 정책을 부처별로 다각화할 필요가 있다.
③ 용광로 이론에 따른 미국의 다문화 정책의 결과 백인과 유색인을 구별하는 사회 계층이 형성되었다.
④ 정치인들이 총선에서 외국인들은 잠재적 범죄자이므로 규제를 강화해야 한다는 차별적 발언을 통해 제노포비아를 형성한다면 불행이론으로 설명될 수 있다.
⑤ 우리나라가 단일민족 문화인 한민족을 강조하는 정책기조를 펼친다면 샐러드 볼 이론을 활용한 것이다.

14. 다음 글을 근거로 판단할 때, 甲이 어떤 기준을 따르더라도 구매하지 않는 사물함은?

甲은 5개의 사물함 A~E 중 하나를 구매하고자 한다. 사물함 A~E는 모두 직육면체 모양이며, 다음은 각 사물함의 내측 길이와 무게에 관한 정보이다.

사물함	가로 길이 (cm)	세로 길이 (cm)	높이 (cm)	무게 (kg)
A	45	75	105	20
B	70	50	95	18
C	75	40	80	15
D	35	65	85	22
E	40	60	110	21

甲은 다음의 네 가지 기준 중 하나를 선택하여 사물함을 구매한다.

기준 1: 높이가 가장 높은 사물함을 구매한다.
기준 2: 가로 길이와 세로 길이를 곱한 값이 가장 큰 사물함을 구매한다.
기준 3: 가로 길이, 세로 길이, 높이를 모두 더한 값이 가장 큰 사물함을 구매한다.
기준 4: 무게가 가장 가벼운 사물함을 구매한다.

① A
② B
③ C
④ D
⑤ E

15. 다음 글을 근거로 판단할 때, 교수 甲이 교재를 주문할 인쇄소와 총 교재 제작 비용으로 옳게 짝지은 것은?

교수 甲은 '가' 부처에 신규 임용된 공무원을 대상으로 부패방지 교육을 진행하기 위해 20페이지 분량의 교재 50권을 제작하고자 한다. 교재는 고급 용지를 활용하여 제작할 예정이다. 甲은 교재의 분량과 용지 비용을 고려하여 교재 제작 비용을 최소화하고자 한다.

○ 교재 1권당 제작 비용은 다음과 같다.
교재 1권당 제작 비용=교재 1권당 용지 비용+교재 1권당 인쇄 비용
○ 교재 1권당 용지 비용은 용지 1장당 비용에 페이지 수를 곱한 값이며, 고급 용지 비용은 일반 용지 비용의 2배이다.
○ 甲은 하루 만에 교재를 제작하려고 하며, 다음 인쇄소 중 한 곳을 통해 교재를 제작한다.

구분	A 인쇄소	B 인쇄소	C 인쇄소
일반 용지 1장당 비용(원)	150	200	250
교재 1권당 인쇄 비용(원)	10,000	6,000	4,000
하루에 제작 가능한 교재 수량(권)	50	45	40

○ 주문할 교재 수량이 하루에 제작 가능한 교재 수량을 초과할 경우, A~C 인쇄소 모두 초과 수량 1권당 5,000원의 추가 비용이 발생한다.

	주문할 인쇄소	총 교재 제작 비용
①	A	750,000원
②	B	725,000원
③	B	775,000원
④	C	700,000원
⑤	C	750,000원

16. 다음 글과 〈상황〉을 근거로 판단할 때, 乙의 특기 과목과 첫 번째와 두 번째 라운드에서 乙이 획득한 국어 점수의 합을 옳게 짝지은 것은?

5명의 학생이 참가하는 장학퀴즈가 있다. 장학퀴즈는 라운드별로 국어 과목과 영어 과목 퀴즈가 각각 5문제씩 출제되며, 한 라운드가 끝날 때 마다 과목별 퀴즈를 많이 맞힌 순서에 따라 과목별 순위와 그에 따른 점수가 결정된다. 각 퀴즈 순위에 해당하는 점수는 다음과 같다.

순위	점수
1	100
2	90
3	80
4	70
5	60

5명의 학생은 국어 특기생 또는 영어 특기생 중 하나에 해당하고 각 라운드에서 점수는 국어 점수와 영어 점수를 더한 값으로 산정하며, 각 과목별 점수는 순위에 해당하는 점수에 과목별 반영비율을 곱하여 구한다. 반영 비율은 국어 특기생의 경우 국어 30%, 영어 70%이고 영어 특기생의 경우 국어 70%, 영어 30%이다. 만약 공동 순위가 발생한다면, 해당 순위와 이어지는 순위들을 고려하여 점수를 계산한다. 공동 순위자들에게는 해당 순위를 포함하여 이어진 순위에 따른 점수를 더한 뒤 공동 순위자의 수만큼 나누어 부여한 후 부여된 점수에 반영 비율을 적용한다. 예를 들어, 국어 특기생인 甲의 국어 순위가 다른 2명의 학생과 함께 공동 순위 2위이고 영어 순위가 5위라면 국어 점수는 (90+80+70)÷3을 한 80점에 30%의 반영 비율을 적용한 24점이고, 영어 점수는 60점에 70%의 반영 비율을 적용한 42점으로 최종적으로 66점이 해당 라운드에서 甲이 획득한 점수가 된다.

〈상 황〉

○ 乙은 첫 번째 라운드에서 91점을 획득하였고 공동 순위는 기록하지 않았으며, 이때 乙의 국어 순위는 영어 순위와 같거나 영어 순위보다 높았다.
○ 乙은 두 번째 라운드에서 79점을 획득하였고 공동 순위는 한 번 기록하였다.
○ 치러진 두 라운드에서 공동 순위가 4명 이상인 경우는 없었다.

	과목	국어 점수 합
①	국어	48
②	국어	51
③	영어	112
④	영어	119
⑤	영어	126

17. 다음 글을 근거로 판단할 때, 甲이 2학년 2학기에 수강한 과목으로 옳은 것은?

H대학교의 1년 학사 일정은 1학기와 2학기로 구성된다. H대학교의 학생은 두 학기를 이수하면 다음 학년으로 진급되며 한 학기에는 한 과목의 수업만 듣는다. 甲의 H대학교 재학기록을 확인하면 다음과 같다.

○ 甲은 2012년 1학기에 H대학교에 입학하여 2019년에 4학년 1학기로 조기졸업을 하였다.
○ 甲은 2013년부터 2년간 휴학을 하였다. 그리고 휴학을 마친 다음 해 복학한 후 1학기에 '교양댄스스포츠' 과목을 수강하였는데, 1학년 때 수강한 '교양골프' 과목보다 더 좋은 성적으로 이수하였다.
○ 甲은 2017년에 수강한 '전략경영론' 과목 덕분에 4학년 때 수강한 '사회혁신실습' 과목을 좋은 성적으로 이수하였다.
○ 甲은 2016년에 1년간 휴학을 하였다. 그 후 2017~2019년에는 1학기마다 휴학하였고, 2학기에는 복학하여 한 학기씩 이수하였다.
○ 甲은 재학 기간 동안 '재무회계' 과목을 '원가관리회계' 과목보다 먼저 수강하였고, '회계감사' 과목을 '원가관리회계'보다 나중에 수강하였다.

① 원가관리회계
② 교양댄스스포츠
③ 사회혁신실습
④ 전략경영론
⑤ 회계감사

18. 다음 글과 〈상황〉을 근거로 판단할 때, 甲이 경마대회에 참가시킬 경주마로 옳은 것은?

5마리의 경주마(A~E)를 관리하는 마필관리사 甲은 경마대회에 참가시킬 경주마 2마리를 뽑고자 한다. 甲이 경마대회에 참가시킬 경주마를 뽑는 방법은 다음과 같다.

○ 자신이 관리하는 경주마끼리 총 4번 경주를 진행한다.
○ 회차별로 1위를 한 경주마부터 5위를 한 경주마까지 순서대로 10점, 8점, 5점, 3점, 1점의 점수를 부여한다.
○ 점수의 총합이 가장 높은 경주마 2마리를 경마대회에 참가시킨다.

〈상 황〉

甲은 자신이 관리하는 5마리의 경주마끼리 총 4번 경주를 진행했고, 그 순위를 기록했다. 그런데 실수로 기록지가 훼손되어 다음의 부분만 남게 되었다.

회차 / 순위	1회차	2회차	3회차	4회차
1위				
2위	C		D	E
3위	B			B
4위		C		
5위				

甲은 기록지가 훼손되기 전에 다음과 같은 특이사항들을 따로 기록해 두었다.

○ A는 1위 혹은 4위를 한다.
○ C는 3위를 하지 않는다.
○ D는 C보다 높은 순위를 기록한다.
○ E는 A보다 한 순위 낮거나 한 순위 높다.

① A, C
② A, D
③ A, E
④ B, D
⑤ B, E

19. 다음 글을 근거로 판단할 때, 제갈량이 조조군으로부터 얻어내어 사용할 수 있는 화살의 개수는?

○ 제갈량은 조조군으로부터 화살을 얻어낼 계책을 고안해냈다. 안개가 짙게 낀 날 배에 짚더미를 싣고 조조군의 진영을 향해 이동하면 조조군은 선불리 배에 접근하지 못하고 화살만 쏠 것이기 때문에 조조군이 쏜 화살을 가져와서 사용할 수 있다는 것이다.

○ 조조군에는 3개의 궁수 부대가 있으며, 각 궁수 부대의 사격 실력은 다음과 같다.

부대	화살을 쏠 수 있는 최장 거리	명중률	1분당 쏘는 화살의 개수
甲	500m	50%	100발
乙	250m	70%	500발
丙	100m	90%	2,000발

○ 조조군의 각 궁수 부대는 제갈량의 배가 화살을 쏠 수 있는 최장거리에 들어오자마자 화살을 쏘기 시작한다. 명중률이란 쏜 화살이 제갈량의 배에 맞을 확률을 의미하고, 각 궁수 부대별 명중률은 제갈량의 배까지의 거리와 무관하게 일정하다.

○ 제갈량의 배는 조조군의 진영에서 500m 떨어진 곳에서부터 1분에 10m씩 조조군의 진영을 향해 전진한다. 배에 명중한 조조군의 화살 중 10%는 부러지기 때문에 다시 사용할 수 없으나, 90%는 다시 사용할 수 있다.

○ 조조군 궁수 부대는 제갈량의 배가 20m까지 접근하면 짚더미만 실린 배임을 알아채고 더 이상 화살을 쏘지 않는다.

① 19,880발
② 22,365발
③ 24,850발
④ 27,335발
⑤ 29,820발

20. 다음 글을 근거로 판단할 때, 甲, 乙, 丙이 만든 빵의 종류를 옳게 짝지은 것은?

○ 甲, 乙, 丙은 티라미수, 브라우니, 머핀 중 하나씩 골라서 빵을 만들기로 했다.

○ 빵 1개를 만드는 데 필요한 밀가루, 설탕, 우유, 계란의 양은 다음과 같다.

빵 \ 재료	밀가루(g)	설탕(g)	우유(ml)	계란(개)
티라미수	70	10	50	3
브라우니	50	10	40	4
머핀	50	20	80	2

○ 재료는 10g, 10ml, 1개 단위로 구매할 수 있고, 가격은 다음과 같다.
 – 밀가루: 10g당 150원
 – 설탕: 10g당 50원
 – 우유: 10ml당 100원
 – 계란: 1개당 500원

○ 甲~丙은 자신이 고른 빵 1개를 만드는 데 필요한 만큼만 재료를 구매했다. 단, 乙과 丙은 재료를 모두 정량만큼 구매했지만, 甲은 계란 1개를 덜 구매했다.

○ 재료비는 乙이 가장 많이 나왔고, 丙이 가장 적게 나왔다.

	甲	乙	丙
①	티라미수	브라우니	머핀
②	티라미수	머핀	브라우니
③	브라우니	머핀	티라미수
④	브라우니	티라미수	머핀
⑤	머핀	브라우니	티라미수

21. 다음 글을 근거로 판단할 때, 〈보기〉에서 옳은 것만을 모두 고르면?

甲과 乙이 각각 1, 2, 3의 번호가 매겨진 파란색 카드 3장과 빨간색 카드 3장을 가지고 카드게임을 하였다. 그리고 게임 진행을 위해 카드의 번호가 안 보이도록 뒤집어 놓고 카드를 무작위로 섞었고, 아래 규칙에 따라 게임을 진행하였다.

○ 甲이 먼저 파란색 카드 1장과 빨간색 카드 1장을 뽑고, 이어서 乙이 남은 카드 중 파란색 카드 1장과 빨간색 카드 1장을 뽑는다.
○ 자신이 뽑은 카드의 숫자를 공개하여 숫자의 합이 더 큰 사람이 게임에서 승리하며, 카드 숫자의 합이 동일한 경우 게임은 무승부로 종료된다.
○ 예를 들어 甲이 먼저 파란색 3번 카드와 빨간색 3번 카드를 뽑고, 이어서 乙이 파란색 2번 카드와 빨간색 2번 카드를 뽑으면 甲의 카드 숫자의 합이 6, 乙의 카드 숫자의 합이 4이므로 甲이 승리한다.

〈보 기〉

ㄱ. 甲이 뽑은 파란색 카드의 숫자가 3번일 때 甲이 이길 확률은 乙이 이길 확률보다 높다.
ㄴ. 甲이 뽑은 카드 조합이 파란색 1번 카드와 빨간색 2번 카드일 때 甲이 이길 확률과 乙이 이길 확률은 같다.
ㄷ. 甲이 뽑은 카드 숫자의 합이 짝수일 때 乙이 이길 확률은 甲이 이길 확률보다 높다.

① ㄱ
② ㄴ
③ ㄷ
④ ㄱ, ㄷ
⑤ ㄱ, ㄴ, ㄷ

22. 다음 글을 근거로 판단할 때, 〈보기〉에서 옳은 것만을 모두 고르면?

○ 甲은 자신이 세운 기준에 따라 서점에서 책을 구매하고자 한다.
○ 분야가 과학인 책을 반드시 두 권 이상 구매한다.
○ 과학 외에는 같은 분야에 속하는 책을 두 권 이상 구매하지 않는다.
○ 구매한 책의 총 가격이 150,000원을 초과하지 않도록 한다.
○ 구매한 책들의 쪽수가 1,500쪽을 초과하지 않도록 한다.
○ 도서 목록은 다음과 같다.

책이름	분야	쪽수(쪽)	가격(원)
A	여행	300	20,000
B	취미	200	20,000
C	과학	500	30,000
D	인문	700	30,000
E	취미	200	20,000
F	건강	200	50,000
G	문학	300	20,000
H	여행	200	10,000
I	인문	300	40,000
J	인문	800	50,000
K	과학	300	30,000
L	정치	400	60,000
M	여행	100	30,000
N	과학	400	50,000

〈보 기〉

ㄱ. 책을 네 권 구매하는 경우, 어떠한 경우에도 구매 조합에 포함되지 않는 책은 한 권이다.
ㄴ. 책을 다섯 권 구매하는 경우, 분야가 과학인 책을 세 권 구매할 수 있다.
ㄷ. 甲은 최대 여섯 권의 책을 구매할 수 있다.

① ㄱ
② ㄴ
③ ㄷ
④ ㄱ, ㄴ
⑤ ㄱ, ㄷ

23. 다음 글을 근거로 판단할 때, 甲이 목적지에 도착하는 시각은? (단, 열차가 각 역에서 머무르는 시간은 고려하지 않는다)

甲은 지하철과 도보만을 이용하여 목적지까지 아래와 같은 경로로 이동하려고 한다.

이동 수단	이동 경로
도보	집 → 지하철 역
지하철	1호선 1번 역 → 1호선 8번 역 → 2호선 2번 역
지하철	2호선 2번 역 → 2호선 5번 역 → 3호선 4번 역
지하철	3호선 4번 역 → 3호선 8번 역
도보	지하철 역 → 목적지

※ 1호선 8번 역에서 2호선 2번 역으로 환승 가능하며, 2호선 5번 역에서 3호선 4번 역으로 환승 가능함.

지하철 1호선은 08시 00분부터 6분마다 1번 역에 도착하고, 하나의 역에서 다음 역까지 이동하는 데 2분이 걸린다. 지하철 2호선은 08시 00분부터 10분마다 열차가 1번 역에 도착하고, 하나의 역에서 다음 역까지 이동하는 데 5분이 걸린다. 지하철 3호선은 08시 00분부터 8분마다 열차가 1번 역에 도착하고, 하나의 역에서 다음 역까지 이동하는 데 1분이 걸린다. 또한 1호선 8번 역에서 2호선 2번 역으로 환승하는 데 모두 3분이 걸리고, 2호선 5번 역에서 3호선 4번 역으로 환승하는 데 모두 5분이 걸린다. 이후 3호선 8번 역에서 목적지까지 도보로 5분이 걸린다.

甲은 08시 00분에 집을 출발하여, 지하철 1호선 1번 역까지 도보로 10분간 이동하였다.

① 08시 57분
② 09시 01분
③ 09시 08분
④ 09시 13분
⑤ 09시 19분

24. 다음 글을 근거로 판단할 때, 〈보기〉에서 옳은 것만을 모두 고르면?

○ 甲과 乙은 1부터 9까지의 자연수가 적힌 아홉 장의 카드로 게임을 한다.
○ 게임의 규칙은 다음과 같다.
 – 두 사람이 카드를 두 장씩 뽑는다.
 – 심판은 무작위로 두 자릿수 숫자 하나를 말한다.
 – 甲과 乙은 자신이 뽑은 두 장의 카드로 심판이 말한 숫자에 가장 가까운 숫자를 만든다.
 – 심판이 말한 숫자에 더 가까운 숫자를 만든 사람이 게임에서 승리한다.
 – 심판이 말한 숫자와의 차이가 같은 경우에는 만든 숫자가 더 큰 사람이 승리한다.
○ 甲과 乙은 게임에서 승리하기 위해 최선을 다한다.

〈보 기〉

ㄱ. 심판이 말한 숫자가 91이고 甲이 뽑은 카드 중 9가 포함되어 있다면 乙이 게임에서 승리할 수 있다.
ㄴ. 심판이 말한 숫자가 67이고 甲이 뽑은 카드에는 4, 乙이 뽑은 카드에는 6이 포함되어 있다면 甲이 게임에서 승리할 수 있다.
ㄷ. 심판이 말한 숫자가 37이고 두 사람은 짝수 카드만을 뽑았으며 乙이 뽑은 카드에 8이 포함되어 있다면 乙이 게임에서 승리할 수 있다.
ㄹ. 심판이 말한 숫자가 60이고 甲이 뽑은 카드는 모두 소수(素數, prime number), 乙이 뽑은 카드는 모두 3의 배수라면 甲이 게임에서 승리한다.

① ㄱ, ㄴ
② ㄱ, ㄷ
③ ㄴ, ㄷ
④ ㄴ, ㄹ
⑤ ㄷ, ㄹ

25. 다음 글을 근거로 판단할 때, 올해 실시된 甲국 선거에서 당선된 후보자는?

○ 甲국의 유권자는 총 1,500명이며, 모든 유권자는 선거에서 1순위 후보자 1명, 2순위 후보자 2명, 그리고 당선을 절대 반대하는 후보자(이하 '거부 후보자'라 한다) 1명을 선택한다.

○ 과정 1: 투표 결과 어느 한 후보자가 획득한 1순위 득표 수가 전체 유권자 수의 50%를 초과하는 경우 곧바로 그 후보자를 당선자로 결정한다.

○ 과정 2: 과정 1에서 당선자를 결정할 수 없는 경우, 각 후보자가 획득한 2순위 득표 수를 두 표당 1순위 득표 수 한 표로 계산한 뒤, 이에 따른 1순위 득표 수가 전체 유권자 수의 50%를 초과하는 후보자 1명을 당선자로 결정한다. 단, 후보자가 획득한 2순위 득표 수가 홀수라면 1순위 득표 수로 환산할 때 소수점 첫째 자리에서 반올림한다. 예컨대, 어떤 후보자의 1순위 득표 수가 300표, 2순위 득표 수가 600표라면 과정 2에 따른 해당 후보자의 1순위 득표 수는 300+(600/2)=600표가 된다.

○ 과정 3: 과정 2에서 당선자에 해당되는 후보자가 2명 이상인 경우, 그 후보자들만을 대상으로 과정 2에 따른 각 후보자의 1순위 득표 수에서 거부 후보자 득표 수를 뺀 값을 계산하여 최종 득표 수가 가장 많은 후보자 1명을 당선자로 결정한다. 단, 거부 후보자 득표 수가 전체 유권자 수의 30%를 초과하는 후보자는 당선자로 결정될 수 없다. 또한, 과정 2에서 당선자에 해당하는 후보자가 아무도 없는 경우에는 모든 후보자를 대상으로 과정 3을 진행하여 당선자를 결정한다.

○ 다음은 올해 실시된 甲국의 선거 결과이다.

구분	A	B	C	D	E
1순위 득표 수	371표	197표	288표	412표	232표
2순위 득표 수	765표	1,248표	126표	720표	141표
거부 후보자 득표 수	482표	335표	180표	290표	215표

① A
② B
③ C
④ D
⑤ E

약점 보완 해설집 p.10

자르는 선

2025 해커스PSAT 7급 PSAT FINAL 봉투모의고사 상황판단 (2회)

컴퓨터용 흑색사인펜만 사용

책형
㉰
㉱

【필적감정용 기재】
*아래 예시문을 옮겨 적으시오
본인은 OOO(응시자성명)임을 확인함

기 재 란

성 명	
자필성명	본인 성명 기재
시험장소	

응시번호

	⓪	⓪	⓪	⓪	⓪	⓪	⓪
	①	①	①	①	①	①	①
	②	②	②	②	②	②	②
	③	③	③	③	③	③	③
	④	④	④	④	④	④	④
⑤	⑤	⑤	⑤	⑤	⑤	⑤	⑤
⑥	⑥	⑥	⑥	⑥	⑥	⑥	⑥
⑦	⑦	⑦	⑦	⑦	⑦	⑦	⑦
	⑧	⑧	⑧	⑧	⑧	⑧	⑧
	⑨	⑨	⑨	⑨	⑨	⑨	⑨

생년월일

⓪	⓪	⓪	⓪	⓪	⓪
①	①	①	①	①	①
②	②		②	②	②
③	③		③	③	③
④	④		④		④
⑤	⑤		⑤		⑤
⑥	⑥		⑥		⑥
⑦	⑦		⑦		⑦
⑧	⑧		⑧		⑧
⑨	⑨		⑨		⑨

※시험감독관 서명
(서명을 정자로 기재할 것)

적색 볼펜만 사용

상황판단(1~10번)

1	①	②	③	④	⑤
2	①	②	③	④	⑤
3	①	②	③	④	⑤
4	①	②	③	④	⑤
5	①	②	③	④	⑤
6	①	②	③	④	⑤
7	①	②	③	④	⑤
8	①	②	③	④	⑤
9	①	②	③	④	⑤
10	①	②	③	④	⑤

상황판단(11~20번)

11	①	②	③	④	⑤
12	①	②	③	④	⑤
13	①	②	③	④	⑤
14	①	②	③	④	⑤
15	①	②	③	④	⑤
16	①	②	③	④	⑤
17	①	②	③	④	⑤
18	①	②	③	④	⑤
19	①	②	③	④	⑤
20	①	②	③	④	⑤

상황판단(21~25번)

21	①	②	③	④	⑤
22	①	②	③	④	⑤
23	①	②	③	④	⑤
24	①	②	③	④	⑤
25	①	②	③	④	⑤

시험일: ____년 ____월 ____일

국가공무원 7급 공개경쟁채용 1차 필기시험 모의고사

| 상황판단영역 |

응시번호	
성명	

실전모의고사 **3회**

문제책형 **인**

응시자 주의사항

1. **시험시작 전 시험문제를 열람하는 행위나 시험종료 후 답안을 작성하는 행위를 한 사람**은 「공무원 임용시험령」 제51조에 의거 **부정행위자**로 처리됩니다.
2. **답안지 책형 표기는 시험시작 전** 감독관의 지시에 따라 **문제책 앞면에 인쇄된 문제책형을 확인**한 후, **답안지 책형란에 해당 책형(1개)**을 '●'로 표기하여야 합니다.
3. 시험이 시작되면 문제를 주의 깊게 읽은 후, **문항의 취지에 가장 적합한 하나의 정답만을 고르며**, 문제내용에 관한 질문은 할 수 없습니다.
4. **답안을 잘못 표기하였을 경우에는 답안지를 교체하여 작성**하거나 **수정할 수 있으며**, 표기한 답안을 수정할 때는 **응시자 본인이 가져온 수정테이프만을 사용**하여 해당 부분을 완전히 지우고 부착된 수정테이프가 떨어지지 않도록 손으로 눌러주어야 합니다. **(수정액 또는 수정스티커 등은 사용 불가)**
5. **시험시간 관리의 책임은 응시자 본인에게 있습니다.**
   ※ 문제책은 시험종료 후 가지고 갈 수 있습니다.

정답공개 및 해설강의 안내

1. 모바일 자동 채점 및 성적 분석 서비스
   • '약점 보완 해설집'에 회차별로 수록된 QR코드 인식 ▶ 응시 인원 대비 자신의 성적 위치 확인
2. 해설강의 수강 방법
   • 해커스PSAT 사이트(psat.Hackers.com) 접속 후 로그인 ▶ 우측 퀵배너 [쿠폰/수강권등록] 클릭 ▶ '약점 보완 해설집'에 수록된 쿠폰번호 입력 후 이용

해커스PSAT

상황판단영역

1. 다음 글을 근거로 판단할 때 옳은 것은?

제00조 ① 배심원과 예비배심원은 직무를 계속 수행하기 어려운 사정이 있는 때에는 법원에 사임을 신청할 수 있다.
② 법원은 제1항의 신청에 이유가 있다고 인정하는 때에는 당해 배심원 또는 예비배심원을 해임하는 결정을 할 수 있다.
③ 제2항의 결정을 함에 있어서는 검사·피고인 또는 변호인의 의견을 들어야 한다.
제00조 배심원 또는 예비배심원은 법원의 증거능력에 관한 심리에 관여할 수 없다.
제00조 ① 재판장은 변론이 종결된 후 법정에서 배심원에게 공소사실의 요지와 적용법조, 피고인과 변호인 주장의 요지, 증거능력, 그 밖에 유의할 사항에 관하여 설명하여야 한다.
② 배심원은 유·무죄에 관하여 전원의 의견이 일치하지 아니하는 때에는 평결을 하기 전에 심리에 관여한 판사의 의견을 들어야 한다. 이 경우 유·무죄의 평결은 다수결의 방법으로 한다. 심리에 관여한 판사는 평의에 참석하여 의견을 진술한 경우에도 평결에는 참여할 수 없다.
제00조 ① 판결서에는 배심원이 재판에 참여하였다는 취지를 기재하여야 하고, 배심원의 의견을 기재할 수 있다.
② 배심원의 평결결과와 다른 판결을 선고하는 때에는 판결서에 그 이유를 기재하여야 한다.
제00조 ① 배심원 또는 예비배심원이 직무상 알게 된 비밀을 누설한 때에는 6개월 이하의 징역 또는 300만 원 이하의 벌금에 처한다.
② 배심원 또는 예비배심원이었던 자가 직무상 알게 된 비밀을 누설한 때에도 제1항과 같다. 다만, 연구에 필요한 협조를 한 경우는 그러하지 아니하다.

※ 평의란 의견을 서로 교환하여 평가하거나 심의하거나 의논하는 것을 의미함.

① 배심원은 법원의 증거능력에 관한 심리에 관여하여 의견을 제시할 권한이 있다.
② 법원이 배심원의 사임 신청이 이유가 있다고 인정한 경우, 법원은 직권으로 배심원의 해임을 결정할 수 있다.
③ 배심원의 유·무죄에 관하여 전원의 의견이 일치하지 않은 경우, 배심원은 심리에 관여한 판사를 포함하여 다수결의 방법으로 유·무죄의 평결을 해야 한다.
④ 배심원이었던 자가 사법 연구에 필요한 협조를 하기 위해 직무상 알게 된 비밀을 누설한 경우, 200만 원의 벌금에 처해질 수 있다.
⑤ 판결의 선고를 배심원의 평결결과와 다르게 한 경우, 판결서에 배심원의 평결결과와 다른 판결을 선고한 이유를 기재해야 한다.

2. 다음 글을 근거로 판단할 때 옳은 것은? (단, 甲~戊는 모두 내부 공익신고자이다)

제00조(보상금) ① 내부 공익신고자는 공익신고로 인하여 다음 각 호의 어느 하나에 해당하는 부과 등을 통하여 국가 또는 지방자치단체에 직접적인 수입의 회복 또는 증대를 가져오거나 그에 관한 법률관계가 확정된 때에는 국민권익위원회(이하 '위원회'라 한다)에 보상금의 지급을 신청할 수 있다.
1. 몰수 또는 추징금의 부과
2. 과태료 또는 이행강제금의 부과
3. 국세 또는 지방세의 부과
② 위원회는 제1항에 따른 보상금의 지급신청을 받은 때에는 보상심의위원회의 심의·의결을 거쳐 보상금을 지급하여야 한다. 다만, 공익침해행위를 관계 행정기관 등에 신고할 의무를 가진 자 또는 공직자가 자기 직무와 관련하여 공익신고를 한 사항에 대하여는 보상금을 감액하거나 지급하지 아니할 수 있다.
③ 제1항에 따른 보상금의 지급신청은 국가 또는 지방자치단체에 수입의 회복이나 증대에 관한 법률관계가 확정되었음을 안 날부터 2년 이내, 그 법률관계가 확정된 날부터 5년 이내에 하여야 한다.
④ 위원회는 제1항에 따른 보상금의 지급신청이 있는 때에는 특별한 사유가 없는 한 신청일부터 90일 이내에 그 지급 여부 및 지급금액을 결정하여야 한다.
제00조(보상금의 환수 등) 위원회는 다음 각 호의 어느 하나에 해당하는 사실이 발견된 경우에는 해당 보상금 신청인에게 반환할 금액을 통지하여야 하고 그 보상금 신청인은 이를 납부하여야 한다.
1. 보상금 신청인이 거짓, 그 밖의 부정한 방법으로 보상금을 지급받은 경우
2. 착오 등의 사유로 보상금이 잘못 지급된 경우

① 甲의 공익신고가 지방자치단체에 직접적인 수입의 회복 또는 증대를 가져오지는 않았지만 지방행정의 오랜 병폐를 해결했다면, 甲은 국민권익위원회에 보상금의 지급을 신청할 수 있다.
② 공직자인 乙의 공익신고가 국가의 직접적인 수입의 증대를 가져왔더라도 乙은 국민권익위원회에 보상금의 지급을 신청할 수 없다.
③ 丙의 공익신고가 국가의 직접적인 수입의 회복을 가져왔고 이에 관한 법률관계가 확정되어 丙이 해당 법률관계가 확정되었음을 안 날 국민권익위원회에 보상금의 지급을 신청했다면, 보상금은 반드시 90일 이내에 지급된다.
④ 공직자인 丁이 자기 직무와 관련하여 한 공익신고가 국가의 직접적인 수입의 증대를 가져왔고, 당해 법률관계가 확정된 날 국민권익위원회에 보상금의 지급을 신청하여 감액없이 보상금이 지급됐다면, 丁은 반드시 보상금을 반환해야 한다.
⑤ 戊의 공익신고가 지방자치단체의 직접적인 수입의 증대를 가져왔고, 이에 관한 법률관계가 2015년 1월 1일에 확정되었으나 戊가 이를 2020년 1월 2일에 알게 되었다면, 戊는 보상금의 지급을 신청할 수 없다.

3. 다음 글을 근거로 판단할 때 옳은 것은?

> 제00조(회원 탈퇴와 자격 제한 및 상실) ① 회원은 회사에 언제든지 탈퇴를 요청할 수 있으며, 회사는 즉시 회원탈퇴를 처리한다.
> ② 회원이 다음 각 호의 어느 하나에 해당하는 부정이용 행위를 하는 경우, 회사는 회원자격을 제한 또는 정지시킬 수 있다.
> 1. 자신의 이러닝콘텐츠를 타인이 이용하도록 하는 경우
> 2. 이러닝콘텐츠를 복제하는 경우
>
> ③ 회원자격의 제한·정지 후에도 회원이 동일한 행위를 반복하거나 30일 이내에 그 사유를 시정하지 아니하는 경우, 회사는 회원자격을 상실시킬 수 있다.
> 제00조(이러닝서비스 복습기간) ① 이러닝서비스 이용계약 시 복습기간을 제공하기로 약정한 경우에는 복습기간을 무료로 제공한다.
> ② 제1항의 약정이 없는 경우라도 회사는 이용자가 복습기간을 요청하면 저작권 등의 문제가 없는 한도에서 이를 제공할 수 있다. 다만, 이 경우 회사는 이용자에게 적절한 추가 이용대금을 청구할 수 있다.
> 제00조(이러닝서비스의 변경) ① 회사는 상당한 운영상 또는 기술상의 필요가 있는 경우에 이용자에게 제공되고 있는 이러닝서비스의 이용방법·이용시간을 변경할 수 있다.
> ② 제1항의 경우에 이용자는 회사에 대하여 변경 이전의 서비스 제공을 요구할 수 있다. 다만, 이것이 불가능할 경우 회사 또는 이용자는 계약을 해지할 수 있다.
> 제00조(이용자의 계약해제 및 해지) 이용자는 다음 각 호의 어느 하나에 해당하는 사유가 있을 때에는 그 사실을 안 날로부터 30일 이내 또는 해당 이러닝서비스를 공급받은 날로부터 90일 이내에 이러닝서비스 이용계약을 해제할 수 있다.
> 1. 이러닝서비스가 제공되지 않거나, 제공된 이러닝서비스가 표시·광고 등과 현저한 차이가 있는 경우
> 2. 회사가 제시한 최소한의 기술사양을 충족하였음에도 불구하고 이러닝서비스 이용이 불가능한 경우

① 회원이 회원자격의 정지 후에도 이러닝콘텐츠를 반복하여 복제하는 경우, 회사는 회원의 회원자격을 상실시킬 수 있다.
② 회사가 기술상의 필요가 있어 이러닝서비스의 이용방법을 변경한 경우, 이용자는 회사에 대하여 변경 이전의 서비스 제공을 요구할 수 없다.
③ 복습기간에 관한 약정이 없는 경우라도 이용자가 복습기간을 요청한다면 회사는 저작권의 문제가 없는 한도에서 무료로 제공해야 한다.
④ 제공된 이러닝서비스가 광고와 현저히 차이가 있는 경우, 이용자는 해당 사실을 안 날로부터 90일 이내에 이러닝서비스 이용계약을 해제할 수 있다.
⑤ 회원이 타인에게 자신의 이러닝콘텐츠를 이용하게 한 경우, 회사는 회원자격을 정지시켜야 한다.

4. 다음 글과 〈상황〉을 근거로 판단할 때 옳은 것은?

> 제○○조 ① 학교급식공급업자는 학교급식의 품질 및 안전을 위하여 다음 각 호의 어느 하나에 해당하는 식재료를 공급하여서는 아니된다.
> 1. 원산지 표시를 거짓으로 적은 식재료
> 2. 유전자변형농수산물의 표시를 거짓으로 적은 식재료
> 3. 축산물의 등급을 거짓으로 기재한 식재료
> 4. 표준규격품의 표시, 품질인증의 표시 및 지리적표시를 거짓으로 적은 식재료
>
> ② 학교급식공급업자는 식재료의 품질관리기준, 영양관리기준 및 위생·안전관리기준을 지켜야 한다.
> ③ 학교급식공급업자는 학교급식에 알레르기를 유발할 수 있는 식재료를 공급하는 경우에는 이 사실을 식재료를 공급하는 학교에 알리고, 급식 시에 표시하도록 하여야 한다.
> 제□□조 ① 제○○조 제1항 제1호 또는 제2호의 규정을 위반한 학교급식공급업자는 7년 이하의 징역 또는 1억 원 이하의 벌금에 처한다.
> ② 제○○조 제1항 제3호의 규정을 위반한 학교급식공급업자는 5년 이하의 징역 또는 5천만 원 이하의 벌금에 처한다.
> ③ 제○○조 제1항 제4호의 규정을 위반한 학교급식공급업자는 3년 이하의 징역 또는 3천만 원 이하의 벌금에 처한다.
> 제△△조 ① 제○○조 제2항의 규정을 위반한 학교급식공급업자에게는 500만 원 이하의 과태료를 부과한다.
> ② 제○○조 제3항의 규정을 위반한 학교급식공급업자에게는 300만 원 이하의 과태료를 부과한다.

〈상 황〉

> 甲은 A학교에 급식 식재료를 공급하는 학교급식공급업자이다. 최근 A학교 학생들의 집단 식중독이 문제가 되어 관계 행정청의 A학교에 대한 조사가 있었으며, 그 과정에서 甲이 위 법의 일부 사항을 위반하였음이 밝혀졌다.

① 甲이 지리적표시를 거짓으로 적은 식재료를 공급하였다면, 甲은 5년의 징역에 처해질 수 있다.
② 甲이 식재료의 영양관리기준을 지키지 않은 경우, 甲에게 600만 원의 과태료가 부과될 수 있다.
③ 甲이 유전자변형농수산물 표시를 거짓으로 적은 식재료를 공급하였다면, 甲은 6천만 원의 벌금에 처해질 수 있다.
④ 甲이 외국이 원산지인 식재료를 국산으로 표기하여 식재료를 공급하였다면, 甲에게는 500만 원의 과태료가 부과될 수 있다.
⑤ 甲이 알레르기를 유발할 수 있는 식재료를 공급하면서 그 사실을 해당 학교에 알리지 않은 경우, 甲에게 400만 원의 과태료가 부과될 수 있다.

5. 다음 글을 근거로 판단할 때 옳은 것은?

> 카페인은 정신을 맑게 하는 데 도움을 주지만 과다 복용 시 불안 증폭, 수면 장애 등 부작용을 일으킬 수 있다. 이에 따라 부작용에 대한 걱정 없이도 기호 식품으로써 커피를 즐길 수 있도록 커피에서 카페인을 제거한 디카페인 커피가 개발되었다. 디카페인 커피는 로셀리우스에 의해 1902년에 최초로 개발되었으나, 로셀리우스 방식은 인간에게 유해한 벤젠을 용매로 사용했기에 현재는 금지되었다. 용매는 물처럼 특정 물질을 녹일 수 있는 매개체를 의미하는데, 카페인을 녹여 제거하는 용매로는 염화 메틸렌이 주로 사용되고 있다.
>
> 현재 전 세계에 유통되는 디카페인 커피는 화학 용매를 활용하는지 여부에 따라 용매 기반 방식, 혹은 비용매 기반 방식으로 만들어진다. 대표적인 용매 기반 방식으로 직접 용매 방식이 있다. 카페인은 물에 녹는 수용성 물질이지만 커피에는 카페인 외에도 설탕, 단백질 등 다양한 수용성 물질이 포함되어 있어 카페인만을 쉽게 제거하기 위해서는 화학 물질인 용매를 이용해야만 한다. 화학 용매를 이용하는 방식은 별다른 기구를 필요로 하지 않기 때문에 여타 다른 방식에 비해 비용이 저렴하다는 특징이 있다. 직접 용매 방식은 커피콩을 직접 염화 메틸렌에 담가 카페인을 녹여낸 후, 커피콩을 볶으며 커피콩에 남아 있는 염화 메틸렌을 제거하는 방법이다. 염화 메틸렌은 휘발성이 높아 커피콩을 볶는 과정에서 대부분 증발된다.
>
> 비용매 기반 방식으로는 스위스 워터 방식과 이산화탄소 추출법이 있다. 스위스 워터 방식은 1930년대 초에 개발된 방식이다. 커피콩을 매우 뜨거운 물에 담근 뒤, 흡착력이 강한 활성탄 필터로 물을 거르면 필터의 작용으로 카페인만 걸러지고 커피콩 특유의 맛과 향은 그대로 남아 있게 된다. 이를 통해 일반 커피와 향미가 유사한 디카페인 커피를 만들 수 있다. 이산화탄소 추출법은 화학 용매 대신 이산화탄소를 사용해 카페인을 제거하는 방식이다. 특수 장치를 통해 이산화탄소에 압력을 주면, 이산화탄소는 액체가 되어 커피콩에서 카페인 분자만을 흡수할 수 있게 된다. 액체 이산화탄소를 따로 옮긴 후 다시 특수 장치를 사용해 가해진 압력을 제거하면 이산화탄소는 흡수했던 카페인을 외부로 배출하며 기체 상태로 되돌아간다. 이산화탄소 추출법은 스위스 워터 방식에 비해 일반 커피와 더욱 유사한 맛과 향을 가진 디카페인 커피를 만드나, 특수 장치를 사용해야 한다는 점에서 비용 부담이 있다.

① 이산화탄소 추출법은 용매 기반 방식에 비해 많은 비용이 든다.
② 최초의 디카페인 커피는 1930년대 이후에 개발되었다.
③ 커피콩을 볶으면 염화 메틸렌이 모두 제거되어 안전성이 보장된다.
④ 스위스 워터 방식으로 만든 디카페인 커피의 향이 일반 커피와 가장 유사하다.
⑤ 용매를 이용하지 않고 커피콩에서 카페인을 제거할 수는 없다.

6. 다음 글을 근거로 판단할 때, 甲이 사망하는 나이는?

> ○ 甲이 한 번 복용 시 수명이 5년씩 연장되는 약을 개발하였다.
> ○ 甲이 만든 약은 최소 1년의 간격을 두고 한 번씩 복용하며, 복용할수록 약효가 떨어지기 때문에 복용 시마다 복용량을 두 배씩 늘려야 한다. 복용량 미만의 약을 복용한 경우에는 수명이 연장되지 않는다.
> ○ 甲이 약 한 알을 만들기 위해서는 6개월이 걸리고, 한 번에 여러 개의 약을 동시에 만들 수 없다.
> ○ 甲은 지속적으로 약을 만들고, 복용량에 해당하는 약이 모두 만들어지면 가장 빠른 시일에 복용한다.
> ○ 甲은 원래 수명이 끝나기 직전인 80세에 기존에 만들어 둔 한 알뿐인 약을 처음으로 복용하였다.

① 105세
② 110세
③ 115세
④ 120세
⑤ 125세

7. 다음 글을 근거로 판단할 때, 〈보기〉에서 옳은 것만을 모두 고르면?

○○마트의 애플리케이션은 사용자가 장바구니에 담은 상품과 비슷한 상품을 자동으로 추천해주는 기능이 있다. 이때 이 추천 기능은 기존 상품과 비교하여 가격, 상품의 중량, 상품의 품질이 어떻게 달라지는지 함께 보여준다. 예를 들면 상품의 가격(A)이 증가하는지 감소하는지, 상품의 중량(B)이 늘어나는지 감소하는지, 상품의 품질(C)이 향상되는지 저하되는지 알려준다. 甲은 기존에 장바구니에 담은 상품과 추천 상품을 비교했을 때 중량 대비 가격이 낮아지면 추천 상품으로 변경하여 구매한다. 단, 중량 대비 가격이 높아지더라도 상품의 품질이 향상된다면 추천 상품을 구매한다.

〈보 기〉

ㄱ. 기존 상품과 비교하여 A는 증가, B는 감소, C는 변동이 없을 때, 甲은 추천 상품을 구매한다.
ㄴ. 기존 상품과 비교하여 A와 B가 모두 감소하고 C는 변동이 없을 때에도 甲이 추천 상품을 구매하는 경우가 있다.
ㄷ. 甲이 기존 상품 대신 추천 상품을 구매한다면, 추천 상품은 항상 A가 감소하고 B가 증가해야 한다.
ㄹ. 甲이 기존 상품 대신 추천 상품을 구매한다면, 추천 상품은 A가 증가하고 B가 감소하는 경우가 있다.

① ㄱ, ㄴ
② ㄱ, ㄹ
③ ㄴ, ㄷ
④ ㄴ, ㄹ
⑤ ㄷ, ㄹ

8. 다음 글과 〈상황〉을 근거로 판단할 때, 동아리의 신입부원으로 선발되지 않은 지원자는?

새 학기를 맞아 배드민턴, 축구, 농구, 암벽등반 동아리에서 신입부원을 모집한다.

○ 지원자는 5명(A~E)이며, 각 동아리에서는 1명의 부원을 뽑는다.
○ 동아리별로 부원을 뽑을 때 고려하는 1순위, 2순위 종목은 아래와 같다.

구분	1순위	2순위
배드민턴 동아리	제자리높이뛰기	멀리뛰기
축구 동아리	100m 달리기	윗몸 일으키기
농구 동아리	제자리높이뛰기	100m 달리기
암벽등반 동아리	윗몸 일으키기	멀리뛰기

○ 부원을 뽑는 우선권은 배드민턴, 축구, 농구, 암벽등반 동아리 순으로 주어진다.
○ 각 동아리는 타 동아리에 의해 선발된 지원자와 해당 동아리를 비희망한 지원자를 제외한 지원자 중에서 부원을 선발한다.
○ 1순위와 2순위 종목에 대한 5명의 순위를 기록이 우수한 순서대로 1~5위로 매긴 후, 두 종목의 평균 순위가 가장 높은 지원자를 선발한다. 단, '멀리뛰기', '제자리높이뛰기', '윗몸 일으키기'는 기록이 높을수록, '100m 달리기'는 기록이 빠를수록 우수하다.
○ 두 종목의 평균 순위가 같은 지원자가 2명 이상인 경우 그 중 1순위 종목의 순위가 더 높은 지원자를 선발한다.

〈상 황〉

지원자 A~E가 제출한 종목별 기록은 아래와 같다.

구분	종목				비희망 동아리
	멀리뛰기	100m 달리기	제자리 높이뛰기	윗몸 일으키기	
A	250cm	11.5초	75cm	45회	축구
B	240cm	12초	52cm	50회	암벽등반
C	270cm	11초	63cm	30회	농구
D	300cm	13초	68cm	40회	배드민턴
E	290cm	12.5초	55cm	60회	농구

① A
② B
③ C
④ D
⑤ E

[9 ~ 10] 다음 글을 읽고 물음에 답하시오.

잠자리 종류는 5,000종이 넘지만 한국에 서식 중인 잠자리는 약 107종으로 알려져 있다. 잠자리는 생물 분류에 의할 때 동물계-절지동물문-곤충강-잠자리목으로 분류되며, 잠자리목에 속하는 곤충을 총칭한다. 잠자리는 1초에 약 30~40회의 날갯짓을 하는데, 속도는 시속 50~60km에 이른다. 몸길이의 경우 날개를 펼쳤을 때 양쪽 날개 끝까지의 길이를 뜻하는 나비와 달리 잠자리는 머리에서 배 끝까지의 길이를 뜻하며, 최소 2cm에서 최대 15cm로 그 길이가 다양하다. 보기 어렵거나 희귀한 종을 제외하고 우리의 생활공간에서 비교적 쉽게 발견할 수 있는 잠자리는 크게 물잠자리과, 실잠자리과, 잠자리과로 나눌 수 있다.

물잠자리과는 한국에 5종이 기록되어 있으며, 날개가 검고 앉았을 때 날개를 모은다. 5종 중 2종은 관찰된 바 없으며 1종은 북한 지역에 기록된 종이기에 2종만을 확인할 수 있다. 해당 종은 검은물잠자리와 물잠자리이며, 검은물잠자리는 60~62mm의 몸길이로 2급수 이상의 맑은 냇물에 폭넓게 분포하는 반면, 물잠자리는 55~57mm의 몸길이로 1급수 이상의 맑은 냇물에 살고 있어 검은물잠자리 보다 발견하기 어렵다. 검은물잠자리와 물잠자리 모두 수컷은 배에 금속성 광택이 있다는 공통점이 있지만, 검은물잠자리의 날개는 긴 타원형으로 각이 진 반면, 물잠자리의 날개는 타원형으로 둥그스름하다는 점에서 차이가 있다. 다른 잠자리과와 마찬가지로 알-애벌레-어른벌레 단계를 거치며, 모두 육식성이다. 어른벌레 상태인 검은물잠자리와 물잠자리는 5~9월에 주로 발견되며, 상대적으로 여름에 많이 발견할 수 있다.

실잠자리과는 한국에 22종이 기록되어 있으며, 양쪽 눈이 멀리 떨어져 있고 몸이 가늘다. 이들의 몸길이는 대개 30mm 내외로 작으며, 앞날개와 뒷날개의 형태가 거의 같다. 대표적으로 전국 냇가나 연못 주변에서 발견되는 아시아실잠자리, 등검은실잠자리, 왕실잠자리, 방울실잠자리, 노란실잠자리가 있고, 이들은 겨울을 애벌레 상태로 난다. 이중 아시아실잠자리는 암컷이 미성숙 개체일 때는 붉은색이지만 성숙 개체가 되면 녹색으로 변하며, 등검은실잠자리는 수컷이 미성숙 개체일 때는 가슴등판의 줄무늬가 보이지만 성숙 개체가 되면 보이지 않는 특징을 갖는다. 가는실잠자리와 묵은실잠자리의 경우 앞의 실잠자리들과 다르게 겨울을 어른벌레로 나는 특징을 가지며, 주로 낮은 산의 풀숲에서 발견된다.

잠자리과는 한국에 38종이 기록되어 있으며, 두 눈이 붙어 있고, 앉았을 때 날개를 펼친다. 넉점박이잠자리와 같이 제한된 지역에 국지적으로 분포하거나 날개잠자리와 같이 국외종이 일시적으로 날아오는 경우도 있지만, 대개 고추좀잠자리와 같이 전국에 분포한다. 잠자리과에 속하는 잠자리는 대개 암수 연결 타수산란을 통해 알을 낳지만, 깃동잠자리는 암수 연결 공중산란, 노란허리잠자리는 부유식물에 단독산란을 한다. 대부분은 연못이나 습지처럼 물이 고인 곳에 살며, 날개띠좀잠자리와 같이 흐르는 물에 사는 경우도 있다.

9. 윗글을 근거로 판단할 때, 〈보기〉에서 옳은 것만을 모두 고르면?

〈보 기〉

ㄱ. 1급수의 맑은 냇물에서는 검은물잠자리와 물잠자리 모두 발견할 수 있다.
ㄴ. 한국에서 발견되는 수컷 물잠자리과 잠자리는 모두 타원형의 날개를 가지고 있다.
ㄷ. 실잠자리는 날개를 펼쳤을 때 양쪽 날개 끝까지의 길이가 대개 30mm 내외로 작다.
ㄹ. 실잠자리과의 잠자리는 성숙 개체가 되면 색깔과 몸의 무늬가 바뀐다.

① ㄱ, ㄴ
② ㄱ, ㄹ
③ ㄴ, ㄷ
④ ㄱ, ㄴ, ㄷ
⑤ ㄴ, ㄷ, ㄹ

10. 윗글과 〈상황〉을 근거로 판단할 때, ㉠과 ㉡에 들어갈 수의 합은?

〈상 황〉

○ 몸길이가 가장 긴 잠자리와 가장 작은 검은물잠자리의 몸길이를 더하면 (㉠)mm이다.
○ 포르시포미아(Forcipomiya)는 1mm 정도의 흡혈곤충으로 세상에서 가장 빠른 곤충으로 알려져 있으며, 1분에 6만 번의 날갯짓을 한다. 포르시포미아가 1초 동안 날갯짓 하는 것은 잠자리가 가장 빨리 날갯짓을 한다고 했을 때 (㉡)초 동안 날갯짓 하는 것과 동일하다.

① 100
② 102
③ 235
④ 2,475
⑤ 2,610

11. 다음 글을 근거로 판단할 때, 〈보기〉에서 옳지 않은 것만을 모두 고르면?

제○○조(과정) 국방대학교에 학위를 수여하지 아니하는 기본과정(이하 "기본과정"이라 한다)과 학위를 수여하는 학위과정(이하 "학위과정"이라 한다)을 둔다.

제△△조(입학자격) ① 국방대학교의 기본과정에 입학할 수 있는 자는 다음 각 호의 어느 하나에 해당하는 자로 한다.
1. 현역장교로서 각 군 대학을 졸업한 자
2. 4급 이상의 공무원 또는 고위공무원단에 속하는 일반직공무원

② 학위과정에 입학할 수 있는 사람은 다음 각 호의 어느 하나에 해당하는 사람으로 한다.
1. 현역에 복무하는 장교, 준사관, 부사관 및 군무원
2. 공무원

③ 제1항 및 제2항에서 정한 자 외에 외국군 장교, 기타 국방대학교에서 교육을 실시하는 것이 필요하다고 인정되는 자를 국방부장관의 승인을 얻어 기본과정 또는 학위과정에 입학시킬 수 있다.

제□□조(입학추천) 제△△조 제1항과 제2항에 따라 국방대학교의 기본과정 또는 학위과정에 입학할 수 있는 사람은 다음 각 호에 따른 추천권자의 입학추천을 받은 사람으로 한다.
1. 현역군인: 소속 군참모총장
2. 공무원
가. 국가공무원 및 지방공무원: 행정안전부장관 또는 인사혁신처장. 다만, 국회·법원·헌법재판소 및 선거관리위원회에 소속된 공무원의 경우에는 국회사무총장, 법원행정처장, 헌법재판소사무처장 및 중앙선거관리위원회사무총장을 말한다.
나. 군무원: 소속 군참모총장 또는 국방부직할부대·기관의 장

※ 고위공무원단은 행정기관 국장급(3급) 이상 공무원으로 구성함.

〈보 기〉

ㄱ. 국회 소속 7급 공무원인 甲은 국회사무총장의 입학추천이 있으면 국방대학교의 학위과정에 입학할 수 있다.
ㄴ. 퇴역한 육군장교 乙은 육군참모총장의 추천과 승인이 있으면 국방대학교의 학위과정에 입학할 수 있다.
ㄷ. 교육부에서 근무하는 6급 공무원 丙은 행정안전부장관 또는 인사혁신처장의 입학추천이 있으면 국방대학교 기본과정에 입학할 수 있다.

① ㄱ
② ㄱ, ㄴ
③ ㄱ, ㄷ
④ ㄴ, ㄷ
⑤ ㄱ, ㄴ, ㄷ

12. 다음 글을 근거로 판단할 때, 甲부처가 열린관광지로 선정할 곳만을 모두 고르면?

甲부처에서는 장애인, 고령자, 영유아 동반 가족 등 관광약자도 즐겁게 여행할 수 있는 열린관광지를 선정하고 있다. 열린관광지는 공모를 통해 신청 접수된 관광지를 1단계와 2단계로 나누어 평가한 뒤 선정하며, 그 평가 방법은 다음과 같다.

○ 1단계: 열린관광지 공모에 제출한 신청서를 토대로 각 관광지의 매력도를 평가하여 70점 이상인 경우에만 다음 단계의 평가를 진행한다. (단, 대표 관광지로 선정된 이력이 있을 경우 65점 이상을 기준으로 함)
○ 2단계: 평가 요소에 따른 점수를 산정한 뒤 이를 모두 합산한 총점을 바탕으로, 총점이 높은 두 곳을 열린관광지로 선정한다.
– 평가 요소별 점수는 다음과 같다.

평가 요소	휠체어 대여 서비스 제공	음성 안내 서비스 제공	체험 콘텐츠 개수	정보제공 채널 개수
부여 점수	5점	5점	개당 2점	개당 3점

※ 정보제공 채널: 앱, 책자, 홈페이지 세 종류로, 종류별 1개로 간주

– 열린관광지는 동일 지역에서 모두 선정될 수 없다. 즉, 총점이 높은 두 곳이 동일 지역이라면 둘 중 총점이 높은 한 곳만 선정하며, 나머지 한 곳은 다른 지역의 관광지 중에서 선정한다.

○ 공모를 신청한 관광지 A~E의 현황은 다음과 같다.

관광지	A	B	C	D	E
지역	가	나	다	다	나
대표 관광지 선정 이력	있음	있음	있음	없음	있음
매력도	78점	67점	72점	65점	84점
휠체어 대여 서비스 제공	미제공	제공	미제공	제공	제공
음성 안내 서비스 제공	제공	제공	제공	미제공	미제공
체험 콘텐츠 개수	1개	1개	3개	4개	7개
정보제공 채널	책자, 앱, 홈페이지	홈페이지, 책자	책자	앱, 책자	–

① A, B
② A, E
③ B, C
④ B, E
⑤ C, D

13. 다음 글을 근거로 추론할 때 옳지 않은 것은?

1780년 청나라 황제인 건륭제의 생일을 축하하기 위해 조선에서 파견한 사신단의 일원으로 청나라에 다녀온 박지원은 열하일기라는 여행기를 남겼다. 열하는 오늘날 청더라고 불리는 도시로, 청나라의 수도 연경, 즉 오늘날의 베이징과는 수백 킬로미터 떨어진 곳이다. 박지원과 조선 사신단이 연경에 도착했을 때 건륭제는 열하의 피서산장에 있었기 때문에 사신단은 황제가 있는 열하로 갈 수밖에 없었다. 박지원의 여행기가 열하일기라는 제목을 가지게 된 이유인 것이다. 그렇다면 건륭제는 왜 연경이 아니라 열하의 피서산장에 있었을까?

피서산장은 건륭제의 할아버지인 강희제가 건립한 청나라 황제의 여름 별장이었다. 피서산장을 지은 목적은 무더운 여름철에는 연경의 북쪽에 있는 피서산장에서 시원하게 지내겠다는 것이었으나 피서산장은 단지 황제의 피서만을 위한 공간이 아니었다. 피서산장은 몽골과 청나라의 경계에 해당하는 곳에 건립되었는데, 황제는 여름철이 되면 청나라의 고위층과 주력군인 팔기군 수천 명을 거느리고 피서산장으로 향하며 몽골 귀족들에게 피서산장으로 모일 것을 명령했다. 몽골을 떠나 청나라의 열하에 모인 몽골 귀족들은 청나라 고위층이 누리는 부유함과 팔기군의 위세를 목격해야만 했다. 청나라의 강건함을 확인한 몽골 귀족들은 황제에게 충성 맹세를 할 수밖에 없었고, 충성 맹세를 받은 황제는 그들의 특권적 지위를 인정해주었다. 몽골 귀족들의 충성을 확인한 황제는 그곳에서 정무를 보기도 하고, 몽골 귀족들과 팔기군을 거느리고 사냥을 하기도 했다. 이로써 황제는 청나라의 몽골에 대한 지배를 확인했고, 여름이 끝나면 다시 연경으로 돌아갈 수 있었다.

박지원을 비롯한 조선 사신단이 열하의 피서산장으로 가야만 했던 이유도 여기에 있었다. 특히, 건륭제는 피서산장을 가장 애용한 청나라 황제였다. 60년에 이르는 재위 기간 동안 52차례 피서산장에 머물렀는데, 6~7월경에 연경을 떠나 피서산장으로 향했고, 자신의 생일을 성대히 기념한 다음 8~9월경에 다시 연경으로 돌아왔다. 건륭제가 피서산장에 머무르는 동안 열하는 청나라의 실질적인 수도 역할을 담당하였다.

① 청더는 베이징의 북쪽에 위치해있을 것이다.
② 피서산장은 몽골이 아니라 청나라의 영역 안에 건립되었을 것이다.
③ 건륭제의 생일을 축하하기 위해 조선의 사신단은 항상 열하로 가야 했을 것이다.
④ 청나라 군대는 황제의 사냥에 동원되었을 것이다.
⑤ 피서산장은 다양한 목적을 염두에 두고 건립되었을 것이다.

14. 다음 글을 근거로 판단할 때, 〈보기〉에서 옳은 것만을 모두 고르면?

○ A무술협회는 해당 협회 소속 무술인에게 벨트 취득 요건 충족 시, 5등급의 벨트(하양, 노랑, 초록, 파랑, 검정)를 부여한다.
○ A무술협회에서 주관하는 공식대회는 2001년 5월에 제1회, 2001년 10월에 제2회가 시행되었으며 이후 매년 5월과 10월에 개최되고 있다.
○ 각 벨트의 취득 요건은 아래와 같으며, 해당 요건을 충족하는 즉시 벨트가 부여된다.
  – 하양 벨트: 기초체력훈련을 이수한 자
  – 노랑 벨트: 하양 벨트를 취득한 후 만 1년이 경과했거나 공식대회에 출전하여 1승을 기록한 자
  – 초록 벨트: 노랑 벨트를 취득한 후 만 3년이 경과했거나 공식대회에 출전하여 누적 10승을 기록한 자
  – 파랑 벨트: 초록 벨트를 취득한 후 만 3년이 경과한 자로서 공식대회 우승을 5회 기록한 자
  – 검정 벨트: 초록 벨트를 취득한 후 만 5년이 경과한 자로서 공식대회 우승을 8회 기록한 자
○ 대회 개최 전날을 기준으로 벨트를 취득한 자에 한하여 해당 공식대회에 참가할 수 있다.
○ 공식대회는 32강 토너먼트 경기로 진행되어, 벨트 종류에 관계없이 32명의 협회 소속 무술인이 출전하여 일대일로 승부를 겨룬다.

〈보 기〉

ㄱ. A무술협회의 공식대회 우승 횟수가 총 10회인 무술인이라면 모두 검정 벨트를 취득할 수 있다.
ㄴ. A무술협회 소속 무술인이 2022년 7월에 기초체력훈련을 이수하였다면, 2023년 7월 전에 초록 벨트를 취득할 수 있다.
ㄷ. 기초체력훈련을 이수한 A무술협회 소속 무술인은 공식대회에 출전하지 않더라도 파랑 벨트를 취득할 수 있다.

① ㄱ
② ㄴ
③ ㄷ
④ ㄱ, ㄴ
⑤ ㄴ, ㄷ

15. 다음 글을 근거로 판단할 때, A시가 운영할 정책은?

○ A시는 주민참여예산제도를 통하여 매년 주민으로부터 정책안을 제안받고 그 중 가장 높은 점수를 받은 정책을 선정하여 운영한다.
○ 예산위원과 시민은 각각 50점 만점을 기준으로 각각의 정책안을 평가하고 점수를 부여한다.
○ 각각의 정책안에 대한 예산위원 평가 점수와 시민의 평가 점수를 반영 비율 2:3으로 적용하여 합산한다.
○ 동일한 분야에 제출된 정책안이 두 개 이상인 분야는 주민들의 수요가 크다고 판단하여 각 정책안의 합산 점수에 10%의 가산점을 부과한다.
○ 점수가 동일한 정책안이 있는 경우 시민 평가 점수가 더 높은 정책안을 선정해 운영한다.
○ A시의 주민으로부터 제안받은 정책은 다음과 같다.

구분 분야	정책안	예산위원 평가 점수	시민 평가 점수
교통	무단횡단금지펜스 설치	40	34
복지	저소득층과 청소년을 위한 마을밥상 운영	32	35
복지	함께 즐기는 공공 와이파이 확대	34	34
일자리	청년 미디어 크리에이터 양성	28	43
공원	아름다운 벽면녹화 화단 조성	37	32
공원	CCTV 설치를 통한 안전하고 편리한 공원 조성	26	38
협치	생태계보호지역 시민참여관리체계 구축	39	36

① 저소득층과 청소년을 위한 마을밥상 운영
② 함께 즐기는 공공 와이파이 확대
③ 청년 미디어 크리에이터 양성
④ 아름다운 벽면녹화 화단 조성
⑤ 생태계보호지역 시민참여관리체계 구축

16. 다음 글을 근거로 판단할 때, 〈보기〉에서 옳은 것만을 모두 고르면?

○ 甲과 乙은 1부터 8까지의 숫자가 적힌 카드 8장으로 게임을 한다.
○ 두 사람은 무작위로 4장씩 카드를 나누어 갖는다.
○ 두 사람은 나누어 가진 카드를 자신이 원하는 순서대로 나열하고, 나열한 숫자들 사이에 한 장의 더하기 카드를 끼워 넣는다. 단, 더하기 카드는 맨 앞이나 맨 뒤에는 끼워 넣을 수 없다.
○ 완성된 덧셈식을 계산하여 도출한 숫자를 최종숫자라 한다.
○ 최종숫자가 100에 가까운 사람이 게임에서 승리하며, 두 사람의 최종숫자가 같은 경우에는 8이 적힌 카드를 가지고 있지 않은 사람이 게임에서 승리한다.
○ 甲과 乙은 게임에서 승리하기 위해 최선을 다한다.

〈보 기〉

ㄱ. 甲이 나누어 가진 카드에 적힌 숫자가 3, 4, 7, 8이라면, 甲은 게임에서 승리한다.
ㄴ. 甲의 최종숫자가 120 이상이라면, 甲은 게임에서 승리할 수 없다.
ㄷ. 甲의 최종숫자가 99이고 甲이 나누어 가진 카드에 적힌 숫자 4개 중 3개가 1, 2, 7이라면, 甲은 게임에서 승리한다.

① ㄱ
② ㄴ
③ ㄷ
④ ㄱ, ㄴ
⑤ ㄱ, ㄷ

17. 다음 글을 근거로 판단할 때, C교수의 모국어와 전공어를 옳게 짝지은 것은?

> ○ 4명의 교수(A~D)는 인당 하나씩의 모국어와 전공어를 가지며 이외의 언어는 알지 못한다.
> ○ A~D는 서로 다른 모국어를 가진다.
> ○ A~D는 서로 다른 전공어를 가진다.
> ○ 모국어와 전공어가 같은 교수는 없다.
> ○ A~D의 모국어와 전공어는 한국어, 영어, 스페인어, 러시아어 중 하나이다.
> ○ A의 모국어는 한국어이고, D의 전공어는 영어이다.
> ○ B는 D와 동일한 언어로 대화가 가능하다.
> ○ C와 D는 스페인어를 알지 못한다.

	모국어	전공어
①	한국어	영어
②	영어	한국어
③	영어	러시아어
④	러시아어	한국어
⑤	러시아어	스페인어

18. 다음 글을 근거로 판단할 때, A마을의 공동 저수조에 남아있는 물의 양으로 가능하지 않은 것은?

> ○ 甲, 乙, 丙, 丁, 戊 5명이 사는 A마을의 공동 저수조에는 현재 70리터의 물이 저장되어 있다.
> ○ A마을 주민들은 각자 정해진 물통에 물을 최대로 받아간다.
> ○ 甲의 물통은 최대 2리터, 乙의 물통은 최대 5리터, 丙의 물통은 최대 7리터, 丁의 물통은 최대 11리터, 戊의 물통은 최대 13리터의 물을 받을 수 있다.
> ○ A마을 주민들은 모두 1번 이상 저수조에서 물을 받아갔고, 한 명의 주민이 3번 이상 물을 받아갈 수는 없다.
> ○ A마을의 저수조에는 현재 저장된 물을 모두 사용하기 전까지 새로운 물을 투입하지 않는다.
> ○ A마을의 저수조는 A마을의 주민만 사용할 수 있으며, A마을의 주민은 甲~戊 이외에는 없다.

① 1리터
② 7리터
③ 14리터
④ 22리터
⑤ 27리터

19. 다음 글을 근거로 판단할 때, 甲이 판매한 오렌지 상자의 개수는?

> 甲의 과일가게에서 판매하는 오렌지의 가격은 개당 1,500원이며, 오렌지 8개가 묶음 포장된 상자의 가격은 한 상자당 9,000원이다. 甲은 손님이 오렌지를 8개 이상 구매할 경우 항상 묶음 포장된 상자로 판매하며, 오렌지를 낱개와 상자로 각각 판매하다가 오렌지의 개수 부족으로 상자로 판매가 불가능하게 되었을 때 남은 오렌지를 개당 1,000원에 판매한다.
>
> 甲이 오늘 판매한 오렌지는 총 150개였으며, 오렌지를 판매하여 얻은 매출은 184,000원이었다. 단, 甲이 개당 1,000원에 판매한 오렌지는 1개 이상이다.

① 10상자
② 11상자
③ 12상자
④ 13상자
⑤ 14상자

20. 다음 글과 〈상황〉을 근거로 판단할 때, 甲이 양식 어장에 설치된 부표를 교체하는 데 지불하는 최소 비용은?

○ 양식 어장 종류에 따른 부표의 규격은 다음과 같다.
- 김 양식용: 40L
- 굴 양식용: 60L
- 가두리 양식용 및 뗏목용: 100L

○ □□국은 스티로폼 부표를 친환경 부표로 교체하는 경우 부표 교체 비용 중 일부를 지원하는 정책을 시행 중이다.

○ □□국은 부표 형태에 따라 발포형의 경우 교체 비용의 70%를, 사출형의 경우 교체 비용의 80%를 지원한다.

○ 친환경 부표의 제품별 정보는 다음과 같다.

제품명	용도	규격(L)	부표 형태	비용(개당)
A	김 양식용	40	발포형	8,000원
B	김 양식용	40	발포형	11,000원
C	김 양식용	40	사출형	15,000원
D	굴 양식용	60	사출형	21,000원
E	굴 양식용	60	발포형	15,000원
F	가두리 양식용, 뗏목용	100	발포형	70,000원
G	가두리 양식용, 뗏목용	100	사출형	110,000원

〈상 황〉

> 甲은 □□국 ○○연안에서 김 양식 어장과 굴 양식 어장을 운영 중이다. 甲은 각각의 양식 어장의 스티로폼 부표를 친환경 부표로 교체하고자 한다. 甲은 김 양식 어장에 있는 부표 50개와 굴 양식 어장에 있는 부표 80개를 교체할 예정이다. 또한 甲은 양식 어장을 관리하는 데 사용하는 뗏목용 부표 20개를 교체할 예정이다. 단, 甲은 친환경 부표로 교체 시 각 양식 어장에 따른 부표의 규격에 맞춰 교체한다.

① 87만 6천 원
② 90만 원
③ 92만 원
④ 92만 6천 원
⑤ 96만 5천 원

21. 다음 글을 근거로 판단할 때, ㉠과 ㉡에 들어갈 숫자를 옳게 짝지은 것은?

> 甲 구청은 가정의 달 5월을 맞이하여 여러 가지 행사를 개최하고자 한다. 甲 구청의 행사 담당 부서에서는 다음의 기준에 따라 5월 행사 일정을 계획한다.
>
> ○ 행사는 평일에만 개최하며, 이틀을 연속하여 개최하지 않는다.
> ○ 마지막 주를 포함하여 매주 최소 2번의 행사를 개최한다.
> ○ 날짜가 5의 배수인 날 중 2일 이상 행사를 개최한다.
> ○ 어린이날인 5월 5일과 석가탄신일인 5월 24일에는 행사를 개최한다.
> ○ 봄꽃 축제는 금요일부터 시작되며, 축제기간인 5월 12일부터 5월 16일에는 행사를 개최하지 않는다.
>
> 甲 구청이 위의 기준에 따라 5월 행사 일정을 계획한다면 월요일에는 최소 (㉠)번, 최대 (㉡)번의 행사가 개최될 수 있다.

	㉠	㉡
①	1	3
②	2	3
③	2	4
④	3	4
⑤	3	5

22. 다음 글을 근거로 판단할 때, A의 첫자리에 위치한 숫자와 C의 끝자리에 위치한 숫자의 합은?

> 서로 다른 한 자리 숫자 2개가 번갈아 나열된 여섯 자리 자연수 A가 있다. A의 각 자리에 위치한 숫자를 모두 더한 값은 36이고, 번갈아 나오는 2개의 숫자 중 어느 한 자리 숫자는 다른 한 자리 숫자의 배수이다. 甲은 여섯 자리 자연수 A의 끝자리에 위치한 숫자를 첫자리 앞으로 이동시켜 새로운 여섯 자리 자연수 B를 만들었다. B에서 A를 뺀 결과, 甲은 서로 다른 한 자리 숫자 2개가 번갈아 나열된 또 다른 여섯 자리 자연수 C를 만들 수 있었다. 이때 C의 첫자리에 위치한 숫자는 끝자리에 위치한 숫자보다 작았다.

① 7
② 10
③ 11
④ 12
⑤ 14

23. 다음 글을 근거로 판단할 때, 乙의 주민등록번호 앞 6자리 숫자를 각각 더한 값은?

> 甲: 올해 추석 연휴가 언제부터 시작하지?
> 乙: 정식 추석 연휴 3일은 이번 주 목요일부터 시작해. 올해 2023년 추석 연휴는 9월 28일부터 시작하거든.
> 甲: 추석 연휴 셋째 날이 내 생일인데, 그 날부터 만으로 30살이 돼.
> 乙: 미리 생일 축하해. 난 다음 주 수요일이 생일이거든. 그러고 보니 너의 주민등록번호 앞 6자리 숫자를 각각 더하면 현재 내 만 나이랑 같네!

① 21
② 22
③ 23
④ 24
⑤ 25

24. 다음 글을 근거로 판단할 때, 〈보기〉에서 옳은 것만을 모두 고르면?

> ○ 甲이 카드를 뽑아서 숫자를 만드는 놀이를 하고 있다.
> ○ 각 카드의 앞면에는 색만 칠해져 있고, 뒷면에는 숫자만 적혀 있다.
> ○ 앞면이 빨간색, 초록색, 파란색인 카드가 각 3장씩 준비되어 있다.
> ○ 빨간색 카드의 뒷면은 0, 4, 6, 초록색 카드의 뒷면은 1, 3, 8, 파란색 카드의 뒷면은 2, 5, 7이 적혀있다.
> ○ 甲은 카드를 색깔별로 한 장씩 뽑아 세 자리 수를 만든다. 세 자리 수를 만들기 위한 카드의 배치 순서는 임의로 할 수 있다. 단, 빨간색 카드의 뒷면이 0일 경우 빨간색 카드는 첫 번째 자리에 배치할 수 없다.

〈보 기〉

ㄱ. 甲이 만들 수 있는 세 자리 수는 총 144개이다.
ㄴ. 카드를 빨간색-초록색-파란색 순으로 배치 순서를 정한다면, 甲이 만들 수 있는 세 자리 수 중 4의 배수인 수는 총 6개이다.
ㄷ. 甲이 뽑은 빨간색 카드의 숫자가 파란색 카드의 숫자보다 작고 카드를 파란색-초록색-빨간색 순으로 배치 순서를 정한다면, 甲이 만들 수 있는 세 자리 수는 총 18개이다.

① ㄱ
② ㄴ
③ ㄷ
④ ㄱ, ㄷ
⑤ ㄴ, ㄷ

25. 다음 글을 근거로 판단할 때, 〈보기〉에서 옳은 것만을 모두 고르면?

甲기업은 월요일부터 금요일까지 요일별로 주력 상품 한 가지만을 판매하는 방식으로 운영하며, 매주 다음의 방식 1~2 중 한 가지를 채택하여 운영하고 있다.

방식 1: 개당 제조원가가 낮은 상품을 월요일부터 순서대로 판매한다. 단, 제조원가가 같을 경우 보유량이 더 많은 상품부터 판매한다.

방식 2: 개당 제조원가가 높은 상품을 월요일부터 순서대로 판매한다. 단, 제조원가가 같을 경우 보유량이 더 적은 상품부터 판매한다.

〈상품별 현황〉

甲기업이 판매하는 상품 A~E의 제조원가와 이번 주 상품 판매 전 보유량은 다음과 같았다.

상품	A	B	C	D	E
제조원가 (만 원/개)	50	60	80	60	40
보유량(개)	15	10	5	20	30

〈요일별 매출액〉

甲기업은 요일별 매출액에서 해당일 판매 상품의 총 제조원가를 뺀 값이 0보다 크면 수익, 0보다 작으면 손실로 그날의 매출을 마감 처리한다. 이번 주 요일별 매출액은 다음과 같았다.

요일	월	화	수	목	금
매출액(만 원)	900	500	1,500	600	2,000

〈보 기〉

ㄱ. 방식 1을 선택했을 경우 화요일에는 손실이 났을 것이다.
ㄴ. 방식 2를 선택했을 경우 수익이 난 날수가 더 많을 것이다.
ㄷ. 어느 방식을 선택했더라도 수요일에는 수익도 손실도 나지 않는다.
ㄹ. 수익이 난 날수에서 손실이 난 날수를 뺀 값은 방식 1이 방식 2보다 크다.

① ㄱ, ㄴ
② ㄱ, ㄷ
③ ㄴ, ㄷ
④ ㄴ, ㄹ
⑤ ㄷ, ㄹ

약점 보완 해설집 p.18

자르는 선

2025 해커스PSAT 7급 PSAT FINAL 봉투모의고사 상황판단 (3회)

컴퓨터용 흑색사인펜만 사용

책형
ⓘⓛ
ⓐ⑪

Note: the 책형 boxes print as circled 인 and 재:

책형
(인)
(재)

【필적감정용 기재】
*아래 예시문을 옮겨 적으시오

본인은 OOO(응시자성명)임을 확인함

기 재 란

성 명	
자필성명	본인 성명 기재
시험장소	

응시번호

	⓪	⓪	⓪	⓪	⓪	⓪	⓪
	①	①	①	①	①	①	①
	②	②	②	②	②	②	②
	③	③	③	③	③	③	③
	④	④	④	④	④	④	④
⑤	⑤	⑤	⑤	⑤	⑤	⑤	⑤
⑥	⑥	⑥	⑥	⑥	⑥	⑥	⑥
⑦	⑦	⑦	⑦	⑦	⑦	⑦	⑦
	⑧	⑧	⑧	⑧	⑧	⑧	⑧
	⑨	⑨	⑨	⑨	⑨	⑨	⑨

생년월일

⓪	⓪	⓪	⓪	⓪	⓪
①	①	①	①	①	①
②	②		②	②	②
③	③		③	③	③
④	④		④		④
⑤	⑤		⑤		⑤
⑥	⑥		⑥		⑥
⑦	⑦		⑦		⑦
⑧	⑧		⑧		⑧
⑨	⑨		⑨		⑨

※시험감독관 서명
(서명을 정자로 기재할 것)

적색 볼펜만 사용

상황판단(1~10번)

1	①	②	③	④	⑤
2	①	②	③	④	⑤
3	①	②	③	④	⑤
4	①	②	③	④	⑤
5	①	②	③	④	⑤
6	①	②	③	④	⑤
7	①	②	③	④	⑤
8	①	②	③	④	⑤
9	①	②	③	④	⑤
10	①	②	③	④	⑤

상황판단(11~20번)

11	①	②	③	④	⑤
12	①	②	③	④	⑤
13	①	②	③	④	⑤
14	①	②	③	④	⑤
15	①	②	③	④	⑤
16	①	②	③	④	⑤
17	①	②	③	④	⑤
18	①	②	③	④	⑤
19	①	②	③	④	⑤
20	①	②	③	④	⑤

상황판단(21~25번)

21	①	②	③	④	⑤
22	①	②	③	④	⑤
23	①	②	③	④	⑤
24	①	②	③	④	⑤
25	①	②	③	④	⑤

시험일: _____년 _____월 _____일

국가공무원 7급 공개경쟁채용 1차 필기시험 모의고사

| 상황판단영역 |

응시번호	
성명	

실전모의고사 **4회**

문제책형 **선**

응시자 주의사항

1. **시험시작 전 시험문제를 열람하는 행위나 시험종료 후 답안을 작성하는 행위를 한 사람**은 「공무원 임용시험령」 제51조에 의거 **부정행위자**로 처리됩니다.
2. **답안지 책형 표기는 시험시작 전** 감독관의 지시에 따라 **문제책 앞면에 인쇄된 문제책형을 확인**한 후, **답안지 책형란에 해당 책형(1개)**을 '●'로 표기하여야 합니다.
3. 시험이 시작되면 문제를 주의 깊게 읽은 후, **문항의 취지에 가장 적합한 하나의 정답만을 고르며**, 문제내용에 관한 질문은 할 수 없습니다.
4. **답안을 잘못 표기하였을 경우에는 답안지를 교체하여 작성**하거나 **수정할 수 있으며**, 표기한 답안을 수정할 때는 **응시자 본인이 가져온 수정테이프만을 사용**하여 해당 부분을 완전히 지우고 부착된 수정테이프가 떨어지지 않도록 손으로 눌러주어야 합니다. **(수정액 또는 수정스티커 등은 사용 불가)**
5. **시험시간 관리의 책임은 응시자 본인에게 있습니다.**
   ※ 문제책은 시험종료 후 가지고 갈 수 있습니다.

정답공개 및 해설강의 안내

1. 모바일 자동 채점 및 성적 분석 서비스
   • '약점 보완 해설집'에 회차별로 수록된 QR코드 인식 ▶ 응시 인원 대비 자신의 성적 위치 확인
2. 해설강의 수강 방법
   • 해커스PSAT 사이트(psat.Hackers.com) 접속 후 로그인 ▶ 우측 퀵배너 [쿠폰/수강권등록] 클릭 ▶ '약점 보완 해설집'에 수록된 쿠폰번호 입력 후 이용

해커스PSAT

상황판단영역

1. 다음 글을 근거로 판단할 때 옳은 것은?

> 제00조(투표·개표의 참관) ① 후보자는 선거인 중에서 투표소마다 2명 이내의 투표참관인을 선정하여 선거일 전 2일까지, 개표소마다 2명 이내의 개표참관인을 선정하여 선거일 전일까지 관할위원회에 서면으로 신고하여야 한다. 이 경우 개표참관인은 투표참관인이 겸임하게 할 수 있다.
> ② 관할위원회는 제1항에 따라 신고한 투표참관인·개표참관인이 투표 및 개표 상황을 참관하게 하여야 한다.
> ③ 후보자 또는 후보자의 배우자와 위탁단체의 임직원은 투표참관인·개표참관인이 될 수 없다.
> 제00조(투표소의 설치 등) ① 관할위원회는 위탁단체와 투표소의 설치 수, 설치장소 등을 협의하여 선거일 전일까지 투표소를 설치하여야 한다.
> ② 관할위원회는 공정하고 중립적인 사람 중에서 투표소마다 투표에 관한 사무를 관리할 투표관리관 1명과 투표사무를 보조할 투표사무원을 위촉하여야 한다.
> 제00조(개표소의 설치 등) ① 관할위원회는 해당 관할구역에 있는 위탁단체의 시설 등에 개표소를 설치하여야 한다.
> ② 관할위원회는 개표사무를 보조하게 하기 위하여 개표사무를 보조할 능력이 있는 공정하고 중립적인 사람을 개표사무원으로 위촉할 수 있다.
> ③ 개표사무원은 투표사무원이 겸임하게 할 수 있다.
> 제00조(개표관람) ① 누구든지 관할위원회가 발행하는 관람증을 받아 구획된 장소에서 개표상황을 관람할 수 있다.
> ② 관할위원회는 투표와 개표를 같은 날 같은 장소에서 실시하는 경우에는 관람증을 발급하지 아니한다. 이 경우 관할위원회는 관람인석과 투표 및 개표 장소를 구분하여 관람인이 투표 및 개표 장소에 출입할 수 없도록 하여야 한다.

※ 위탁단체란 임원 등의 선출을 위한 선거의 관리를 선거관리위원회에 위탁하는 공공단체 등을 말함.

① 선거인 중에서 위탁단체의 임직원은 투표참관인 또는 개표참관인이 될 수 있다.
② 관할위원회가 투표에 관한 사무를 관리할 투표관리관을 위촉할 경우 투표사무원은 위촉하지 않을 수 있다.
③ 관할위원회가 개표사무를 보조하게 하기 위하여 개표사무원을 위촉하려는 경우, 개표사무원은 투표관리관이 겸임하게 할 수 있다.
④ 투표와 개표를 같은 날 같은 장소에서 실시하는 경우, 관할위원회는 관람인이 투표 및 개표 장소에 출입할 수 없도록 해야 한다.
⑤ 후보자는 투표소마다 2명 이내의 투표참관인을 선정하여 선거일 전일까지 관할위원회에 서면으로 신고해야 한다.

2. 다음 글을 근거로 판단할 때 옳지 않은 것은?

> 제00조(상호저축은행의 자본금) ① 상호저축은행의 자본금은 다음 각 호의 구분에 따른 금액 이상이어야 한다.
> 1. 본점이 특별시에 있는 경우: 120억 원
> 2. 본점이 광역시에 있는 경우: 80억 원
> 3. 본점이 특별자치시·도 또는 특별자치도에 있는 경우: 40억 원
>
> ② 상호저축은행은 본점을 다음 각 호의 어느 하나에 해당하는 지역으로부터 다른 각 호의 지역으로 이전하는 경우에는 이전한 해당 지역에 적용되는 자본금 요건을 갖추어야 한다.
> 1. 특별시
> 2. 광역시
> 3. 특별자치시·도 또는 특별자치도
>
> 제00조(영업의 인가) ① 상호저축은행 업무를 하려는 자는 금융위원회로부터 상호저축은행의 인가를 받아야 한다.
> ② 제1항의 인가(이하 "본인가"라 한다)를 받으려는 자는 신청서를 금융위원회에 제출하여야 한다.
> ③ 제2항에 따라 본인가를 신청하려는 자는 금융위원회에 예비인가를 신청할 수 있다. 이 경우 금융위원회는 2개월 이내에 심사하여 예비인가 여부를 알려야 한다. 다만, 금융위원회가 정하는 바에 따라 그 기간을 연장할 수 있다.
> ④ 금융위원회는 본인가 또는 예비인가를 하려는 경우에는 상호저축은행의 건전한 운영과 거래자 보호 등을 위하여 필요한 조건을 붙일 수 있다.
> ⑤ 금융위원회는 예비인가를 받은 자가 본인가를 신청하는 경우에는 예비인가의 조건을 이행하였는지를 확인한 후 본인가를 하여야 한다.
> ⑥ 제4항에 따라 조건이 붙은 상호저축은행 본인가 또는 예비인가를 받은 자는 사정의 변경, 그 밖에 정당한 사유가 있는 경우에는 금융위원회에 제4항에 따른 조건의 취소 또는 변경을 신청할 수 있다. 이 경우 금융위원회는 2개월 이내에 조건의 취소 또는 변경 여부를 결정하고, 그 결과를 지체 없이 신청인에게 문서로 알려야 한다.

① 대전광역시에 A상호저축은행의 본점이 있을 경우, A상호저축은행의 자본금은 80억 원 이상일 것이다.
② 甲이 상호저축은행 예비인가를 금융위원회에 신청한 경우, 금융위원회는 반드시 2개월 이내에 심사하여 예비인가 여부를 알려야 한다.
③ 금융위원회는 본인가를 신청한 乙에게 거래자 보호를 위하여 필요한 조건을 붙여 본인가를 할 수 있다.
④ 자본금 85억 원의 B상호저축은행이 세종특별자치시에서 서울특별시로 본점을 이전한다면 35억 원의 자본금을 추가로 갖추어야 한다.
⑤ 조건이 붙은 예비인가를 받은 丙이 정당한 사유가 있어 조건의 취소를 금융위원회에 신청한 경우, 금융위원회는 2개월 이내에 조건의 취소 여부를 결정하고 그 결과를 신청인에게 문서로 알려야 한다.

3. 다음 글을 근거로 판단할 때 옳지 않은 것은? (단, 甲~戊는 여성 공무원이다)

> 제00조(특별휴가) ① 행정기관의 장은 임신 중인 공무원에게 출산 전과 출산 후를 통하여 90일(한 번에 둘 이상의 자녀를 임신한 경우에는 120일)의 출산휴가를 승인하되, 출산 후의 휴가기간이 45일(한 번에 둘 이상의 자녀를 임신한 경우에는 60일) 이상이 되게 하여야 한다. 다만, 행정기관의 장은 임신 중인 공무원이 다음 각 호의 어느 하나에 해당하는 사유로 출산휴가를 신청하는 경우에는 출산 전 어느 때라도 최장 44일(한 번에 둘 이상의 자녀를 임신한 경우에는 59일)의 범위에서 출산휴가를 나누어 사용할 수 있도록 하여야 한다.
> 1. 임신 중인 공무원이 유산·사산의 경험이 있는 경우
> 2. 임신 중인 공무원이 유산·사산의 위험이 있다는 의료기관의 진단서를 제출한 경우
>
> ② 5세 이하의 자녀가 있는 공무원은 자녀를 돌보기 위하여 24개월의 범위에서 1일 최대 2시간의 육아시간을 받을 수 있다.
> ③ 행정기관의 장은 소속 여성 공무원이 유산하거나 사산한 경우 해당 공무원이 신청하면 다음 각 호의 구분에 따른 유산휴가 또는 사산휴가를 주어야 한다.
> 1. 임신기간이 16주 이상 21주 이내인 경우: 유산하거나 사산한 날부터 30일까지
> 2. 임신기간이 22주 이상 27주 이내인 경우: 유산하거나 사산한 날부터 60일까지
> 3. 임신기간이 28주 이상인 경우: 유산하거나 사산한 날부터 90일까지
>
> ④ 인공수정 또는 체외수정 등 난임치료 시술을 받는 공무원은 시술 당일에 1일의 휴가를 받을 수 있다. 다만, 체외수정 시술의 경우 여성 공무원은 난자 채취일에 1일의 휴가를 추가로 받을 수 있다.
> ⑤ 자녀가 있는 공무원은 다음 각 호의 어느 하나에 해당하는 경우 연간 2일(자녀가 2명 이상인 경우에는 3일)의 범위에서 자녀돌봄휴가를 받을 수 있다.
> 1. 어린이집, 유치원의 공식 행사나 교사와의 상담에 참여하는 경우
> 2. 자녀의 병원 진료에 동행하는 경우

※ 임신기간 1주는 7일로 산정함.

① 甲이 난임으로 체외수정 시술을 받을 예정이라면 시술 당일과 난자 채취일에 휴가를 받을 수 있다.
② 乙이 임신 170일째에 사산하였다면 사산한 날부터 30일까지 휴가를 받을 수 있다.
③ 丙이 쌍둥이를 임신 중인 상태에서 유산의 위험이 높다는 진단서를 제출하였다면 출산 전에 출산휴가 59일을 나누어 사용할 수 있다.
④ 육아시간을 받은 적 없는 丁은 딸(2세)을 돌보기 위해 향후 2년 동안 매일 최대 2시간의 육아시간을 받을 수 있다.
⑤ 자녀돌봄휴가를 받은 적 없는 戊는 외동 아들(6세)의 병원 진료에 동행하기 위해 연간 최대 2일의 휴가를 받을 수 있다.

4. 다음 글과 〈상황〉을 근거로 판단할 때 옳은 것은?

> 제00조(정정보도 청구의 요건) ① 사실적 주장에 관한 언론보도 등이 진실하지 아니함으로 인하여 피해를 입은 자(이하 "피해자"라 한다)는 해당 언론보도 등이 있음을 안 날부터 3개월 이내에 언론사, 인터넷 뉴스 서비스 사업자 및 인터넷 멀티미디어 방송사업자(이하 "언론사 등"이라 한다)에게 그 언론보도 등의 내용에 관한 정정보도를 청구할 수 있다. 다만, 해당 언론보도 등이 있은 후 6개월이 지났을 때에는 그러하지 아니하다.
> ② 제1항의 청구에는 언론사 등의 고의·과실이나 위법성을 필요로 하지 아니한다.
> 제00조(정정보도 청구권의 행사) ① 정정보도 청구는 언론사 등의 대표자에게 서면으로 하여야 하며, 청구서에는 피해자의 성명·주소·전화번호 등의 연락처를 적고, 정정의 대상인 언론보도 등의 내용 및 정정을 청구하는 이유와 청구하는 정정보도문을 명시하여야 한다.
> ② 제1항의 청구를 받은 언론사 등의 대표자는 3일 이내에 그 수용 여부에 대한 통지를 청구인에게 발송하여야 한다.
> ③ 언론사 등이 제1항의 청구를 수용할 때에는 지체 없이 피해자 또는 그 대리인과 정정보도의 내용·크기 등에 관하여 협의한 후, 그 청구를 받은 날부터 7일 내에 정정보도문을 방송하거나 게재하여야 한다.
> ④ 다음 각 호의 어느 하나에 해당하는 사유가 있는 경우에는 언론사 등은 정정보도 청구를 거부할 수 있다.
> 1. 피해자가 정정보도 청구권을 행사할 정당한 이익이 없는 경우
> 2. 청구된 정정보도의 내용이 명백히 사실과 다르거나 위법한 내용인 경우
>
> ⑤ 언론사 등이 하는 정정보도는 공정한 여론형성이 이루어지도록 그 사실공표 또는 보도가 이루어진 같은 채널, 지면(紙面) 또는 장소에서 같은 효과를 발생시킬 수 있는 방법으로 하여야 한다.

〈상 황〉

> 언론사 □□TV는 2024. 01. 18.에 뉴스 방송을 통해 甲에 관한 보도를 하였으며, 甲은 이에 대하여 □□TV의 보도 내용이 사실이 아니라며 정정보도를 청구하려고 한다.

① 甲이 2024. 05. 05.에 □□TV의 보도 내용을 알았다면, 2024. 08. 04.에 정정보도를 청구할 수 있다.
② 甲에 관한 □□TV의 보도에 고의성이 없다면, 甲은 □□TV의 보도에 대하여 정정보도를 청구할 수 없다.
③ 甲이 청구한 정정보도의 내용이 명백히 사실과 다르다면, □□TV는 甲의 정정보도 청구를 거부할 수 있다.
④ □□TV는 2024. 01. 18.에 처음 甲에 관한 보도를 했던 뉴스 방송이 아닌 타사 인터넷 신문을 통해 정정보도문을 발표할 수 있다.
⑤ □□TV가 甲의 정정보도 청구를 수용할 경우, 청구를 받은 날부터 3일 이내에 정정보도문을 방송해야 한다.

5. 다음 글을 근거로 판단할 때 옳은 것은?

> 소강절은 11세기 중국의 저명한 역학자이자 도학자로 휘는 '옹'이며, 자는 '요부'이다. 소강절의 사후에는 강절이라는 시호가 내려졌고, 이에 따라 후대에는 소강절 혹은 강절선생으로 불렸다. 소강절은 장재, 정이, 정호, 주돈이와 더불어 북송시대에 성리학을 전개한 북송오자 중의 한 사람이었다.
>
> 소강절은 어린 시절부터 쾌활하고 의로운 성품을 지닌 인물이었다. 그는 과거 시험을 준비하기 위해 소문산에 들어가 학문을 쌓다가 이지재를 만나 그를 스승으로 모셔 학문을 배웠다. 이를 계기로 그는 과거 시험 준비를 중단하고, 스승 이지재로부터 상수학과 역학 등을 전수받았다. 그는 자신이 배운 상수학과 역학을 토대로 하늘과 땅, 모든 만물에는 도가 존재한다는 선천역학을 창시하여 역학의 새로운 해석 체계를 세웠다. 소강절은 평생에 걸쳐『주역』을 전문적으로 연구하였으며, 그의 대표적인 저서로는 우주와 세상의 모든 추상적인 현상을 수에 근거하여 해석한『황극경세서』, 허심과 내성의 도덕 수양법을 설명한『관물내외편』이 있다.
>
> 소강절의 대표적인 이론인 원회운세론은 일상에서 사용하는 시간 단위인 세(歲)·월(月)·일(日)·진(辰)과 통하는 우주의 원(元)·회(會)·운(運)·세(世)로 우주 시간의 순환을 설명한다. 지구의 시간에 따르면 1세, 즉 한 해가 월로는 12개월, 일로는 360일, 진으로는 4,320진이다. 우주의 시간 단위인 원은 우주의 1년으로서, 지구의 시간으로는 12만 9600년에 해당한다. 마찬가지로 회, 운, 세는 각각 우주의 한 달과 하루, 그리고 한 시간에 해당한다. 그래서 한 원이 회로는 12회, 운으로는 360운, 세로는 4,320세가 된다. 천지와 인간이 같은 시간적 패턴 속에 있음을 통해 우주 변화의 순환 원리로써 인류 문명의 발전 과정을 밝힌 것이다.
>
> 소강절은 막역하게 지내던 사마광, 장재, 정이천 등과 달리 관직에 진출하지 않았다. 국가에서 여러 차례 벼슬과 관직을 주었으나 소강절은 '도는 멀리 있는 것이 아니라 바로 이곳에 있다.'고 하며 모두 거절하였다. 그는 생전에 낙양 천궁사 쪽에서 은둔하며 학문에만 매진하였으며, 봄과 가을에는 작은 수레를 타고 다니며 낙양의 사람들과 교류하며 일생을 보냈다.

① 소강절, 소옹, 요부, 강절선생, 주돈이가 지칭하는 인물은 모두 같다.
② 소강절은 과거에 급제하였음에도 불구하고 관직에 오르지 않고 평생 학문에만 몰두하였다.
③ 우주의 시간 단위에서 12회가 1원이 되고, 30운이 1회가 되며, 12세가 1운이 된다.
④『관물내외편』은 수에 근거해 추상적인 세계관을 설명하고,『황극경세서』는 도덕 수양법을 설명한 소강절의 저서이다.
⑤ 원회운세론에 따르면 우주의 하루가 지구의 시간으로는 30년에 해당한다.

6. 다음 글을 근거로 판단할 때, ㉠과 ㉡의 합은?

> ○ 甲, 乙, 丙은 주사위 게임을 한다. 주사위를 던지는 순서는 甲-乙-丙 순으로 반복하여 게임을 진행한다.
> ○ 게임을 시작하기 전 甲, 乙, 丙에게 각각 10점씩 기본점수가 주어지며, 각각 던진 주사위의 눈에 따라 점수를 획득하거나 점수를 잃는다.
> ○ 각각 던진 주사위의 눈이 1 또는 2 또는 3일 경우, 주사위의 눈에 해당하는 수를 본인의 점수에서 차감한다. 던진 주사위의 눈이 4 또는 5 또는 6일 경우, 주사위의 눈에 해당하는 수를 본인의 점수에 합산한다.
> ○ 게임을 진행한 후, 중간 결과 甲, 乙, 丙의 점수는 각각 27점, 17점, 8점이며, 甲, 乙, 丙이 던진 주사위의 횟수는 총 (㉠)회이다. 이때 던진 주사위의 횟수는 기본점수에서 해당 점수로 도달하기 위해 던진 주사위의 최소 횟수였다. 이후 그 상태에서 丙이 세 명 중 가장 높은 합산 점수를 달성하기 위해 甲, 乙, 丙이 던진 주사위의 최소 횟수는 총 (㉡)회이다.

① 15
② 16
③ 17
④ 18
⑤ 19

7. 다음 글과 <상황>을 근거로 판단할 때, <보기>에서 옳은 것만을 모두 고르면?

甲시의 문화유산을 주제로 한 사진 공모전이 개최되었다. 甲시는 사진 공모전에서 최종 후보로 오른 네 작품(A~D)에 대해 다음과 같은 방식으로 평가하여 수상작을 선정한다.

○ 각 작품에 대해 10명의 전문가가 평가항목의 충족 여부를 평가하여, 평가항목을 충족한다고 생각하면 스티커 1개를 붙이고 그렇지 않다면 스티커를 붙이지 않는다.

○ 평가항목별로 상대평가를 하여, 다음의 순서로 작품에 점수를 부여한다.

1. 스티커를 가장 많이 받은 작품에 5점을 부여하며, 스티커 개수가 가장 많은 작품이 둘 이상이라면 모두 5점씩 부여한다.
2. 스티커를 가장 적게 받은 작품에 1점을 부여하며, 스티커 개수가 가장 적은 작품이 둘 이상이라면 모두 1점씩 부여한다.
3. 점수를 부여하지 않은 나머지 작품에 3점씩을 부여한다.

○ 평가항목별 점수를 합산한 것을 최종 점수로 하여, 최종 점수에 따라 순위를 매겨 1위에 최우수상, 2위에 우수상, 3위에 장려상을 수여한다. 이때 최종 점수가 동점인 경우 더 많은 스티커를 받은 작품에 높은 순위를 부여한다.

<상 황>

A~D 작품이 받은 스티커 개수는 다음과 같다.

평가항목 / 작품	주제 적합성	예술성	창의성	활용성
A	3개	6개	9개	7개
B	(㉠)	9개	1개	7개
C	(㉡)	9개	4개	9개
D	5개	9개	2개	3개

<보 기>

ㄱ. A는 최우수상을 받을 수 없다.
ㄴ. ㉠과 ㉡이 각각 5개라면 D는 장려상을 받는다.
ㄷ. B와 C의 최종 점수가 같다면 A는 어떤 상도 받지 못한다.
ㄹ. 최우수상, 우수상, 장려상을 받은 작품의 최종 점수가 모두 같을 수 있다.

① ㄱ, ㄴ
② ㄱ, ㄷ
③ ㄷ, ㄹ
④ ㄱ, ㄴ, ㄹ
⑤ ㄴ, ㄷ, ㄹ

8. 다음 글과 <상황>을 근거로 판단할 때, 2023년 3월 1일 현재를 기준으로 甲~戊 중 청년채용장려금 신청이 가능한 회사에 근무하는 사람을 고르면?

<2023년 청년채용장려금 모집 공고>

□ 사업 목적
– 청년을 정규직으로 채용한 중소·중견 기업에 인건비를 지원함으로써 양질의 청년 일자리 창출을 위함

□ 지원 대상
– 청년(만 15~34세)을 정규직으로 신규 채용한 5인 이상의 중소·중견 기업
단, 성장유망업종, 벤처기업으로 인증받은 기업 등은 5인 미만이라도 지원 가능

□ 지원 요건
– 아래 요건을 모두 충족해야 함
○ 청년 정규직 신규 채용: 2021.12.01.~2022.12.31. 기간 동안 청년을 정규직으로 신규 채용하고 6개월 이상 고용을 유지. 단, 사업주, 법인의 대표이사의 배우자, 4촌 이내의 친·인척 등은 지원 제외
○ 신청기한: 채용 후 6개월 또는 12개월이 되는 날이 속한 달의 다음 달부터 3개월 이내 1회 신청. 단, 2021년 12월 채용자에 대해서는 2022년 9월 말일까지 신청 가능

<상 황>

甲~戊는 서로 다른 회사에 근무하고 있으며, 각 회사에서 甲~戊만 정규직 신규 채용 입사자이다. 甲~戊의 근로 정보 및 회사의 정보는 다음과 같다.

구분	입사 당시 나이	입사일	기업 유형/직원 수	비고
甲	만 34세	2022.09.19.	대기업/5,600명	
乙	만 32세	2022.04.22.	중소기업/4명	벤처기업 인증 기업
丙	만 22세	2022.08.01.	중견기업/630명	대표이사의 아들
丁	만 33세	2021.11.01.	중소기업/20명	
戊	만 30세	2022.07.04.	중소기업/65명	

① 甲
② 乙
③ 丙
④ 丁
⑤ 戊

[9 ~ 10] 다음 글을 읽고 물음에 답하시오.

병립형 비례대표제란 지역구 의석과 비례대표 의석을 구분하여 국회의원을 선출하는 제도이다. 해당 제도에서는 유권자가 지역구에 한 표, 정당 투표에 한 표를 각각 행사하므로 지역구 선거와 비례대표 선거가 서로 영향을 미치지 않는 독립적인 관계에 있다. 연동형 비례대표제는 정당 득표율로 정당별 총 의석 수가 정해지고 총 의석 수에서 지역구 의석 수와 비례대표 의석 수가 조정되는 제도지만, 지역구와 정당에 각각 한 표를 행사하는 것은 병립형 비례대표제와 동일하다. 연동형 비례대표제는 정당 득표율에 비례해 정당별 총 의석 수를 할당하고, 할당된 총 의석 수에서 지역구 의석 수를 뺀 만큼을 비례대표 의석으로 할당하는 방식이라는 점에서 병립형 비례대표제와 차이가 있다.

병립형 비례대표제는 지역구와 비례대표 의원을 구분하여 선출하므로 각 지역구를 대표하는 의원이 있어 지역 대표성이 명확해진다. 하지만 지역구 선거는 다수대표제로 운영되어 정당 득표율과 의석률 간의 불비례성이 존재한다는 한계가 있다. 또한 지역주의 기반의 정당체계가 형성된 경우에는 지역별 이해를 우선하는 지역주의가 더 심화되는 문제가 발생한다. 반면 연동형 비례대표제는 정당 득표율에 따라 의석을 배분하기 때문에 병립형 비례대표제보다 정당 득표율과 의석률 간의 비례성이 높아진다. 다만 비례성이 너무 높아져 다양한 정당이 등장하게 되면 정치적 불안정성이 발생하는 한계가 있다.

병립형 비례대표제에서는 총 의석 수 중 일부가 비례대표 의석이라면 정당 득표율이 비례대표 의석 배분에만 사용된다. 그러나 연동형 비례대표제에서는 정당 득표율에 비례하여 총 의석 수를 배분한다. 이후 배분된 의석 수에서 지역구 당선자를 제외한 의석 수만큼을 비례대표로 채우는 방식이다. 예를 들어 총 의석 수가 300석, 정당 득표율이 10%, 지역구 당선자가 10명이라면 비례대표는 20명이다.

그러나 비례대표제에서는 봉쇄 조항을 설정하여 모든 득표를 의석으로 연결하지는 않는다. 봉쇄 조항이란 미리 설정한 기준 이상을 득표하지 못하면 의석을 배분하지 않는 조항이다. 예를 들어 정당 득표율이 3% 미만인 경우 봉쇄 조항에 따라 의석 수를 배분하지 않는다고 가정했을 때, 2.5%의 정당 득표율을 획득한 정당은 의석을 배분 받지 못한다. 이와 같이 봉쇄 조항을 설정한 이유는 소수 세력의 지지를 받는 극단적인 정당의 출현을 방지하기 위함이다.

9. 윗글을 근거로 판단할 때, 〈보기〉에서 옳은 것만을 모두 고르면?

〈보 기〉

ㄱ. 연동형 비례대표제에서 유권자는 두 표를 행사하며, 지역구와 비례대표 의석 수를 별개로 산출해 합산한다.

ㄴ. 병립형 비례대표제는 연동형 비례대표제와 달리 봉쇄 조항을 설정하지 않아 모든 득표가 의석으로 연결된다.

ㄷ. 연동형 비례대표제에 따라 총 의석 수가 100석, 지역구 당선자가 10명, 정당 득표율이 20%라면, 비례대표는 10명이다.

① ㄱ
② ㄴ
③ ㄷ
④ ㄱ, ㄷ
⑤ ㄴ, ㄷ

10. 윗글을 근거로 판단할 때, 〈상황〉의 ㉠과 ㉡에 들어갈 수의 합은?

〈상 황〉

甲국에서는 19대 국회의원을 병립형 비례대표제로 선출하였다. 19대 국회의원 총 의석 수는 300석으로 이 중 비례대표 의석 수는 60석이었다. 乙 정당은 19대 국회의원 선거에서 지역구 당선자는 60명이었으며, 乙 정당은 15%의 정당 득표율을 얻어 비례대표는 (㉠)명이었다.

이후, 甲국에서는 20대 국회의원을 연동형 비례대표제로 선출하였다. 20대 국회의원 총 의석 수는 300석이었다. 乙 정당은 20대 국회의원 선거에서 지역구 당선자는 70명이었으며, 乙 정당은 27%의 정당 득표율을 얻어 비례대표는 (㉡)명이었다.

① 15
② 18
③ 20
④ 25
⑤ 30

11. 다음 글을 근거로 판단할 때 옳은 것은?

제00조 ① 30명 이상의 광산근로자가 종사하는 광산의 광업권자 또는 조광권자는 광산구호대를 조직·운영하여야 한다.
② 광산안전사무소장(이하 '사무소장'이라 한다)은 30명 미만의 광산근로자가 종사하는 광산에 대하여 주변 지역 광산과 공동으로 광산구호대를 조직·운영할 것을 권고할 수 있다.
③ 광업권자 또는 조광권자는 작업장 부근의 적당한 장소에 응급구호 용품을 준비하고, 광산구호대원을 대상으로 연 2회 이상 자체 광산구호 훈련을 실시하여야 한다.
④ 광산구호대는 2개조 이상 편성을 원칙으로 하되, 사무소장이 광산 구호에 지장이 없다고 인정하는 경우에는 1개조로 편성할 수 있다.

제00조 ① 광업권자 또는 조광권자는 광산안전을 확보하기 위하여 안전기준에 따라 안전규정을 제정하고 이를 준수하여야 한다.
② 광업권자 또는 조광권자가 제1항에 따라 안전규정을 제정하거나 변경하려는 경우 전문기관의 의견서를 첨부하여 산업통상자원부장관의 승인을 받아야 한다.
③ 산업통상자원부장관은 안전규정의 적정성과 준수여부를 2년에 1회 이상 점검하여야 한다.

제00조 ① 광업권자 또는 조광권자는 광산안전관리직원을 선임하여야 한다.
② 산업통상자원부장관은 광산안전상 필요하다고 인정할 때에는 광업권자 또는 조광권자에게 광산안전관리직원의 해임을 명할 수 있다.
③ 광업권자 또는 조광권자는 광산안전관리직원을 선임하거나 해임하였을 때에는 그 사실을 산업통상자원부장관에게 신고하여야 한다.
④ 광산안전관리직원은 둘 이상의 광산의 광산안전관리직원을 겸할 수 없다. 다만, 특별한 사유로 인하여 산업통상자원부장관의 승인을 받았을 때에는 겸직할 수 있다.

① 사무소장이 광산 구호에 지장이 없다고 인정한 경우, 광산구호대는 1개조로 편성될 수 있다.
② 조광권자가 광산안전관리직원을 선임했을 경우, 그 사실을 광산안전사무소장에게 신고해야 한다.
③ 광업권자는 광산구호대원을 대상으로 2년마다 1회 이상 자체적으로 광산구호 훈련을 실시해야 한다.
④ 조광권자가 안전기준에 따라 안전규정을 제정하는 경우, 전문기관의 의견서를 첨부하여 광산안전사무소장의 승인을 받아야 한다.
⑤ 광산안전관리직원은 어떤 경우에도 광산의 광산안전관리직원으로 겸직할 수 없다.

12. 다음 글을 근거로 판단할 때, 각 조의 조장만을 모두 고르면?

○ A 대학교 B 강의를 수강하는 학생들은 조별 과제를 수행해야 한다.
○ 조 편성은 조원이 3명인 조와 4명인 조로 각각 편성되며, 각 조에는 조장이 있어야 한다.
○ 조 구성 및 조장 선발 기준은 다음과 같다.
 – 같은 조 내 구성원은 학번이 모두 달라야 한다.
 – 같은 조 내에 하나의 성별로만 구성될 수 없다.
 – 같은 학과 학생들은 같은 조 구성원이 된다. 단, 영어영문학과 학생과 정치외교학과 학생이 모두 하나의 조로 편성될 수는 없다.
 – 재수강을 하는 학생은 조장이 될 수 없으며, 재수강을 하는 학생을 제외하고 각 조 내에서 학번이 가장 높은 학생이 조장이 된다.
○ B 강의를 수강하는 학생들은 다음과 같다.

학생	성별	학번	학과	재수강 여부
가	남자	17	행정학과	O
나	여자	18	중어중문학과	X
다	남자	19	영어영문학과	X
라	여자	15	정치외교학과	O
마	남자	17	정치외교학과	X
바	남자	16	영어영문학과	O
사	남자	16	경영학과	X

※ 학번은 입학연도를 의미하며, 입학연도가 빠를수록 학번이 높음.

① 나, 사
② 나, 마
③ 다, 사
④ 다, 라
⑤ 다, 마

13. 다음 글을 근거로 판단할 때 옳은 것은?

제사란 신령이나 죽은 사람의 넋을 기리면서 제물을 바치는 의식이다. 본래 제사는 자연물에 대한 숭배에서 시작한 것으로 점차 농경시대에 풍작을 기원하는 제천의식으로 확대되었다. 그러나 조선시대에 유교가 정착되면서 제사는 조상에 대한 의례를 행하는 것으로 의미가 한정되었다. 유교식 의례를 기술한 『주자가례』에는 조상이 본인의 근본이 되므로 조상에게 제사를 지내 자기존재에 대해 보답하는 효(孝)를 실천해야 한다는 내용이 수록되어 있었고, 『경국대전』에는 사대부 이상은 사대봉사(四代奉祀), 6품 이상은 삼대봉사, 7품 이하는 이대봉사, 일반인은 부모만 제사를 지내도록 명시되어 있었다.

제사를 지낼 때 제사상에는 조상이 앉는 자리인 북쪽에 신위를 놓는다. 음양오행에 따르면 북쪽은 수(水)에 해당하며, 이는 만물이 시작되는 방위이다. 신위는 북쪽에서 남쪽을 향하게 놓이는데 이를 남면(南面)이라 하여 근원의 자리에 앉는다고 말한다. 신위를 중심으로 그 앞에 음식들이 일정한 규칙에 따라 정렬된다. 보통 제사상은 4열 또는 5열로 차려지며, 탕의 유무에 따라 4열인지 5열인지가 결정된다. 신위를 기준으로 가장 가까운 곳을 1열이라고 할 때, 밥과 국은 모시는 조상의 수만큼 1열에 올린다. 신위가 바라보는 방향에서 밥은 왼쪽에 올리고, 국은 오른쪽에 올린다. 2열에는 술안주인 전(煎)과 적(炙), 3열에는 탕, 4열에는 반찬인 젓갈, 나물, 포, 김치 등을 올리고, 5열에는 후식으로 과일을 올린다.

머리와 꼬리가 있는 음식의 경우 머리는 동쪽, 꼬리는 서쪽으로 향하게 하며 배는 신위를 향하게 한다. 이는 생명의 기운이 북쪽에서 태동하여 시계방향에 따라 동쪽을 거쳐 서쪽에서 지기 때문이다. 마른 음식은 동쪽에 올리고 물기 있는 음식은 서쪽에 올리는데, 이는 해가 뜨고 지는 것을 고려한 것이다. 한편 음식 중에서 복숭아는 제사상에 올리지 못한다. 그 이유는 복숭아가 양기(陽氣)의 상징이라 음기(陰氣)인 귀신을 쫓아낸다고 여겨지기 때문이다. 조상의 귀신도 역시 음기이므로 제사상에 복숭아를 올리는 것은 금기시된다.

① 만약 제사상에 탕이 놓여있지 않다면, 마른 북어포는 제사상 3열의 동쪽에 있을 것이다.
② 『주자가례』에 따르면 조상에 대한 효를 실천하기 위해 사대부 이상은 사대봉사를 해야 한다.
③ 만약 제사를 지내는 자가 정6품의 이조좌랑이라면, 아버지와 조부에 대해서만 제사를 지낼 것이다.
④ 제사상에 복숭아를 올리지 않는 이유는 복숭아가 음기인 귀신을 불러내어 잡귀가 모이기 때문이다.
⑤ 만약 제사상에 조기를 올린다면, 조기의 머리는 동쪽, 꼬리는 서쪽, 배는 남면을 향하게 놓는다.

14. 다음 글을 근거로 판단할 때, 〈보기〉에서 옳은 것만을 모두 고르면? (단, 걷기대회 기간 중 이동하지 않은 날은 이동거리를 0km로 간주한다)

A시에서 주최하는 걷기대회가 15일간 진행된다. 대회 경로의 출발선부터 결승선까지의 거리는 300km이며, 중간점을 나타내는 깃발은 출발선과의 거리와 결승선과의 거리가 같은 지점에 세워져 있다. 걷기대회에 참가한 甲과 乙은 다음의 세 가지 이동 전략 중 하나의 전략을 적용하여 결승선을 향해 이동한다.

○ 이동 전략 1: 대회 첫날부터 매일 30km씩 이동한다.
○ 이동 전략 2: 대회 첫날 10km를 이동하고, 그 다음 날부터는 매일 전날 대비 10km씩 더 많이 이동한다.
○ 이동 전략 3: 대회 첫날 50km를 이동하고, 이동한 다음 날은 이동하지 않으며, 이동하지 않은 다음 날은 다시 50km를 이동한다. 즉, 격일로 50km씩 이동한다.

걷기대회는 첫날을 제외하고 매일 전날 도착한 지점에서부터 출발하는 것이 원칙이며, 결승선을 통과한 사람은 더 이상 이동하지 않는다.

〈보 기〉

ㄱ. 이동 전략 2를 적용하면 걷기대회에서 이동하는 날 중 첫날의 이동 거리와 마지막 날의 이동 거리가 동일하다.
ㄴ. 이동 전략 1~3 중 어느 이동 전략을 적용하더라도 걷기대회 6일 차 이전에 중간점 깃발에 도달할 수 있다.
ㄷ. 甲이 이동 전략 1을, 乙이 이동 전략 2를 적용하는 경우, 걷기대회 동안 甲이 乙보다 많이 이동한 날수가 적게 이동한 날수보다 많다.
ㄹ. 甲이 이동 전략 1을, 乙이 이동 전략 3을 적용하는 경우, 甲이 乙보다 먼저 결승선을 통과한다.

① ㄱ, ㄴ
② ㄴ, ㄷ
③ ㄴ, ㄹ
④ ㄱ, ㄷ, ㄹ
⑤ ㄴ, ㄷ, ㄹ

15. 다음 글을 근거로 판단할 때, 甲~丙이 웹소설 공모전에 참가하기 위해 글을 작성하기 시작해야 하는 날 중 가장 늦은 날을 옳게 짝지은 것은?

○ 웹소설 작가 甲, 乙, 丙은 웹소설 공모전에 참가하고자 한다.
○ 웹소설 공모전의 참가 자격은 다음과 같다.
- 5월 27일 금요일 23시 59분까지 총 30편 이상을 업로드 할 것(단, 5월 27일에도 글 작성이 가능하다)
- 한 편의 분량은 4,500자 이상일 것
- 각각 1,000자 이상 분량의 작가소개와 소설소개를 작성하여 제출할 것
○ 다음은 甲, 乙, 丙의 작문 방식에 관한 정보이다.

작가	작문 방식
甲	하루 최대 8,000자의 글을 완성할 수 있다. 단, 일요일에는 글을 쓰지 않는다.
乙	하루 최대 6,000자의 글을 완성할 수 있다. 이틀을 연속해서 글을 쓰는 경우, 둘째 날에는 첫째 날 완성한 분량의 2배에 해당하는 글을 완성할 수 있다. 단, 날짜가 3의 배수인 날은 글을 쓰지 않는다.
丙	하루 최대 6,800자의 글을 완성할 수 있다. 6,800자의 글을 완성한 날에도 작가소개와 소설소개는 추가로 작성할 수 있다.

○ 주어진 기간 동안 甲, 乙, 丙은 웹소설 공모전에 제출할 소설과 작가소개, 소설소개 글만 작성하며, 현재 세 사람 모두 공모전에 제출할 소설, 작가소개, 소설소개를 하나도 작성하지 않았다.

	甲	乙	丙
①	5월 7일	5월 3일	5월 7일
②	5월 7일	5월 4일	5월 7일
③	5월 7일	5월 4일	5월 8일
④	5월 8일	5월 3일	5월 8일
⑤	5월 8일	5월 4일	5월 9일

16. 다음 글과 〈상황〉을 근거로 판단할 때, 〈보기〉에서 옳은 것만을 모두 고르면?

○ 甲배구리그는 6개 팀이 서로 한번씩 경기를 치른 뒤, 이 15경기의 승점을 합산하여 1위부터 6위까지 순위를 정한다.
○ 경기는 세트별로 진행되며, 무승부 없이 둘 중 이긴 팀이 해당 세트를 가져간다.
○ 3세트를 먼저 가져간 팀이 승리하므로 짧게는 3세트에서, 길게는 5세트에서 경기의 승패가 결정된다.
○ 승점은 다음과 같이 양팀의 세트 득실에 따라 결정된다.

경기 결과	승리 팀	패배 팀
3:0	3점	0점
3:1	3점	0점
3:2	2점	1점

○ 순위를 결정할 때 승점이 동일한 팀이 있으면 승리 경기 수가 더 많은 팀을 높은 순위로 하고, 승리 경기 수도 같으면 세트득실률(득세트 수/실세트 수)순으로 순위를 정한다.

〈상 황〉

현재까지 甲배구리그는 A:B, E:F의 2경기만 남아 있으며, 완료된 13경기의 결과는 아래와 같다.

팀	승점	승리 경기 수	득세트 수	실세트 수
A	10	4	12	6
B	3	1	5	11
C	11	4	13	6
D	6	2	10	13
E	4	1	8	11
F	5	1	8	9

〈보 기〉

ㄱ. 15경기의 득세트 수 총합이 64세트라면 A와 F의 실세트 수의 합은 19세트일 수 있다.
ㄴ. A와의 경기에서 3:2로 B가 승리한다면 A의 최종 순위는 13경기가 완료된 시점의 순위와 동일하다.
ㄷ. E와 F의 경기 결과 F가 승점 1점을 획득한다면 E의 순위는 D보다 낮고 F보다 높아진다.

① ㄱ
② ㄷ
③ ㄱ, ㄴ
④ ㄴ, ㄷ
⑤ ㄱ, ㄴ, ㄷ

17. 다음 글을 근거로 판단할 때, 甲과 乙의 승리 횟수의 차이는?

> 甲과 乙은 각각 풀, 불, 물이 그려진 카드 1장씩을 가지고 있다. 두 사람은 각 게임마다 본인이 가지고 있는 3장의 카드 중 1장을 내게 되고, 카드 간의 우위 관계에 따라 승패를 결정한다. 이때 두 사람 중 한 사람이 우위 관계에 있는 카드를 낼 경우 해당 사람이 승리하며, 상대방은 패배한다. 또한 두 사람이 동일한 카드를 낸 경우 서로 비긴다. 풀은 물에 우위 관계, 불은 풀에 우위 관계, 물은 불에 우위 관계에 있다. 甲과 乙이 실시한 10회에 대한 정보는 다음과 같다.
>
> ○ 甲은 풀 카드 6회, 불 카드 3회, 물 카드 1회를 냈다.
> ○ 乙은 풀 카드 4회, 불 카드 2회, 물 카드 4회를 냈다.
> ○ 甲과 乙이 서로 같은 카드를 낸 적은 10회 동안 한 번도 없었다.

① 3
② 4
③ 5
④ 6
⑤ 7

18. 다음 〈조건〉을 근거로 판단할 때, 〈보기〉에서 옳지 않은 것만을 모두 고르면?

〈조 건〉

> ○ 친구 두 사람 간의 '친구점수'는 두 사람의 이름으로 결정된다.
> ○ '친구점수'는 두 사람의 이름을 왼쪽부터 순서대로 각각 나열한 다음, 각 자리의 초성, 중성, 종성 중 일치하는 개수만큼 1점씩 부여하여 모두 더한 값이다.
> ○ 예를 들어 '김고은'과 '이곤'은 첫 번째 자리에 '김'과 '이'가 배치되고 초성, 중성, 종성 중 중성만 'ㅣ'로 일치하므로 1점이 부여된다. 두 번째 자리에는 '고'와 '곤'이 배치되고 초성이 'ㄱ', 중성이 'ㅗ'로 일치하므로 2점이 부여된다. 세 번째 자리에는 '은'만 배치되므로 0점이다. 따라서 이름이 '김고은'과 '이곤'인 두 사람의 '친구점수'는 첫 번째 자리의 1점, 두 번째 자리의 2점을 더한 3점이 된다.
> ○ 단, 같은 자리에 배치된 이름의 글자가 동일한 경우, 해당 자리에서 획득하는 점수는 0점이다.

〈보 기〉

> ㄱ. 이름이 '김가영'과 '이나영'인 두 사람의 '친구점수'는 2점이다.
> ㄴ. 이름이 네 글자인 두 사람의 '친구점수'는 이름이 두 글자인 두 사람의 '친구점수'보다 반드시 높다.
> ㄷ. 이름이 세 글자인 두 사람의 '친구점수'는 최대 9점이다.

① ㄴ
② ㄷ
③ ㄱ, ㄷ
④ ㄴ, ㄷ
⑤ ㄱ, ㄴ, ㄷ

19. 다음 글을 근거로 판단할 때, 甲국 군사조직 내 지휘관의 수는?

甲국의 군사조직은 5계급의 지휘관과 일반병사로 구성된다. 지휘관의 계급은 높은 계급부터 순서대로 타르칸, 튀멘, 빙, 위즈, 온이며 일반병사들 사이에는 계급이 존재하지 않는다. 甲국은 다음의 원칙에 따라 총원 50,000명 이상의 군사조직을 최소한의 지휘관으로 편성하고자 한다. 이때 50,000명 이상의 군사조직 총원도 최소한으로 편성한다.

○ 타르칸은 1명이며 모든 튀멘을 휘하에 둔다.
○ 튀멘은 5명 이하의 빙을, 빙은 5명 이하의 위즈를 휘하에 둔다.
○ 위즈는 10명 이하의 온을, 온은 10명 이하의 일반병사를 휘하에 둔다.
○ 같은 계급의 서로 다른 지휘관이 휘하에 두는 지휘관 또는 일반병사는 서로 겹치지 않는다.
○ 한 명의 지휘관은 하나의 계급만을 가진다.

① 5,046명
② 5,050명
③ 5,054명
④ 5,058명
⑤ 5,062명

20. 다음 글과 〈상황〉을 근거로 판단할 때, 甲, 乙, 丙 중 2024년 보수를 가장 많이 받는 사람과 가장 적게 받는 사람의 보수액 차이는?

〈2024년 A구단 타자 보수 지급 내규〉

제1조(목적) 이 내규는 A구단(이하 "구단"이라 한다) 소속 타자의 2024년 보수에 관한 세부사항을 규정함을 목적으로 한다.
제2조(정의) "보수"란 연봉, 보너스, 격려금의 합을 의미한다.
제3조(연봉) 2024년 구단 소속 타자(이하 "타자"라 한다)의 연봉은 다음 각 호에 따라 결정한다.
1. 2023년에 50경기 이상 출장한 타자 중 타율이 3할을 초과하는 타자: 3할을 초과하는 타율 1리마다 2023년도 연봉의 1%를 증액하여 지급
2. 2023년에 50경기 이상 출장한 타자 중 타율이 3할 이하인 타자: 2023년도 연봉의 100%를 지급
3. 2023년에 50경기 미만으로 출장한 타자: 2023년도 연봉의 100%를 지급

제4조(보너스) 2024년 타자의 보너스는 2023년에 타자가 기록한 득점, 타점, 홈런 개수에 별표의 지급 기준을 적용하여 모두 더한 값으로 결정한다. 단, 구단 평균에 미치지 못하는 세부항목은 해당 항목의 세부항목 당 지급 기준을 50% 삭감하여 적용한다.
제5조(격려금) 2023년에 100경기 이상 출장한 타자에게는 제3조에서 결정된 연봉의 10%를 격려금으로 지급한다.

[별표] 보너스 지급 기준

세부항목	세부항목 당 지급 기준(만 원)
득점 1점	10
타점 1점	20
홈런 1개	40

※ 1할=10푼=100리

〈상 황〉

A구단 소속 타자 甲, 乙, 丙의 2023년 기록 및 연봉과 A구단 평균은 다음과 같다.

선수	甲	乙	丙	구단 평균
출장경기 수(경기)	120	75	42	70
타율	2할 8푼 5리	3할 1푼	3할 3푼	2할 7푼 3리
득점(점)	80	30	10	25
타점(점)	50	60	30	40
홈런(개)	5	15	10	7
연봉(만 원)	4,000	7,000	8,000	4,500

① 2,750만 원
② 3,000만 원
③ 3,500만 원
④ 3,900만 원
⑤ 4,500만 원

21. 다음 글을 근거로 판단할 때, 강사와 지민이의 나이를 옳게 짝지은 것은?

> 지민: 강사님. 이번에 수영강좌에 등록한 신규 수강생들의 나이를 알고 싶습니다.
> 강사: 신규 수강생들은 총 세 명이고, 그 세 명의 나이를 곱하면 3,675가 나옵니다.
> 지민: 수강신청이 가능한 나이가 4세 이상 70세 미만임을 고려하면 경우의 수가 많이 나옵니다.
> 강사: 그렇다면 한 가지를 더 말씀 드리겠습니다. 신규 수강생 세 명의 나이를 더하면 지민씨 나이의 3배입니다.
> 지민: 가능한 경우의 수가 많이 적어졌으나 아직도 특정하기는 어렵습니다.
> 강사: 제 나이는 지민씨 나이의 2배이고, 신규 수강생 중에는 저보다 나이가 많은 사람이 1명 있습니다.
> 지민: 감사합니다. 신규 수강생들의 나이를 정확히 파악했습니다.

	강사	지민
①	34	17
②	38	19
③	42	21
④	46	23
⑤	50	25

22. 다음 글을 근거로 판단할 때, 甲이 받은 지난주 초과근무 수당은?

> A회사에서는 1주 기준 기본근무 시간인 40시간을 초과하여 근무할 경우, 초과근무 시간을 1시간 단위로 측정하여 해당 직원에게 '초과근무 시간×2만 원'을 초과근무 수당으로 지급한다. 또한, 한 팀에 소속된 직원들 간 초과근무 시간이 1주에 13시간까지만 차이 나도록 스케줄 조정을 하고 있다.
> A회사의 기획팀은 5명의 직원(甲~戊)으로 구성되어 있다. 지난주 甲~戊는 모두 1시간 이상의 초과근무를 하여 이들에게 총 84만 원의 초과근무 수당이 지급되었다. 지난주 기획팀 직원들의 초과근무 시간은 모두 달랐는데 그중 가장 길었던 것은 甲이고, 가장 짧았던 것은 戊이다. 지난주 丁의 초과근무 시간은 甲과 戊의 초과근무 시간 평균과 같으며, 乙의 초과근무 시간은 丁의 절반이었다. 丙은 초과근무 수당으로 14만 원을 받았다.

① 30만 원
② 32만 원
③ 34만 원
④ 36만 원
⑤ 38만 원

23. 다음 글을 근거로 판단할 때, ㉠의 최댓값은?

A와 B의 사물함 비밀번호는 자신이 태어난 월과 일을 나타내는 네 자리 숫자이다. 다음은 두 사람의 사물함 비밀번호에 관한 정보이다.

○ A의 비밀번호는 두 가지 숫자로 구성되고, B의 비밀번호는 네 가지 숫자로 구성된다.
○ A의 비밀번호 네 자리 숫자를 모두 더한 값은 5이다.
○ B의 비밀번호 네 자리 숫자를 모두 더한 값은 (㉠)이다.
○ B의 비밀번호 네 자리 숫자 중 가장 큰 숫자는 짝수이다.
○ A와 B의 비밀번호에서 같은 자리의 숫자가 같은 경우는 한 번이다.

① 11
② 13
③ 15
④ 17
⑤ 19

24. 다음 글을 근거로 판단할 때 옳지 않은 것은?

△△회사의 직원들은 회사 차를 나누어 타고 세미나 장소로 이동하려고 한다. 회사 차는 소형차와 중형차로 차종이 두 가지이고 소형차는 1대, 중형차는 2대가 있다. 직원들은 아래 조건을 전부 충족시키며 3대의 회사 차에 나누어 탈 예정이다.

○ 직원은 부장 A, 과장 B, C, 대리 D, E, 사원 F, G, H, I로 총 9명이다.
○ 부장과 과장은 소형차에 타지 않는다.
○ 차종에 관계없이 한 대의 차에는 최대 4명이 탈 수 있으며, 차를 혼자 타고 가는 직원은 없다.
○ 과장 B, C는 같은 차에 타지 않으며, 사원 F, G, H는 같은 차를 탄다.
○ 대리 D와 E는 같은 차종의 차를 타지 않는다.

① A, B, D 3명이 같은 차에 탈 수 있다.
② B가 탄 차에 F와 H가 탈 수 있다.
③ D는 소형차에 탈 수 있다.
④ H가 소형차에 탈 경우, E는 중형차에 탈 수 있다.
⑤ G가 C와 같은 차에 탈 경우, B와 I가 같은 차에 탈 수 있다.

25. 다음 글과 〈상황〉을 근거로 판단할 때 옳은 것은?

〈중소기업 수출지원 사업개요〉

□ 사업목적: 중소기업의 성공적인 해외시장 진출을 위한 해외마케팅 및 수출금융 지원

□ 지원대상: 정량평가 점수(60점)와 정성평가 점수(40점)를 합산한 최종점수가 높은 2개 기업을 선정. 단, 최종점수가 동점일 경우 정량평가 점수가 더 높은 기업을 선정

□ 평가기준

○ 정량평가: 재무 안전성(30점), 산업재산권 확보 수준(20점), 우수기업 우대사항(10점)으로 나누어 점수 부여

1) 재무 안전성

부채 비율	100% 미만	100% 이상 200% 미만	200% 이상 300% 미만	300% 이상
점수	30점	25점	20점	15점

2) 산업재산권 확보 수준

특허 보유건수	0건	1건	2건	3건	4건 이상
점수	0점	5점	10점	15점	20점

3) 우수기업 우대사항

– 기관표창 수상이력 있을 경우: 5점

– 벤처기업 인증받은 경우: 5점

○ 정성평가: 사업전략, 글로벌 네트워크 역량을 평가해 5등급으로 나누어 점수 부여

등급	최우수	우수	양호	보통	미흡
점수	40점	35점	30점	25점	20점

〈상 황〉

중소기업 수출지원 사업에 참가 신청을 한 7개 기업(A~G)에 대한 정보 및 정성평가 결과는 다음과 같다.

기업	부채비율	특허 보유건수	기관표창 수상이력	벤처기업 인증 여부	정성평가 등급
A	261%	5건	O	O	우수
B	217%	7건	X	X	양호
C	350%	2건	X	O	최우수
D	82%	1건	O	O	미흡
E	113%	3건	O	O	보통
F	97%	0건	O	X	미흡
G	175%	2건	X	O	우수

① A의 부채비율이 300%이었을 경우 G가 선정된다.
② 지원대상을 3개 기업으로 늘릴 경우 B는 선정된다.
③ C의 기관표창 수상이력이 추가되면 C는 선정된다.
④ 정성평가 결과의 ‘보통’ 이하가 한 등급씩 상향 조정되어도 선정되는 기업은 동일하다.
⑤ F의 특허 보유건수가 4건으로 변경되더라도 F는 선정되지 않는다.

약점 보완 해설집 p.26

자르는 선

2025 해커스PSAT 7급 PSAT FINAL 봉투모의고사 상황판단 (4회)

컴퓨터용 흑색사인펜만 사용

책형
㉵ ㉶

【필적감정용 기재】
*아래 예시문을 옮겨 적으시오
본인은 OOO(응시자성명)임을 확인함
기 재 란

성 명	
자필성명	본인 성명 기재
시험장소	

응시번호							
⑤⑥⑦	⓪①②③④⑤⑥⑦⑧⑨	⓪①②③④⑤⑥⑦⑧⑨	⓪①②③④⑤⑥⑦⑧⑨	⓪①②③④⑤⑥⑦⑧⑨	⓪①②③④⑤⑥⑦⑧⑨	⓪①②③④⑤⑥⑦⑧⑨	⓪①②③④⑤⑥⑦⑧⑨

생년월일					
⓪①②③④⑤⑥⑦⑧⑨	⓪①②③④⑤⑥⑦⑧⑨	⓪①	⓪①②③④⑤⑥⑦⑧⑨	⓪①②③	⓪①②③④⑤⑥⑦⑧⑨

※시험감독관 서명 (서명을 정자로 기재할 것)
적색 볼펜만 사용

상황판단(1~10번)					
1	①	②	③	④	⑤
2	①	②	③	④	⑤
3	①	②	③	④	⑤
4	①	②	③	④	⑤
5	①	②	③	④	⑤
6	①	②	③	④	⑤
7	①	②	③	④	⑤
8	①	②	③	④	⑤
9	①	②	③	④	⑤
10	①	②	③	④	⑤

상황판단(11~20번)					
11	①	②	③	④	⑤
12	①	②	③	④	⑤
13	①	②	③	④	⑤
14	①	②	③	④	⑤
15	①	②	③	④	⑤
16	①	②	③	④	⑤
17	①	②	③	④	⑤
18	①	②	③	④	⑤
19	①	②	③	④	⑤
20	①	②	③	④	⑤

상황판단(21~25번)					
21	①	②	③	④	⑤
22	①	②	③	④	⑤
23	①	②	③	④	⑤
24	①	②	③	④	⑤
25	①	②	③	④	⑤

시험일: ____년 ____월 ____일

국가공무원 7급 공개경쟁채용 1차 필기시험 모의고사

| 상황판단영역 |

응시번호	
성명	

실전모의고사 **5회**

문제책형 **A**

응시자 주의사항

1. **시험시작 전 시험문제를 열람하는 행위나 시험종료 후 답안을 작성하는 행위를 한 사람**은 「공무원 임용시험령」 제51조에 의거 **부정행위자**로 처리됩니다.
2. **답안지 책형 표기는 시험시작 전** 감독관의 지시에 따라 **문제책 앞면에 인쇄된 문제책형을 확인**한 후, **답안지 책형란에 해당 책형(1개)**을 '●'로 표기하여야 합니다.
3. 시험이 시작되면 문제를 주의 깊게 읽은 후, **문항의 취지에 가장 적합한 하나의 정답만을 고르며**, 문제내용에 관한 질문은 할 수 없습니다.
4. **답안을 잘못 표기하였을 경우에는 답안지를 교체하여 작성**하거나 **수정할 수 있으며**, 표기한 답안을 수정할 때는 **응시자 본인이 가져온 수정테이프만을 사용**하여 해당 부분을 완전히 지우고 부착된 수정테이프가 떨어지지 않도록 손으로 눌러주어야 합니다. **(수정액 또는 수정스티커 등은 사용 불가)**
5. **시험시간 관리의 책임은 응시자 본인에게 있습니다.**
   ※ 문제책은 시험종료 후 가지고 갈 수 있습니다.

정답공개 및 해설강의 안내

1. 모바일 자동 채점 및 성적 분석 서비스
   • '약점 보완 해설집'에 회차별로 수록된 QR코드 인식 ▶ 응시 인원 대비 자신의 성적 위치 확인
2. 해설강의 수강 방법
   • 해커스PSAT 사이트(psat.Hackers.com) 접속 후 로그인 ▶ 우측 퀵배너 [쿠폰/수강권등록] 클릭 ▶ '약점 보완 해설집'에 수록된 쿠폰번호 입력 후 이용

해커스PSAT

상황판단영역

1. 다음 글을 근거로 판단할 때 옳은 것은?

제00조 ① 약사 및 한약사가 아니면 의약품을 조제할 수 없으며, 약사 및 한약사는 각각 면허 범위에서 의약품을 조제하여야 한다.
② 의사는 전문의약품과 일반의약품을 처방할 수 있고, 약사는 의사의 처방전에 따라 전문의약품과 일반의약품을 조제하여야 한다. 다만, 의료기관이 없는 지역에서 의약품을 조제하는 경우 의사의 처방전 없이 조제할 수 있다.
③ 제1항에도 불구하고 의사는 약국이 없는 지역에서 의약품을 조제하는 경우에는 자신이 직접 조제할 수 있다.
제00조 ① 약사는 의사가 처방전에 적은 의약품을 성분·함량 및 제형이 같은 다른 의약품으로 대체하여 조제하려는 경우에는 미리 그 처방전을 발행한 의사의 동의를 받아야 한다.
② 제1항에도 불구하고 약사는 다음 각 호의 어느 하나에 해당하면 그 처방전을 발행한 의사의 사전 동의 없이 대체조제를 할 수 있다.
1. 식품의약품안전처장이 생물학적 동등성이 있다고 인정한 품목으로 대체하여 조제하는 경우
2. 처방전에 기재된 의약품의 제조업자와 같은 제조업자가 제조한 의약품으로서 처방전에 적힌 의약품과 성분·제형은 같으나 함량이 다른 의약품으로 같은 처방 용량을 대체조제하는 경우
③ 약사는 제2항에 따라 처방전에 적힌 의약품을 대체조제한 경우에는 그 처방전을 발행한 의사에게 대체조제한 내용을 1일(부득이한 사유가 있는 경우에는 3일) 이내에 통보하여야 한다.
④ 의사의 사전 동의 없이 처방전에 적힌 의약품을 대체조제한 경우에는 그 대체조제한 의약품으로 인하여 발생한 약화(藥禍) 사고에 대하여 의사는 책임을 지지 아니한다.

① 의사는 약국이 없는 지역에서도 자신이 직접 의약품을 조제할 수 없다.
② 약사는 식품의약품안전처장이 생물학적 동등성이 있다고 인정한 품목으로 의약품을 대체조제한 경우에는 처방전을 발행한 의사에게 통보하지 않을 수 있다.
③ 처방전을 발행한 의사의 사전 동의를 받아 대체조제한 의약품으로 인해 발생한 약화사고에 대하여 의사는 책임을 지지 않는다.
④ 약사는 처방전에 적힌 의약품과 성분과 함량 및 제형은 같으나 제조업자가 다른 의약품으로 같은 처방 용량을 대체조제하려는 경우에는 처방전을 발행한 의사의 사전 동의를 받아야 한다.
⑤ 약사는 처방전을 발행한 의사의 동의를 받아 의약품을 대체조제한 경우, 그 내용을 최대 3일 이내에 의사에게 통보하여야 한다.

2. 다음 글을 근거로 판단할 때 옳지 않은 것은?

제00조(자료의 폐기) ① 도서관 소장 자료의 폐기 기준은 다음 각 호와 같다.
1. 25년 이상이 경과한 자료 중 10년 이상 이용되지 않은 자료
2. 20년 이상이 경과한 자료 중 현실과 맞지 않고 최신성이 떨어지는 여행, 교통 등의 자료 또는 서적
3. 훼손 또는 파손의 정도가 심하여 이용 불가한 자료
② 도서관 자료의 연간 폐기 범위는 도서관 전체 자료 수의 100분의 8을 초과할 수 없다.
③ 폐기 담당자는 폐기 대상자료 목록을 작성하여 도서관장의 승인을 받은 후, 목록의 사본을 자료운영팀과 전산지원팀에 제출하여야 한다.
제00조(자료의 관리) 자료의 효율적인 관리를 위하여 다음 각 호의 자료실을 두며, 각 자료실에서 보관·관리하는 자료는 다음과 같다.
1. 일반자료실: 대출 가능한 교양 서적 및 교재 등 일반 단행본 자료 등
2. 정기간행물실: 국내외에서 발간되는 신문, 학술잡지, 대학간행물 자료, 국내 학위논문 등
3. 디지털자료실: 시청각 자료, 전자 자료, 웹 학술자원 등
4. 고문헌실: 1910년 이전에 간행된 자료, 한국학과 및 동양학과 관련 자료 등
5. 특수자료실: 북한 간행물, 2000년 이전 출판 국내외 자료, 이용 빈도가 낮은 자료 및 단행본 등
제00조(자료의 기증) 도서관에서는 연구 및 학습활동을 위하여 자료의 기증을 받고 있으며, 기증에서 제외되는 자료는 다음 각 호와 같다.
1. 도서관에 3권 이상 소장되어 있는 자료
2. 발행 후 5년 이상이 경과한 백과사전 및 사전류의 자료
3. 발행 후 15년 이상이 경과한 단행본 자료
4. 훼손 또는 파손, 낙서 등의 정도가 심한 자료
5. 본교를 제외한 대학의 학위논문
6. 책 면수가 80페이지 미만인 자료
7. 전집의 일부(낱권) 자료

① 1800년대에 간행된 자료는 고문헌실에서, 국내 학위논문은 정기간행물실에서 보관 및 관리한다.
② 2021년 도서관 전체 자료 수가 15,240천 권이라면, 해당 연도에 폐기되는 자료의 수는 1,219천 권을 초과할 수 없다.
③ 타대학의 학위논문, 발행 후 5년이 지난 한국어교육학 사전, 10권으로 구성된 문학전집 전 권은 도서관에서 기증받을 수 없다.
④ 폐기 도서 목록에 대한 도서관장의 승인을 받은 폐기 담당자는 목록의 사본을 자료운영팀과 전산지원팀에 제출해야 한다.
⑤ 25년 경과 후 15년간 이용되지 않은 자료, 심한 훼손으로 이용이 불가능한 자료, 20년 이상 경과된 최신성이 떨어지는 교통 관련 서적은 모두 폐기 기준에 해당한다.

3. 다음 글을 근거로 판단할 때 옳은 것은?

제○○조 ① 다음 각 호의 어느 하나에 해당하는 경우에 변호인이 없는 때에는 법원은 직권으로 국선변호인을 선정하여야 한다.
1. 피고인이 구속된 때
2. 피고인이 70세 이상인 때
3. 피고인이 심신장애가 있는 것으로 의심되는 때

② 법원은 피고인이 빈곤이나 그 밖의 사유로 변호인을 선임할 수 없는 경우에 피고인이 청구하면 국선변호인을 선정하여야 한다.
③ 법원은 피고인의 나이·지능 등을 참작하여 권리보호를 위하여 필요하다고 인정하면 피고인의 명시적 의사에 반하지 아니하는 범위에서 국선변호인을 선정하여야 한다.

제□□조 ① 재판장은 공소제기가 있는 때에는 변호인이 없는 피고인에게 다음 각 호의 취지를 고지한다.
1. 제○○조 제1항 제1호 내지 제3호의 어느 하나에 해당하는 때에는 변호인 없이 개정할 수 없는 취지와 피고인 스스로 변호인을 선임하지 아니할 경우에는 법원이 국선변호인을 선정하게 된다는 취지
2. 제○○조 제2항에 해당하는 때에는 법원에 대하여 국선변호인의 선정을 청구할 수 있다는 취지
3. 제○○조 제3항에 해당하는 때에는 법원에 대하여 국선변호인의 선정을 희망하지 아니한다는 의사를 표시할 수 있다는 취지

② 제1항의 고지는 서면으로 하여야 한다.
③ 법원은 제1항의 고지를 받은 피고인이 변호인을 선임하지 아니한 때에는 지체없이 국선변호인을 선정하고, 피고인 및 변호인에게 그 뜻을 고지하여야 한다.
④ 공소제기가 있은 후 변호인이 없게 된 때에도 제1항 내지 제3항의 규정을 준용한다.

제△△조 제○○조 제2항에 의하여 국선변호인 선정을 청구하는 경우 피고인은 소명자료를 제출하여야 한다. 다만, 기록에 의하여 그 사유가 소명되었다고 인정될 때에는 그러하지 아니하다.

※ 개정: 법정을 열어 재판을 시작하는 것.
※ 공소제기: 검사가 특정 피고인의 형사사건에 대하여 유죄판결을 요구하는 것. 약칭 '기소'라고 함.

① 변호인이 없는 75세 피고인 甲에게 재판장은 변호인 없이 재판을 시작할 경우 불리할 수 있음을 서면으로 고지해야 한다.
② 피고인 乙이 경제적인 어려움으로 인해 법원에 국선변호인 선정을 청구하는 경우 기록에 의해 사유가 소명되지 않는다면 소명자료를 함께 제출해야 한다.
③ 피고인 丙이 국선변호인 선정을 희망하지 않는다는 명시적 의사 표시를 하더라도, 丙의 권리보호를 위해 필요하다고 인정되면 법원은 국선변호인을 선정해야 한다.
④ 피고인 丁이 고지를 받은 후에도 변호인을 선임하지 않은 경우 법원은 국선변호인을 선정하지 않을 수 있다.
⑤ 기소된 피고인 戊의 변호인이 사임하여, 구속 상태의 戊에게 변호인이 없는 경우 법원은 별도의 취지를 고지하지 않고 국선변호인을 선정할 수 있다.

4. 다음 글과 〈상황〉을 근거로 판단할 때 옳지 않은 것은?

제00조 ① 식품의약품안전처장, 시·도지사 또는 시장·군수·구청장은 허가나 등록이 취소되거나 영업소 폐쇄명령을 받은 후에도 계속하여 영업을 하는 경우에는 해당 영업소를 폐쇄하기 위하여 관계 공무원에게 다음 각 호의 조치를 하게 할 수 있다.
1. 해당 영업소의 간판 등 영업 표지물의 제거나 삭제
2. 해당 영업소가 적법한 영업소가 아님을 알리는 게시문 등의 부착
3. 해당 영업소의 시설물과 영업에 사용하는 기구 등을 사용할 수 없게 하는 봉인(封印)

② 식품의약품안전처장, 시·도지사 또는 시장·군수·구청장은 제1항 제3호에 따라 봉인한 후 봉인을 계속할 필요가 없거나 해당 영업을 하는 자 또는 그 대리인이 해당 영업소 폐쇄를 약속하거나 그 밖의 정당한 사유를 들어 봉인의 해제를 요청하는 경우에는 봉인을 해제할 수 있다. 제1항 제2호에 따른 게시문 등의 경우에도 또한 같다.
③ 식품의약품안전처장, 시·도지사 또는 시장·군수·구청장은 제1항에 따른 조치를 하려면 해당 영업을 하는 자 또는 그 대리인에게 문서로 미리 알려야 한다. 다만, 급박한 사유가 있으면 그러하지 아니하다.
④ 제1항의 경우에 관계 공무원은 그 권한을 표시하는 증표 및 조사기간, 조사범위, 조사담당자, 관계 법령 등이 기재된 서류를 지니고 이를 관계인에게 내보여야 한다.

제00조 식품의약품안전처장 또는 특별자치시장·특별자치도지사·시장·군수·구청장은 조리사가 다음 각 호의 어느 하나에 해당하면 그 면허를 취소하거나 6개월 이내의 기간을 정하여 업무정지를 명할 수 있다.
1. 식중독이나 그 밖에 위생과 관련한 중대한 사고 발생에 직무상의 책임이 있는 경우
2. 면허를 타인에게 대여하여 사용하게 한 경우

〈상 황〉

A도 B시에서 요식업 영업소를 영업 중인 甲(조리사 면허 보유)은 법규를 위반하여 영업소의 등록이 취소되었다. 그런데도 甲은 대리인 乙에게 조리사 면허를 대여하여 해당 영업소를 계속 영업 중이다. (단, 甲과 乙은 관계인에 해당한다)

① A도지사는 甲에게 8개월 업무정지를 명할 수 있다.
② A도지사는 관계 공무원을 통해 甲이 영업에 사용하는 기구에 봉인 조치를 할 수 있다.
③ B시장은 급박한 사유가 있다면 관계 공무원을 통해 甲이 영업 중인 영업소의 간판을 제거할 때 문서로 알리지 않을 수 있다.
④ B시장은 乙이 해당 영업소의 폐쇄를 약속하며 적법한 영업소가 아님을 알리는 게시문의 해제를 요청했다면 게시문을 해제할 수 있다.
⑤ B시장의 지시에 따라 甲이 영업 중인 영업소의 영업 표지물을 제거하는 관계 공무원은 甲 또는 乙에게 그 권한을 표시하는 증표를 내보여야 한다.

5. 다음 글을 근거로 판단할 때 옳은 것은?

클라우드(Cloud)는 데이터를 인터넷 서버에 저장하여 이용하는 서비스이다. 즉, 필요한 데이터를 컴퓨터에 저장하지 않고 기업의 내·외부 서버와 인터넷 서버의 저장장치에 저장하므로 시간과 공간을 초월한 이용을 가능하게 한다. 이러한 클라우드 서비스는 데이터를 보관하는 위치에 따라 퍼블릭 클라우드와 프라이빗 클라우드로 구분된다. 퍼블릭 클라우드는 외부 업체의 서버에 클라우드를 구축하는 것으로 아웃소싱 기업으로부터 모든 IT 인프라를 제공받아 적은 설비투자 비용으로 인프라를 확장할 수 있다. 프라이빗 클라우드는 기업 내부에 클라우드를 구축하는 것으로 데이터 과부화 방지 또는 보안 유지에는 유리하나 자체 서버를 구축하고 유지하는 비용이 크다.

엣지 컴퓨팅(Edge Computing)은 데이터를 생성하는 곳에서 실시간으로 데이터를 처리하는 컴퓨팅으로 데이터 분산처리 방법의 일종이다. 이를 통해 클라우드 서비스의 중앙 집중화로 인한 컴퓨팅의 속도 저하 문제, 대역폭 제약, 개인 정보 침해 문제 등을 해결하는 데 유리하다. 즉, 중앙 집중화 처리 시스템의 과부하로 인해 발생하는 여러 문제를 해결할 수 있다. 예를 들어 엣지 컴퓨팅 기술을 적용한 자율주행차의 경우에는 그래픽 처리 장치를 통해 주위 영상을 실시간으로 처리함으로써 주행 시 주위를 분석하는 과정을 최소화하고, 주행 안정성을 높이고 있다.

최근에는 클라우드의 장점과 엣지 컴퓨팅의 장점을 혼합한 하이브리드 방식도 있다. 하이브리드 방식은 클라우드의 탄력적인 확장성과 엣지 컴퓨팅의 데이터 분산처리 방법을 모두 활용하므로 클라우드와 엣지 컴퓨팅 간의 상호 보완이 가능하다. 예를 들어 P기업의 방화벽 장비는 하이브리드 방식으로 운영되는데 보안 문제 발생 시 처음에는 엣지 컴퓨팅으로 처리하고, 엣지 컴퓨팅 방식으로도 처리할 수 없는 문제는 중앙 센터에 위치한 클라우드에 전송하여 처리하는 이중 구조를 가지고 있다.

① 프라이빗 클라우드는 기업 내부에서 IT 인프라를 제공받으므로 서버 유지 비용이 크지 않다.
② 하이브리드 방식은 클라우드와 엣지 컴퓨팅 간 상호 보완이 불가능하다.
③ 데이터 과부화를 해결하기 위해 기업 내부에 인터넷 서버를 구축하는 방식은 퍼블릭 클라우드이다.
④ 엣지 컴퓨팅으로 데이터를 처리하는 것보다 퍼블릭 클라우드로 데이터를 처리하는 것이 개인정보 침해 문제를 해결하는데 적합하다.
⑤ 하이브리드 방식으로 보안 문제를 처리할 때 엣지 컴퓨팅만 이용하는 경우가 있을 수 있다.

6. 다음 글을 근거로 판단할 때, 甲과 乙이 지불한 금액의 차이는?

○ 甲, 乙, 丙 세 사람이 채소를 구매한 채소가게의 채소 1박스당 무게 및 판매가격은 다음과 같다.

채소	감자	고구마	당근	옥수수
무게(kg)	3	10	1	5
판매가격(원)	6,300	22,000	15,700	9,500

○ 세 사람이 각자 채소가게에 지불한 금액은 서로 다르지만, 각자 구매한 채소 박스의 무게와 개수는 같았다.
○ 세 사람이 채소가게에서 구매한 채소 박스 무게의 합은 총 39kg이었다.
○ 채소가게에 지불한 금액은 세 사람 중 甲이 가장 많고, 丙이 가장 적었다.

① 8,700원
② 10,000원
③ 11,300원
④ 12,600원
⑤ 13,900원

7. 다음 글과 〈상황〉을 근거로 판단할 때, 乙의 1차 시험 접수번호로 가능한 것은?

○ A시험은 1~3차 시험으로 진행되며, 1차 시험 접수번호는 여덟 자리 숫자로 구성되어 있다.
○ 접수번호의 처음 세 자리 수는 지원한 직렬을 의미하며, □□직렬은 '120', △△직렬은 '140', ◇◇직렬은 '160'으로 표시된다. 단, 작년 A시험에서 2차 시험에 합격한 응시자의 경우, 올해 1차 시험 접수번호의 처음 세 자리 수는 직렬과 상관없이 '110'이다.
○ 다음 세 자리 수는 각 직렬별 응시자의 지원한 순서를 의미한다. 각 직렬별 응시자는 1,000명 미만이며, 응시자 지원 순서에 따라 '001'부터 '999'까지 표시된다. 예를 들어, △△직렬에서 첫 번째로 지원한 응시자의 경우 '001'로 표시된다.
○ 마지막 두 자리 수는 고사장 지역을 의미하며, 고사장 지역별 접수번호는 아래와 같다.

고사장 지역	서울	인천	경기도	광주	부산
접수번호	00	01	02	03	04

〈상 황〉

올해 처음 A시험에 응시한 甲의 1차 시험 접수번호는 14021501이었다. 작년에 1차 시험까지 합격한 경험이 있는 乙은 올해 甲과 다른 직렬에 지원하였다. 乙이 지원한 직렬에서 乙의 지원 순서는 甲이 지원한 직렬에서 甲의 지원 순서보다 늦었고, 乙은 甲과 다른 고사장 지역에 응시하였다.

① 14031502
② 12021902
③ 12014203
④ 16031701
⑤ 11042504

8. 다음 글을 근거로 판단할 때, △△ 게임에서 우승한 사람은?

○ 8명(A~H)이 원테이블에 시계방향 순서대로 A－B－C－D－E－F－G－H 순으로 둘러 앉아 △△ 게임을 한다.
○ △△ 게임의 게임 규칙은 다음과 같다.
  – 첫 번째 순서의 사람부터 숫자 1을 외치며, 시계방향 순서대로 숫자 9까지 외친다. 이때 숫자 9를 외치면 하나의 라운드가 종료된다. 단, 다음 라운드는 이전 라운드에서 숫자 9를 외친 사람의 시계방향 순서대로 다음(왼쪽)에 앉은 사람이 첫 번째 순서이다.
  – 게임 진행 중 '3', '6', '9'를 외치는 사람의 경우, 해당 숫자를 외침과 동시에 탈락되며, 그 이후 게임에 참가할 수 없다. 예를 들어 A가 '3'을 외칠 경우, A는 탈락하여 그 이후로 게임에 참가할 수 없다.
  – 다음 라운드는 이전 라운드 중 탈락한 사람을 제외하고 남은 사람이 시계방향 순서대로 숫자 9까지 외친다.
  – 게임은 마지막 1명이 남을 때까지 라운드를 계속 진행하며, 마지막 1명이 남은 경우 해당 사람이 우승한다. 단, '9'를 외치기 전 마지막 1명을 제외한 모든 사람이 탈락한 경우 게임을 종료하고, 마지막 1명이 우승한다.
○ △△ 게임에서 A가 첫 번째 순서로 1라운드를 진행한다.

① B
② D
③ E
④ G
⑤ H

[9 ~ 10] 다음 글을 읽고 물음에 답하시오.

최근 한 조사에 따르면 국내 출판사 수는 꾸준히 증가하여 79,564개를 기록하였다. 하지만 한 해 동안 책을 한 권도 내지 않은 무실적 출판사가 88.5%로 절대다수를 차지하는 문제가 있다. 출판사 수가 꾸준히 증가하는 이유는 신고제를 통해 비교적 쉽게 사업 등록이 가능한 점, 1인 또는 소규모 출판사를 차리는 인원이 늘어나고 있다는 점 때문이다. 1인 또는 소규모 출판사는 본인이 쓴 글을 원하는 방식으로 출판할 수 있고, 기존 출판사와 비교해 적은 시간과 비용을 통해 출판할 수 있다는 장점을 갖는다.

출판 과정은 크게 출판기획, 원고작성, 원고편집, 북디자인, 원고교정, 최종완성, 인쇄제작의 7단계로 나눠진다. 출판기획 후 원고작성, 원고편집 순으로 진행되는데, 작가가 원고작성을 통해 출판사에 투고하여 원고 작성이 출판기획보다 먼저 이루어지기도 한다. 이후에는 북디자인, 원고교정을 거쳐 제목·표지·내지 확정 및 ISBN 발급을 통한 최종완성 단계에 도달하며 마지막으로 인쇄제작까지 거치면 책이 완성되어 출판된다. 각 과정의 진행 상황에 따라 차이가 있지만 원고 편집에서부터 인쇄제작까지 약 60일 내외의 제작 기간이 소요된다. 소규모 출판사에서 1인 구조인 경우 전체 업무를 혼자서 담당하며, 2인 구조인 경우 북디자인과 나머지 업무, 3인 구조인 경우 원고작성, 북디자인, 나머지 업무로 구분하는 경우가 일반적이다.

출판 과정의 첫 단계인 출판기획은 크게 두 가지로 나눌 수 있다. 첫째로 출판사에서 기획을 하여 이에 적합한 원고를 쓸 저자를 찾아 계약하는 종합기획, 둘째로 자신의 글을 책으로 만들고 싶은 작가가 스스로 기획하여 출판사에 투고하거나 스스로 출판사를 만들어 출판하는 편집기획이다. 이러한 출판기획을 제대로 준비하기 위해서는 크게 4가지에 대한 이해가 필요하다. 첫째, 시장조사이다. 판매 가능성을 예측하고 제작일정을 잡기 위함으로, 저자 탐색이나 출간일정, 가격결정과 같은 기획이 포함된다. 둘째, 독자이다. 이는 책의 목적과 성격을 잡기 위함으로, 어떻게 차별화할 수 있을 것인가에 대한 기획 전략, 책 모양과 같은 기획이 포함된다. 셋째, 판매이다. 이는 현실적인 운영계획을 세우기 위함으로, 제작비용을 산출하는 비용기획이 포함된다. 마지막으로 마케팅이다. 마케팅은 지속적인 판매를 높이기 위해 필요하며, 이벤트 행사 준비 및 진행방법 등을 계획하는 홍보기획이 포함된다.

9. 윗글을 근거로 판단할 때 옳은 것은?

① 국내 무실적 출판사는 7만 개 미만이다.
② 출판 과정은 언제나 출판기획으로부터 시작된다.
③ 출판기획부터 인쇄제작까지의 출판 과정은 약 60일 내외의 제작 기간이 소요된다.
④ 저자가 직접 출판사에 투고하거나 출판사를 차려 출판하는 경우 거치는 출판기획 과정은 편집기획이다.
⑤ 출판기획 중 가격결정은 판매에 포함되는 내용이다.

10. 윗글과 〈상황〉을 근거로 판단할 때, 甲~戊 중 2025년에 두 번째로 빨리 인쇄제작이 완료되는 책을 출판하는 사람은?

〈상 황〉

甲~戊는 2025년 책을 출판하기 위한 목표를 갖고 있으며, 서로 간의 정보 공유를 위해 다음과 같은 대화를 나누었다.

甲: 나는 A 출판사에서 출판기획이 완료된 후에 원고작성 의뢰를 받아서 4월 30일까지 원고를 보내줘야 해. 검토하고 마감일에 맞춰서 보내려고. 원고편집이랑 북디자인은 각각 3주, 원고교정은 1주 걸린다고 하고, 최종완성 후에 인쇄제작까지는 10일이 소요된다고 하더라.

乙: 나는 1인 출판사를 운영 중인데, 작년에 써 둔 에세이를 모아서 출판하려고 해. 북디자인까지 마쳤는데 최종완성 단계까지는 2주, 인쇄제작은 5일이 걸려. 원고교정은 5월 20일에 시작하려고.

丙: 나는 원고교정까지 끝난 상태인데, 국가를 위해 희생한 분들을 기리는 책이라 현충일에 출판하려고 해.

丁: 나는 기존에 출판했던 책을 10주년 기념판으로 다시 출판하려고 5월 29일에 인쇄를 앞두고 있어. 5일 걸린대.

戊: 나는 5단계까지 마쳤고 6월 20일까지 제목을 확정해야 하는데 고민이라 마지막 날까지 고민 후에 결정하려고. 인쇄는 2일이면 된다고 하더라.

① 甲
② 乙
③ 丙
④ 丁
⑤ 戊

11. 다음 글을 근거로 판단할 때 옳은 것은?

> 제○○조 ① 변리사시험에 합격한 사람으로서 실무수습을 마친 사람은 변리사의 자격이 있다.
> ② 다음 각 호의 어느 하나에 해당하는 사람은 변리사가 되지 못한다.
> 1. 미성년자
> 2. 피한정후견인 또는 피성년후견인
> 3. 제◇◇조 제1항에 따른 징계처분으로 등록취소된 후 2년이 지나지 아니한 사람
>
> 제△△조 ① 변리사시험은 제1차 시험과 제2차 시험으로 구분하여 특허청장이 실시한다.
> ② 특허청장은 시험일시 및 방법 등에 관한 사항을 제1차 시험 실시 90일 전까지 공고하여야 한다.
> ③ 특허청 소속의 7급 이상 공무원으로서 10년 이상 특허행정사무에 종사한 경력이 있는 사람에 대하여는 제1차 시험을 면제한다.
>
> 제□□조 ① 변리사 자격을 가진 사람이 변리사 업무를 시작하려는 때에는 특허청장에게 등록하여야 한다.
> ② 특허청장은 제1항에 따라 변리사 등록을 신청한 사람이 제○○조 제2항 각 호의 어느 하나에 해당하면 등록을 거부하여야 한다.
> ③ 특허청장은 변리사가 다음 각 호의 어느 하나에 해당할 때에는 그 등록을 취소하여야 한다.
> 1. 제○○조 제2항 각 호의 어느 하나에 해당할 때
> 2. 등록취소의 신청을 하였을 때
>
> 제◇◇조 ① 특허청장은 변리사에게 징계사유가 있을 때에는 징계를 할 수 있다.
> ② 변리사에 대한 징계의 종류는 다음 각 호와 같다.
> 1. 500만 원 이하의 과태료
> 2. 2년 이내의 전부 또는 일부의 업무정지
> 3. 등록취소
>
> ③ 제1항에 따른 징계는 징계사유가 발생한 날부터 3년이 지나면 할 수 없다.
> ④ 특허청장은 징계사유가 있는 변리사가 제□□조 제3항 제2호에 따라 이미 등록이 취소된 경우에는 5년 이내의 기간을 정하여 자격정지를 명할 수 있다.

① 2022년 1월 10일에 징계처분으로 등록취소된 변리사 丙이 2023년 9월 7일에 변리사 등록을 신청한 경우, 특허청장은 등록을 거부하여야 한다.
② 변리사 甲은 2020년 5월 1일에 발생한 징계사유를 근거로 2023년 7월 20일에 업무정지 1년에 처해질 수 있다.
③ 10년 이상 특허행정사무에 종사한 특허청 소속 8급 공무원 乙이 변리사시험에 응시하는 경우 제1차 시험이 면제된다.
④ 특허청장은 징계로 등록취소 처분을 받은 변리사에게 5년의 자격정지를 명할 수 있다.
⑤ 특허청장은 2024년 11월 27일에 이듬해 2월 18일에 시행되는 변리사시험 제1차 시험의 시험일시 및 방법 등에 관한 사항을 공고할 수 있다.

12. 다음 글을 근거로 판단할 때 옳은 것은?

> 제□□조 ① 건축지도원은 특별자치시장·특별자치도지사 또는 시장·군수·구청장(특별시·광역시의 자치구 구청장을 말한다. 이하 같다)이 특별자치시·특별자치도 또는 시·군·구에 근무하는 건축직렬의 공무원과 건축에 관한 학식이 풍부한 자로서 제△△조에 정하는 자격을 갖춘 자 중에서 지정한다.
> ② 건축지도원의 업무는 다음 각 호와 같다.
> 1. 건축신고를 하고 건축 중에 있는 건축물의 시공 지도와 위법 시공 여부의 확인·지도 및 단속
> 2. 허가를 받지 아니하거나 신고를 하지 아니하고 건축하거나 용도변경한 건축물의 단속
>
> ③ 건축지도원은 제2항의 업무를 수행할 때에는 권한을 나타내는 증표를 지니고 관계인에게 내보여야 한다.
> ④ 건축지도원의 지정절차, 보수기준 등에 관하여 필요한 사항은 제△△조에 따른다.
>
> 제△△조 ① 특별자치시장·특별자치도지사 또는 시장·군수·구청장은 건축지도원을 지정하는 때에는 특별자치시·특별자치도 또는 시·군·구에 근무하는 건축직렬의 공무원으로 지정하거나 다음 각 호의 어느 하나에 해당하는 자격을 갖춘 자를 선임하여 지정한다.
> 1. 건축직렬 공무원으로 2년 이상 근무한 경력이 있는 자
> 2. 건축사 또는 건축분야 기술사
> 3. 건축기사1급 자격소지자로서 2년 이상 건축분야에 종사한 자
> 4. 건축기사2급 자격소지자로서 4년 이상 건축분야에 종사한 자
> 5. 4년제 대학의 건축관련학과 졸업자로서 3년 이상 건축분야에 종사한 자
> 6. 2년제 대학의 건축관련학과 졸업자로서 5년 이상 건축분야에 종사한 자
>
> ② 특별자치시장·특별자치도지사 또는 시장·군수·구청장은 제1항에 따른 건축지도원 중 공무원이 아닌 건축지도원에 대하여는 보수·수당·여비 및 활동비를, 공무원인 건축지도원과 명예 건축지도원에 대하여는 수당·여비 및 활동비를 예산의 범위 내에서 지급할 수 있다.

① 건축지도원은 해당 지방자치단체에 근무하는 건축직렬 공무원 중에서 지정된다.
② 공무원인 건축지도원은 여비 및 활동비를 지급받을 수 있지만, 공무원이 아닌 건축지도원은 보수와 수당만 지급받을 수 있다.
③ 서울특별시의 A자치구에서 근무할 건축지도원은 서울특별시장이 선임하여 지정한다.
④ 허가 없이 용도변경한 건축물의 단속은 건축지도원의 업무이고, 건축신고를 마치고 건축 중인 건축물의 시공 지도는 건축지도원의 업무가 아니다.
⑤ 4년제 대학의 건축학과를 졸업하고 건축기사2급 자격을 소지한 자가 건축분야에 3년간 종사하였다면 건축지도원으로 지정될 수 있다.

13. 다음 글을 근거로 판단할 때, ㉠+㉡의 값은?

○ 甲대학교 □□과에서는 신입생 오리엔테이션 행사(OT)에 사용한 예산을 결산하고자 한다.
○ 다음은 □□과 OT의 인원 편성에 대한 정보이다.
- OT에 참석한 새내기는 100명 이하였다.
- OT에 참석한 모든 새내기는 A반 또는 B반에 배정되었다.
- 각 반은 (㉠)개의 조로 구성되었고, 각 조에는 (㉡)명의 새내기가 소속되었다.
- 모든 새내기는 하나의 조에만 소속되었고, 모든 조는 하나의 반에만 속했다.
○ 다음은 □□과 OT의 예산에 대한 정보이다.
- OT 예산은 대관비용, 간식비용, 웰컴키트비용으로 구성된다.
- 대관비용은 각 반별로 50만 원씩 지출했다.
- 간식비용은 각 조별로 10만 원씩 지출했다.
- 웰컴키트비용은 OT에 참석한 새내기 1명당 2만 원씩 지출했다.
- □□과 OT에 사용된 예산 총액은 496만 원이었다.

① 14
② 15
③ 16
④ 17
⑤ 18

14. 다음 글을 근거로 판단할 때, 甲과 乙이 획득할 수 있는 점수 차이의 최솟값은?

○ 甲과 乙은 트럼프카드를 이용하여 카드게임을 한다.
○ 트럼프카드는 스페이드, 다이아몬드, 하트, 클로버 문양의 카드가 각각 13장씩 총 52장으로 구성되어 있다.
○ 문양별 구성은 1부터 10까지의 숫자가 적힌 카드 10장과 K, Q, J의 문자가 적힌 카드 3장이다.
○ 게임의 규칙은 다음과 같다.
- 甲, 乙의 순서로 카드를 2장씩 뽑는다.
- 각자 뽑은 카드에 적힌 숫자의 합이 그 사람의 점수가 된다. 이때 K는 13, Q는 12, J는 11로 계산한다.
- 한 사람이 뽑은 두 장의 카드가 모두 문자가 적힌 카드라면 K는 24, Q는 23, J는 22로 계산한다.
- 한 사람이 뽑은 두 장의 카드가 같은 문양의 카드라면 점수는 2배가 된다.
○ 현재 게임에 관해 알려진 정보는 다음과 같다.
- 甲이 뽑은 2장의 카드는 문양이 같고, 모두 문자가 적힌 카드이다.
- 乙이 뽑은 카드 중 한 장은 甲이 뽑은 카드와 같은 문양이다.

① 40점
② 42점
③ 44점
④ 46점
⑤ 48점

15. 다음 글을 근거로 판단할 때, 甲과 乙이 A카페에 들어간 시각은? (단, 甲과 乙은 오늘 중으로 A카페에서 나왔다)

> 2025년 3월 27일 甲과 乙은 오후에 A카페에 들러 음료를 마셨다. 甲과 乙은 A카페에 들어가면서 A카페에 있는 시계를 확인하였는데, A카페의 시계는 숫자가 표기되어 있지 않은 시계였다. 甲과 乙은 카페에서 2시간 30분 동안 대화를 나눈 후 A카페에서 나왔다. 甲과 乙은 A카페에서 나올 때, A카페에 있는 거울을 통해 A카페의 시계를 확인하였는데 甲과 乙이 A카페에 들어간 시각과 동일하였다.

※ A카페에 있는 거울은 좌우 반전이 발생한다.

① 오후 3시 5분
② 오후 3시 35분
③ 오후 4시 15분
④ 오후 4시 45분
⑤ 오후 5시 15분

16. 다음 글을 근거로 판단할 때, 甲의 노트북 비밀번호 첫 번째 숫자와 두 번째 숫자를 합한 값은?

> 甲의 노트북 비밀번호는 6개의 숫자로 이루어져 있다. 어느 날 乙이 甲의 노트북을 빌리게 되었고, 甲은 노트북 비밀번호에 대해 다음과 같은 힌트만 주었다.
>
> ○ 1부터 6까지의 숫자를 한 번씩만 사용한다.
> ○ 첫 번째 숫자와 네 번째 숫자를 곱한 값은 두 번째 숫자와 세 번째 숫자를 곱한 값과 같다.
> ○ 첫 번째 숫자와 여섯 번째 숫자를 곱한 값은 세 번째 숫자와 네 번째 숫자를 곱한 값과 같다.
> ○ 세 번째 숫자는 두 번째 숫자보다 크다.

① 4
② 6
③ 8
④ 10
⑤ 12

17. 다음 글과 〈상황〉을 근거로 판단할 때, □□부가 지급할 금년도 퀵스타트 프로그램 지원금 총액은?

□□부는 전년도 퀵스타트 프로그램 참여기관으로 선정되었던 A~E 기업들을 평가하여 재선정 여부와 지원금 액수를 결정하고자 한다. 1단계에서는 사업계획서를 바탕으로 금년도 퀵스타트 프로그램 참여기관 재선정 여부를 결정하고, 2단계에서는 전년도 사업실적을 바탕으로 금년도 퀵스타트 프로그램 지원금 액수를 결정한다. 1단계 평가에서 금년도 퀵스타트 프로그램 참여기관으로 재선정된 기업만을 대상으로 2단계 평가를 진행한다.

○ 1단계: 사업계획서 평가
- 타당성, 가능성, 관리능력 세 가지 항목으로 평가한다.
- 세 항목의 평균 점수가 80점 이상인 기업을 금년도 퀵스타트프로그램참여기관으로재선정한다. 단, 세 항목 중 한 가지 항목이라도 65점 미만으로 평가된 기업은 금년도 퀵스타트 프로그램 참여기관으로 재선정하지 않는다.

○ 2단계: 전년도 퀵스타트 프로그램 사업실적 평가
- 교육이수율과 취업률 두 가지 항목으로 평가한다.
- 교육이수율(%)=(교육수료자 수/교육신청자 수)×100
- 취업률(%)=(취업자 수/교육수료자 수)×100
- 교육이수율과 취업률 모두 90% 이상인 경우 '교육수료자 수×100만 원'의 지원금을 지급한다.
- 교육이수율과 취업률 중 하나만 90% 이상인 경우 '교육수료자 수×50만 원'의 지원금을 지급한다.
- 교육이수율과 취업률 모두 90% 미만인 경우 지원금을 지급하지 않는다.

〈상 황〉

다음은 전년도 퀵스타트 프로그램 참여기관으로 선정되었던 A~E 기업의 금년도 사업계획서 평가 점수와 전년도 사업실적에 대한 자료이다.

기업	사업계획서(점)			사업실적(명)		
	타당성	가능성	관리능력	취업자	교육 수료자	교육 신청자
A	87	83	67	31	38	40
B	92	81	79	43	45	50
C	88	64	91	25	28	30
D	75	82	85	42	50	60
E	68	87	93	34	40	40

① 4,500만 원
② 6,000만 원
③ 6,500만 원
④ 6,750만 원
⑤ 8,500만 원

18. 다음 글을 근거로 판단할 때, 甲이 예약할 호텔은?

○ 여행을 떠나는 甲은 A~E 호텔 중 어느 하나의 호텔을 예약하고자 한다.
○ 甲의 여행 일정은 수요일, 목요일, 금요일 3일간이며, 한 곳에서 수요일, 목요일, 금요일 3일간 머무를 수 있는 호텔을 예약하고자 한다.
○ 甲은 객실에서 바다를 볼 수 있는 호텔을 예약하고자 한다.
○ A~E 호텔은 모두 동해안 또는 서해안에 위치해 있다. 동해안에 위치한 호텔의 객실 창문이 동쪽으로 나 있을 경우에만 동해 바다를 볼 수 있고, 서해안에 위치한 호텔의 객실 창문이 서쪽으로 나 있을 경우에만 서해 바다를 볼 수 있으며, 그 외의 방향으로 호텔의 객실 창문이 나 있을 경우에는 바다를 볼 수 없다. 단, A~E 호텔에서 바다를 보기 위해서는 5층 이상의 객실에 머물러야만 한다.
○ 甲은 10층 이상의 객실에서 머무를 수 없다.
○ 각 호텔의 객실 번호는 네 자리 숫자로 구성되며, 앞의 두 자리는 객실의 층수를, 뒤의 두 자리는 객실 창문이 나 있는 방향을 의미한다. 뒤의 두 자리 수가 홀수라면 객실의 창문은 동쪽으로 나 있고, 뒤의 두 자리 수가 짝수라면 객실의 창문은 서쪽으로 나 있다.
○ A~E 호텔에 대한 정보는 다음과 같다.

호텔	예약 가능한 요일	객실 번호	호텔의 위치
A	화, 수, 목, 토, 일	0915	동해안
B	월, 화, 수, 목, 금	0710	동해안
C	월, 수, 목, 금, 토	1012	서해안
D	화, 수, 목, 금, 일	0311	동해안
E	수, 목, 금, 토, 일	0714	서해안

① A
② B
③ C
④ D
⑤ E

19. 다음 글을 근거로 판단할 때, 甲~戊의 발표 순서를 바르게 나열한 것은?

발표자 甲~戊는 각자의 생년월일을 이용해 학술제 발표 순서를 정하려고 한다. 정하는 방법은 다음과 같다.

○ 자신의 생년월일을 나열하여 여덟 자리 숫자를 만든다. 이때 월 또는 일이 한 자리 숫자인 경우에는 한 자리 숫자 앞에 0을 붙인다.
○ 여덟 자리 숫자 중 주사위를 던져서 나온 눈의 개수만큼 숫자를 선택하여 숫자의 위치를 자유롭게 변경한다.
  – 예를 들어 생년월일이 1992년 6월 5일이고 주사위의 눈이 2가 나왔다면, 1,9,9,2,0,6,0,5 중 2개의 숫자 1과 6을 선택한 후 숫자 1을 숫자 2의 뒤로, 숫자 6을 숫자 2의 앞으로 위치를 변경하여 여덟 자리 숫자 99621005를 만든다.
○ 변경한 후의 숫자가 작은 사람부터 순서대로 발표를 한다.
○ 甲~戊는 최대한 늦게 발표를 하고자 한다.
○ 甲~戊의 생년월일과 주사위를 던져서 나온 눈의 숫자는 다음과 같다.

이름	생년월일	주사위 눈의 숫자
甲	1985년 2월 19일	3
乙	1991년 3월 17일	2
丙	1992년 7월 16일	1
丁	1988년 12월 21일	2
戊	1990년 4월 29일	2

① 丁 – 丙 – 乙 – 甲 – 戊
② 丁 – 丙 – 甲 – 乙 – 戊
③ 丁 – 乙 – 丙 – 甲 – 戊
④ 戊 – 甲 – 乙 – 丙 – 丁
⑤ 戊 – 甲 – 丙 – 乙 – 丁

20. 다음 글을 근거로 판단할 때, 〈보기〉에서 옳은 것만을 모두 고르면?

甲국 교육부는 2022년 대학 혁신지원사업 대상자로 A~F 대학을 선정하여 각 대학에 40억 원의 예산을 편성하였다. 동일 대학을 대상으로 2023년 예산을 편성하기 위해 2022년 사업의 성과를 평가한 아래의 결과를 바탕으로 각 대학의 성과 점수를 매겼으며, 이때 성과 점수는 평가 항목별 점수의 평균으로 산출하였다.

〈2022년 대학 혁신지원사업 성과 평가〉

(단위: 점)

평가 항목 / 대학	혁신 전략의 우수성	재정 투자의 타당성	중장기 계획과의 연계성	성과 점수
A	85	65	87	79
B	83	91	84	86
C	74	85	84	81
D	66	89	70	75
E	72	83	73	76
F	85	76	88	83

각 대학의 평가 항목 중 '중장기 계획과의 연계성' 점수가 성과 점수보다 높은 대학에는 2022년 예산의 115%를 2023년 예산으로 편성하고, '중장기 계획과의 연계성' 점수가 성과 점수보다 낮은 대학에는 2022년 예산의 75%를 2023년 예산으로 편성한다. 다만, A~F 대학 중 성과 점수가 높은 대학부터 순위를 나열했을 때 상위 2개 대학에는 위 기준으로 산출된 예산에서 1억 원을 증액한 금액을, 하위 2개 대학에는 1억 원을 감액한 금액을 2023년 예산으로 최종 편성한다.

〈보 기〉

ㄱ. 2023년 예산이 2022년 예산보다 낮은 대학은 3곳이다.
ㄴ. A대학에 편성하는 2023년 예산은 47억 원일 것이다.
ㄷ. A~F 대학에 편성하는 2023년 예산의 합은 2022년 예산의 합 대비 4억 원 늘어날 것이다.
ㄹ. D대학의 '중장기 계획과의 연계성' 점수가 3점 높아지더라도 D대학에 편성하는 2023년 예산은 변함없을 것이다.

① ㄱ, ㄴ
② ㄱ, ㄹ
③ ㄴ, ㄷ
④ ㄱ, ㄷ, ㄹ
⑤ ㄴ, ㄷ, ㄹ

21. 다음 글과 〈상황〉을 근거로 판단할 때, 주어진 비행기 탑승 시각에 비행기에 탑승할 수 있는 사람만을 모두 고르면?

○ □□스쿠버다이빙 협회에서는 회원들의 안전을 위해 스쿠버다이빙 후 휴식시간 기준을 마련했다.
○ 스쿠버다이빙 후 휴식시간 기준은 다음과 같다.

최대 잠수 깊이	5m 미만	5m 이상 15m 미만	15m 이상
최대 잠수 깊이 0.2m당 휴식시간	20분	30분	40분

○ 스쿠버다이빙 이후 비행기에 탑승하기 위해서는 스쿠버다이빙 후 휴식시간 기준에 따른 휴식시간의 90% 이상에 해당하는 시간만큼 휴식을 취하여야 한다. 단, 스쿠버다이빙을 종료한 지 18시간 이내에 탑승하는 경우에는 스쿠버다이빙 후 휴식시간 기준에 따른 휴식시간의 120% 이상에 해당하는 시간만큼 휴식을 취하여야 한다.
○ 영상 5도 이하의 차가운 물에서 스쿠버다이빙을 한 경우, 실제 잠수한 깊이보다 3m 더 깊이 잠수한 것으로 간주하여 휴식시간을 산출한다.

〈상 황〉

□□스쿠버다이빙 협회 소속 스쿠버다이버인 甲~丁은 스쿠버다이빙을 한 뒤 7월 13일 11시에 비행기에 탑승하고자 한다. 네 사람은 스쿠버다이빙 장소에서 비행기를 탑승하는 곳까지 이동하는 시간에도 휴식을 취한다. 다음은 甲~丁의 스쿠버다이빙에 관한 정보이다. 단, 甲~丁은 스쿠버다이빙 후 휴식시간 기준을 준수하며, 스쿠버다이빙 종료 시각 이후 계속해서 휴식을 취했다.

스쿠버다이버	수온	최대 잠수 깊이	스쿠버다이빙 종료 시각
甲	영상 9도	4m	7월 13일 04시
乙	영하 2도	7m	7월 12일 11시
丙	영상 3도	12m	7월 11일 16시
丁	영상 8도	17m	7월 11일 05시

① 甲, 乙
② 甲, 丙
③ 乙, 丙
④ 乙, 丁
⑤ 丙, 丁

22. 다음 글을 근거로 판단할 때, 〈보기〉에서 옳은 것만을 모두 고르면?

○ 8명의 학생(A~H)은 3개의 조를 편성하여 여행을 가려고 한다.
○ 각 조는 2명 또는 3명의 조원으로 구성된다.
○ 조 편성 규칙은 다음과 같다.
 – 친구 관계인 두 학생은 같은 조에 편성되어야 한다.
 – 같은 조에 편성된 학생들은 모두 친구 관계여야 한다.
○ 다음은 학생들 간 인간관계에 대한 정보 중 일부이다.
 – A와 D는 원수 관계이다.
 – C와 E는 친구 관계이다.
 – A와 B는 원수 관계이다.
 – D와 F는 친구 관계이다.
○ 학생 A~H의 인간관계에서 원수의 원수는 친구이고, 친구의 친구도 친구이다.

〈보 기〉

ㄱ. B와 F는 같은 조에 편성된다.
ㄴ. H와 G가 원수 관계라면, H는 A와 친구 관계이다.
ㄷ. C와 친구 관계인 학생이 1명이라면, E와 G는 원수 관계이다.

① ㄱ
② ㄴ
③ ㄱ, ㄷ
④ ㄴ, ㄷ
⑤ ㄱ, ㄴ, ㄷ

23. 다음 글을 근거로 판단할 때, 甲, 乙, 丙 각각의 점수를 옳게 짝지은 것은?

> ○ 甲, 乙, 丙은 각각 △△퀴즈 문제를 30개씩 풀었다. (단, △△퀴즈 한 문제당 배점은 10점이다)
> ○ 甲, 乙, 丙은 문제를 푼 후, 각각 점수에 대해 세 가지 진술을 하였다.
> ○ 甲, 乙, 丙이 각각 진술한 세 가지 진술 중에 하나는 거짓이었고, 둘은 참이었다.
> ○ 甲, 乙, 丙의 각각의 진술은 아래와 같다.
>
> 甲: 난 180점을 받았다. 그리고 乙은 나보다 점수가 20점 높았다. 또한 丙은 나보다 점수가 40점 낮았다.
> 乙: 내 점수가 가장 낮지는 않다. 그리고 丙과 나의 점수는 60점 차이가 난다. 또한 丙의 점수는 240점이다.
> 丙: 甲보다 내 점수가 낮았다. 그리고 甲은 200점을 받았다. 또한 乙의 점수는 甲의 점수보다 60점 높았다.

	甲	乙	丙
①	180점	240점	140점
②	180점	300점	240점
③	200점	220점	160점
④	200점	260점	160점
⑤	200점	300점	240점

24. 다음 글을 근거로 판단할 때 옳지 않은 것은?

> 총 10장의 카드에 1부터 10까지의 자연수가 각각 적혀 있다. 6이 적힌 카드를 맨 왼쪽에 놓고 나머지 9장의 카드를 일렬로 배열하려고 하며, 카드는 왼쪽부터 1장씩 놓는다. 맨 왼쪽 첫 번째 자리를 제외하고, 홀수 번째 자리에 위치한 카드에 적혀 있는 수는 바로 왼쪽 자리에 위치한 카드에 적혀 있는 수에 2를 곱한 수 이상인 수여야 한다. 짝수 번째 자리에 위치한 카드에 적혀 있는 수는 바로 왼쪽 자리에 위치한 카드에 적혀 있는 수를 2로 나눈 수 이하인 수여야 한다.
> 이 규칙에 따라 카드를 다음과 같이 배열하였다.

6	3	8	4	9	A	7	B	C	D

① A로 가능한 수는 2개이다.
② B는 1 또는 2이다.
③ C는 10이 아니다.
④ D는 5이다.
⑤ B가 1이라면 A와 D를 곱한 값과 B와 C를 곱한 값은 같다.

25. 다음 글을 근거로 판단할 때, 〈보기〉에서 옳지 않은 것만을 모두 고르면?

> 제00조(계엄의 종류와 선포 등) ① 계엄은 비상계엄과 경비계엄으로 구분한다.
> ② 비상계엄은 대통령이 전시·사변 또는 이에 준하는 국가비상사태 시 적과 교전(交戰) 상태에 있거나 사회질서가 극도로 교란(攪亂)되어 행정 및 사법(司法) 기능의 수행이 현저히 곤란한 경우에 군사상 필요에 따르거나 공공의 안녕질서를 유지하기 위하여 선포한다.
> ③ 경비계엄은 대통령이 전시·사변 또는 이에 준하는 국가비상사태 시 사회질서가 교란되어 일반 행정기관만으로는 치안을 확보할 수 없는 경우에 공공의 안녕질서를 유지하기 위하여 선포한다.
> ④ 대통령은 계엄의 종류, 시행지역 또는 계엄사령관을 변경할 수 있다.
> ⑤ 대통령이 계엄을 선포하거나 변경하고자 할 때에는 국무회의의 심의를 거쳐야 한다.
> ⑥ 국방부장관 또는 행정안전부장관은 제2항 또는 제3항에 해당하는 사유가 발생한 경우에는 국무총리를 거쳐 대통령에게 계엄의 선포를 건의할 수 있다.
> 제00조(계엄 선포의 통고) ① 대통령이 계엄을 선포하였을 때에는 지체 없이 국회에 통고(通告)하여야 한다.
> ② 제1항의 경우에 국회가 폐회 중일 때에는 대통령은 지체 없이 국회에 집회(集會)를 요구하여야 한다.
> 제00조(계엄의 해제) ① 대통령은 계엄 상황이 평상상태로 회복되거나 국회가 계엄의 해제를 요구한 경우에는 지체 없이 계엄을 해제하고 이를 공고하여야 한다.
> ② 대통령이 제1항에 따라 계엄을 해제하려는 경우에는 국무회의의 심의를 거쳐야 한다.
> ③ 국방부장관 또는 행정안전부장관은 계엄 상황이 평상상태로 회복된 경우에는 국무총리를 거쳐 대통령에게 계엄의 해제를 건의할 수 있다.

〈보 기〉

ㄱ. 사변이 발생하여 사회질서가 교란되고 일반 행정기관만으로 치안을 확보할 수 없는 상황인 경우, 행정안전부장관은 국무총리를 거쳐 대통령에게 계엄의 선포를 건의할 수 있다.

ㄴ. 비상계엄 하에서 적과의 교전 상태가 해소되어 평상상태로 회복된 경우, 국회가 계엄의 해제를 건의한다면 대통령은 국무회의의 심의를 거치지 않고도 계엄을 해제할 수 있다.

ㄷ. 대통령이 전시에 준하는 국가비상사태가 발생하여 국무회의의 심의를 거쳐 비상계엄을 선포하였으나 상황이 변하여 경비계엄으로 변경하려는 경우, 국무회의의 심의를 다시 거쳐야 한다.

ㄹ. 계엄 상황이 평상상태로 회복된 경우, 행정안전부장관은 국무총리를 거쳐 대통령에게 계엄의 해제를 건의하여야 한다.

① ㄱ, ㄴ
② ㄱ, ㄷ
③ ㄴ, ㄹ
④ ㄷ, ㄹ
⑤ ㄱ, ㄴ, ㄹ

약점 보완 해설집 p.34

자르는 선

2025 해커스PSAT 7급 PSAT FINAL 봉투모의고사 상황판단 (5회)

컴퓨터용 흑색사인펜만 사용

책형
Ⓐ
Ⓑ

【필적감정용 기재】
*아래 예시문을 옮겨 적으시오

본인은 OOO(응시자성명)임을 확인함

기 재 란

성 명	
자필성명	본인 성명 기재
시험장소	

응시번호

	⓪	⓪	⓪	⓪	⓪	⓪	⓪
	①	①	①	①	①	①	①
	②	②	②	②	②	②	②
	③	③	③	③	③	③	③
	④	④	④	④	④	④	④
⑤	⑤	⑤	⑤	⑤	⑤	⑤	⑤
⑥	⑥	⑥	⑥	⑥	⑥	⑥	⑥
⑦	⑦	⑦	⑦	⑦	⑦	⑦	⑦
	⑧	⑧	⑧	⑧	⑧	⑧	⑧
	⑨	⑨	⑨	⑨	⑨	⑨	⑨

생년월일

⓪	⓪	⓪	⓪	⓪	⓪
①	①	①	①	①	①
②	②		②	②	②
③	③		③	③	③
④	④		④		④
⑤	⑤		⑤		⑤
⑥	⑥		⑥		⑥
⑦	⑦		⑦		⑦
⑧	⑧		⑧		⑧
⑨	⑨		⑨		⑨

※시험감독관 서명
(서명을 정자로 기재할 것)

적색 볼펜만 사용

상황판단(1~10번)

1	①	②	③	④	⑤
2	①	②	③	④	⑤
3	①	②	③	④	⑤
4	①	②	③	④	⑤
5	①	②	③	④	⑤
6	①	②	③	④	⑤
7	①	②	③	④	⑤
8	①	②	③	④	⑤
9	①	②	③	④	⑤
10	①	②	③	④	⑤

상황판단(11~20번)

11	①	②	③	④	⑤
12	①	②	③	④	⑤
13	①	②	③	④	⑤
14	①	②	③	④	⑤
15	①	②	③	④	⑤
16	①	②	③	④	⑤
17	①	②	③	④	⑤
18	①	②	③	④	⑤
19	①	②	③	④	⑤
20	①	②	③	④	⑤

상황판단(21~25번)

21	①	②	③	④	⑤
22	①	②	③	④	⑤
23	①	②	③	④	⑤
24	①	②	③	④	⑤
25	①	②	③	④	⑤

시험일: ____년 ____월 ____일

국가공무원 7급 공개경쟁채용 1차 필기시험 모의고사

| 상황판단영역 |

응시번호	
성명	

실전모의고사 **6회**

문제책형 **㉱**

응시자 주의사항

1. **시험시작 전 시험문제를 열람하는 행위나 시험종료 후 답안을 작성하는 행위를 한 사람**은 「공무원 임용시험령」 제51조에 의거 **부정행위자**로 처리됩니다.
2. **답안지 책형 표기는 시험시작 전** 감독관의 지시에 따라 **문제책 앞면에 인쇄된 문제책형을 확인**한 후, **답안지 책형란에 해당 책형(1개)**을 '●'로 표기하여야 합니다.
3. 시험이 시작되면 문제를 주의 깊게 읽은 후, **문항의 취지에 가장 적합한 하나의 정답만을 고르며**, 문제내용에 관한 질문은 할 수 없습니다.
4. **답안을 잘못 표기하였을 경우에는 답안지를 교체하여 작성**하거나 **수정할 수 있으며**, 표기한 답안을 수정할 때는 **응시자 본인이 가져온 수정테이프만을 사용**하여 해당 부분을 완전히 지우고 부착된 수정테이프가 떨어지지 않도록 손으로 눌러주어야 합니다. **(수정액 또는 수정스티커 등은 사용 불가)**
5. **시험시간 관리의 책임은 응시자 본인에게 있습니다.**
   ※ 문제책은 시험종료 후 가지고 갈 수 있습니다.

정답공개 및 해설강의 안내

1. 모바일 자동 채점 및 성적 분석 서비스
   - '약점 보완 해설집'에 회차별로 수록된 QR코드 인식 ▶ 응시 인원 대비 자신의 성적 위치 확인
2. 해설강의 수강 방법
   - 해커스PSAT 사이트(psat.Hackers.com) 접속 후 로그인 ▶ 우측 퀵배너 [쿠폰/수강권등록] 클릭 ▶ '약점 보완 해설집'에 수록된 쿠폰번호 입력 후 이용

해커스PSAT

상황판단영역

1. 다음 글을 근거로 판단할 때 옳은 것은?

제00조 감염병의 예방 및 관리에 관한 주요 시책을 심의하기 위하여 질병관리청에 감염병관리위원회를 둔다.
제00조 ① 감염병관리위원회는 위원장 1명과 부위원장 1명을 포함하여 30명 이내의 위원으로 구성한다.
② 위원장은 질병관리청장이 되고, 부위원장은 위원 중에서 위원장이 지명하며, 위원은 다음 각 호의 어느 하나에 해당하는 사람 중에서 위원장이 임명하거나 위촉하는 사람으로 한다. 이 경우 공무원이 아닌 위원이 전체 위원의 과반수가 되도록 하여야 한다.
1. 감염병의 예방 또는 관리 업무를 담당하는 공무원
2. 감염병 또는 감염관리를 전공한 의료인
3. 감염병과 관련된 전문지식을 소유한 사람
4. 그 밖에 감염병에 관한 지식과 경험이 풍부한 사람
제00조 ① 특별자치도지사 또는 시장·군수·구청장은 감염병이 유행하거나 유행할 우려가 있으면 특별자치도 또는 시·군·구에 감염병 예방 사무를 담당하는 예방위원을 둘 수 있다.
② 제1항에 따른 예방위원은 무보수로 한다. 다만, 특별자치도 또는 시·군·구의 인구 2만 명당 1명의 비율로 유급위원을 둘 수 있다.
제00조 다음 각 호의 경비는 특별자치도와 시·군·구가 부담한다.
1. 예방위원의 배치에 드는 경비
2. 그 밖에 특별자치도·시·군·구가 실시하는 감염병 예방 사무에 필요한 경비

※ 질병관리청장은 정무직공무원에 해당함.

① 감염병관리위원회 부위원장은 보건직 공무원 甲을 위원으로 임명할 수 있다.
② 특별자치도지사 乙의 지시로 예방위원의 배치에 드는 경비는 乙이 직접 부담한다.
③ 丙이 감염병에 관한 지식과 경험이 풍부한 사람이더라도 감염병관리위원회의 위원이 될 수는 없다.
④ A시에 배치된 예방위원 丁이 반드시 무보수로 예방 사무를 담당해야 하는 것은 아니다.
⑤ B시의 보건소 소속 공무원 15명이 모두 질병관리위원회 위원으로 임명될 수 있다.

2. 다음 글을 근거로 판단할 때 옳은 것은?

제○○조 ① 근로자는 자유로이 노동조합을 조직하거나 이에 가입할 수 있다.
② 사업 또는 사업장에 종사하는 근로자(이하 '종사근로자'라 한다)가 아닌 노동조합의 조합원은 사용자의 효율적인 사업 운영에 지장을 주지 아니하는 범위에서 사업 또는 사업장 내에서 노동조합 활동을 할 수 있다.
③ 종사근로자인 조합원이 해고되어 노동위원회에 부당노동행위의 구제신청을 한 경우에는 중앙노동위원회의 재심판정이 있을 때까지는 종사근로자로 본다.
제□□조 노동조합을 설립하고자 하는 자는 신고서를 연합단체인 노동조합과 2 이상의 특별시·광역시·특별자치시·도·특별자치도에 걸치는 단위노동조합은 고용노동부장관에게, 2 이상의 시·군·구(자치구를 말한다)에 걸치는 단위노동조합은 특별시장·광역시장·도지사에게, 그 외의 노동조합은 특별자치시장·특별자치도지사·시장·군수·구청장(자치구의 구청장을 말한다)에게 제출하여야 한다.
제△△조 ① 고용노동부장관, 특별시장·광역시장·특별자치시장·도지사·특별자치도지사 또는 시장·군수·구청장(이하 '행정관청'이라 한다)은 제□□조의 규정에 의한 설립신고서를 접수한 때에는 제2항 전단의 경우를 제외하고는 3일 이내에 신고증을 교부하여야 한다.
② 행정관청은 설립신고서 또는 규약이 기재사항의 누락등으로 보완이 필요한 경우에는 20일 이내의 기간을 정하여 보완을 요구하여야 한다. 이 경우 보완된 설립신고서 또는 규약을 접수한 때에는 3일 이내에 신고증을 교부하여야 한다.
③ 노동조합이 신고증을 교부받은 경우에는 설립신고서가 접수된 때에 설립된 것으로 본다.

① 종사근로자가 아닌 노동조합의 조합원은 사업 또는 사업장 내에서는 노동조합 활동을 할 수 없다.
② 종사근로자인 조합원이 해고되어 구제신청을 한 경우, 중앙노동위원회의 재심판정이 있기 전까지는 해고된 것으로 본다.
③ A특별시와 B도에 걸쳐 있는 단위노동조합을 설립하고자 하는 자는 연합단체인 노동조합과 A특별시장, B도지사에게 각각 신고서를 제출하여야 한다.
④ 단위노동조합 설립신고서의 기재사항이 보완되어 접수된 경우, 이를 접수받은 행정관청은 3일 이내에 신고증을 교부하여야 한다.
⑤ 노동조합을 설립하려는 자가 신고서를 제출한 날부터 3일 후에 행정관청이 신고증을 교부한 경우, 노동조합은 신고증을 교부받은 때에 설립된 것으로 본다.

3. 다음 글을 근거로 판단할 때 옳은 것은?

제○○조(주민등록증의 발급 등) ① 시장·군수 또는 자치구의 구청장(이하 '시장·군수 또는 구청장'이라 한다)은 관할 구역에 주민등록이 된 자 중 17세 이상인 자에 대하여 주민등록증을 발급한다.
② 주민등록증에는 성명, 사진, 주민등록번호, 주소, 지문, 발행일, 주민등록기관(이하 '주민등록증의 기재사항'이라 한다)을 수록한다.
③ 행정안전부장관은 시장·군수 또는 구청장에게 주민등록증을 일제히 갱신하거나 검인하게 할 수 있다.
④ 시장·군수 또는 구청장은 주민등록증을 발급할 때에는 제△△조에 따른 경우 외에는 수수료를 징수하여서는 아니 된다.
제△△조(주민등록증의 재발급) ① 주민등록증을 발급받은 후 다음 각 호의 어느 하나에 해당하는 사유로 재발급을 받으려는 자는 시장·군수 또는 구청장에게 그 사실을 신고하고 재발급을 신청하여야 한다.
1. 주민등록증의 분실이나 훼손
2. 성명, 생년월일 또는 성별의 변경
3. 외과적 시술 등으로 용모가 변하여 본인 확인이 어려운 경우
② 시장·군수 또는 구청장은 제1항에 따라 주민등록증을 재발급 신청하는 자에게 수수료를 징수할 수 있다. 다만, 다음 각 호의 어느 하나에 해당하면 그러하지 아니하다.
1. 주민등록증 발급상의 잘못으로 인하여 재발급하는 경우
2. 주민등록증의 기재사항 중 주소 외의 사항이 변경된 경우
3. 제1항 제3호의 사유에 해당하는 경우로서 자연적 재해·재난으로 인한 경우
제□□조(경비의 부담) 행정안전부장관은 다음 각 호의 어느 하나에 해당하는 경우에는 주민등록증의 발급에 드는 경비의 일부를 부담하여야 한다.
1. 제○○조 제3항에 따라 주민등록증을 일제 갱신 발급하는 경우
2. 제△△조 제2항의 단서에 따라 주민등록증을 재발급하는 경우

① 행정안전부장관이 A시장에게 주민등록증을 검인하게 한 경우, 검인에 드는 경비의 일부를 행정안전부장관이 부담하여야 한다.
② B구청장은 개명을 하여 주민등록증 재발급 신청을 한 구민 甲에게 수수료를 징수할 수 있다.
③ 생애 최초로 주민등록증을 발급받는 C군민 乙은 C군수에게 수수료를 납부하고 주민등록증을 발급받을 수 있다.
④ 미용 목적의 성형수술로 용모가 변하여 본인 확인이 어려운 丙이 주민등록증 재발급을 신청한 경우, 행정안전부장관은 주민등록증 재발급에 드는 경비의 일부를 부담하여야 한다.
⑤ 신청 시 잘못 입력하여 실제와 다른 생년월일이 적힌 주민등록증을 발급받은 D시민 丁이 주민등록증 재발급 신청을 하는 경우, D시장은 丁에게 수수료를 징수할 수 있다.

4. 다음 글과 〈상황〉을 근거로 판단할 때 옳은 것은?

제00조 "임용"이란 신규채용, 승진임용, 전직(轉職), 전보, 겸임, 파견, 강임(降任), 휴직, 직위해제, 정직, 강등, 복직, 면직, 해임 및 파면을 말한다.
제00조 ① 대통령은 소속 장관에게 3급부터 5급까지의 공무원에 대한 임용권을 위임한다.
② 소속 장관은 고위공무원단에 속하는 공무원(이하 '고위공무원'이라 한다) 이상을 장으로 하는 소속 기관의 장에게 그 소속 기관의 4급 및 5급 공무원의 전보권과 6급 이하 공무원의 임용권을 위임할 수 있다.
③ 소속 장관과 제2항에 따라 임용권을 위임받은 사람은 위임자의 승인을 받아 4급 이상 공무원 또는 고위공무원을 장으로 하는 소속 기관의 장에게 그 소속 기관의 6급 이하 공무원의 임용권을, 5급 공무원을 장으로 하는 소속 기관의 장에게 그 소속 기관의 6급 및 7급 공무원의 전보권과 8급 이하 공무원의 임용권을 위임할 수 있다.
④ 제2항 및 제3항에도 불구하고 소속 장관은 각 기관의 장에게 그 기관의 고위공무원단에 속하지 아니하는 임기제공무원의 임용권을 위임할 수 있다.

〈상 황〉

A부의 소속 기관 중에는 B본부가 있으며, C부와 E지역본부는 B본부에 소속된 기관이다. A부 및 소속 기관에 근무하는 공무원에 대한 정보는 다음과 같다.

이름	직급	소속 및 직책
甲	장관	A부 장관
乙	1급(고위공무원)	B본부의 장
丙	2급(고위공무원)	C부의 장
丁	5급	C부의 D과 소속 사무관
戊	5급	E지역본부의 장
己	7급	E지역본부 소속 임기제공무원

※ 乙, 丙, 丁, 戊는 임기제공무원에 해당하지 않음.

① 甲은 대통령으로부터 乙에 대한 임용권을 위임받을 수 있다.
② 乙은 甲으로부터 丙에 대한 전보권을 위임받을 수 있다.
③ 乙은 甲으로부터 戊에 대한 임용권을 위임받을 수 있다.
④ 戊는 甲으로부터 己에 대한 임용권을 위임받을 수 있다.
⑤ 甲의 승인하에 丙은 乙로부터 丁에 대한 전보권을 위임받을 수 있다.

5. 다음 글을 근거로 판단할 때 옳은 것은?

> 팔관회(八關會)는 우리 고유의 민속신앙이 결합된 불교의 식으로 신라와 고려시대에 행해지던 불교행사다. 팔관회는 팔관재계(八關齋戒)라는 불교 계율에서 유래되었는데 신도들이 하루 동안 여덟 가지 계율을 지키면서 수행을 목적으로 하는 의식이다. 팔관회는 인도에서 시작해 중국을 거쳐 전래되었다. 정확한 전래 연도의 추정은 어려우나 『삼국사기』에 따르면 신라 진흥왕대의 기록이 최초임을 알 수 있다. 당시 신라의 팔관회는 10월 제천행사와 불교의식을 결합하는 등 단일화된 종교의식을 통해 중앙집권화의 역할을 했다. 또한 삼국간의 전쟁 중에 희생된 전사자들에 대한 위령제의 역할을 하면서 호국적인 성격을 갖고 있었다.
>
> 고려의 팔관회는 고려가 건국된 해의 11월부터 시작되었다. 수도인 개경에서는 11월 14일에 소회일(小會日), 15일에 대회일(大會日) 행사가 이틀간 진행되었다. 대회 전날에 왕은 문무백관들로부터 조하(朝賀)를 받고, 지방관리들의 축하 선물을 봉정(奉呈)받는다. 하늘과 부처에게 기도하는 가무백희(歌舞百戲)를 즐기고나면 왕은 호국사찰인 법왕사(法王寺)로 행차하여 법회를 연다. 대회일에는 소회일과 행사가 동일하게 진행되나 외국 사신들이 왕에게 조하하는 의식이 추가된다는 점이 다르다. 개경과 별도로 서경에서는 팔관회를 10월 15일에 개최하였는데 이는 고려의 고구려 계승의식이 반영된 것으로 보인다.
>
> 팔관회는 고려시대 가장 중요한 국가적인 행사 중 하나로 여러 토속신에 대한 제사도 겸하면서 종합적인 종교행사의 성격을 가졌다. 문종은 팔관회의 의식비용을 충당하기 위해 팔관회를 주관하는 관청인 팔관보(八關寶)를 개경에 설치하였다. 관원으로는 4품 이상의 사(使) 1인, 5품 이상의 부사(副使) 2인, 판관(判官) 4인, 이속(吏屬)으로 기사(記事) 2인, 기관(記官) 1인, 산사(算士) 1인을 두었다. 그러나 성종은 팔관회의 잡기들이 요란하고 불경하다는 이유로 팔관회를 폐지하였다. 최승로는 시무 28조에서 화려하고 풍류를 추구하는 팔관회의 폐단을 지적하며 금지를 건의하였다. 현종때 팔관회는 부활하여 공양왕까지 지속되었으나 조선 건국 후 사대부들에 의해 혁파 대상으로 지목되어 철폐되었다. 이후 팔관회는 순수한 본래 불교 행사로 돌아갔으며, 여러 토속신에 대한 제사는 유교 의례에 흡수되었다.

① 『삼국사기』에 따르면 팔관회는 신라 진흥왕대에 최초로 시행되었다.
② 서경에 있는 팔관보가 개경 팔관보의 관원 구성과 동일하다면, 서경의 팔관회 담당 관청 인원은 총 11명이다.
③ 고려시대에는 팔관회가 몽골과의 항전에서 전사한 장병들을 위한 위령제의 역할을 하였다.
④ 소회일에는 문무백관들과 외국 사신으로부터 조하를 받았으나 대회일에는 문무백관에게만 조하를 받았다.
⑤ 고려시대의 팔관회와 신라시대의 팔관회는 순수하게 팔관재계를 목적으로 거행되던 종교행사다.

6. 다음 글을 근거로 판단할 때, ㉠과 ㉡에 해당하는 수를 옳게 짝지은 것은?

> 甲의 시계에는 숫자가 1부터 12까지 적혀있고 시침, 분침, 초침이 각각 일정한 속도로 움직인다. 이 시계는 분침과 초침이 겹칠 때를 제외하고, 시침과 분침이 이루는 각도와 시침과 초침이 이루는 각도가 같아지는 순간마다 알람이 한 번 울린다. 따라서 3시 정각부터 4시 정각까지 알람은 총 (㉠) 번 울리고, 3시 정각부터 4시 정각 사이에 알람이 울린 시각 중 시침과 분침이 이루는 각도가 가장 좁았을 때는 3시 정각 이후 (㉡)번째 알람이 울린 때이다. 단, 3시 정각에는 알람이 울리지 않는다.

	㉠	㉡
①	59	16
②	59	17
③	60	15
④	60	16
⑤	60	17

7. 다음 글과 〈상황〉을 근거로 판단할 때, 甲회사가 고용하는 경비업체는?

○ 甲회사는 경비업체 A~E 중 하나를 고용하려 한다.
○ 각 업체에 비용점수, 경력점수, 고객평가점수, 보안성점수를 부여하고, 항목별 점수의 합이 가장 큰 업체를 고용한다.
○ 항목별 점수를 부여하는 방식은 다음과 같다.
 – 비용점수: 월 이용요금이 낮은 순서대로 5점부터 1점까지 1점씩 차등 부여한다.
 – 경력점수: 회사경력이 10년 이상이면 10점을, 10년 미만이면 회사경력의 연수만큼을 부여한다.
 – 고객평가점수: 고객평가에 0.5를 곱한 값을 부여한다.
 – 보안성점수: 보안성평가에 1.5를 곱한 값을 부여한다.
○ 항목별 점수의 합이 가장 큰 업체가 2개 이상인 경우, 그 중 매출액이 가장 많은 업체를 고용한다.

〈상 황〉

다음은 경비업체 A~E의 월 이용요금, 회사경력, 고객평가, 보안성평가, 매출액 등에 관한 정보이다.

구분 \ 경비업체	A	B	C	D	E
월 이용요금(달러)	1,203	1,191	1,305	1,189	1,207
회사경력(년)	8	13	19	9	6
고객평가(점)	16	15	17	9	11
보안성평가(점)	9	8	7	10	9
매출액(억 원)	3,219	2,470	2,107	2,654	2,766

① A
② B
③ C
④ D
⑤ E

8. 다음 글을 근거로 판단할 때, 두 번째와 여섯 번째로 처리되는 민원을 옳게 짝지은 것은?

구청 종합민원과에 근무하는 甲은 주말 이틀간 접수된 민원을 월요일에 처리하려고 한다. 甲이 처리할 민원은 총 8건으로, 아래와 같은 기준에 따라 순차적으로 민원을 처리한다.

○ 접수일을 기준으로 먼저 접수된 것부터 처리한 후 나중에 접수된 민원을 처리한다.
○ 같은 날 접수된 민원 중에서는 고충민원을 가장 먼저 처리하고, 건의민원을 가장 나중에 처리한다.
○ 접수일과 유형이 같은 민원이 여러 건인 경우 처리 난이도가 낮은 것부터 처리한다.
○ 한 민원인이 계속해서 동일한 내용의 민원을 제기하는 반복민원의 경우, 이상의 기준에도 불구하고 가장 후순위로 처리한다.

〈甲이 처리할 민원〉

구분	유형	처리 난이도	접수일	특이사항
A	질의민원	중	1/8(일)	
B	건의민원	하	1/8(일)	
C	고충민원	중	1/7(토)	반복민원
D	건의민원	중	1/7(토)	
E	질의민원	상	1/8(일)	
F	질의민원	중	1/7(토)	
G	고충민원	상	1/8(일)	
H	질의민원	하	1/7(토)	

	두 번째	여섯 번째
①	D	A
②	F	B
③	F	E
④	H	A
⑤	H	E

[9 ~ 10] 다음 글을 읽고 물음에 답하시오.

소행성은 태양 주위를 공전하는 태양계 천체로 행성보다 작은 천체를 일컫는다. 소행성이 몰려있는 소행성대(Asteroid Belt)는 태양으로부터 2.06AU 떨어진 화성과 3.27AU 떨어진 목성의 공전 궤도 사이에 있다.

AU는 천문 단위로는 149,597,870,700m이며 이는 지구와 태양과의 거리의 2~3배에 해당한다. 소행성은 별빛의 스펙트럼에서 나타나는 흡수선의 종류와 세기에 따라 크게 C-형, S-형으로 구분하는데, 대부분의 소행성은 C-형이다. C-형 소행성은 전체 소행성의 약 4분의 3을 차지하고 있으며, 반사도가 낮아 외관이 매우 어둡고 탄소질이 풍부하다. 반면 S-형은 전체 소행성의 약 4분의 1을 차지하고 있으며, 반사도가 높아 외관이 밝고 규산철과 규산마그네슘을 많이 포함하고 있다.

일반적으로 새로운 소행성이 발견되면 임시 명칭을 먼저 붙인 후, 소행성의 정확한 궤도가 파악될 때 고유 명칭을 부여한다. 2017년 3월 통계에 따르면, 발견된 소행성 중 고유 명칭으로 번호가 붙여진 소행성은 488,449개, 번호 외의 이름이 붙여진 소행성은 20,570개가 있고, 임시 명칭이 붙여진 소행성은 241,177개가 있다. 소행성의 임시 명칭은 새로 발견된 소행성과 기존의 소행성들을 구별하기 위해 붙이는 데, 명칭 부여 방법에는 특정한 체계가 존재한다.

예를 들어 새로 발견된 소행성의 임시 명칭이 '2022CH_{118}'이라고 할 때 앞의 '2022'는 소행성이 발견된 연도를 가리킨다. 첫 번째 알파벳은 천체를 발견한 반월(半月)을 가리키며 총 24개 문자를 순서대로 사용하여 표시한다. 'A'는 1월 1일부터 15일까지인 1월의 전반기를 가리키고, 'B'는 1월 16일부터 31일까지인 1월의 후반기를 가리킨다. 반월은 항상 각 달의 15일을 기준으로 나누는데, 숫자 1과 혼동되는 알파벳 'I'는 건너뛰고 표시한다. 두 번째 알파벳은 해당 반월의 기간 안에서 소행성이 발견된 순서를 가리킨다. 만약 첫 번째로 발견되었다면 'A', 열 번째로 발견되었다면 'K'가 사용되며 첫 번째 알파벳과 같이 'I'를 제외하고 표시한다. 이때 'A~Z'까지 모두 사용한 후에는 알파벳 아래에 숫자를 추가로 사용한다. 소행성이 발견된 순서가 26번째인 A_1부터 50번째인 Z_1까지, 다시 51번째인 A_2부터 75번째인 Z_2와 같이 진행된다. 따라서 발견된 소행성 '2022CH_{118}'는 2022년 2월 전반기(C)에 2,958번째(H_{118})로 발견한 것을 알 수 있다.

9. 윗글을 근거로 판단할 때, 〈보기〉에서 옳은 것만을 모두 고르면?

〈보 기〉

ㄱ. C-형 소행성은 외관이 밝고 규산철이 많이 포함되어 있다.
ㄴ. 2022년까지 발견된 소행성의 수는 75만 개 이상이다.
ㄷ. 2022년 5월 13일에 새로운 소행성이 발견되었다면, 해당 소행성의 임시 명칭 중 첫 번째 알파벳은 'J'로 표시될 것이다.
ㄹ. 태양으로부터 2.24AU 떨어진 곳에서 발견된 소행성은 화성과 목성의 공전 궤도 사이에 위치한다.

① ㄱ, ㄴ
② ㄴ, ㄷ
③ ㄷ, ㄹ
④ ㄱ, ㄴ, ㄷ
⑤ ㄴ, ㄷ, ㄹ

10. 윗글과 다음 〈상황〉을 근거로 판단할 때, 새로 발견된 소행성의 임시 명칭은?

〈상 황〉

최근 ○○천문연구원은 새로운 S-형 소행성을 2022년 4월 27일에 발견하여 임시 명칭을 표시하였다. 해당 소행성은 해당 반월의 기간 안에서 323번째 발견된 소행성으로 태양으로부터 2.06~3.27AU 떨어진 소행성대에 위치하고 있다.

① 2022GX_{12}
② 2022GY_{12}
③ 2022HX_{12}
④ 2022HY_{12}
⑤ 2022HZ_{12}

11. 다음 글을 근거로 판단할 때 옳은 것은?

> 제○○조 댐 및 주변지역 친환경 활용 사업을 시행하려는 댐 주변지역과 관련된 시·도지사, 시장·군수·자치구의 구청장 또는 댐수탁관리자는 댐 친환경 활용 사업의 시행자(이하 '사업시행자'라 한다)로서 댐 친환경 활용 계획을 수립하여 환경부장관에게 승인을 받아야 한다.
> 제□□조 ① 사업시행자가 댐 친환경 활용 사업을 시행하려는 경우에는 댐 친환경 활용 사업 실시계획(이하 '실시계획'이라 한다)을 수립하여 환경부장관에게 승인을 신청하여야 한다.
> ② 실시계획은 제○○조에 따른 댐 친환경 활용 계획의 내용을 반영하여 작성하여야 한다.
> 제△△조 ① 사업시행자는 실시계획의 작성 등을 위한 조사·측량 또는 댐 친환경 활용 사업의 시행을 위하여 필요한 경우에는 타인이 소유하거나 점유하는 토지에 출입하거나 타인이 소유하거나 점유하는 토지를 재료적치장·임시통로 또는 임시도로로 일시 사용할 수 있다.
> ② 제1항에 따라 타인의 토지에 출입하는 경우에는 미리 해당 토지의 소유자 또는 점유자에게 통지하여야 하며, 일시 사용하려는 경우에는 토지 소유자 또는 점유자의 동의를 받아야 한다. 다만, 해당 토지의 소유자 또는 점유자의 부재나 주소불명 등으로 동의를 받을 수 없는 때에는 행정청인 사업시행자는 관할 시장·군수·구청장에게 그 사실을 통지하여야 한다.
> ③ 해뜨기 전 또는 해진 후에는 해당 토지의 소유자 또는 점유자의 승낙 없이 택지 또는 담으로 둘러싸인 타인의 토지에 출입할 수 없다.
> 제◇◇조 ① 제△△조에 따른 행위로 인하여 손실을 받은 자가 있는 때에는 사업시행자가 그 손실을 보상하여야 한다.
> ② 사업시행자 또는 손실을 받은 자는 협의가 성립되지 아니하거나 협의를 할 수 없는 때에는 토지·물건 등에 관하여 관할 토지수용위원회에 재결을 신청할 수 있다. 이 경우 재결의 신청은 해당 댐 친환경 활용 사업의 시행기간 내에 할 수 있다.

① 사업시행자 甲이 댐 친환경 활용 사업의 시행을 위하여 乙이 점유 중인 토지에 출입이 필요한 경우 乙에게 이에 대한 동의를 미리 받아야 한다.
② A도에 위치한 댐의 수탁관리자 丙이 댐 친환경 활용 계획을 수립하여 환경부장관의 승인을 받았다면, 이 사업에 대한 실시계획은 별도로 제출하지 않을 수 있다.
③ 행정청인 사업시행자 丁이 B자치구에 위치한 토지를 임시도로로 일시 사용하려는 경우, B자치구를 관할하는 시·도지사에게 이 사실을 통지하여야 한다.
④ 사업시행자가 토지를 임시통로로 사용하는 과정에서 토지 소유자 戊가 손실을 입은 경우, 戊는 해당 사업의 시행완료 후에 토지수용위원회에 재결을 신청해야 한다.
⑤ 사업시행자 己가 실시계획의 작성을 위한 측량을 이유로 해가 진 이후에 택지에 출입하려면 택지 점유자의 승낙을 받아야 한다.

12. 다음 글을 근거로 판단할 때 옳은 것은?

> 제○○조 ① 산업통상자원부장관은 드론산업 관련 기술의 개발 및 활용을 촉진하기 위하여 기존 드론시스템을 첨단화한 기술을 드론첨단기술(드론첨단기술이 접목된 제품을 포함한다. 이하 같다)로 지정할 수 있다.
> ② 산업통상자원부장관은 관계 중앙행정기관의 장, 시·도지사 및 공공기관의 장에게 드론첨단기술을 우선 구매하여 사용하도록 요청할 수 있다.
> ③ 산업통상자원부장관은 드론첨단기술로 지정된 기술이 다음 각 호의 어느 하나에 해당하는 경우에는 그 지정을 취소하거나 3개월 이내의 기간을 정하여 지정의 효력을 정지할 수 있다. 다만, 제1호에 해당하는 경우에는 그 지정을 취소하여야 한다.
> 1. 거짓이나 그 밖의 부정한 방법으로 지정을 받은 경우
> 2. 드론첨단기술의 지정 기준에 적합하지 아니하게 된 경우
>
> 제□□조 ① 국토교통부장관은 드론사용사업자 중 드론산업의 발전과 서비스 및 안전 수준 향상에 기여한 자를 우수사업자로 지정할 수 있다.
> ② 국토교통부장관은 우수사업자로 지정된 자에 대하여 우수사업자로 지정되었음을 나타내는 표지의 제공, 행정절차의 간소화 등의 지원을 할 수 있다.
> ③ 국토교통부장관은 국가·지방자치단체 또는 공공기관이 드론 관련 계약을 체결하거나 인증·평가·검정 등을 하는 경우 우수사업자를 우대하도록 요청할 수 있다.
> ④ 국토교통부장관은 우수사업자로 지정된 자가 다음 각 호의 어느 하나에 해당하는 경우에는 그 지정을 취소하거나 3개월 이내의 기간을 정하여 지정의 효력을 정지할 수 있다. 다만, 제1호에 해당하는 경우에는 그 지정을 취소하여야 한다.
> 1. 거짓이나 그 밖의 부정한 방법으로 우수사업자의 지정을 받은 경우
> 2. 우수사업자의 지정 기준에 적합하지 아니하게 된 경우
>
> 제△△조 행정청은 다음 각 호의 어느 하나에 해당하는 처분을 하려면 청문을 하여야 한다.
> 1. 제○○조 제3항에 따른 드론첨단기술의 지정 취소
> 2. 제□□조 제4항에 따른 우수사업자의 지정 취소

① 국토교통부장관은 드론첨단기술을 접목한 제품을 드론첨단기술로 지정할 수 있다.
② 甲공공기관에서 드론 관련 계약을 체결할 사업자를 선정할 때 국토교통부장관이 지정한 우수사업자를 우대해야 한다.
③ 드론첨단기술로 지정된 乙의 기술이 지정 기준에 적합하지 않게 될 경우 2개월의 효력 정지 처분이 내려질 수 있다.
④ 丙이 개발한 기술이 드론첨단기술로 지정되었을 경우 丙은 드론첨단기술 지정 인증서를 발급받을 수 있다.
⑤ 거짓으로 우수사업자의 지정을 받은 드론사용사업자 丁에게 그 지정을 취소하는 처분을 내리려 할 때 행정청이 청문을 하지 않을 수 있다.

13. 다음 글을 근거로 판단할 때, ㉠에 해당하는 수는?

> 甲: 나는 지금 A팀과 B팀의 농구경기를 보는 중이야.
> 乙: 지금 어느 팀이 이기고 있니?
> 甲: B팀이 74점으로 이기고 있어. 그런데 A팀 점수의 각 자리 수의 합은 B팀 점수의 각 자리 수의 합보다 커. 재미있는 건 지금 A팀이 3점 슛을 하나 더 성공시켜도 B팀을 이길 수 없고, 이때 A팀 점수의 각 자리 수의 합이 B팀 점수의 각 자리 수의 합보다 여전히 크다는 거야.
> 乙: 그렇다면 지금 시점에서 A팀이 3점 슛만을 성공시켜 B팀을 이기기 위해서는 [㉠]개 이상의 3점 슛을 성공시켜야 한다는 말이구나.
> 甲: 그래, 맞아!

① 3
② 4
③ 5
④ 6
⑤ 7

14. 다음 글을 근거로 판단할 때 옳은 것은?

> ○ 대학 동아리의 회장과 부회장 1명씩을 선출하는 선거에 남녀 2명씩 총 4명이 입후보하였다.
> ○ 후보들은 전공(경제학과, 영문학과, 컴퓨터공학과, 통계학과)이 모두 달랐다.
> ○ 학번은 21학번부터 23학번까지로, 학번이 같은 학생은 2명뿐이었다.
> ○ 홀수 학번인 사람은 서로 성별이 같다.
> ○ 영문학과 학생은 부회장보다 학번이 높다.
> ○ 컴퓨터공학과 학생은 여자이고, 통계학과 학생보다 학번이 높다.
> ○ 회장보다 부회장의 학번이 더 낮고, 둘은 성별이 다르다.
> ○ 통계학과 학생은 회장이나 부회장으로 선출되지 않았다.

① 경제학과 학생이 회장일 수 있다.
② 통계학과 학생이 23학번일 경우, 영문학과 학생과 성별이 같다.
③ 학번이 가장 높은 학생은 컴퓨터공학과이다.
④ 21학번 학생이 회장일 경우, 부회장은 23학번이다.
⑤ 영문학과 학생이 통계학과 학생보다 학번이 낮을 수 있다.

15. 다음 글을 근거로 판단할 때, 스터디룸 101호를 4시간 예약한 팀만 사용하는 시각으로 가능한 것은?

스터디룸을 운영하는 甲은 스터디룸 101호의 예약표를 잃어버려서 어떤 팀이 어떤 시간대에 예약했는지를 알 수 없게 되었다. 甲이 알고 있는 스터디룸 101호 예약 정보는 다음과 같다.

○ 스터디룸은 8시부터 22시까지 1시간 단위로 예약할 수 있다.
○ 스터디룸을 하루에 2시간 이상 사용하려면 연이은 시간대에 예약하여야 한다.
○ 1시간을 예약한 팀은 4개, 2시간을 예약한 팀은 1개, 4시간을 예약한 팀은 2개였다.
○ 1시간을 예약한 팀은 연이어 예약하지 않았다.

① 9시 30분
② 10시 30분
③ 11시 30분
④ 12시 30분
⑤ 13시 30분

16. 다음 글을 근거로 판단할 때, 甲의 여행 마지막 날은 무슨 요일인가?

직장인 甲은 현재 참여 중인 프로젝트가 종료된 다음 날 이후에 5일간의 여행을 계획하고 있다. 해당 프로젝트는 6월 14일 월요일에 종료되고, 6월의 마지막 수요일에는 협력업체와의 미팅이 예정되어 있어, 미팅에 참석하기 위해 甲은 협력업체와의 미팅일 전에 여행에서 돌아와야 한다. 甲이 여행 일정을 결정하는 데에 있어 고려하는 요소는 맑은 날씨이므로 여행을 떠나는 날의 강수확률은 프로젝트 종료일의 강수확률과 같거나 그보다 낮아야 한다. 또한, 여행 기간 중 강수확률이 30% 이하인 날이 최소 이틀은 포함되어야 하지만, 강수확률이 70% 이상인 날은 하루도 포함되지 않게 여행 일정을 잡으려고 한다. 6월의 11일부터 30일까지의 강수확률은 다음과 같다.

날짜	11일	12일	13일	14일	15일	16일	17일	18일	19일	20일
강수확률	70%	20%	40%	35%	35%	40%	75%	30%	20%	55%
날짜	21일	22일	23일	24일	25일	26일	27일	28일	29일	30일
강수확률	60%	50%	45%	30%	80%	20%	40%	30%	40%	60%

① 토요일
② 일요일
③ 월요일
④ 화요일
⑤ 수요일

17. 다음 글을 근거로 판단할 때, 이사 선호 순위를 옳게 짝지은 것은?

甲은 대학교 주변의 오피스텔 A, B, C 중 한 곳으로 이사를 갈 예정이다. 각 오피스텔의 현황과 등하교 정보를 바탕으로 부담지수를 산출하고, 부담지수가 작은 곳을 높은 순위로 하여 이사 선호 순위를 정하려고 한다.

○ 각 오피스텔에 대한 부담지수는 다음과 같이 산출한다.
  – 부담지수 = 이동부담지수 + 비용부담지수 (단, 전용면적이 66m² 이상이면 계산식에 따른 결괏값의 20%를 차감한다)
  – 이동부담지수 = 등하교 거리(km) × 등하교 난이도 계수 (단, 등하교 난이도 계수는 '상'이 3, '중'이 2, '하'가 1이다)
  – 비용부담지수 = 보증금(만 원) × 이자율 + 월세(만 원) (단, 이자율은 보증금이 1억 원 이상인 경우 0.4%이고, 보증금이 1억 원 미만인 경우 0.3%이다)

○ 부담지수를 산출하기 위한 각 오피스텔의 현황과 오피스텔에서의 등하교 정보는 다음과 같다.

구분	A	B	C
전용면적(m²)	67	59	62
보증금(만 원)	1,000	10,000	5,000
월세(만 원)	70	20	50
등하교 거리(m)	4,000	5,000	3,000
등하교 난이도	상	중	하

○ 만약 부담지수가 동일한 경우 보증금이 낮은 오피스텔을 높은 순위로 한다.

	1순위	2순위	3순위
①	A	B	C
②	A	C	B
③	B	A	C
④	B	C	A
⑤	C	A	B

18. 다음 글과 〈상황〉을 근거로 판단할 때, 가족요양비 지급 대상이면서 의사소견서 제출 제외 대상에도 해당하는 지역만을 모두 고르면?

장기요양급여란 혼자서 일상생활을 수행하기 어려운 노인에게 신체활동 또는 가사활동 지원을 제공하는 것으로, 방문요양이나 시설급여를 제공하는 장기요양기관이 부족한 지역에 거주하는 수급자의 경우 가족요양비 지급 대상이 된다. 한편 장기요양급여를 받기 위해서는 의사소견서를 제출해야 하지만, 의료기관을 방문하기 어려운 지역에 거주하는 경우 의사소견서 제출 제외 대상이 된다. 벽지 지역의 가족요양비 지급 대상 여부와 의사소견서 제출 제외 대상 여부를 정하는 배점기준 및 판단기준은 다음과 같다.

○ 배점기준

기준요소	1점	2점	3점	4점	5점
㉮ 대중교통수단 이용지점까지의 거리(km)	2 미만	2 이상 3 미만	3 이상 4 미만	4 이상 5 미만	5 이상 6 미만
㉯ 1일 대중교통 운행 횟수(회)	8 이상	6~7	4~5	2~3	1 이하
㉰ 방문요양기관까지의 소요 시간(분)	20 미만	20 이상 40 미만	40 이상 60 미만	60 이상 90 미만	90 이상
㉱ 시설급여기관까지의 소요 시간(분)	20 미만	20 이상 40 미만	40 이상 60 미만	60 이상 90 미만	90 이상
㉲ 의료기관까지의 소요 시간(시)	1 미만	1 이상 2 미만	2 이상 3 미만	3 이상 4 미만	4 이상

※ 대중교통수단 이용지점까지의 거리의 경우 6km 이상은 1km당 1점씩 가산한다. 예를 들어 6km 이상 7km 미만은 1점을 가산한다.

○ 판단기준
  – 가족요양비 지급 대상: ㉮, ㉯, ㉰, ㉱의 합산점수가 12점 이상인 지역
  – 의사소견서 제출 제외 대상: ㉮, ㉯, ㉲의 합산점수가 10점 이상인 지역

〈상 황〉

甲주무관은 벽지 지역(A~E)에 대한 아래의 정보를 바탕으로 가족요양비 지급 대상이면서 동시에 의사소견서 제출 제외 대상에 해당하는 지역만을 정리하려고 한다.

지역 \ 기준요소	㉮	㉯	㉰	㉱	㉲
A	7.2km	8회	130분	40분	50분
B	5.4km	3회	60분	15분	230분
C	2.7km	5회	100분	30분	100분
D	3.4km	7회	80분	25분	250분
E	4.9km	4회	40분	60분	200분

① A, D　　② B, C　　③ B, E
④ A, C, E　　⑤ B, D, E

19. 다음 글을 근거로 판단할 때, △△시 홍보영상 제작에 선정될 업체를 모두 고르면?

△△시는 지역 활성화를 위해 2분 30초 길이의 △△시 홍보영상을 제작하여 각지에서 상영하고, 공식 SNS 계정에도 업로드 할 계획이다. 더욱 참신한 영상을 만들기 위해 △△시는 제작 업체를 외부에서 선정하기로 하였으며, 청년 일자리 활성화에 도움이 될 수 있도록 각 기준에 부합하고 사업주가 39세 이하의 청년인 복수의 업체를 선정하기로 하였다. 영상 제작 소요 기간과 제작 비용, 콘셉트에 대한 선정 기준은 다음과 같다.

〈△△시 홍보영상 제작 업체 선정 기준〉

제작 소요 기간	2개월 이내
제작 비용	200만 원 이내 (단, 3D로 제작 시 200만 원 초과인 업체를 선정할 수 있음)
콘셉트	코믹 또는 애니메이션

〈홍보영상 제작 업체 목록〉

업체	사업주 연령	제작 소요 기간	제작 비용	콘셉트
A	24세	2개월	영상 길이 30초당 50만 원	3D, 코믹
B	30세	3개월	80만 원	감성, 액션
C	30세	1개월	165만 원	코믹, 캠페인
D	34세	3주	110만 원	감성, 캠페인
E	41세	2개월	250만 원	3D, 애니메이션
F	28세	2주	제작 기간 1일당 20만 원	코믹, 캠페인
G	38세	1개월	200만 원	애니메이션

※ 1주는 7일이며, 제작 소요 기간에 주말과 휴일은 고려하지 않음.

① A, C, G
② A, D, E
③ A, F, G
④ B, C, F
⑤ C, D, G

20. 다음 글을 근거로 판단할 때, 〈보기〉에서 옳은 것만을 모두 고르면?

○○국은 상용화폐로 네 종류의 동전을 사용하며, 화폐 단위는 커스이다. ○○국의 모든 화폐는 甲은행에서 관리하며, 甲은행에는 양팔에 올려진 동전들의 무게와 금액이 모두 일치할 때 노래가 흘러나오는 양팔 저울이 비치되어 있다.

○○국의 동전에 대한 정보는 다음과 같다.

동전 종류	동전 한 개 금액(커스)	동전 한 개 무게(g)
A	500	10
B	100	5
C	50	2
D	10	1

〈보 기〉

ㄱ. 종류를 알 수 없는 1kg의 동전이 있을 때, 이 동전으로 가능한 최대 금액과 최소 금액의 차는 40,000커스이다.
ㄴ. 甲은행이 고객에게 3,750커스를 지급할 때, 고객에게 지급할 동전의 최소 무게는 82g이다.
ㄷ. 양팔 저울의 한쪽에는 B 동전을, 다른 한쪽에는 C와 D 동전을 올렸을 때 노래가 흘러나왔다면 저울에 올려진 C 동전과 D 동전의 개수는 같다.
ㄹ. 양팔 저울의 한쪽에는 C 동전을, 다른 한쪽에는 A와 B 동전을 올렸을 때 노래가 흘러나왔다면 저울에 올려진 B 동전의 개수는 A 동전의 개수보다 10배 많다.

① ㄱ, ㄷ
② ㄴ, ㄷ
③ ㄴ, ㄹ
④ ㄱ, ㄴ, ㄹ
⑤ ㄱ, ㄷ, ㄹ

21. 다음 글과 〈상황〉을 근거로 판단할 때, 오늘 17시에 甲의 노트북에 남은 배터리의 양은?

○ 甲은 오늘 9시부터 17시까지 노트북을 사용했다.
○ 다음은 甲의 노트북에 관한 정보이다.
 – 하는 일에 따라서 배터리 사용량이 달라지며, 하는 일에 따른 배터리 사용량은 다음과 같다. 단, 같은 일을 하는 동안에는 배터리 사용량이 일정하다.

노트북으로 하는 일	배터리 사용량
인터넷 서핑	30분에 5%
영상 시청	20분에 5%
게임	2분에 1%

 – 충전기가 연결되면 배터리가 1분에 1%씩 충전되며, 충전량에서 사용량을 뺀 만큼 잔여 배터리가 늘어난다.
 – 아무 일도 하지 않을 때는 절전모드로 전환되며, 절전모드에서 배터리 사용량은 10분에 1%이다.
 – 배터리는 최대 100%까지 충전될 수 있으며, 잔여 배터리가 100%인 상태에서 충전량이 사용량보다 많은 경우에는 잔여 배터리가 100%로 유지된다.

〈상 황〉

다음은 甲이 오늘 9시부터 17시까지 노트북으로 한 일과 충전기 상태에 관한 정보이다. 오전 9시에 잔여 배터리는 20%였고, 9시부터 17시까지 노트북은 계속 켜져 있었다.

시간	노트북으로 한 일	충전기 상태
09:00~09:30	영상 시청	연결되지 않음
09:30~10:30	없음	연결됨
10:30~12:30	인터넷 서핑	연결되지 않음
12:30~13:30	없음	연결됨
13:30~15:30	게임	연결되지 않음
15:30~16:30	영상 시청	연결되지 않음
16:30~17:00	없음	연결됨

① 50%
② 50.5%
③ 52%
④ 52.5%
⑤ 55%

22. 다음 글을 근거로 판단할 때, 〈보기〉에서 옳은 것만을 모두 고르면?

甲과 乙은 돌다리를 건너기 위해 가위바위보 게임을 하려고 한다. 甲과 乙은 각자 자신 앞에 있는 돌다리를 건너게 되며 두 사람이 각자 건너야 하는 돌다리는 총 11개로, 가장 앞에 있는 돌다리부터 1번, 가장 멀리 있는 돌다리를 11번이라 부른다.

○ 가위바위보에서 이긴 사람만 앞으로 나아가고, 비길 경우에는 이동하지 않는다.
○ 가위로 이기는 경우 2칸, 바위로 이기는 경우 3칸, 보로 이기는 경우 5칸 앞으로 이동한다.
○ 마지막 가위바위보에서 11번 돌다리를 지나치는 경우 11번 돌다리와의 차이만큼 돌아온다. 즉 9번 돌다리에서 3칸을 건너야 하는 경우 11번 돌다리를 지나치므로 그 차이인 1만큼 돌아와 10번 돌다리에 서게 된다.
○ 11번 돌다리에 먼저 도착하는 사람이 게임에서 승리하며 그 순간 게임은 종료된다.

〈보 기〉

ㄱ. 게임이 종료되기 위해 필요한 최소한의 가위바위보 횟수는 3회이다.
ㄴ. 甲이 바위–가위–보 순서로 반복해서 내고 乙이 가위–바위–가위 순서를 반복해서 낸다면 乙이 게임에서 승리한다.
ㄷ. 甲이 가위–바위–보 순서를 반복해서 다섯 번의 가위바위보를 모두 이겼고, 여섯 번째는 순서를 지키지 않고 가위바위보에서 이겨 게임에서 승리하였다면 甲이 여섯 번째로 낸 것은 가위이다.

① ㄱ
② ㄷ
③ ㄱ, ㄴ
④ ㄴ, ㄷ
⑤ ㄱ, ㄴ, ㄷ

23. 다음 글과 〈상황〉을 근거로 판단할 때, 甲의 의뢰 상품 제작 완료 예정일은?

> 甲은 은 가공품 장인으로 주문제작 상품을 의뢰 받아 제작한다. 甲은 하루에 최대 10시간 동안 작업을 진행하고, 토요일에는 최대 작업시간의 1/2 미만으로 작업을 하며, 일요일 및 공휴일에는 작업을 하지 않는다. 목걸이와 반지의 개당 제작시간은 각각 4시간과 3시간이며, 작업 진행 중에는 쉬지 않는다. 甲은 상품 제작 의뢰가 들어오면 가능한 빠른 시일 내에 상품의 제작을 완료한다. 단, 상품 제작에 착수하여도 당일에 완성이 불가능할 경우 새 상품 제작을 시작하지 않고 퇴근한다.

〈상 황〉

> 甲에게 의뢰 온 목걸이와 반지의 수량은 각각 8개, 17개이며, 5월 1일부터 제작에 착수한다. 올해 5월 1일은 목요일이며, 5월의 공휴일은 5일 어린이날뿐이다.

① 5월 11일
② 5월 12일
③ 5월 13일
④ 5월 14일
⑤ 5월 15일

24. 다음 글을 근거로 판단할 때, ㉠+㉡+㉢+㉣+㉤의 값은?

> ○ 비밀번호는 각 자리가 자연수인 열 자릿수이다.
> ○ 비밀번호는 다음과 같은 형태이다.
> ㉠㉡㉢㉣㉤㉠㉡㉢㉣㉤
> ○ ㉠~㉤ 다섯 개의 숫자 중 같은 숫자가 중복 사용될 수 있다.
> ○ ㉠, ㉡, ㉢, ㉣을 차례대로 나열하여 만든 네 자릿수는 ㉡, ㉢, ㉣, ㉤을 차례대로 나열하여 만든 네 자릿수의 4배이다.
> ○ ㉠은 5이다.

① 15
② 16
③ 17
④ 18
⑤ 19

25. 다음 글과 〈상황〉을 근거로 판단할 때 옳은 것은?

제00조(피난국에 불법으로 있는 난민) ① 난민의 지위에 관한 협약을 체결한 국가는(이하 '체약국'이라 한다) 그 생명 또는 자유가 위협되고 있는 영역으로부터 직접 온 난민으로서 불법으로 입국하거나 또는 불법으로 있는 것을 이유로 형벌을 과하여서는 아니된다. 다만, 그 난민이 지체 없이 당국에 출두하고 또한 불법으로 입국하거나 또는 불법으로 있는 것에 대한 상당한 이유를 제시할 것을 조건으로 한다.
② 체약국은 상기한 난민의 이동에 대하여 필요한 제한을 과할 수 있으며 그러한 제한은 그 난민이 타국에의 입국허가를 획득할 때까지만 적용된다. 체약국은 그러한 난민에게 타국에의 입국허가를 획득하기 위하여 필요한 모든 편의를 부여한다.
제00조(추방) ① 체약국은 국가안보 또는 공공질서를 이유로 하는 경우를 제외하고 합법적으로 그 영역에 있는 난민을 추방하여서는 아니 된다.
② 이러한 난민의 추방은 법률에 정하여진 절차에 따라 이루어진 결정에 의하여서만 행하여진다. 국가안보를 위하여 불가피한 이유가 있는 경우를 제외하고 그 난민은 추방될 이유가 없다는 것을 밝히는 증거를 제출하고, 또한 권한 있는 기관에 이의를 신청하고 이 목적을 위한 대리인을 세우는 것이 인정된다.
③ 체약국은 상기 난민에게 타국가에의 합법적인 입국허가를 구하기 위하여 타당하다고 인정되는 기간을 부여한다. 체약국은 그 기간 동안 체약국이 필요하다고 인정하는 국내조치를 취할 권리를 유보한다.
제00조(추방 또는 송환의 금지) ① 체약국은 난민을 어떠한 방법으로도 인종, 종교, 국적, 특정사회 집단의 구성원신분 또는 정치적 의견을 이유로 그 생명이나 자유가 위협받을 우려가 있는 영역의 국경으로 추방하거나 송환하여서는 아니 된다.
② 체약국에 있는 난민으로서 그 국가의 안보에 위험하다고 인정되기에 충분한 상당한 이유가 있는 자 또는 특히 중대한 범죄에 관하여 유죄의 판결이 확정되고 그 국가공동체에 대하여 위험한 존재가 된 자는 제1항의 적용을 받지 못한다.

〈상 황〉

甲은 A국의 국민으로 A국 정부의 부정부패에 불만을 갖고 사회 운동을 이끈 정치인이다. A국 정부는 정치적 의견을 이유로 甲을 제거하려고 하였고, 이에 생명의 위협을 느낀 甲은 난민의 지위에 관한 협약 체약국인 B국으로 불법 입국하였다. 국제법상 甲은 국제법상 난민의 지위를 가진다.

① 만약 甲이 중대한 범죄에 관하여 유죄 판결이 확정되고 B국 공동체에 대하여 위험한 인물로 지목되었다면, B국은 甲을 다시 A국으로 송환할 수 있다.
② B국은 甲이 타국에의 입국허가를 획득할 수 있도록 모든 편의를 부여하며, 난민은 타국에의 입국허가를 획득할 때까지 B국에서 이동에 제한을 받지 않는다.
③ 甲이 지체 없이 B국 당국에 출두하여 불법 입국한 상당한 이유를 제시하더라도 B국은 甲이 불법으로 입국한 것을 이유로 형벌을 과할 수 있다.
④ B국이 甲에게 타국에의 합법적인 입국허가를 구하기 위하여 타당하다고 인정되는 일정 기간을 부여하였다면, A국은 그 기간 동안 甲에 대한 국내조치를 취할 권리를 유보한다.
⑤ 만약 甲이 B국에 합법적으로 입국하였다면, B국은 어떤 이유에서도 甲을 추방할 수 없다.

약점 보완 해설집 p.42

자르는 선

2025 해커스PSAT 7급 PSAT FINAL 봉투모의고사 상황판단 (6회)

컴퓨터용 흑색사인펜만 사용

책형
㉰
㉱

【필적감정용 기재】
*아래 예시문을 옮겨 적으시오

본인은 OOO(응시자성명)임을 확인함

기 재 란

성 명	
자필성명	본인 성명 기재
시험장소	

응시번호

	⓪	⓪	⓪	⓪	⓪	⓪	⓪
	①	①	①	①	①	①	①
	②	②	②	②	②	②	②
	③	③	③	③	③	③	③
	④	④	④	④	④	④	④
⑤	⑤	⑤	⑤	⑤	⑤	⑤	⑤
⑥	⑥	⑥	⑥	⑥	⑥	⑥	⑥
⑦	⑦	⑦	⑦	⑦	⑦	⑦	⑦
	⑧	⑧	⑧	⑧	⑧	⑧	⑧
	⑨	⑨	⑨	⑨	⑨	⑨	⑨

생년월일

⓪	⓪	⓪	⓪	⓪	⓪
①	①	①	①	①	①
②	②		②	②	②
③	③		③	③	③
④	④		④		④
⑤	⑤		⑤		⑤
⑥	⑥		⑥		⑥
⑦	⑦		⑦		⑦
⑧	⑧		⑧		⑧
⑨	⑨		⑨		⑨

※시험감독관 서명
(서명을 정자로 기재할 것)

적색 볼펜만 사용

상황판단(1~10번)

1	①	②	③	④	⑤
2	①	②	③	④	⑤
3	①	②	③	④	⑤
4	①	②	③	④	⑤
5	①	②	③	④	⑤
6	①	②	③	④	⑤
7	①	②	③	④	⑤
8	①	②	③	④	⑤
9	①	②	③	④	⑤
10	①	②	③	④	⑤

상황판단(11~20번)

11	①	②	③	④	⑤
12	①	②	③	④	⑤
13	①	②	③	④	⑤
14	①	②	③	④	⑤
15	①	②	③	④	⑤
16	①	②	③	④	⑤
17	①	②	③	④	⑤
18	①	②	③	④	⑤
19	①	②	③	④	⑤
20	①	②	③	④	⑤

상황판단(21~25번)

21	①	②	③	④	⑤
22	①	②	③	④	⑤
23	①	②	③	④	⑤
24	①	②	③	④	⑤
25	①	②	③	④	⑤

시험일: _____년 _____월 _____일

국가공무원 7급 공개경쟁채용 1차 필기시험 모의고사

| 상황판단영역 |

응시번호	
성명	

실전모의고사 **7회**

문제책형 **재**

응시자 주의사항

1. **시험시작 전 시험문제를 열람하는 행위나 시험종료 후 답안을 작성하는 행위를 한 사람**은 「공무원 임용시험령」 제51조에 의거 **부정행위자**로 처리됩니다.
2. **답안지 책형 표기는 시험시작 전** 감독관의 지시에 따라 **문제책 앞면에 인쇄된 문제책형을 확인**한 후, **답안지 책형란에 해당 책형(1개)**을 '●'로 표기하여야 합니다.
3. 시험이 시작되면 문제를 주의 깊게 읽은 후, **문항의 취지에 가장 적합한 하나의 정답만을 고르며**, 문제내용에 관한 질문은 할 수 없습니다.
4. **답안을 잘못 표기하였을 경우에는 답안지를 교체하여 작성**하거나 **수정할 수 있으며**, 표기한 답안을 수정할 때는 **응시자 본인이 가져온 수정테이프만을 사용**하여 해당 부분을 완전히 지우고 부착된 수정테이프가 떨어지지 않도록 손으로 눌러주어야 합니다. **(수정액 또는 수정스티커 등은 사용 불가)**
5. **시험시간 관리의 책임은 응시자 본인에게 있습니다.**
   ※ 문제책은 시험종료 후 가지고 갈 수 있습니다.

정답공개 및 해설강의 안내

1. 모바일 자동 채점 및 성적 분석 서비스
   • '약점 보완 해설집'에 회차별로 수록된 QR코드 인식 ▶ 응시 인원 대비 자신의 성적 위치 확인
2. 해설강의 수강 방법
   • 해커스PSAT 사이트(psat.Hackers.com) 접속 후 로그인 ▶ 우측 퀵배너 [쿠폰/수강권등록] 클릭 ▶ '약점 보완 해설집'에 수록된 쿠폰번호 입력 후 이용

해커스PSAT

상황판단영역

1. 다음 글을 근거로 판단할 때 옳은 것은?

제00조 ① 개발제한구역의 해제에 관한 도시·군관리계획(이하 '도시·군관리계획'이라 한다)은 해당 도시지역을 관할하는 특별시장·광역시장·특별자치시장·특별자치도지사·시장 또는 군수(이하 '입안권자'라 한다)가 입안한다. 다만, 국가계획과 관련된 경우에는 국토교통부장관이 직접 도시·군관리계획을 입안하거나 관계 중앙행정기관의 장의 요청에 따라 관할 특별시장·광역시장·특별자치시장·도지사·특별자치도지사(이하 '시·도지사'라 한다), 시장 및 군수의 의견을 들은 후 도시·군관리계획을 입안할 수 있으며, 광역도시계획과 관련된 경우에는 도지사가 직접 도시·군관리계획을 입안하거나 관계 시장 또는 군수의 요청에 따라 관할 시장이나 군수의 의견을 들은 후 도시·군관리계획을 입안할 수 있다.
② 입안권자는 제1항에 따라 개발제한구역의 해제에 관한 도시·군관리계획을 입안하는 경우에는 개발제한구역 중 해제하고자 하는 지역(이하 '해제대상지역'이라 한다)에 대한 개발계획 등 구체적인 활용방안과 해제대상지역이 아닌 지역으로서 개발제한구역 내 훼손된 지역(이하 '훼손지'라 한다)의 복구계획 등 주변 개발제한구역에 대한 관리방안을 포함하여야 한다. 이 경우 복구하고자 하는 훼손지의 범위는 해제대상지역 면적의 100분의 10부터 100분의 20까지에 상당하는 범위 안에서 중앙도시계획위원회의 심의를 거쳐 국토교통부장관이 입안권자와 협의하여 결정한다.
③ 제2항 후단에 따라 복구하기로 한 훼손지는 해제대상지역의 개발사업에 관한 계획의 결정을 받은 개발사업자(이하 '개발사업자'라 한다)가 복구하여야 한다. 이 경우 훼손지 복구에 소요되는 비용은 개발사업자가 부담한다.
④ 입안권자 또는 개발사업자는 제2항 및 제3항의 규정에도 불구하고 국토교통부장관이 중앙도시계획위원회의 심의를 거쳐 해당 시·군·구 및 인접 시·군·구에 훼손지가 없는 등 부득이한 사유가 있다고 인정하는 경우에는 제2항에 따른 훼손지의 복구계획을 제시하지 아니하거나 제3항에 따른 훼손지의 복구를 하지 아니할 수 있다.

① 훼손지의 복구에 소요되는 비용은 해당 도시·군관리계획의 입안자가 부담한다.
② 국토교통부장관은 광역도시계획과 관련된 도시·군관리계획을 직접 입안할 수 있다.
③ 해제대상지역의 면적이 10km^{2}인 도시·군관리계획에는 1km^2 이상의 훼손지에 대한 복구계획을 반드시 포함해야 한다.
④ 관계 중앙행정기관의 장은 국가계획과 관련된 도시·군관리계획의 입안을 국토교통부장관에게 요청할 수 있다.
⑤ 입안권자가 부득이한 사유가 있다고 인정하는 경우, 개발사업자는 훼손지의 복구를 하지 않을 수 있다.

2. 다음 글과 〈상황〉을 근거로 판단할 때, 공고문에 반드시 포함해야 하는 내용이 아닌 것은?

제00조(간호조무사 국가시험) ① 간호조무사 국가시험의 실시 방법과 실시 일자는 보건복지부 장관이 정한다.
② 「한국보건의료인국가시험원법」에 따라 한국보건의료인국가시험원이 간호조무사 국가시험을 실시하는 경우에는 보건복지부 장관의 승인을 받아 다음 각 호의 사항을 시험 실시 90일 전에 공고하여야 한다. 다만, 시험 장소는 시험실시 30일 전까지 공고할 수 있다.
1. 시험의 일시 및 장소
2. 응시원서의 제출 기간
3. 시험과목
4. 응시 자격
5. 합격자 발표의 예정일 및 방법

〈상 황〉

甲은 이번 주에 간호조무사 국가시험 시행계획을 국가시험 공고 규칙에 따라 정리하여 공고문을 작성할 예정이다. 간호조무사 시험은 2023.9.9. 시행될 예정이며, 원서 제출 기간은 2023.1.5.~2023.1.12.(인터넷 제출), 2023.1.12.~2023.1.13.(방문 제출)으로, 방문 제출은 한국보건의료인국가시험원(이하 국시원이라 한다) 별관에서 받을 예정이다. 응시료는 37,000원, 시험 과목은 기초간호학 개요, 보건간호학 개요, 공중보건학개론이며, 시험 시간은 10:00~11:40(총 100분)이다. 합격자 발표는 국시원 홈페이지(www.kuksiwon.or.kr) 또는 휴대폰 문자(SMS)로 확인할 수 있다.

① 2023.9.9.
② 2023.1.5.~2023.1.12.
③ 2023.1.12.~2023.1.13.
④ 국시원 별관
⑤ 국시원 홈페이지(www.kuksiwon.or.kr)

3. 다음 글을 근거로 판단할 때 옳은 것은?

제00조 생명이 위급한 응급환자에게 다음 각 호의 어느 하나에 해당하는 응급의료 또는 응급처치를 제공하여 발생한 재산상 손해와 사상에 대하여 그 행위자는 민사책임과 상해에 대한 형사책임을 지지 아니하며 사망에 대한 형사책임은 감면한다.
1. 응급의료종사자에 해당하지 아니하는 자가 한 응급처치
2. 응급의료종사자가 업무수행 중이 아닌 때 본인이 받은 면허 또는 자격의 범위에서 한 응급의료

제00조 ① 응급의료종사자는 다음 각 호의 어느 하나에 해당하는 경우를 제외하고는 응급환자에게 응급의료에 관하여 설명하고 그 동의를 받아야 한다.
1. 응급환자가 의사결정능력이 없는 경우
2. 설명 및 동의 절차로 인하여 응급의료가 지체되면 환자의 생명이 위험하여지거나 심신상의 중대한 장애를 가져오는 경우

② 응급의료종사자는 응급환자가 의사결정능력이 없는 경우 법정대리인이 동행하였을 때에는 그 법정대리인에게 응급의료에 관하여 설명하고 그 동의를 받아야 하며, 법정대리인이 동행하지 아니한 경우에는 동행한 사람에게 설명한 후 응급처치 또는 응급진료를 할 수 있다.

제00조 ① 의료인은 해당 의료기관의 능력으로는 응급환자에 대하여 적절한 응급의료를 할 수 없다고 판단한 경우에는 지체 없이 그 환자를 적절한 응급의료가 가능한 다른 의료기관으로 이송하여야 한다.
② 의료기관의 장은 제1항에 따라 응급환자를 이송할 때에는 응급환자를 이송받는 의료기관에 진료에 필요한 의무기록을 제공하여야 한다.
③ 의료기관의 장은 이송에 든 비용을 환자에게 청구할 수 있다.

① 응급의료종사자가 아닌 甲이 생명이 위급한 응급환자에 응급의료를 제공하다가 해당 환자가 상해를 입은 경우, 甲의 형사책임은 면제된다.
② 응급의료종사자 乙이 업무수행 중이 아닌 때 본인이 받은 자격의 범위에서 응급의료를 제공하다가 해당 환자가 사망한 경우, 乙의 민사책임은 면제된다.
③ 응급의료종사자 丙이 의사결정능력이 있는 응급환자에게 응급의료를 제공하는 경우, 반드시 응급의료에 관한 동의를 받아야 한다.
④ 응급의료종사자 丁은 의사결정능력이 없는 응급환자의 법정대리인이 동행하지 않은 경우, 동행한 사람의 동의가 있어야 응급처치 또는 응급진료를 할 수 있다.
⑤ 의료기관장 戊가 자신의 의료기관에서는 적절한 응급의료를 할 수 없는 응급환자를 다른 의료기관으로 이송한 경우, 그 비용은 戊가 부담해야 한다.

4. 다음 글을 근거로 판단할 때 옳은 것은?

제00조 ① 어선의 소유자는 그 어선이 주로 입항·출항하는 항구 및 포구(이하 '선적항'이라 한다)를 관할하는 시장·군수·구청장에게 어선원부에 어선의 등록을 하여야 한다. 이 경우 총톤수 20톤 이상의 기선(機船)과 범선(帆船) 및 총톤수 100톤 이상의 부선(艀船)인 어선은 선박등기를 한 후에 어선의 등록을 하여야 한다.
② 제1항에 따른 등록을 하지 아니한 어선은 어선으로 사용할 수 없다.
③ 시장·군수·구청장은 제1항에 따른 등록을 한 어선에 대하여 다음 각 호의 구분에 따른 등록증서를 발급하여야 한다.
1. 총톤수 20톤 이상인 어선: 선박국적증서
2. 총톤수 20톤 미만인 어선(총톤수 5톤 미만의 무동력어선은 제외한다): 선적증서
3. 총톤수 5톤 미만인 무동력어선: 등록필증

제00조 총톤수 20톤 미만의 소형어선에 대한 소유권의 득실변경은 등록을 하여야 그 효력이 생긴다.

제00조 ① 어선의 소유자가 어선원부에 어선의 등록을 하려면 해양수산부장관에게 어선의 총톤수 측정을 신청하여야 한다.
② 어선의 소유자는 어선의 수리 또는 개조로 인하여 총톤수가 변경된 경우에는 해양수산부장관에게 총톤수의 재측정을 신청하여야 한다.

※ 기선: 동력을 사용하여 추진하는 선박

① 총톤수 3톤인 기선의 소유자 甲은 어선의 등록을 하고 나면 등록필증을 발급받게 된다.
② 총톤수 25톤인 범선의 소유자 乙은 어선의 등록을 필히 한 다음 선박등기를 하여야 한다.
③ 총톤수 측정을 마친 어선을 개조하여 총톤수가 변경된 경우 이에 대한 재측정을 신청하여야 한다.
④ 총톤수 15톤인 어선의 소유자 丙이 어선을 丁에게 매매한 즉시 해당 어선에 대한 소유권은 丁이 갖는다.
⑤ 총톤수 120톤인 부선의 소유자 己가 어선원부에 어선의 등록을 하려면 해양수산부장관에게 요청하여야 한다.

5. 다음 글을 근거로 판단할 때 옳은 것은?

맥주는 기원전 4000년에 메소포타미아 문명을 이룬 수메르인들에 의해 처음 만들어진 것으로 알려져 있다. 이후 이집트와 그리스 로마를 거쳐 서유럽으로 전파되었고, 중세 시대에 이르러서는 수도원에서 본격적으로 맥주를 만들기 시작하였다. 이 시기의 맥주는 주조 시 향과 맛이 강한 약초나 약재 등을 첨가하였기 때문에 지금의 맥주 맛과는 차이가 있었다. 1516년 바이에른 공화국의 빌헬름 4세가 맥주에 맥아, 홉, 효모, 물 이외의 다른 원료를 사용하지 못하게 하는 맥주 순수령을 공포하면서 맥주의 맛, 향 등이 지금과 비슷해졌다. 이러한 맥주는 에일과 라거로 구분하여 설명할 수 있다.

에일은 상면 발효 방식으로 만들어져 상면 발효 맥주라고 한다. 상면 발효 방식은 맥주를 발효시킬 때 위로 떠오르는 효모로 만드는 방식이다. 상면 발효 맥주는 18~25℃의 비교적 고온에서 2주간 발효 후 15℃에서 1주 정도 숙성을 거쳐 만들어진다. 이는 15세기 이전에 냉각설비가 개발되기 전까지 주로 사용되던 주조 방식이다. 에일 맥주는 진하고 깊은 맛이 나며 과일과 같은 향긋한 향이 나는 것이 특징이다. 영국, 벨기에, 캐나다 등지에서 생산되는 맥주가 이에 해당하며, 에일 계열 맥주에는 아일랜드의 스타우트, 영국의 에일, 포터가 있다.

라거는 19세기 중반부터 시작된 주조 방식이며 하면 발효를 이용해 만들어져 하면 발효 맥주라고 한다. 라거는 독일의 라게른(lagern)에서 유래한 말로 저장한다는 의미를 가진다. 하면 발효 방식은 발효 중에 밑으로 가라앉는 효모로 만드는 방식이다. 하면 발효 맥주는 5~10℃의 저온에서 7~12일간 발효시킨 후 1~2개월간 숙성시켜 만들어진다. 라거 맥주는 깊은 맛이나 향긋한 향은 없지만 에일 맥주보다 부산물이 적게 들어있어 깔끔하고 시원한 맛이 특징이다. 라거 계열 맥주에는 독일의 도르트문트, 복, 뮌헨, 체코의 필스너가 있다.

① 중세 시대의 맥주에는 약초나 약재를 첨가해 지금의 맥주 맛과 유사하다.
② 스타우트 맥주는 냉각시설을 통해 저온에서 발효시켜 숙성하면 만들 수 있다.
③ 상대적으로 발효 기간이 짧은 맥주는 깔끔하고 시원한 맛이 없다.
④ 맥주의 숙성 기간은 상면 발효 맥주가 하면 발효 맥주보다 더 짧다.
⑤ 체코의 필스너는 영국의 에일보다 부산물이 많다.

6. 다음 글과 〈상황〉을 근거로 판단할 때, 甲~戊 중 ㉠과 ㉡에 해당하는 학생을 옳게 짝지은 것은?

○ 학교 생활기록부에 봉사활동 실적을 기록함에 있어서는 다음의 사항을 준수해야 한다.
  – 봉사활동 시간은 1일 8시간 이내로 인정한다. 이때, 평일 수업시간이 7교시인 경우 1시간, 5교시 혹은 6교시인 경우 2시간, 4교시인 경우 4시간, 휴업일(주말·공휴일·방학)인 경우 8시간 이내로 인정한다.
  – 미인정 결석 중 실시한 봉사활동, 학생의 징계에 의한 봉사활동은 실적으로 기록하지 않는다.
  – 헌혈의 경우 1일 최대 봉사활동 인정 가능 시간(8시간)의 제한을 받지 아니하고, 1회당 4시간으로 당해 학년도 3회 범위 내에서 실적으로 인정한다.
○ 2월 23일부터 3월 15일까지 3주 간 일정 및 수업 시간은 다음과 같다.

일	월	화	수	목	금	토
2/23	24	25	26	27	28	3/1
방학기간						
2	3	4	5	6	7	8
	대체 공휴일	4교시 (개학)	5교시	6교시	6교시	
9	10	11	12	13	14	15
	7교시	7교시	5교시	6교시	6교시	

〈상 황〉

다음의 대화를 통해 3주 동안 실제 봉사 시간이 가장 많은 학생 (㉠)과 3주 동안 생활기록부에 기록된 봉사활동 시간이 가장 많은 학생(㉡)을 찾으려 한다. 단, 실제 봉사 시간이 가장 많은 학생을 판별할 때, 헌혈의 경우 1회당 4시간의 봉사 시간을 실제 봉사시간으로 인정한다.

甲: 나는 월요일, 수요일, 금요일에 2시간씩 정기적으로 봉사활동을 하고 있고, 3월 10일에는 1시간을 더 했어.
乙: 나는 2월 24일에 헌혈을 했고, 3월 5일부터 3일 간은 학교를 마치고 4시간씩 봉사활동을 했어. 그리고 3월 14일에 헌혈을 한 번 더 했어.
丙: 나는 수업이 7교시일 때 빼고는 평일에 1시간씩 꾸준히 봉사를 하고 있어. 그리고 3월 1일에는 하루에 최대로 인정되는 봉사활동 시간 절반을 채워서 했어.
丁: 나는 방학기간에만 몰아서 3시간씩 봉사활동을 했어.
戊: 나는 매주 화요일과 목요일에 3시간씩 봉사를 했고, 3월 12일엔 학교에 결석하고 3시간 동안 봉사활동을 했는데, 인정되지 않은 결석이었어.

	㉠	㉡
①	甲	甲
②	甲	丁
③	乙	甲
④	戊	丙
⑤	戊	丁

7. 다음 글과 〈상황〉을 근거로 판단할 때, 甲의 승패 결과는?

○ 甲과 乙은 1~9의 숫자가 적힌 카드 3장씩으로 구성된 27장의 카드를 이용하여 게임을 한다.
○ 숫자가 보이지 않게 카드를 모두 뒤집어놓고 각자 9장의 카드를 가져간다.
○ 두 사람은 각 판마다 자신이 가진 카드 중 1장을 동시에 내며, 한 번 낸 카드는 다시 사용할 수 없다.
○ 둘 중 카드의 숫자가 더 높은 쪽이 그 판의 승자가 되며, 숫자가 같으면 그 판은 무승부로 한다.

〈상 황〉

甲과 乙이 가져간 카드는 다음과 같았으며, 게임 결과 아홉 판 모두에서 두 사람이 낸 카드에 적힌 숫자는 2만큼의 차이가 났다.

카드의 숫자	1	2	3	4	5	6	7	8	9
甲	1장		1장	1장	2장	2장		1장	1장
乙		1장	2장	1장	1장	1장	2장	1장	

① 3승 6패
② 4승 5패
③ 5승 4패
④ 6승 3패
⑤ 7승 2패

8. 다음 글을 근거로 판단할 때, 무상 A/S를 받을 수 있는 제품만을 모두 고르면?

○ 甲은 소유하고 있는 □□사 제품 중 수리가 필요한 제품을 선별하여 무상 A/S 서비스를 받을 예정이다. □□사 무상 A/S는 본사에서 제시한 조건을 모두 충족해야 한다.
○ □□사의 무상 A/S 조건은 다음과 같다.
  – 조건 1: 무상 A/S를 받으려는 시점을 기준으로 제품의 구매 연월은 2년 이내여야 함
  – 조건 2: 무상 A/S를 받으려는 시점을 기준으로 제품의 제조 연월은 3년 이내여야 함
  – 조건 3: 무상 A/S를 받으려는 부분의 손상 원인이 사고나 무단개조 이외의 것이어야 함
○ 甲이 무상 A/S를 받으려는 현재 시점은 2025년 3월이다.
○ 甲이 소유하고 있는 □□사 제품 중 수리가 필요한 제품은 다음과 같다.

제품	종류	제조 연월	구매 연월	손상 원인
A	휴대폰	2024년 4월	2024년 10월	제품 결함
B	노트북	2023년 7월	2024년 1월	사고
C	TV	2022년 1월	2023년 9월	부품 마모
D	청소기	2023년 4월	2023년 12월	부품 마모
E	밥솥	2022년 6월	2023년 2월	제품 결함

① A, B
② A, D
③ B, D
④ D, E
⑤ A, C, D

[9 ~ 10] 다음 글을 읽고 물음에 답하시오.

조선시대 관료의 직위는 관품(官品)으로 구분할 수 있었다. 관품은 1~9까지 정품과 종품으로 나눠 총 18개가 존재했는데, 정1품이 가장 높고, 종1품, 정2품 순으로 그 뒤를 이었으며, 종9품이 가장 낮았다. 관품에 따라서 관료들은 당상관과 당하관, 참상관과 참하관으로 구분되기도 했다. 당상관이란 국가의 대소사를 결정하는 데 직접 참여할 자격을 갖춘 관료들로, 정1품, 종1품, 정2품, 종2품 관료를 비롯해 정3품 관료 중 높은 지위에 있는 관료들이 이에 해당했다. 정3품 관료 중 낮은 지위에 있는 관료들부터 그 이하의 관품을 가진 관료들은 당하관이라고 불렀는데, 그중 종6품 이상의 관료들은 참상관이라고 불렀고, 정7품 이하의 관료들은 참하관이라고 불렀다. 참상관이 되면 여러 특권들이 주어졌기 때문에 참하관들은 종6품으로 승진하는 것을 매우 영광스럽게 여겼다.

관료들에게는 관품 이외에 관계(官階)도 주어졌다. 관계란 관리들에게 부여된 일종의 작위를 의미한다. 참하관들에게는 하나의 관품별로 문신과 무신의 구분만으로 관계가 주어졌다. 예컨대, 종9품 문신에게는 장사랑, 종9품 무신에게는 전력부위라는 관계가 주어졌다. 그러나 참상관이 되면 문신과 무신의 구분에 더하여 각 관료의 상하를 고려하여 관계가 주어졌는데, 정5품 문신 상계는 통덕랑, 정5품 문신 하계는 통선랑, 정5품 무신 상계는 과의교위, 정5품 무신 하계는 충의교위라 했으며, 종5품 문신 상계는 봉직랑, 종5품 문신 하계는 봉훈랑, 종5품 무신 상계는 현신교위, 종5품 무신 하계는 창신교위라고 했다.

또한 당하관 중 가장 높은 관품을 가진 관료는 정3품 하계로 문신인 경우 통훈대부, 무신인 경우 어모장군이라는 관계가 주어졌다. 반면 당상관 중 가장 낮은 관품을 가진 관료는 정3품 상계로 문신인 경우 통정대부, 무신인 경우 절충장군이라는 관계가 주어졌다. 그러나 종2품 당상관부터는 무신에 대한 관계가 없었기 때문에 무신이 종2품 이상으로 승진하는 경우 문신으로 그 소속을 변경하게 되었고, 종2품 상계는 가정대부, 하계는 가선대부라고 했다.

9. 윗글을 근거로 판단할 때, 〈보기〉에서 옳은 것만을 모두 고르면?

〈보 기〉

ㄱ. 정5품의 관리는 당상관으로 불렸을 것이다.
ㄴ. 과의교위에게는 전력부위에 비해 여러 특권들이 주어졌을 것이다.
ㄷ. 당상관인 무신 중에는 그 소속을 변경하지 않은 관료도 있었을 것이다.
ㄹ. 가정대부는 국가의 대소사를 결정하는데 직접 참여할 자격을 갖춘 관료일 것이다.

① ㄱ, ㄴ
② ㄴ, ㄷ
③ ㄴ, ㄹ
④ ㄱ, ㄷ, ㄹ
⑤ ㄴ, ㄷ, ㄹ

10. 윗글과 〈상황〉을 근거로 판단할 때, 1501년 甲의 관품과 관계를 옳게 짝지은 것은?

〈상 황〉

조선시대에 시행되었던 과거 시험 중 문과의 경우에는 한 번의 시험에서 33명이 합격하였다. 합격자는 등수에 따라 각각 다른 관품에 임명되었는데, 1등은 종6품, 2등과 3등은 정7품, 4등부터 10등까지는 정8품, 11등 이하는 정9품으로 임명되었다. 甲은 1482년에 시행된 문과에서 6등을 차지하여 첫 관품을 받으며 문신이 되었고, 이에 상응하여 육조 중 이조에서 영사로 근무하였다. 1501년, 甲은 1482년보다 관품이 5단계 승진하였고, 하계의 관계를 받았다.

	관품	관계
①	정3품	통훈대부
②	정5품	통덕랑
③	정5품	통선랑
④	종5품	봉직랑
⑤	종5품	봉훈랑

11. 다음 글을 근거로 판단할 때, A구단이 영입할 선수는?

○ A구단은 구단 자체 평가로 영입 후보 선수의 골 결정력, 주력, 패스 정확도를 평가하고, 이에 따라 영입 후보 선수 중 한 명을 영입하고자 한다.

○ 선수 영입에 대한 구단주, 회장, 감독의 요구사항은 다음과 같다.

구분	요구사항
구단주	이적료 3,000만 유로 이하일 것
회장	구단 자체 평가 결과 골 결정력이 8 이상일 것
감독	구단 자체 평가 결과 주력이 10 이상일 것

○ 구단주, 회장, 감독의 요구사항을 모두 충족하는 선수가 여러 명인 경우, 구단 자체 평가 결과 골 결정력, 주력, 패스 정확도의 합이 가장 높은 선수를 영입한다.

〈영입 후보 선수 명단〉

이름	골 결정력	주력	패스 정확도	이적료
甲	9	11	8	2,800만 유로
乙	11	12	15	4,950만 유로
丙	7	12	13	3,000만 유로
丁	8	10	9	2,100만 유로
戊	10	9	10	2,750만 유로

① 甲
② 乙
③ 丙
④ 丁
⑤ 戊

12. 다음 글을 근거로 할 때, 도 교육청 A~C를 인공지능 학습 교구 보급 및 공간 확보 기준 충족을 위한 지원금액이 많은 순서대로 올바르게 나열한 것은?

○ 甲국 정부는 인공지능 교육 활성화를 위해 다음과 같이 인공지능 학습 교구 보급 및 공간 확보 기준을 마련했다.
- 각 도 교육청별로 보급된 컴퓨터 수는 해당 도 교육청이 관할하는 초·중·고등학교 학생 수의 1/3 이상이 되도록 한다.
- 각 도 교육청별로 보급된 태블릿 수는 해당 도 교육청이 관할하는 초·중·고등학교 학생 수의 1/5 이상이 되도록 한다.
- 각 도 교육청별로 확보된 인공지능 학습 공간의 면적은 해당 도 교육청이 관할하는 초·중·고등학교 학생 1인당 $0.3m^2$ 이상이 되도록 한다.

○ 甲국 정부는 각 도 교육청별로 인공지능 학습 교구 및 공간 현황을 조사하여 기준을 충족하기 위해 필요한 최소한의 비용을 각 도 교육청에 지원할 예정이며, 지원금액은 다음과 같이 산정한다.
- 컴퓨터 부족분 1대 당 40만 원
- 태블릿 부족분 1대 당 30만 원
- 인공지능 학습 공간 미달 면적 $1m^2$당 200만 원

○ 甲국 정부가 조사한 A~C 도 교육청의 인공지능 학습 교구 및 공간 현황은 다음과 같다.

도 교육청	관할 초·중·고등학교 학생 수	보유 컴퓨터 수	보유 태블릿 수	인공지능 학습 공간 면적
A	15만 명	35,000대	5,000대	$30,000m^2$
B	24만 명	70,000대	35,000대	$50,000m^2$
C	30만 명	80,000대	40,000대	$75,000m^2$

① A – B – C
② A – C – B
③ B – A – C
④ B – C – A
⑤ C – B – A

13. 다음 글을 근거로 판단할 때, 〈보기〉에서 옳은 것만을 모두 고르면?

○ 폴더폰은 키패드의 버튼을 눌러 한글, 영어, 숫자를 입력하는 방식의 핸드폰이며. 폴더폰의 키패드는 제한된 12개의 버튼으로 한글, 영어, 숫자를 모두 사용할 수 있도록 구성되어 있다. 폴더폰 키패드의 형태는 다음과 같다.

1	ㄱㅋ @:/	2	ㄴㄷㅌ ABC	3	ㅏㅓ DEF
4	ㄹ GHI	5	ㅁㅂㅍ JKL	6	ㅗㅜ MNO
7	ㅅㅈㅊ PQRS	8	ㅇㅎ TUV	9	ㅡㅣ WXYZ
*	한/영/ 숫자 변환	0	획추가	#	쌍자음

○ 폴더폰 키패드 사용방법은 다음과 같다.
– 메시지 앱을 열고 바로 입력하면 한글이 입력된다. '*' 버튼을 누를 때마다 '한글–영어–숫자–한글' 순으로 반복되어 변경된다.
– 하나의 숫자에 글자가 여러 개인 경우에는 그 글자가 위치해 있는 순서의 숫자만큼 누른다. 예를 들어 영어 'V'를 입력하고자 한다면 메시지 앱을 열고 '*' 버튼을 한 번 누른 후 숫자 '8' 버튼을 세 번 누르면 'V'가 입력된다.
– 한글 자음을 입력할 때는 '자음'이 적힌 각 숫자 버튼과 '쌍자음'이 적힌 숫자 '#' 버튼을 활용한다. 예를 들어 숫자 '2' 버튼만 누르면 'ㄴ', 숫자 '2' 버튼을 두 번 누르면 'ㄷ', 숫자 '2' 버튼을 세 번 누르면 'ㅌ'이 입력된다. 또한 숫자 '2' 버튼을 두 번 누른 후 '#' 버튼을 한 번 누르면 'ㄸ'이 입력된다.
– 한글 모음을 입력할 때는 '모음'이 적힌 각 숫자 버튼과 '획추가'가 적힌 숫자 '0' 버튼을 활용한다. 예를 들어 숫자 '3' 버튼을 두 번 누른 후 숫자 '0' 버튼을 한 번 누르면 'ㅕ'가 입력되며, 숫자 '6' 버튼을 한 번 누른 후 숫자 '3' 버튼을 한 번 누르면 'ㅘ'가 입력된다.
– 만약 메시지 앱에 '어린이'를 한글로 입력한다면 키패드를 'ㅇ'(8), 'ㅓ'(33), 'ㄹ'(4), 'ㅣ'(99), 'ㄴ'(2), 'ㅇ'(8), 'ㅣ'(99) 순서대로 누른다.

〈보 기〉

ㄱ. 메시지 앱을 열고 'LOVE'를 입력하기 위해 키패드를 순서대로 누르면 '55566688833'이 된다.
ㄴ. 메시지 앱을 열고 '꼬까신'을 입력하기 위해 키패드를 순서대로 누르면 '1#61#37992'가 된다.
ㄷ. 메시지 앱을 열고 '광주'와 'GWANGJU'를 입력하면 키패드를 누르는 횟수가 더 많은 단어는 'GWANGJU'이다.

① ㄱ
② ㄴ
③ ㄷ
④ ㄱ, ㄴ
⑤ ㄴ, ㄷ

14. 다음 글을 근거로 판단할 때, 〈보기〉에서 옳은 것만을 모두 고르면?

甲은 다음의 기준에 따라 노트북 A, B, C, D 중 한 대를 구매하고자 한다.

○ 노트북을 비교하여 산출한 종합점수가 가장 높은 노트북을 구매한다. 단, 종합점수가 가장 높은 노트북이 2대 이상인 경우에는 종합점수가 가장 높은 노트북 중에서 가격 점수가 가장 높은 노트북을 구매한다.
○ 종합점수는 평가항목별 점수에 평가항목별 가중치를 곱한 값을 모두 더하여 산출한다.
○ 평가항목은 배터리, 가격, 무게이고, 평가항목별 가중치는 배터리가 2, 가격이 1, 무게가 ㉠이다.(단, 평가항목별 가중치는 모두 양수이다)
○ 노트북 A~D의 평가항목별 점수는 다음과 같다.

구분	평가항목		
	배터리	가격	무게
A	6점	5점	7점
B	9점	1점	6점
C	7점	8점	4점
D	2점	9점	8점

〈보 기〉

ㄱ. 무게의 가중치가 3보다 크다면, 甲은 노트북 A를 구매한다.
ㄴ. 무게의 가중치가 1이라면, 甲은 노트북 C를 구매한다.
ㄷ. 노트북 D의 배터리 점수가 6점으로 상승하면, 甲은 반드시 노트북 D를 구매한다.

① ㄴ
② ㄷ
③ ㄱ, ㄴ
④ ㄱ, ㄷ
⑤ ㄴ, ㄷ

15. 다음 글을 근거로 판단할 때, 〈보기〉에서 옳은 것만을 모두 고르면?

○ 甲과 乙은 보드게임을 한다. 보드게임의 규칙은 다음과 같다.
- 두 명의 참여자는 각각 1점짜리 말 5개, 3점짜리 말 3개, 5점짜리 말 1개를 가지고 게임을 시작한다.
- 각 참여자는 각자 9칸짜리 보드를 가지고 있으며, 각 칸에 자신의 원하는 말을 1개씩 놓는다. 이때, 각 참여자는 상대방의 말이 어느 위치에 놓였는지는 확인할 수 없다.
- 참여자들은 상대방 보드의 한 칸을 지목하고, 그 칸에 놓인 말의 점수만큼 점수를 획득한다. 단, 한번 지목했던 칸은 다시 지목할 수 없다.
- 각 참여자가 상대방 보드의 한 칸씩을 지목하고, 각각 점수를 획득한 것을 한 라운드라고 한다.
- 참여자들은 라운드마다 지목하는 순서를 번갈아가며 게임을 진행한다. 예를 들어 1라운드에서 甲이 먼저 한 칸을 지목하였다면, 2라운드에서는 乙이 먼저 한 칸을 지목한다.
- 획득한 점수의 합이 먼저 특정 점수 이상이 되는 참여자가 승리한다.

○ 예를 들어 甲이 아래와 같이 자신의 말을 배치하였고, 칸 안의 숫자가 해당 칸에 놓인 말의 점수라고 할 때, 乙이 B2를 지목했다면 乙은 5점을 획득하고, A2, B1, B3 중 한 칸을 지목했다면 3점을, A1, A3, C1, C2, C3 중 한 칸을 지목했다면 1점을 획득한다.

	1	2	3
A	1	3	1
B	3	5	3
C	1	1	1

○ 甲과 乙은 상대방이 지목한 칸에 놓인 말의 점수에 대해서 거짓말을 하지 않는다.

〈보 기〉

ㄱ. 먼저 8점 이상의 점수를 획득한 참여자가 승리하는 경우, 5라운드까지 승리자가 정해지지 않았다면 甲과 乙이 5라운드까지 획득한 점수를 모두 합한 값은 반드시 10이다.

ㄴ. 먼저 12점 이상의 점수를 획득한 참여자가 승리하는 경우, 6라운드까지 승리자가 정해지지 않았다면 7라운드에서 먼저 상대방 보드의 칸을 지목하는 참여자가 반드시 승리한다.

ㄷ. 먼저 19점 이상의 점수를 획득한 참여자가 승리하는 경우, 1라운드에서 상대방 보드의 칸을 먼저 지목하는 참여자가 반드시 승리한다.

① ㄱ
② ㄴ
③ ㄷ
④ ㄱ, ㄴ
⑤ ㄴ, ㄷ

16. 다음 글과 〈상황〉을 근거로 판단할 때 옳은 것은?

甲대학교는 해외 교류대학에 보낼 교환학생을 선발하고자 한다. 아래의 기준에 따라 지원자 A~F 학생 중 최종점수 순위가 높은 3명을 교환학생으로 선발한다.

□ 최종순위 결정기준
- 학점, 어학, 봉사시간 세 가지 항목의 환산점수의 합을 최종점수로 하며 최종점수가 높은 순서대로 순위를 결정한다. 단, 어학의 환산점수는 영어와 베트남어 중 어느 하나만 반영한다.
- 환산점수의 만점은 학점이 40점, 어학이 40점, 봉사시간이 20점이다.
- 학점과 어학의 환산점수는 〈학점·어학 환산점수표〉를 따르며, 베트남어가 6급인 학생은 어학 환산점수에 4점을 가산한다.
- 봉사시간은 30시간 이상이면 환산점수 20점, 20시간 이상 30시간 미만이면 환산점수 18점, 20시간 미만이면 환산점수 16점으로 계산한다. 단, 소속 학과 학생회장인 학생은 봉사시간 10시간을 가산하여 환산점수를 계산한다.

□ 동점자 처리기준
- 환산점수의 합이 동일한 학생들이 있을 경우에는 어학 환산점수가 높은 학생을 더 높은 순위로 결정한다.

〈학점·어학 환산점수표〉

환산점수 \ 항목	학점	어학: 영어	어학: 베트남어
40	4.0 이상	900점 이상	6급
35	3.9 이상 4.0 미만	800점 이상 900점 미만	5급
30	3.8 이상 3.9 미만	700점 이상 800점 미만	4급
25	3.8 미만	700점 미만	4급 미만

〈상 황〉

지원자 A~F 학생의 정보는 아래의 표와 같다. 단, 전산시스템 오류로 C와 D가 각자의 소속 학과 학생회장인지 여부는 확인되지 않았다.

항목 \ 지원자	A	B	C	D	E	F
학점	4.14	4.34	3.82	3.86	3.91	4.06
어학	892점	781점	6급	949점	5급	4급
봉사시간	18시간	19시간	16시간	22시간	33시간	25시간
학생회장	×	×	( )	( )	×	×

① C는 반드시 교환학생으로 선발된다.
② D는 교환학생으로 선발될 수 없다.
③ E는 반드시 교환학생으로 선발된다.
④ F는 교환학생으로 선발될 수 있다.
⑤ 1위로 교환학생에 선발되는 학생은 바뀌지 않는다.

17. 다음 글을 근거로 판단할 때, 甲의 전화번호를 구성하는 11개 숫자를 모두 합한 값의 최댓값은?

> 甲의 전화번호는 11자리의 숫자로 구성되어 있고, 첫 세 자리 숫자는 010이다. 다음은 甲의 전화번호에 관한 정보이다.
>
> ○ 네 번째 자리 숫자부터 열한 번째 자리 숫자까지 8자리는 1부터 9까지의 숫자 중 5개로 구성되어 있고, 5개의 숫자 중 홀수가 3개이다.
> ○ 전화번호에는 숫자 6이 한 번 이상 사용된다.
> ○ 전화번호를 구성하는 다섯 숫자 중 3번 이상 사용되는 숫자는 없다.
> ○ 전화번호를 구성하는 다섯 숫자 중 세 번째로 큰 수는 짝수이다.

① 51
② 52
③ 53
④ 54
⑤ 55

18. 다음 글을 근거로 판단할 때, 〈보기〉에서 옳은 것만을 모두 고르면?

> 甲, 乙, 丙, 丁 4명은 각자 A, B, C 세 권의 책 중 한 권 이상을 읽고 독서 모임에 참가했다. 네 사람은 둘씩 짝을 지어 하나의 세션을 진행했고, 모든 참가자는 다른 모든 참가자와 한 번씩 세션을 진행했다.
>
> ○ 각 세션에서 두 사람은 각자가 읽은 책에 관한 이야기를 나눈다.
> ○ 세션에 참가한 두 사람은 두 사람이 공통으로 읽은 책에 관해서는 1권당 30분 동안 이야기를 나누고 한 사람만 읽은 책에 관해서는 1권당 10분 동안 이야기를 나누며, 두 사람 모두 읽지 않은 책에 관해서는 이야기를 나누지 않는다.
> ○ 甲과 乙이 함께 한 세션은 30분 동안 진행되었다.
> ○ 丙과 丁이 함께 한 세션은 70분 동안 진행되었다.
> ○ 독서 모임에서 진행된 세션별 시간의 총합은 310분이었다.

〈보 기〉

ㄱ. 乙과 丁은 한 권 이상의 책을 공통으로 읽었다.
ㄴ. 세 권의 책을 모두 읽은 사람이 있다.
ㄷ. 甲이 읽은 책이 특정되면 나머지 사람들이 읽은 책을 모두 특정할 수 있다.

① ㄱ
② ㄴ
③ ㄷ
④ ㄱ, ㄴ
⑤ ㄴ, ㄷ

19. 다음 글을 근거로 판단할 때, 甲이 차량을 대여할 렌터카 업체는?

○ 甲은 렌터카를 대여하여 왕복 거리가 120km인 □□해수욕장으로 여행을 가려고 한다.
○ 甲은 렌터카 업체 A~E를 비교하여 비용이 가장 저렴한 업체로부터 렌터카를 대여한다. 단, 비용은 대여료와 보험료, 주행 거리에 따른 업체별 주유비의 합이다.
○ 다음은 렌터카 업체 A~E의 요금에 관한 정보이다.

업체	대여료	보험료	주유비	비고
A	50,000원	10,000원	주행거리 5km당 1,000원	-
B	45,000원	주행거리 10km당 500원	주행거리 10km당 1,500원	-
C	70,000원	대여료의 20%	주행거리 20km당 2,000원	회원으로 등록된 경우 전체 비용을 30% 할인
D	100,000원	20,000원	별도 부과 없음	대여자의 운전 경력이 10년 이상이면 대여료를 50% 할인
E	40,000원	20,000원	주행거리 10km당 1,000원	주행거리 30km까지 주유비 무료

○ 甲은 운전 경력이 12년이고, C업체에 회원으로 등록이 되어있다.
○ 甲은 □□해수욕장까지 왕복할 때만 렌터카를 이용한다.

① A
② B
③ C
④ D
⑤ E

20. 다음 글을 근거로 판단할 때, A부처에서 선발하는 연수생은?

○ 국가공무원인재개발원 연수생 甲~戊는 A부처 배치 신청서를 제출하였다.
○ A부처에서는 신청서를 제출한 연수생의 연수원 성적, 면접 성적, 2차 시험 성적을 종합하여 총점이 가장 높은 최종 1명을 선발한다.
○ A부처의 〈연수생 평가 기준〉과 〈연수생 甲~戊의 성적〉은 다음과 같다.

〈연수생 평가 기준〉

평가항목		평가점수
연수원	분임 평가	20점 만점
	개인 평가	30점 만점
면접		35점 만점
2차 시험		15점 만점
계		100점 만점

〈연수생 甲~戊의 성적〉

연수생 \ 평가항목	연수원		면접	2차 시험
	분임 평가	개인 평가		
甲	A	A	C	B
乙	C	A	A	B
丙	A	C	B	A
丁	A	B	A	D
戊	D	A	A	A

※ A: 만점 대비 100%, B: 만점 대비 80%, C: 만점 대비 60%, D: 만점 대비 40%

① 甲
② 乙
③ 丙
④ 丁
⑤ 戊

21. 다음 글을 근거로 판단할 때, ㉠과 ㉡을 옳게 짝지은 것은?

'슈팅볼'은 두 팀이 한 코트에서 서로 각 팀의 골대에 슛을 성공시켜 점수를 획득하는 게임이다. 슛의 난이도에 따라 A슛 성공 시 1점, B슛 성공 시 2점, C슛 성공 시 3점을 획득하며, 정해진 시간 동안 더 많은 점수를 획득한 팀이 승리한다.

슈팅볼협회에서는 슛 성공 시 점수를 전반적으로 더 높게 변경하여 점수의 역전이 더 쉬워지도록 규칙을 개정하려고 한다. A슛 성공 시 2점, B슛 성공 시 3점, C슛 성공 시 5점을 획득하는 것으로 변경하는 것을 검토 중이다. 작년 리그 결승전인 甲팀과 乙팀의 경기 기록에 변경 검토 중인 점수 기준을 적용해 보기로 하였다.

○ 작년 리그 결승전 최종 점수는 35 대 38로 乙팀이 승리하였다.
○ 甲팀은 A슛을 한 번도 성공시키지 못했으며 乙팀은 C슛을 한 번도 성공시키지 못했다.
○ 甲팀의 B슛 성공 횟수는 C슛 성공 횟수의 2배였다.
○ 甲팀의 B슛 성공 횟수와 乙팀의 A슛 성공 횟수는 같았다.

작년 리그 결승전 경기 기록에 변경 검토 중인 점수 기준을 적용한 결과, 경기의 승패는 (㉠), 두 팀의 최종 점수 차이는 (㉡)점이 되었다.

	㉠	㉡
①	바뀌었으며	4
②	바뀌었으며	7
③	바뀌지 않았으며	1
④	바뀌지 않았으며	4
⑤	바뀌지 않았으며	7

22. 다음 글을 근거로 판단할 때, 〈보기〉에서 옳은 것만을 모두 고르면?

○ 甲, 乙, 丙은 각자 규칙에 따라 총 5라운드의 가위·바위·보 게임을 하였다.
○ 甲은 1라운드에 가위를 낸 후 다음 라운드부터 직전 가위·바위·보 게임의 결과에 따라 이긴 경우 가위를, 비긴 경우 보를, 진 경우 바위를 낸다.
○ 乙은 총 5라운드의 게임에서 가위–바위–보를 순서대로 반복해서 낸다.
○ 丙은 1라운드에 바위를 낸 후 다음 라운드부터 직전 가위·바위·보 게임의 결과에 따라 이긴 경우 바위를, 비긴 경우 가위를, 진 경우 보를 낸다.
○ 甲은 실수로 2라운드에서 자신의 규칙에 따르지 않고 가위·바위·보 중 하나를 냈고, 3라운드부터는 甲, 乙, 丙 모두 자신의 규칙에 맞게 가위·바위·보 게임을 진행하였다.

구분	1라운드	2라운드	3라운드	4라운드	5라운드
甲	가위	( )	( )	( )	보
乙	가위	바위	보	가위	바위
丙	바위	바위	바위	보	가위

○ 5라운드까지 게임을 진행한 후 甲, 乙, 丙은 각자 자신의 규칙에 따른 가위·바위·보 게임을 하기 위해 2라운드부터 재경기를 실시하였고, 재경기는 4라운드까지만 진행하였다.

구분	1라운드	2라운드	3라운드	4라운드
甲	가위	( )	( )	( )
乙	가위	( )	( )	( )
丙	바위	( )	( )	( )

〈보 기〉
ㄱ. 甲이 2라운드에서 규칙에 따르지 않고 잘못 낸 것은 가위·바위·보 중 가위이다.
ㄴ. 재경기를 진행한 2라운드부터 4라운드까지의 가위·바위·보 게임에서 乙이 이긴 라운드가 있다.
ㄷ. 재경기를 진행한 2라운드부터 4라운드까지의 가위·바위·보 게임에서 甲이 이긴 횟수는 丙이 이긴 횟수보다 더 적다.

① ㄱ
② ㄴ
③ ㄱ, ㄴ
④ ㄱ, ㄷ
⑤ ㄴ, ㄷ

23. 다음 글과 〈대화〉를 근거로 판단할 때, 경주에서 2등을 한 선수의 번호는?

○ 경륜장을 찾은 甲~戊는 1번부터 8번까지 총 8명의 선수가 출전하는 경주에 베팅을 했다.
○ 경주의 베팅 방식은 단승식과 복승식 두 가지로 구성되며, 그 방식은 다음과 같다.
 - 단승식: 경주에서 1등을 한 선수 한 명을 맞히는 베팅 방식
 - 복승식: 순위와 관계없이 경주에서 1등과 2등을 한 선수 두 명을 맞히는 베팅 방식
○ 甲~戊는 단승식과 복승식 중 하나의 방식을 골라서 각자 한 번씩 베팅을 했다.
○ 다음은 경주가 끝난 후 甲~戊가 나눈 대화이다.

〈대 화〉

甲: 나는 단승식의 결과를 맞혔는데, 내가 베팅한 선수는 짝수 번호였어.
乙: 나는 복승식의 결과를 맞혔는데, 내가 베팅한 선수들의 번호를 합하면 9야.
丙: 나는 단승식의 결과를 틀렸는데, 내가 베팅한 선수의 번호는 4번이었어.
丁: 나는 복승식의 결과를 틀렸는데, 내가 베팅한 2번과 7번 선수 모두 2등 안에 들지 못했어.
戊: 나는 복승식의 결과를 맞혔는데, 내가 베팅한 선수 중에 6번 선수는 없었어.

① 1
② 3
③ 5
④ 7
⑤ 8

24. 다음 글을 근거로 판단할 때, 甲 대학교 문과대학에 지급된 학생회비의 금액이 총 666만 원이라면 甲 대학교 총 학생회비의 금액은?

甲 대학교는 학생회비를 배분하려고 하며, 배분 방법은 다음과 같다.

○ 甲 대학교는 총 학생회비를 집행기구에 40%, 산하기구에 40%, 기타기구에 20% 비율에 따라 배분한다.
○ 甲 대학교의 산하기구란 각 단과대학 학생회와 동아리연합회를 말하며, 산하기구에 배분된 학생회비를 각 단과대학 학생회와 동아리연합회에 다음과 같이 배분한다.
 - 1단계: 산하기구에 배분된 금액 중 20%를 동아리연합회에 지급한다.
 - 2단계: 산하기구에 배분된 금액 중 500,000원씩을 각 단과대학 학생회에 기본 운영금으로 지급한다.
 - 3단계: 산하기구에 배분된 금액 중 1단계와 2단계를 통해 지급하고 남은 금액은 각 단과대학의 인원 비율에 따라 배분하여 지급한다.

〈甲 대학교 각 단과대학 및 동아리연합회 인원〉

단과대학	문과대학	2,800명
	이과대학	3,100명
	공과대학	2,200명
	사회과학대학	1,900명
동아리연합회		5,000명

※ 甲 대학교의 단과대학은 문과대학, 이과대학, 공과대학, 사회과학대학으로만 구분됨.

① 7,000만 원
② 7,500만 원
③ 8,500만 원
④ 9,000만 원
⑤ 9,500만 원

25. 다음 글과 〈상황〉을 근거로 판단할 때 옳은 것은?

제00조(이행기의 이행지체) ① 채무이행의 확정한 기한이 있는 경우에는 채무자는 기한이 도래한 때로부터 지체책임이 있다. 채무이행의 불확정한 기한이 있는 경우에는 채무자는 기한이 도래함을 안 때로부터 지체책임이 있다.
② 채무이행의 기한이 없는 경우에는 채무자는 이행청구를 받은 때로부터 지체책임이 있다.
제00조(강제이행) ① 채무자가 임의로 채무를 이행하지 아니한 때에는 채권자는 그 강제이행을 법원에 청구할 수 있다. 그러나 채무의 성질이 강제이행을 하지 못할 것인 때에는 그 강제이행을 법원에 청구할 수 없다.
② 전항의 규정은 손해배상의 청구에 영향을 미치지 아니한다.
제00조(채무불이행과 손해배상) 채무자가 채무의 내용에 따라 이행을 하지 아니한 때에는 채권자는 손해배상을 청구할 수 있다. 그러나 채무자의 고의나 과실 없이 이행할 수 없게 된 때에는 손해배상을 청구할 수 없다.
제00조(이행보조자의 고의, 과실) 채무자의 법정대리인이 채무자를 위하여 이행하거나 채무자가 타인을 사용하여 이행하는 경우에는 법정대리인 또는 피용자의 고의나 과실은 채무자의 고의나 과실로 본다.
제00조(손해배상의 범위) ① 채무불이행으로 인한 손해배상은 통상의 손해를 그 한도로 한다.
② 특별한 사정으로 인한 손해는 채무자가 그 사정을 알았거나 알 수 있었을 때에 한하여 배상의 책임이 있다.
제00조(손해배상의 방법) 다른 의사표시가 없으면 손해는 금전으로 배상한다.
제00조(배상액의 예정) ① 당사자는 채무불이행에 관한 손해배상액을 예정할 수 있다.
② 손해배상의 예정액이 부당히 과다한 경우에는 법원은 적당히 감액할 수 있다.

〈상 황〉

甲과 乙이 2021년 3월 24일에 X주택 매매계약을 체결하여 乙이 계약 체결일에 매매대금 1억 원을 甲에게 지급하였다. 이때 甲은 乙에게 2021년 3월 31일에 X주택에 대한 소유권을 이전해 주기로 하였다. 甲과 乙은 甲이 기한 내에 채무를 이행하지 않을 경우, 150만 원의 손해배상금을 지급하는 것으로 예정하였다. 甲은 丙을 고용하여 乙에게 소유권이전등기를 대신해주기로 했지만, 피용자 丙은 정해진 기한이 지나도 소유권이전등기를 하지 않았다.

① 丙이 임의로 소유권이전등기를 하지 않았다면 甲은 乙에게 이행청구를 받은 때로부터 지체책임이 있을 것이다.
② 丙이 임의로 소유권이전등기를 하지 않았을 때 乙이 그 강제이행을 법원에 청구한다면 별도의 손해배상을 청구할 수 없다.
③ 甲이 乙에게 손해배상을 해야 하는 상황에서 계약 체결 당시 예정했던 손해배상의 예정액이 부당히 과다하다고 법원에 청구한다면 법원은 손해배상의 예정액을 감액해야 한다.
④ 당사자 간의 다른 의사표시가 없다면 甲은 손해배상금을 150만 원 상당의 물건으로 배상할 수 있다.
⑤ 丙이 고의로 소유권이전등기를 하지 않았다면 乙은 甲에게 손해배상을 청구할 수 있다.

약점 보완 해설집 p.50

자르는 선

2025 해커스PSAT 7급 PSAT FINAL 봉투모의고사 상황판단 (7회)

컴퓨터용 흑색사인펜만 사용

책형
㉧ ㉨

【필적감정용 기재】
*아래 예시문을 옮겨 적으시오
본인은 OOO(응시자성명)임을 확인함
기 재 란

성 명	
자필성명	본인 성명 기재
시험장소	

응시번호

	⓪①②③④⑤⑥⑦⑧⑨	⓪①②③④⑤⑥⑦⑧⑨	⓪①②③④⑤⑥⑦⑧⑨	⓪①②③④⑤⑥⑦⑧⑨	⓪①②③④⑤⑥⑦⑧⑨	⓪①②③④⑤⑥⑦⑧⑨
⑤⑥⑦	⓪①②③④⑤⑥⑦⑧⑨					

생년월일

⓪①②③④⑤⑥⑦⑧⑨	⓪①②③④⑤⑥⑦⑧⑨	⓪①	⓪①②③④⑤⑥⑦⑧⑨	⓪①②③	⓪①②③④⑤⑥⑦⑧⑨

※시험감독관 서명
(서명을 정자로 기재할 것)
적색 볼펜만 사용

상황판단(1~10번)

1	①	②	③	④	⑤
2	①	②	③	④	⑤
3	①	②	③	④	⑤
4	①	②	③	④	⑤
5	①	②	③	④	⑤
6	①	②	③	④	⑤
7	①	②	③	④	⑤
8	①	②	③	④	⑤
9	①	②	③	④	⑤
10	①	②	③	④	⑤

상황판단(11~20번)

11	①	②	③	④	⑤
12	①	②	③	④	⑤
13	①	②	③	④	⑤
14	①	②	③	④	⑤
15	①	②	③	④	⑤
16	①	②	③	④	⑤
17	①	②	③	④	⑤
18	①	②	③	④	⑤
19	①	②	③	④	⑤
20	①	②	③	④	⑤

상황판단(21~25번)

21	①	②	③	④	⑤
22	①	②	③	④	⑤
23	①	②	③	④	⑤
24	①	②	③	④	⑤
25	①	②	③	④	⑤

시험일: ____년 ____월 ____일

국가공무원 7급 공개경쟁채용 1차 필기시험 모의고사

| 상황판단영역 |

응시번호	
성명	

실전모의고사 **8회**

문제책형 **5**

응시자 주의사항

1. **시험시작 전 시험문제를 열람하는 행위나 시험종료 후 답안을 작성하는 행위를 한 사람**은 「공무원 임용시험령」 제51조에 의거 **부정행위자**로 처리됩니다.
2. **답안지 책형 표기는 시험시작 전** 감독관의 지시에 따라 **문제책 앞면에 인쇄된 문제책형을 확인**한 후, **답안지 책형란에 해당 책형(1개)**을 '●'로 표기하여야 합니다.
3. 시험이 시작되면 문제를 주의 깊게 읽은 후, **문항의 취지에 가장 적합한 하나의 정답만을 고르며**, 문제내용에 관한 질문은 할 수 없습니다.
4. **답안을 잘못 표기하였을 경우에는 답안지를 교체하여 작성**하거나 **수정할 수 있으며**, 표기한 답안을 수정할 때는 **응시자 본인이 가져온 수정테이프만을 사용**하여 해당 부분을 완전히 지우고 부착된 수정테이프가 떨어지지 않도록 손으로 눌러주어야 합니다. **(수정액 또는 수정스티커 등은 사용 불가)**
5. **시험시간 관리의 책임은 응시자 본인에게 있습니다.**
   ※ 문제책은 시험종료 후 가지고 갈 수 있습니다.

정답공개 및 해설강의 안내

1. 모바일 자동 채점 및 성적 분석 서비스
   • '약점 보완 해설집'에 회차별로 수록된 QR코드 인식 ▶ 응시 인원 대비 자신의 성적 위치 확인
2. 해설강의 수강 방법
   • 해커스PSAT 사이트(psat.Hackers.com) 접속 후 로그인 ▶ 우측 퀵배너 [쿠폰/수강권등록] 클릭 ▶ '약점 보완 해설집'에 수록된 쿠폰번호 입력 후 이용

해커스PSAT

상황판단영역

1. 다음 글을 근거로 판단할 때 옳지 않은 것은?

제00조(기금의 설치) 정부는 남북 간의 상호교류와 협력을 지원하는 데에 필요한 자금을 확보·공급하기 위하여 남북협력기금(이하 '기금'이라 한다)을 설치한다.

제00조(장기차입) 통일부장관은 기금의 재원을 마련하기 위하여 필요하면 기금의 부담으로 다른 기금, 금융기관 등으로부터 자금을 장기차입할 수 있다.

제00조(기금의 운용·관리) ① 기금은 통일부장관이 운용·관리한다.

② 통일부장관은 기금의 운용·관리에 관한 사무를 금융기관에 위탁할 수 있다.

③ 통일부장관은 기금운용계획을 수립할 때 기금운용계획 중 경제 및 재정·금융정책과 관련되는 중요 사항은 미리 기획재정부장관 및 관계 중앙행정기관의 장과 협의하여야 한다.

④ 기금의 운용·관리에 관한 다음 각 호의 사항은 남북교류협력 추진협의회의 심의를 거쳐야 한다.

1. 기금의 운용·관리에 관한 기본정책
2. 기금운용계획
3. 결산보고 사항

제00조(보고 및 환수) ① 기금을 사용하려는 자는 기금사용계획을, 기금을 사용한 자는 기금사용 결과를 각각 통일부장관에게 보고하여야 한다.

② 통일부장관은 기금을 사용하는 자가 해당 기금지출 목적 외의 용도에 사용하였을 때에는 지출된 기금의 전부를 환수할 수 있다.

제00조(이익 및 결손의 처리) ① 기금의 결산상 이익금이 생기면 전액 적립하여야 한다.

② 기금의 결산상 손실금이 생기면 제1항에 따른 적립금으로 보전하고, 그 적립금으로 부족하면 정부가 예산의 범위에서 보전할 수 있다.

① 통일부장관은 기금의 재원 마련을 위하여 필요할 경우, 다른 기금이나 금융기관으로부터 자금을 장기차입할 수 있다.
② 통일부장관은 기금의 운용 및 관리에 관한 사무를 맡고 있으나, 해당 사무를 금융기관에 위탁할 수 있다.
③ 통일부장관은 보고된 기금지출 목적 이외의 용도로 기금을 사용한 자에 대하여 지출된 기금의 전부를 환수할 수 있다.
④ 기금의 결산상 손실금은 정부의 예산의 범위에서 보전하고, 예산이 부족한 경우 기금의 결산상 이익금으로 인한 적립금으로 보전할 수 있다.
⑤ 통일부장관이 기금운용계획을 수립할 경우, 재정·금융정책과 관련된 중요 사항은 사전에 기획재정부장관 및 관계 중앙행정기관의 장과 협의하여야 한다.

2. 다음 글과 〈상황〉을 근거로 판단할 때, 甲이 기록·보관해야 하는 내용에 해당하지 않는 것은?

제○○조 ① 사업자는 식품, 식품첨가물, 기구, 용기·포장, 건강기능식품, 축산물(이하 '식품 등'이라 한다)의 생산·판매 등의 과정을 확인할 수 있도록 필요한 사항을 기록·보관하여야 하고, 관계행정기관의 장이 그 기록의 열람 또는 제출을 요구하는 경우 이에 응할 수 있도록 관리하여야 한다.

② 제1항에 따라 식품 등의 생산·구입 및 판매과정을 기록·보관하여야 하는 사업자의 범위는 다음 각 호와 같다.

1. 식품제조·가공업자, 식품첨가물제조업자
2. 건강기능식품제조업자
3. 해외에서 국내로 수입되는 식품 등의 수입·판매업자

제□□조 제○○조 제2항에 따른 사업자는 다음 각 호의 사항을 기록·보관하여야 한다.

1. 제품명
2. 식품 등의 판매 또는 구입일자
3. 제품의 제조·수입일자 또는 소비기한·품질유지기한
4. 제품 원재료의 명칭 및 원산지(식품 등을 제조하거나 가공하는 사업자만 해당한다)
5. 제조·수입·구입 또는 판매한 식품 등의 수량
6. 제품의 판매처 또는 구입처의 명칭 및 연락처

〈상 황〉

건강기능식품제조업자인 甲은 A를 제조하여 판매하고 있다. 甲은 2023년 5월 31일에 乙기업으로부터 A의 제조에 필요한 원재료인 B를 10kg 구매하였다. B의 소비기한은 제조일로부터 3년으로, 甲이 구매한 B는 2023년 5월 17일에 제조된 제품이며 원산지는 대한민국이다. 해당 원재료를 이용하여 甲은 2023년 7월 22일에 A를 제조하였는데, A의 소비기한은 제조일로부터 2년이다. 이때 제조된 A는 2023년 10월 5일에 유통전문판매원인 丙기업에 판매하였고, 丙기업의 대표 전화번호는 02-0000-XXXX이다.

① 2023년 5월 17일
② B, 대한민국
③ 2023년 10월 5일
④ 丙기업, 02-0000-XXXX
⑤ 2025년 7월 21일

3. 다음 글을 근거로 판단할 때 옳은 것은?

제○○조 ① 기상예보업 또는 기상감정업(이하 '기상사업'이라 한다)을 하려는 자는 다음 각 호에 따른 인력을 갖추어 기상청장에게 등록하여야 한다.
1. 기상예보업: 기상예보사 1명 이상
2. 기상감정업: 기상감정사 1명 이상

② 기상사업자는 등록한 사항을 변경하려면 기상청장에게 변경등록을 하여야 한다. 다만, 제1항의 등록 기준에 미달하지 않는 범위에서 인력에 관한 사항을 변경하려는 경우에는 기상청장에게 변경신고를 하여야 한다.
③ 기상사업자는 휴업·폐업 또는 휴업 후 영업을 재개하고자 할 때에는 기상청장에게 신고하여야 한다.
④ 다음 각 호의 어느 하나에 해당하는 자는 기상사업의 등록을 할 수 없다.
1. 제□□조에 따라 등록이 취소된 후 1년이 지나지 아니한 자
2. 임원 중 제1호에 해당하는 사람이 있는 법인

제□□조 기상청장은 기상사업자가 다음 각 호의 어느 하나에 해당하는 경우에는 등록을 취소하거나 3개월 이내의 기간을 정하여 사업의 정지를 명할 수 있다. 다만, 기상사업자가 제1호 또는 제5호에 해당하는 경우에는 등록을 취소하여야 한다.
1. 거짓이나 그 밖의 부정한 방법으로 등록을 한 경우
2. 제○○조 제1항에 따른 등록 기준을 충족하지 못하게 된 경우
3. 제○○조 제2항에 따른 변경등록 또는 변경신고를 하지 아니한 경우
4. 제○○조 제3항에 따른 휴업·폐업 또는 휴업 후 영업 재개의 신고를 하지 아니한 경우
5. 제○○조 제4항 각 호의 어느 하나에 해당하는 경우

① 기상사업자가 휴업 상태에서 영업을 재개하고자 할 때에는 기상청장에게 변경등록을 하여야 한다.
② 기상감정업체를 운영하기 위해서는 1명 이상의 기상감정사를 갖추고 기상청장에게 신고하여야 한다.
③ 기상예보업체에서 근무하던 모든 기상예보사가 해고된 경우, 기상청장은 해당 기상예보업체의 등록을 취소하여야 한다.
④ 기상감정사 1명만을 고용하여 기상감정업을 하던 기상사업자가 기상감정사 1명을 추가로 고용하는 경우에는 기상청장에게 변경신고를 하여야 한다.
⑤ 2023년 2월 1일에 기상사업의 등록이 취소된 자가 2023년 6월 1일 현재 기상감정업체의 임원으로 재직 중이라면, 기상청장은 해당 기상감정업체에 3개월의 사업 정지를 명할 수 있다.

4. 다음 글을 근거로 판단할 때 옳은 것은?

제00조 지방보조사업이란 지방보조금이 지출되거나 교부되는 사업 또는 사무를 말한다.

제00조 ① 지방보조사업을 수행하는 자(이하 '지방보조사업자'라 한다)는 지방보조금으로 취득한 것으로서 중요한 재산(이하 '중요재산'이라 한다)에 대하여 그 현재액과 증감을 명백히 하여야 하고, 그 현황을 지방자치단체의 장에게 보고하여야 한다.
② 제1항에 따른 중요재산의 현황 보고는 다음 각 호의 구분에 따른다. 다만, 제2호에 따른 보고의 경우 중요재산의 현황에 변동이 없는 경우에는 생략할 수 있다.
1. 취득 현황 보고: 중요재산 취득 후 15일 이내
2. 변동 현황 보고: 매년 6월 및 12월

③ 지방보조사업자는 해당 지방보조사업을 완료한 후에도 지방자치단체의 장의 승인 없이 중요재산에 대하여 다음 각 호의 행위를 하여서는 아니 된다.
1. 지방보조금의 교부 목적 외의 용도로 사용
2. 양도, 교환 또는 대여
3. 담보의 제공

④ 지방보조사업자가 지방보조금의 전부를 지방자치단체에 반환한 경우에는 지방자치단체의 장의 승인을 받지 아니하고도 제3항 각 호의 행위를 할 수 있다.
⑤ 지방자치단체의 장은 지방보조사업자가 해당 지방보조사업을 완료한 후에도 지방자치단체의 장의 승인 없이 중요재산에 대하여 제3항 각 호의 행위를 한 경우에는 다음 각 호의 금액의 전부 또는 일부의 반환을 명할 수 있다.
1. 중요재산을 취득하기 위하여 사용된 지방보조금에 해당하는 금액
2. 중요재산의 양도, 교환, 대여 또는 담보 제공을 통하여 얻은 재산상의 이익에 해당하는 금액

① 지방보조사업을 수행하는 甲이 2024년 5월 15일에 중요재산을 취득한 경우 2024년 6월에 중요재산의 현황 보고를 하여야 한다.
② 2024년에 지방보조사업자 乙이 중요재산을 새로 취득하지 않았고, 기존에 보유한 중요재산에도 변동이 없는 경우 그해 12월에 기존 중요재산의 현재액을 지방자치단체의 장에게 보고하여야 한다.
③ A시가 교부한 지방보조금으로 중요재산을 취득한 丙이 지방보조사업 완료 후 교부되었던 지방보조금 전액을 A시에 반환했다면 그 중요재산을 담보로 제공할 수 있다.
④ 지방보조사업자 丁이 B시로부터 교부받은 지방보조금의 일부를 사용하여 중요재산을 취득한 후, 임의로 그 중요재산을 타인에게 대여한 경우 B시 시장은 丁에게 교부한 지방보조금 전액의 반환을 명할 수 있다.
⑤ 지방보조사업을 수행하고 있는 戊는 그 지방보조사업이 완료된 후에 지방자치단체의 장이 승인하더라도 지방보조금으로 취득한 중요재산을 다른 사람에게 양도할 수 없다.

5. 다음 글을 근거로 판단할 때 옳은 것은?

오행설(五行說)은 음양설(陰陽說)의 영향을 받아 우주 만물의 변화를 화(火)·수(水)·목(木)·금(金)·토(土)로 설명하는 이론이다. 오행의 관계는 상생(相生)과 상극(相剋)이 있다. 상생이란 운행에 따라 다른 것을 낳는 것으로 목생화(木生火), 화생토(火生土), 토생금(土生金), 금생수(金生水), 수생목(水生木)이다. 목생화(木生火)는 나무에서 불이 나므로 목(木)이 화(火)를 낳으며, 화생토(火生土)는 불이 나면 재가 나와 흙이 되므로 '화'가 '토'를 낳는다는 의미이다.

상극이란 운행에 따라 억제하고 저지하는 것으로 수극화(水剋火), 화극금(火剋金), 금극목(金剋木), 목극토(木剋土), 토극수(土剋水)이다. '수극화'는 물이 불을 끄기 때문에 '수'가 '화'를 억제하고, 화극금(火剋金)은 불은 금을 녹이므로 '화'가 '금'을 억제한다는 의미다. 이처럼 상생과 상극 각각의 관계를 정리하면 일정한 순환 관계가 형성된다.

오행론자들은 오행의 특성에 맞추어 다른 것들을 분류하기 시작했다. 목·화·토·금·수의 순서대로 오색(五色)을 파랑·빨강·노랑·하양·검정으로 분류하였고, 오미(五味)는 신맛·쓴맛·단맛·매운맛·짠맛으로 분류하였다. 음식을 만들 때 오행에 대응하는 오색오미가 상생관계이면 조화로우며, 상극관계이면 조화롭지 못하다고 보아 배합에 주의하였다. 예를 들어 목생화는 상생 관계라고 하였으므로 신맛에서 쓴맛이 나온다면 맛이 향상되고 건강에도 좋다. 또한 이를 음식의 색에 대입했을 때, 파란색을 띠는 음식이 빨간색을 띠는 음식과 배합되면 때깔도 좋고 건강에도 이롭다. 반대로 상극론에 따라 음식의 맛과 색의 관계가 상극이라면 주의해야 한다.

음양오행은 오장오부(五臟五腑)에도 적용된다. 목·화·토·금·수의 순서대로 '오장'은 간·심장·비장·허파·콩팥으로 보고, '오부'는 쓸개·소장·위·대장·방광으로 본다. 병리적 관계에서 고려할 때 상극관계에서는 억제 주체가 너무 강하면 억제 대상에 문제가 발생하고, 억제 대상이 너무 약하면 상대적으로 강해진 억제 주체에 의해 억제 대상에 문제가 생긴다. 오장오부는 오색오미에 의해서도 영향을 받으므로 질병에 따라 음식도 알맞게 섭취해야 한다.

① 만약 허파에 문제가 있는 사람이라면, 단맛이 있는 음식을 섭취해야 한다.
② 만약 음식에 쓴맛이 들어갔다면, 짠맛이 들어간 음식을 배합해야 조화롭다.
③ 만약 비장과 위에 문제가 있다면, 하얀색 음식이나 매운 음식을 섭취해야 한다.
④ 만약 빨간색 음식을 섭취한다면, 방광의 기력이 약해질 수 있다.
⑤ 만약 오부에서 쓸개가 너무 약하면, 대장에도 문제가 생긴다.

6. 다음 글과 〈상황〉을 근거로 판단할 때, A~E 인쇄소 중 甲이 책 출판을 위해 선택할 인쇄소는?

책 출판을 위한 인쇄비는 어떤 항목들을 선택하는가에 따라 단가가 바뀐다. 제본 방식, 인쇄 컬러, 후가공, 분량 및 인쇄 수량에 따라 차이가 있으며 각 인쇄소 별 비용 및 최소 인쇄 수량 다음과 같다.

구분	인쇄 단계별 비용 (천 원)			최소 인쇄 수량 (부)
	제본	인쇄 컬러	후가공	
A	무선: 200 PUR: 400 양장: 600	1도: 0.7 2도: 1.8	코팅: 60 에폭시: 140	2,000
B	무선: 250 PUR: 500 양장: 750	1도: 1 2도: 2 4도: 4.5	코팅:80 에폭시: 90	1,500
C	PUR: 380 양장: 580	2도: 2 4도: 4	코팅: 60 에폭시: 140	2,000
D	무선: 300 양장: 550	1도: 1.5 2도: 2 4도: 3.5	코팅: 120 에폭시: 170	500
E	PUR: 400 반양장: 500 양장: 600	1도: 1 2도: 2.5 4도: 4	코팅: 70 에폭시: 150	1,000

○ 제본 비용은 최소 인쇄 수량 당 금액, 인쇄 컬러 비용은 100페이지 당 금액이며 후가공은 주문 건당 금액이다.
○ A~E 인쇄소는 최소 인쇄 수량 이상의 주문건만 받으며, 최소 인쇄 수량만큼 인쇄를 하면 할인율은 0%이지만 최소 인쇄 수량보다 5백 부 이상 인쇄할 때마다 제본 및 인쇄 컬러 비용에 할인율 5%를 더해준다. 예를 들어 E 인쇄소에 1천 5백 부를 의뢰하면 제본과 인쇄컬러 가격의 5%, 2천 부를 의뢰하면 10%의 할인이 적용된다.
○ D 인쇄소는 오픈 기념으로 후가공 중 에폭시를 하는 경우 무료로 제공해주고 있다.

〈상 황〉

甲은 자신의 생각을 기록해 온 글들을 모아 에세이집을 출판하려 한다. 출판을 위해 원고 정리를 했더니 100페이지 분량이 나왔다. 에세이집에는 사진도 함께 수록하므로 4도 인쇄하고, 제본은 양장으로, 후가공은 코팅과 에폭시를 하려 한다. 4도 인쇄의 경우 상대적으로 제작비가 많이 들어간다는 점에서 1천 5백 부를 초판으로 인쇄하려 한다. 甲은 가능한 인쇄소 중 인쇄 비용이 가장 저렴한 인쇄소를 선택한다.

① A
② B
③ C
④ D
⑤ E

7. 다음 글을 근거로 판단할 때, 최종 집계 결과 乙을 3순위로 투표한 평가위원의 수는?

현재 □□리그 MVP 투표가 진행 중이며 후보자는 총 4명(甲~丁)이다. MVP 수상자는 10명의 평가위원 투표에 의하여 결정되며 투표 규칙은 다음과 같다.

○ 평가위원 한 명당 한 표만을 행사할 수 있으며, 하나의 투표 용지에 1순위부터 4순위까지 후보자 한 명씩 적는다. 단, 1순위부터 4순위까지 모두 다른 후보자를 적는다.
○ 1순위 후보자에게는 5점, 2순위 후보에게는 3점, 3순위 후보에게는 2점, 4순위 후보에게는 1점이 부여된다.
○ 평가위원 10명이 모두 투표한 결과를 바탕으로 각 후보자별 점수를 합산하여 점수가 가장 높은 후보자가 MVP 수상자가 된다.
○ 평가위원 10명 모두 한 표씩 투표했으며, 기권표와 무효표는 없다.

현재 MVP 투표의 중간 집계 점수는 다음과 같다.

후보자	점수
甲	45점
乙	?
丙	?
丁	10점

중간 집계 결과, 乙과 丙은 동일한 3순위 표를 얻었고 乙이 丙보다 2점 더 많았다. 이후 최종 집계 결과, MVP 수상자는 甲이었고 丙이 乙보다 1점 더 많았다.

① 1명
② 2명
③ 3명
④ 4명
⑤ 5명

8. 다음 글과 〈상황〉을 근거로 판단할 때, 甲~丁 중 자격증을 취득한 사람만을 모두 고르면?

○ 국가고시 자격시험은 1교시와 2교시 시험으로 구분되어 각 교시별 합격기준을 충족하여야 자격증을 취득한다.
○ 1교시는 필수과목 2과목(A, B)과 선택과목 3과목(C, D, E) 중 1과목을 선택하여 총 3과목을 응시해야 한다.
○ 2교시는 필수과목 3과목(F, G, H)을 응시해야 한다. 단, 2교시 면제 대상자는 1교시 시험 응시 후 퇴실한다.
○ 1교시와 2교시 응시과목 6과목 중 한 과목이라도 40점 미만의 점수를 받은 응시자는 자격시험에서 불합격한다. 단, 2교시 면제 대상자는 1교시 응시과목만 고려한다.
○ 응시자의 관련직종 실무경력에 따른 각 교시 시험의 합격기준은 다음과 같다.

구분		합격기준
일반 응시자		– 1교시: 응시 3과목의 평균 60점 이상 – 2교시: 응시 3과목의 평균 70점 이상
관련직종 실무경력 인정 응시자	실무경력 3년 이상 5년 미만	– 1교시: 응시 3과목의 평균 60점 이상 – 2교시: 응시 3과목의 평균 60점 이상
	실무경력 5년 이상 10년 미만	– 1교시: 응시 3과목의 평균 60점 이상 – 2교시: 면제
	실무경력 10년 이상	– 1교시: 응시 3과목 중 점수가 높은 2과목의 평균 60점 이상 – 2교시: 면제

〈상 황〉

국가고시 자격시험 응시자(甲~丁)의 교시·과목별 점수는 다음과 같다.

응시자	실무경력	1교시(점)					2교시(점)		
		A	B	C	D	E	F	G	H
甲	6년	72	54	–	–	57	–	–	–
乙	2년	35	63	75	–	–	85	93	40
丙	3년	74	47	–	59	–	72	60	84
丁	10년	63	54	58	–	–	–	–	–

※ ‘–’ 표시는 미응시 과목이며, 해당 과목은 0점으로 간주함.

① 甲, 丁
② 乙, 丙
③ 乙, 丁
④ 甲, 乙, 丙
⑤ 甲, 丙, 丁

[9 ~ 10] 다음 글을 읽고 물음에 답하시오.

독일의 연방하원의원 선거는 특별한 일이 없다면 4년에 한번 치러진다. 다당제 전통이 자리잡고 있는 독일에서는 연정이 보편적인 현상이며, 정당 간의 연정을 통해 연방하원에서 과반 의석을 차지하고 있는 정당 혹은 정당연합이 내각을 구성한다.

1994년의 연방하원의원 선거에서는 독일사회민주당(SPD)이 252석, 독일기독교민주연합(CDU)이 244석, 바이에른기독교사회연합(CSU)이 50석, 녹색당(Grone)이 49석, 자유민주당(FDP)이 47석, 독일민주사회당(PDS)이 30석을 획득했다. 독일기독교민주연합과 바이에른기독교사회연합은 자매정당으로, 1994년의 총선뿐만 아니라 모든 선거에서 연정을 이루고 있다. 1994년의 연방하원의원 선거 이후 독일기독교민주연합과 바이에른기독교사회연합은 자유민주당과의 연정을 통해 내각을 구성했다.

1998년의 연방하원의원 선거에서는 독일사회민주당이 298석, 독일기독교민주연합이 198석, 바이에른기독교사회연합과 녹색당이 각각 47석, 자유민주당이 43석, 독일민주사회당이 36석을 획득했다. 1998년 연방하원의원 선거 과정에서는 독일사회민주당과 녹색당이 연정의사를 밝혔고, 독일기독교민주연합, 바이에른기독교사회연합, 자유민주당이 연정의사를 밝혔다. 선거 결과가 나온 후 원내에서 가장 많은 의석을 차지한 정당연합이 선거과정에서 밝혔던 연정의사에 따라 내각을 구성했다.

2002년의 연방하원의원 선거에서는 독일사회민주당이 251석, 독일기독교민주연합이 190석, 바이에른기독교사회연합이 58석, 녹색당이 55석, 자유민주당이 47석, 독일민주사회당이 2석을 획득했다. 2002년의 선거에서는 독일사회민주당과 녹색당이 연정을 통해 내각을 구성했다. 그러나 2003년 단행한 하르츠 개혁으로 인해 내각의 지지도는 급락했고, 총리가 내각을 해산한 이후 조기에 총선을 치렀다.

※ 연정: 둘 이상의 정당이 연합하여 함께 정부를 구성하는 것을 의미함.

9. 윗글을 근거로 판단할 때, 〈보기〉에서 옳은 것만을 모두 고르면?

〈보 기〉

ㄱ. 1990년 연방하원의원 선거에서 독일기독교민주연합은 바이에른기독교사회연합과 연정을 이루지 않았다.
ㄴ. 1994년부터 2002년까지 치러진 연방하원의원 선거에서 바이에른기독교사회연합이 단독으로 가장 많은 의석을 획득한 해는 2002년이다.
ㄷ. 1998년의 선거 결과, 내각을 구성한 정당연합은 1994년의 선거결과로 내각을 구성한 정당연합과 동일하다.
ㄹ. 2002년의 선거 결과, 내각을 구성하기 위한 최소 의석 수는 302석이었다.

① ㄱ, ㄴ
② ㄱ, ㄷ
③ ㄱ, ㄹ
④ ㄴ, ㄷ
⑤ ㄴ, ㄹ

10. 윗글과 〈상황〉을 근거로 판단할 때, 내각을 구성할 수 있는 조합으로 옳은 것은?

〈상 황〉

조기 총선에 따른 2005년의 연방하원의원 선거에서는 독일사회민주당이 222석, 독일기독교민주연합이 180석, 자유민주당이 61석, 좌파당(Die Linke)이 54석, 녹색당이 51석, 바이에른기독교사회연합이 46석을 획득했다.

① 독일사회민주당 – 좌파당
② 독일사회민주당 – 녹색당
③ 독일사회민주당 – 좌파당 – 녹색당
④ 독일기독교민주연합 – 바이에른기독교사회연합
⑤ 독일기독교민주연합 – 바이에른기독교사회연합 – 자유민주당

11. 다음 글과 〈상황〉을 근거로 판단할 때, 요리사 A~I 중 3라운드에 진출하는 사람은?

○○ 요리대회 1라운드가 끝나고 2라운드가 진행 중이다. 2라운드는 개인전과 팀전으로 진행되며, 3라운드에 진출할 요리사는 총 5명이다.

○ 개인전: 음식의 맛, 독창성, 일관성, 완성도를 기준으로 평가한다.

○ 팀전: 3인 1팀으로 구성되어 음식의 맛과 협동성, 독창성, 일관성, 완성도를 기준으로 평가한다.

○ 3라운드 진출자 선발 기준: 팀전 평가항목별 총점이 가장 높은 팀이 1위가 되며, 팀전에서 1위를 한 팀의 팀원들은 모두 3라운드에 진출한다. 단, 1등 팀원이더라도 개인전 평가 항목별 점수를 그대로 더한 합산 점수가 하위 3인에 포함될 경우 3라운드로 진출하지 못한다. 나머지 인원들은 개인전 합산 점수가 높은 이들부터 차례대로 다음 라운드에 진출한다. 이때 개인전 평가 항목별 최저점을 받은 요리사는 개인전 합산 점수가 높더라도 다음 라운드에 진출하지 못한다. 동점자가 있는 경우 팀전 순위가 높은 요리사가 진출하며, 같은 팀일 경우 개인전 평가 기준 중 음식의 맛 점수가 높은 요리사가 진출하며, 동일한 경우 완성도, 일관성, 독창성 순서로 비교하여 판단한다.

〈상 황〉

○ 요리사들의 팀전 점수는 다음과 같다.

구분	음식의 맛	협동성	독창성	일관성	완성도
X팀(A, C, G)	85	80	80	78	82
Y팀(B, H, I)	87	90	74	84	86
Z팀(D, E, F)	90	85	75	88	92

○ 요리사들의 개인전 점수는 다음과 같다.

구분	음식의 맛	독창성	일관성	완성도
A	90	84	86	88
B	84	88	80	85
C	93	84	85	86
D	95	80	78	85
E	85	90	84	90
F	86	90	92	94
G	88	82	95	92
H	95	86	82	86
I	90	87	88	83

① A, C, E, F, G
② A, E, F, G, H
③ C, D, F, G, H
④ C, E, F, G, H
⑤ D, E, F, G, H

12. 다음 글을 근거로 판단할 때, 각 소비자가 구매할 브랜드를 옳게 짝지은 것은?

○ 전기차를 판매하는 브랜드는 甲, 乙, 丙, 丁 4개가 있다.

○ 전기차를 구매하려는 소비자는 주행거리, 안전성, 디자인 세 가지 평가 요소에 대한 브랜드별 점수와 해당 평가 요소의 가중치를 곱한 것을 합산하여 4개 브랜드 중 하나를 선택한다.

○ 소비자들은 4개의 브랜드 중 평가 점수의 총점이 가장 높은 브랜드를 선택하되, 다음과 같이 자신만의 기준을 함께 고려한다. 이때 2개 이상의 브랜드가 동점인 경우 주행거리 점수가 가장 높은 브랜드의 전기차를 구매한다.
- 소비자 A: 가중치가 적용된 평가 요소별 점수 중 1.5점 이하가 있는 경우 그 브랜드는 선택하지 않는다.
- 소비자 B: 乙을 선호하기 때문에 乙의 각 평가 요소별 점수에 1점씩을 더하여 가중치를 적용한다.
- 소비자 C: 가중치가 적용된 평가 요소별 점수가 모두 2.5점 이상인 경우, 그 브랜드는 총점에 0.2를 더한다. 그러나 가중치가 적용된 평가 요소별 점수 중 2점 이하가 있는 경우, 그 브랜드는 총점에서 0.2를 뺀다.

○ 다음은 각 브랜드의 평가 요소별 점수를 나타낸 표이다.

평가 요소(가중치)	甲	乙	丙	丁
주행거리(0.4)	10	8	7	10
안전성(0.3)	6	7	9	5
디자인(0.3)	8	7	9	10

	소비자 A	소비자 B	소비자 C
①	甲	乙	甲
②	甲	丁	丙
③	丙	乙	丙
④	丙	丁	丁
⑤	丁	丁	丁

13. 다음 글과 〈상황〉을 근거로 판단할 때, 안전성 적합 판정을 받는 제품을 모두 고르면?

세척제는 사용 용도에 따라 1~3종의 세 가지 유형으로 나뉜다. 1종 세척제는 과일·채소 세척용, 2종 세척제는 식기류 세척용, 3종 세척제는 식품의 공구·조리기구 세척용이다. 세척제는 다음의 시험·검사 기준을 모두 충족하는 경우에만 안전성 적합 판정을 받으며, 하나라도 충족하지 못하면 부적합 판정을 받는다. 단, 기준에 제시되지 않은 유형은 기준을 충족한 것으로 간주한다.

○ pH: 1종 및 2종 세척제 6.0 이상 10.5 이하
○ 메탄올(mg/g): 1종 및 2종 세척제 1 이하
○ 비소(mg/kg): 1종 및 2종 세척제 0.05 이하, 3종 세척제 0.4 이하
○ 중금속(mg/kg): 1종 및 2종 세척제 1 이하, 3종 세척제 2 이하
○ 1종 세척제는 표백 작용이 있는 성분을 포함해서는 안 됨

〈상 황〉

위생용품의 안전성 평가 업무를 수행하는 甲연구소에서 세척제 6개(가~바)에 대해 시험·검사를 진행하였으며, 그 결과는 다음과 같다.

제품	유형	pH	메탄올 (mg/g)	비소 (mg/kg)	중금속 (mg/kg)	표백 성분 포함 여부
가	1종	7.5	1.61	불검출	불검출	X
나	1종	10.2	불검출	0.001	불검출	X
다	2종	5.4	불검출	불검출	불검출	O
라	2종	7.9	0.01	0.08	불검출	X
마	3종	5.3	불검출	0.2	불검출	O
바	3종	10.6	1.08	0.45	불검출	X

① 가, 라
② 나, 마
③ 다, 바
④ 가, 나, 마
⑤ 나, 라, 바

14. 다음 글을 근거로 판단할 때 옳은 것은?

甲은 직장인의 초과근무와 회사에 대한 만족도 간의 상관관계를 알아보기 위하여 직장인 1,000명을 대상으로 설문조사를 진행했다. 그 조사결과는 다음과 같다.

○ 설문조사지는 다음과 같이 구성된다.

〈초과근무 시간 및 회사에 대한 만족도 평가〉
1. 귀하는 평균적으로 일주일에 몇 시간의 초과근무를 하십니까?
a. 초과근무를 하지 않음
b. 10시간 미만
c. 10시간 이상
2. 귀하는 현재 재직 중인 회사에 만족하십니까?
a. 만족 b. 불만족

○ 설문조사를 진행한 직장인 1,000명 모두 설문조사의 1번과 2번 항목에 응답을 완료하였으며, 각 항목에서 무응답이나 중복응답은 없었다.
○ 1번 설문에서 a라고 답한 응답자는 전체 응답자의 20%였고, b라고 답한 응답자는 c라고 답한 응답자의 3배였다.
○ 1번 설문에서 a라고 답한 응답자의 80%가 2번 설문에서 a라고 답했고, 1번 설문에서 b 또는 c라고 답한 응답자의 40%가 2번 설문에서 a라고 답했다.
○ 1번 설문에서 c라고 답한 응답자의 25%가 2번 설문에서 a라고 답했다.

① 초과근무를 하는 응답자 중 일주일 평균 10시간 미만의 초과근무를 하고 회사에 만족하는 응답자는 300명을 넘는다.
② 일주일 평균 10시간 이상의 초과근무를 하고 회사에 불만족하는 응답자는 120명을 넘지 않는다.
③ 회사에 만족하는 응답자 중에서 초과근무를 하지 않는 응답자의 비율은 40%를 넘는다.
④ 회사에 만족하는 응답자보다 회사에 불만족하는 응답자가 더 많다.
⑤ 초과근무를 하는 응답자 중 일주일 평균 10시간 미만의 초과근무를 하고 회사에 만족하는 응답자가 일주일 평균 10시간 미만의 초과근무를 하고 회사에 불만족하는 응답자보다 많다.

15. 다음 글을 근거로 판단할 때, 〈보기〉에서 옳은 것만을 모두 고르면?

○ 지민이는 영어 점자표를 활용해 알파벳을 무작위로 나열하여 단어를 만들고자 한다. 단, 단어가 가진 원래의 뜻은 고려하지 않는다.

○ 지민이가 활용할 영어 점자표는 다음과 같다.

a	b	c	d	e	f	g	h	i	j
●○ ○○ ○○	●○ ●○ ○○	●● ○○ ○○	●● ○● ○○	●○ ○● ○○	●● ●○ ○○	●● ●● ○○	●○ ●● ○○	○● ●○ ○○	○● ●● ○○
k	l	m	n	o	p	q	r	s	t
●○ ○○ ●○	●○ ●○ ●○	●● ○○ ●○	●● ○● ●○	●○ ○● ●○	●● ●○ ●○	●● ●● ●○	●○ ●● ●○	○● ●○ ●○	○● ●● ●○
u	v	w	x	y	z				
●○ ○○ ●●	●○ ●○ ●●	○● ●● ○●	●● ○○ ●●	●● ○● ●●	●○ ○● ●●				

○ 하나의 영어 점자는 여섯 개의 점으로 이루어져 있다. ●는 볼록하게 튀어나온 돌기형태의 점이며 ○는 튀어나오지 않은 점이다.

○ 영어 점자의 각 점에는 왼쪽 위부터 아래까지 1, 2, 3, 오른쪽 위부터 아래까지 4, 5, 6이라는 번호가 붙어있다.

〈보 기〉

ㄱ. 'korea'를 영어 점자로 표시했을 때, 단어에 사용된 돌기형태의 점의 수는 총 12개이다.

ㄴ. 영어 점자로 표기된 단어가 4글자이고 단어에 사용된 돌기형태의 점의 수가 총 17개라면, 단어에 'q' 또는 'y'가 반드시 포함된다.

ㄷ. 전체 영어 점자 중 두 개의 영어 점자를 뽑아서 각 영어 점자의 돌기형태의 점에 해당하는 번호의 합을 각각 구했을 때, 그 합의 차이는 최대 17이다.

ㄹ. 두 글자인 단어를 만들 때, 각 영어 점자 중 '1, 2, 3'에 모두 돌기형태의 점이 있는 영어 점자를 첫 글자에 배치하고 '4, 5, 6'에 모두 돌기형태의 점이 있는 영어 점자를 끝 글자에 배치하여 만들 수 있는 단어는 15개이다.

① ㄱ, ㄴ
② ㄴ, ㄷ
③ ㄷ, ㄹ
④ ㄱ, ㄴ, ㄹ
⑤ ㄱ, ㄷ, ㄹ

16. 다음 글과 〈상황〉을 근거로 판단할 때 옳은 것은?

○ 甲국에서는 다음의 〈층간소음의 기준〉에 따라 층간소음 발생 여부를 판정한다.

층간소음의 구분		층간 소음의 기준(단위: dB)	
		주간	야간
직접충격 소음	1분간 등가소음도	40	35
	최고소음도	60	50
공기전달 소음	2분간 등가소음도	50	35

○ 층간소음의 측정은 10분간 진행되며, 측정결과서에 기록하는 측정소음도는 다음의 수치를 의미한다.
- 등가소음도: 10분간 측정값 중 가장 큰 값
- 최고소음도: 10분간 측정값 중 가장 큰 2개

○ 측정소음도가 배경소음도보다 10dB 미만의 차이로 큰 경우에는 〈층간소음의 기준〉에 따른 기준에 2dB을 더한 값으로 층간소음 발생 여부를 판정한다.

○ 2005년 6월 30일 이전에 건축허가를 받은 공동주택의 직접충격 소음 기준에 대해서는 〈층간소음의 기준〉에 따른 기준에 5dB을 더한 값으로 층간소음 발생 여부를 판정한다.

○ 등가소음도가 기준을 1회 초과하였거나 최고소음도가 10분 동안에 2회 이상 초과하면 층간소음이 발생한 것으로 판정한다.

〈상 황〉

다음은 공동주택에 거주하는 A와 B가 신청한 층간소음 측정결과서다. A의 공동주택은 2005년 6월 30일 이전에 건축허가를 받았고, B의 공동주택은 2005년 6월 30일 이후에 건축허가를 받았다.

A의 측정결과서(단위: dB)

구분		주간	야간
배경소음		35	22
직접 충격 소음	1분간 등가 소음도	46	32
	최고 소음도	62	58
		61	54
공기 전달 소음	2분간 등가 소음도	50	36

B의 측정결과서(단위: dB)

구분		주간	야간
배경소음		32	28
직접 충격 소음	1분간 등가 소음도	41	36
	최고 소음도	68	55
		62	48
공기 전달 소음	2분간 등가 소음도	43	32

① A의 층간소음 측정결과, 주간에는 공기전달 소음으로 인해 층간소음이 발생한 것으로 판정된다.
② A의 층간소음 측정결과, 야간에는 직접충격 소음 중 최고소음도로 인해 층간소음이 발생한 것으로 판정된다.
③ B의 층간소음 측정결과, 주간에는 직접충격 소음 중 최고소음도로 인해 층간소음이 발생한 것으로 판정된다.
④ B의 층간소음 측정결과, 야간에는 직접충격 소음 중 1분간 등가소음도로 인해 층간소음이 발생한 것으로 판정된다.
⑤ 공기전달 소음의 기준이 5dB씩 낮아진다면 A와 B의 공동주택은 주간과 야간 모두 층간소음이 발생한 것으로 판정된다.

17. 다음 글을 근거로 판단할 때, A스포츠의 일반 대회에서 甲이 우승한 총 횟수는?

○ A스포츠는 총 10개의 대회가 개최되며 각 대회에서 순위권에 진입한 경우, 순위별로 점수를 제공한다.
○ A스포츠의 10개의 대회는 5개의 메이저 대회와 5개의 일반 대회로 구분된다.
○ A스포츠의 각 대회별로 1위에서 10위까지 점수를 획득하며, 아래의 표는 순위별 점수를 나타낸 것이다.
(단, 메이저 대회의 경우, 아래의 순위별 점수에서 두 배의 점수를 획득한다)

순위	1	2	3	4	5	6	7	8	9	10
점수	30	18	12	8	7	6	5	4	3	2

○ 甲은 총 10개의 대회 중 8개의 대회에서 10위권 안에 진입했으며, 10개의 대회에서 획득한 총 점수는 296점이다.
○ 甲은 5개의 메이저 대회 중 3개의 대회에서는 1위를 했고, 2개의 대회에서는 10위권 안에 진입하지 못했다.

① 1회
② 2회
③ 3회
④ 4회
⑤ 5회

18. 다음 글을 근거로 판단할 때, 乙이 게임에서 이길 수 있는 경우를 〈보기〉에서 모두 고르면?

○ 甲과 乙은 1부터 10까지의 숫자가 하나씩 적혀 있는 숫자카드 10장 중 각각 서로 다른 세 장의 카드를 뽑아 이를 조합하여 '숫자'가 '21'에 가깝게 되도록 하는 게임을 한다.
○ 甲과 乙은 각자 뽑은 세 장의 카드를 '카드 ⓐ 카드 ⓑ 카드'로 배치하여 '숫자'를 만든다. 이때 ⓐ와 ⓑ에는 사칙연산 부호 중 ×(곱하기) 또는 +(더하기)를 사용하여 연산한다. (단, 연산 시 ×를 +보다 먼저 계산하며, 사칙연산 부호를 중복하여 사용 가능하다)
○ 甲과 乙 중 만든 '숫자'가 '21'인 사람이 승리하며, 甲과 乙 모두 '21'을 만든 경우 무승부로 게임이 종료된다.
○ 甲과 乙이 만든 '숫자'가 모두 '21'이 아닌 경우 두 사람 중 숫자의 크기가 더 큰 사람이 승리한다.(단, '21'을 초과하는 '숫자'를 만든 경우 해당 사람은 '숫자'의 크기와 상관없이 패배하며, 두 사람이 만든 '숫자'의 크기가 모두 '21'을 초과하거나 동일한 경우 무승부로 게임이 종료된다)
○ 甲과 乙은 승리하기 위해 최선을 다한다.
○ 甲은 10장의 숫자 카드 중 2, 8, 10을 뽑았으며, 乙은 남은 숫자 카드 중 세 장을 뽑을 예정이다.

〈보 기〉
ㄱ. 7, 3, 1
ㄴ. 9, 7, 6
ㄷ. 3, 4, 9
ㄹ. 1, 5, 4
ㅁ. 5, 3, 9

① ㄱ, ㄴ, ㄹ
② ㄱ, ㄷ, ㄹ
③ ㄱ, ㄷ, ㅁ
④ ㄴ, ㄷ, ㅁ
⑤ ㄴ, ㄹ, ㅁ

19. 다음 글을 근거로 판단할 때, A 찐빵 전문점이 일반 찐빵과 단호박 찐빵을 판매하여 얻을 수 있는 당일 최대 매출액은?

A 찐빵 전문점에서는 일반 찐빵과 단호박 찐빵 두 종류를 만들고, 이를 찐 후 판매하고 있다. 찐빵 10개를 만들고 찌는 데 소요되는 시간 및 과정은 다음과 같다.

구분	일반 찐빵	단호박 찐빵
만들기	밀가루 반죽 2분 ↓ 단팥소 만들기 3분 ↓ 찐빵 빚기 1분	단호박 손질 4분 ↓ 밀가루 반죽 2분 ↓ 단팥소 만들기 3분 ↓ 찐빵 빚기 1분
찌기	찐빵 찌기 12분	찐빵 찌기 10분

○ 찐빵 만들기는 찐빵을 찌기 전까지의 과정을 가리킨다.
○ 찐빵을 만드는 시간과 찜기로 찐빵을 찌는 시간을 제외한 다른 시간은 고려하지 않는다.
○ 찐빵 전문점은 전날 오후 6시부터 8시간 동안 10명의 직원이 각자 10개 단위로 찐빵을 제작한다. 예를 들어 1명의 직원이 일반 찐빵 10개를 제작할 경우 2+3+1=6분이 소요된다.
○ 찐빵 제작이 모두 완료되면 당일 오전 6시부터 11시간 동안 10개의 찜기를 이용하여 한 찜기에 같은 종류의 찐빵을 10개씩 찐다. 예를 들어, 1개의 찜기에서 일반 찐빵 10개를 찔 경우, 12분이 소요된다.
○ 일반 찐빵은 1개 1,000원, 단호박 찐빵은 1개 1,500원에 판매하며 제작된 찐빵은 당일에 모두 판매된다.

① 710만 원
② 730만 원
③ 750만 원
④ 770만 원
⑤ 790만 원

20. 다음 글을 근거로 판단할 때, 甲이 인간 마을의 금으로 교환할 금의 무게는?

도깨비 마을은 금화, 은화, 동화를 화폐로 사용한다. 세 화폐의 무게는 동일하게 10근이며, 금화 1개는 은화 20개의 가치와 동일하고, 은화 1개는 동화 25개의 가치와 동일하다. 인간 마을에서 도깨비 마을과 화폐 거래를 할 때는 금, 은, 동을 사용한다. 인간 마을에서 금 1근은 은 10근의 가치와 동일하고, 은 1근은 동 100근의 가치와 동일하다. 과거에는 인간 마을과 도깨비 마을이 서로 화폐를 거래할 때, 같은 무게를 가진 인간 마을의 은과 도깨비 마을의 은화 간의 교환만 가능했지만, 오늘날에는 같은 무게를 가진 인간 마을의 동과 도깨비 마을의 동화 간의 교환만 가능하다. 이에 따라 과거에 교환한 도깨비 마을의 은화를 가진 인간이 해당 은화를 인간 마을 화폐로 교환하고자 한다면, 도깨비 마을에 가서 은화를 도깨비 마을의 동화로 교환한 후, 다시 도깨비 마을의 동화를 인간 마을의 동으로 교환해야 한다.

인간 甲은 과거에 인간 마을의 금 10근을 동일한 가치의 은으로 교환한 후 도깨비 마을의 은화와 교환했는데, 그 도깨비 마을의 은화를 오늘날 다시 인간 마을의 금으로 교환하고자 한다.

① 2.5근
② 5근
③ 7.5근
④ 10근
⑤ 12.5근

21. 다음 글과 〈상황〉을 근거로 판단할 때, 甲교육센터에서 A~E에게 지급할 강사수당의 총액은?

甲교육센터는 교육에 초빙한 강사에게 다음과 같은 기준으로 수당을 지급하고 있다.

○ 지급 대상자
 – 甲교육센터의 교육에 참여한 내·외부 강사(단, 甲교육센터에 근무하는 전임 교수 및 직원 제외)

○ 강의시간 산출 기준
 – 강의시간은 1시간 단위로 인정(30분 미만은 강의시간 산출 시 포함하지 않고, 30분 이상은 1시간으로 인정)
 ※ 강의시간이 1시간 미만인 경우 1시간으로 인정

○ 강사수당 지급 기준
 – 내·외부 및 〈외부 강사 등급 기준〉에 따른 등급 고려하여 차등 지급

구분		지급액(만 원)	
		최초 1시간	1시간 초과
내부 강사 (甲교육센터 비전임 교수)		4	초과 시간당 2
외부 강사	특급	30	초과 시간당 20
	1급	20	초과 시간당 12
	2급	12	초과 시간당 9

〈외부 강사 등급 기준〉

등급	적용 대상
특급	– 전·현직 장·차관, 자치단체장 – 대학 교수, 종교인, 기업 임원
1급	– 전·현직 4급 이상 공무원 – 박사학위 소지 공무원 – 연구소 연구원, 시민단체 직원으로서 4년 이상 실무경력자
2급	– 전·현직 5급 이하 공무원 – 연구소 연구원, 시민단체 직원으로서 4년 미만 실무경력자 – 체육·레크리에이션 등 강사

〈상 황〉

甲교육센터 교육에 참여한 강사(A~E)에 대한 정보는 다음과 같다.

강사	강의시간(분)	강사 이력
A	246	– □□광역시장
B	82	– 4급 공무원(박사학위 소지)
C	25	– 현 甲교육센터 전임 교수 – 전 ○○시민단체 직원(13년 경력)
D	151	– 현 甲교육센터 비전임 교수 – 전 레크리에이션 강사
E	206	– △△대학교 교수

① 178만 원
② 188만 원
③ 198만 원
④ 208만 원
⑤ 230만 원

22. 다음 글을 근거로 판단할 때, 〈보기〉에서 옳은 것만을 모두 고르면?

甲과 乙은 1부터 10까지의 자연수가 적혀 있는 과녁에 다트를 던져, 맞힌 숫자만큼의 점수를 획득하는 게임을 한다. 게임은 1~3라운드를 진행하며, 라운드마다 각자 3개의 다트를 던진다. 각 라운드의 점수는 3개의 다트로 획득한 점수의 합으로 하며, 점수가 더 높은 사람이 해당 라운드에서 우승한다. 이때 한 라운드에서 같은 숫자를 두 번 또는 세 번 맞힌 경우 연속 점수를 획득하여, 그 사람의 해당 라운드 점수는 '3개의 다트로 획득한 점수의 합×같은 숫자를 맞힌 횟수'가 된다. 한편 다트가 과녁을 맞히지 못하고 밖으로 나간 경우는 꽝이라 획득 점수는 0점이며, 꽝이 한 번이든 두 번이든 횟수와 관계없이 연속 점수까지 반영된 점수에서 1점을 감점한 것이 그 사람의 해당 라운드 점수가 된다.

아래의 표는 라운드별로 甲과 乙의 점수를 기록한 것인데, 실수로 일부가 지워졌다. 총 세 번의 라운드에서 꽝은 甲과 乙이 합해서 세 번이었으며, 과녁을 맞힌 경우 甲은 홀수만 맞혔고 乙은 짝수만 맞혔다.

구분	1라운드	2라운드	3라운드
甲	6점		30점
乙		18점	

〈보 기〉

ㄱ. 甲은 1라운드에서 우승할 수 있다.
ㄴ. 乙은 2라운드에서 최소 한 번은 2를 맞혔다.
ㄷ. 2라운드에서 꽝이 나왔고 乙이 우승했다면, 해당 라운드에서 甲과 乙의 점수 차는 최대 15점이다.
ㄹ. 3라운드에서 2점 차이로 승부가 결정되었다면, 해당 라운드에서 같은 숫자를 맞힌 횟수는 甲과 乙이 동일하다.

① ㄱ, ㄴ
② ㄱ, ㄷ
③ ㄴ, ㄹ
④ ㄱ, ㄷ, ㄹ
⑤ ㄴ, ㄷ, ㄹ

23. 다음 글과 〈대화〉를 근거로 판단할 때, ㉠에 들어갈 친구 D의 대화 내용으로 옳은 것은?

○ 甲은 농구 코트에서 농구공을 골대에 던지면서 슛 연습을 했다.
○ 甲이 던진 슛 횟수는 총 10회이다.
○ 3점슛 라인 안에서 슛을 성공시키면 2점, 3점슛 라인 밖에서 슛을 성공시키면 3점을 획득한다.
○ 甲의 총점은 2점슛 점수와 3점슛 점수의 합이다.
○ 甲의 슛 연습이 끝난 후 이를 지켜 보던 甲의 친구들은 아래와 같은 〈대화〉를 하였다.

〈대 화〉

친구 A: 甲은 10회의 기회 중 5회 이상을 3점슛 라인 밖에서 슛을 시도했어.
친구 B: 맞아, 그 중에서 甲은 3점슛을 3회 이상 성공시켰지만, 5회 이상 성공시키지는 못했어.
친구 C: 그리고 甲이 던진 2점슛 중 1회를 제외하고 나머지는 모두 성공시켰어.
친구 D: 그럼 甲의 3점슛 성공률은 60% 이상이겠구나! 그리고 ㉠ .
친구 E: 아! 너희들이 말한 것을 모두 들어보니, 甲의 총점이 몇 점인지 정확히 알겠다!

① 甲의 총점 중 2점슛 점수와 3점슛 점수의 차이가 6점이었어
② 甲은 3점슛을 4회 성공시켰어
③ 甲은 2점슛을 5회 시도했어
④ 甲의 2점슛 성공률은 80% 이상이었어
⑤ 甲의 총점은 20점 미만이었어

24. 다음 글을 근거로 판단할 때, 甲공장에서 X합금 300kg을 만들기 위해 필요한 D금속과 G금속 무게의 합은?

○ 甲공장에서는 X합금을 생산한다.
○ X합금의 제작방법은 다음과 같다.
 - A금속 20kg과 B금속 10kg을 혼합하여 30kg의 C금속을 만든다.
 - C금속과 D금속을 1:1의 비율로 혼합하여 E금속을 만든다.
 - F금속과 G금속을 3:1의 비율로 혼합하여 H금속을 만든다.
 - E금속과 H금속을 1:1의 비율로 혼합하여 X합금을 만든다.
○ 혼합 전 각 금속의 무게 합과 혼합 후 만들어진 금속 또는 합금의 무게는 동일하며, X합금의 무게는 재료로 사용된 금속의 총 무게와 동일하다.

① 75kg
② 112.5kg
③ 150kg
④ 187.5kg
⑤ 225kg

25. 다음 글과 〈상황〉을 근거로 판단할 때 옳은 것은?

우리나라는 일반적으로 소송의 1심을 지방법원이 담당하고 있다. 지방법원에서 재판을 담당하는 재판부는 소송 목적의 금액 또는 형벌의 정도에 따라 혼자서 재판권을 행사하는 단독판사와 재판관 3인이 함께 재판권을 행사하는 합의부로 구분된다. 단독판사는 소송 목적의 금액이 1억 원 이하인 민사사건과 형벌의 정도가 1년 미만의 징역 또는 금고인 형사사건을 담당한다. 그러나 단독판사가 재판을 담당하는 사건이더라도 합의부에서 재판할 것으로 결정될 경우, 합의부가 재판을 담당할 수 있다. 합의부는 소송 목적의 값이 2억 원을 초과하는 민사사건과 형벌의 정도가 사형, 무기 또는 1년 이상의 징역 또는 금고인 형사사건을 담당한다.

한편 1심에서 어느 법원이 재판을 담당할지 결정해야 하는데, 민사사건의 경우 일반적으로 피고의 주소지에 설치된 지방법원이 담당하나, 금전지급청구의 소는 원고의 주소지에 설치된 지방법원도 재판을 담당할 수 있다. 형사사건의 경우 범죄가 발생한 범죄지 또는 피고인의 주소지에 설치된 지방법원이 담당한다.

※ 소송 목적의 금액: 원고가 소송을 통해 얻고자 하는 경제적 이익을 금전으로 평가한 금액

※ 피고: 민사사건에서 원고의 상대방으로서 소송을 제기 당한 사람

※ 피고인: 형사사건에서 형사책임을 지기 위해 검사에 의해 소송을 제기 당한 사람

〈상 황〉

○ 甲은 乙에게 시가 1,000만 원의 시계를 빌려주었으나, 乙은 자신의 과실로 인해 시계를 잃어버린 후 시계에 대한 변상을 미뤘다. 이에 대해 甲은 乙을 상대로 1,000만 원 금전지급청구의 소(이하 “A민사사건”이라 한다)를 1심 법원에 제기하려고 한다.

○ 공무원 丙은 민간 업체와의 납품 계약 중 업체로부터 금품을 전달받은 사실이 적발되었다. 이에 대해 검찰은 납품 비리 혐의가 있는 丙을 상대로 징역 3년을 구형하는 기소(이하 “B형사사건”이라 한다)를 하려고 한다.

○ 甲, 乙, 丙의 주소지는 각각 인천광역시, 경기도 수원시, 강원도 춘천시이고, 이들의 주소지에 설치된 지방법원은 각각 인천지방법원, 수원지방법원, 춘천지방법원이다.

① 인천지방법원 합의부는 A민사사건을 재판할 수 없다.
② 수원지방법원 합의부는 A민사사건을 재판할 수 없다.
③ 수원지방법원 단독판사는 A민사사건을 재판할 수 없다.
④ 춘천지방법원 단독판사는 B형사사건을 재판할 수 있다.
⑤ 춘천지방법원 합의부는 B형사사건을 재판할 수 있다.

약점 보완 해설집 p.58

자르는 선

2025 해커스PSAT 7급 PSAT FINAL 봉투모의고사 상황판단 (8회)

컴퓨터용 흑색사인펜만 사용

책형
⑤ ⑥

【필적감정용 기재】
*아래 예시문을 옮겨 적으시오
본인은 OOO(응시자성명)임을 확인함
기 재 란

성 명	
자필성명	본인 성명 기재
시험장소	

응시번호						
⑤⑥⑦	⓪①②③④⑤⑥⑦⑧⑨	⓪①②③④⑤⑥⑦⑧⑨	⓪①②③④⑤⑥⑦⑧⑨	⓪①②③④⑤⑥⑦⑧⑨	⓪①②③④⑤⑥⑦⑧⑨	⓪①②③④⑤⑥⑦⑧⑨

생년월일					
⓪①②③④⑤⑥⑦⑧⑨	⓪①②③④⑤⑥⑦⑧⑨	⓪①	⓪①②③④⑤⑥⑦⑧⑨	⓪①②③	⓪①②③④⑤⑥⑦⑧⑨

※시험감독관 서명 (서명을 정자로 기재할 것)
적색 볼펜만 사용

상황판단(1~10번)					
1	①	②	③	④	⑤
2	①	②	③	④	⑤
3	①	②	③	④	⑤
4	①	②	③	④	⑤
5	①	②	③	④	⑤
6	①	②	③	④	⑤
7	①	②	③	④	⑤
8	①	②	③	④	⑤
9	①	②	③	④	⑤
10	①	②	③	④	⑤

상황판단(11~20번)					
11	①	②	③	④	⑤
12	①	②	③	④	⑤
13	①	②	③	④	⑤
14	①	②	③	④	⑤
15	①	②	③	④	⑤
16	①	②	③	④	⑤
17	①	②	③	④	⑤
18	①	②	③	④	⑤
19	①	②	③	④	⑤
20	①	②	③	④	⑤

상황판단(21~25번)					
21	①	②	③	④	⑤
22	①	②	③	④	⑤
23	①	②	③	④	⑤
24	①	②	③	④	⑤
25	①	②	③	④	⑤